클라우드 네이티브
쿠버네티스
효율적인 클라우드 네이티브 애플리케이션 구축과
운영을 위한 쿠버네티스 모범 사례

클라우드 네이티브
쿠버네티스

효율적인 클라우드 네이티브 애플리케이션 구축과
운영을 위한 쿠버네티스 모범 사례

지은이 알렉산더 라울

옮긴이 김정민, 이주현, 김상민

펴낸이 박찬규 엮은이 전이주, 이대엽 디자인 북누리 표지디자인 Arowa & Arowana

펴낸곳 위키북스 전화 031-955-3658, 3659 팩스 031-955-3660

주소 경기도 파주시 문발로 115 세종출판벤처타운 311호

가격 30,000 페이지 416 책규격 188 x 240mm

초판 발행 2023년 02월 22일
ISBN 979-11-5839-393-9 (93000)

등록번호 제406-2006-000036호 등록일자 2006년 05월 19일
홈페이지 wikibook.co.kr 전자우편 wikibook@wikibook.co.kr

Copyright © Packt Publishing 2021.
First published in the English language under the title
'Cloud Native with Kubernetes – (9781838823078)'
Korean translation copyright ⓒ 2023 by WIKIBOOKS

이 책의 한국어판 저작권은 저작권자와 독점 계약한 위키북스에 있습니다.
신저작권법에 의해 한국 내에서 보호를 받는 저작물이므로 무단 전재와 복제를 금합니다.

이 책의 내용에 대한 추가 지원과 문의는 위키북스 출판사 홈페이지 wikibook.co.kr이나
이메일 wikibook@wikibook.co.kr을 이용해 주세요.

클라우드 네이티브
쿠버네티스

효율적인 클라우드 네이티브 애플리케이션 구축과 운영을 위한
쿠버네티스 모범 사례

알렉산더 라울 지음 / 김정민, 이주현, 김상민 옮김

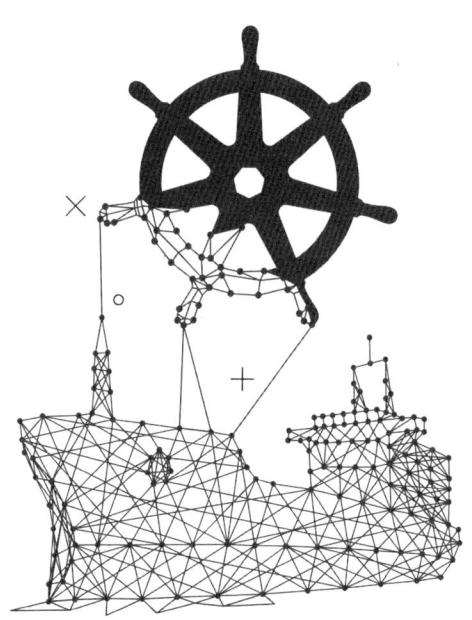

위키북스

책을 쓰는 동안 도움을 준 래크너에 있는 팀과 가족, 친구들에게
그리고 집필 중 늦은 밤까지 함께해준 제 여자친구에게
그리고 저에게 훌륭한 쿠버네티스 커뮤니티를 소개해 주고 전도해 준
지금은 고인이 된 댄 콘에게 감사를 표합니다.

— 알렉산더 라울

저자 소개

알렉산더 라울 Alexander Raul은 래크너Rackner의 CEO입니다. 래크너는 많은 투자를 받은 스타트업부터 포춘 및 글로벌 500 선정 기업에 이르기까지 다양한 고객을 대상으로 쿠버네티스와 클라우드를 구축하고 운영 및 보안 관리해주는 혁신적인 컨설팅 회사입니다. 래크너에서 저자는 대형 쿠버네티스 기반 플랫폼을 구축하고 관리했으며, 규모가 큰 조직을 대상으로 엔드 투 엔드 DevSecOps를 구현했습니다. 기술적인 배경과 학력(메릴랜드 대학의 항공우주학 학사)뿐만 아니라 클라우드와 쿠버네티스에 대한 비즈니스와 전략 논의는 물론, 관련 기술 도입에 관한 문제에도 정통합니다. 알렉산더는 워싱턴 D.C.에 살고 있으며 고객과 일하지 않는 시간에는 등산이나 스키, 달리기를 즐깁니다.

기술 감수자 소개

지하오 유 Zihao Yu는 뉴욕 HBO에서 근무하는 선임 소프트웨어 엔지니어입니다. 그는 쿠버네티스와 클라우드 네이티브 작업, 그리고 사내 CI/CD 프로젝트에서 중추적인 역할을 했습니다. 또한 2017년 북미 쿠베콘KubeCon에서 기조 연설을 했습니다. 러트거즈Rutgers 대학교와 뉴저지 주립대학교에서 컴퓨터 공학 석사 학위를, 중국 난징 과학기술대학교에서 공학 학사 학위를 받았습니다.

역자서문

2022년 구글 트렌드에서 '쿠버네티스' 주제에 대한 검색 빈도는 70~100으로, 그 어떤 기술 용어보다 높은 수치를 기록했습니다. 또한 국내에 출판된 서적이 2022년 기준으로 5권이었는데, 지금까지 40여 권이 출간되었습니다. 단일 오픈소스 도구를 주제로 이렇게 많은 책이 출판되는 경우는 흔하지 않습니다. 그만큼 국내 기업이 이미 운영하고 있거나 도입을 검토하고 있어서 엔지니어에게 많은 관심을 받고 있다고 생각합니다.

사실 기존에 운영하던 프로덕트에 쿠버네티스 구동 환경을 도입하기 위해서는 단순히 프로덕트를 제공하는 도구만 변경하면 되는 것이 아닙니다. 서비스의 설계와 개발 방법, 프레임워크까지 변경해야 할 수도 있습니다. 또한 이를 위한 구성원의 역량 개발뿐 아니라 조직의 구조까지 바꿔야 할 수도 있습니다. 즉, 도입 과정에서 많은 비용과 시간을 필요로 합니다. 하지만 기업으로서 시장의 빠른 변화에 대응하기 위해서는 자동화를 통한 생산성 향상이 필요하고, 이를 위해 클라우드, MSA, 쿠버네티스와 같은 기술에 많은 투자를 하고 있습니다.

2013년 도커가 등장해서 컨테이너 기술을 확산하는 데 기여였다면, 2015년에 출시한 쿠버네티스 v1.0은 컨테이너를 프로덕트 수준에서 편리하게 활용할 수 있도록 만들었습니다. CNCF(Cloud Native Computing Foundation; 클라우드 네이티브 컴퓨팅 재단)에서 발표한 2022년 IT 보고서의 설문조사에 따르면, 응답자의 96%가 현재 쿠버네티스를 사용하고 있거나 도입을 검토하고 있으며 응답자의 69%가 프로덕트에서 사용하고 있다고 합니다. 또 사용하고 있다고 대답한 응답자의 79%가 EKS, AKS, GKE 같은 클라우드 매니지드 서비스를 이용해 쿠버네티스를 사용하고 있습니다.

쿠버네티스는 MSA 운영뿐만 아니라 머신러닝 개발 및 배포, 데이터 파이프라인에까지 다양하게 활용되고 있습니다. 또한 멀티 및 하이브리드 클라우드 환경에서 경계가 없는 애플리케이션 운영을 위한 필수적인 오케스트레이션 도구로 가장 많이 선택받고 있습니다. 간단하게 쿠버네티스의 장점을 언급하자면 인프라를 관리하는 입장에서는 제한된 자원을 더욱 효율적으로 운영할 수 있고, 확장에 용이합니다. 개발자 측면에서는 빠른 애플리케이션 업데이트 배포와 운영 중 문제가 발생하더라도 자동 복구(대체)하여 고객이 느끼는 장애를 최소화할 수 있습니다. 물론 이러한 다양한 장점이 있음에도 오픈소스의 특성상 다양한 도구에 대한 지식과 선택에 대한 고민이 필요하지만, 이마저도 클라우드의 관리형 서비스를 이용하면 그러한 제약 조건도 없어집니다.

그럼에도 쿠버네티스가 어떻게 동작하고 어떤 기능이 존재하는지 아는 것과 모르는 것은 큰 차이가 있습니다. 쿠버네티스에서 제공하는 기본적인 기능만으로도 충분히 해결 가능한 문제를 별도의 솔루션을 구매함으로써 불필요한 비용 증가와 관리를 더욱 어렵게 만들기도 하고, 가볍게 해결 가능한 문제임에도 많은 시간을 소비하게 됩니다. 또한 프로덕트를 설계하는 데 있어서도 쿠버네티스의 동작 원리와 기능은 중요한 지식입니다.

이 책은 기존 쿠버네티스 관련서보다 좀 더 포괄적이고 실제 프로덕트에 적용하기 위한 단계를 예제와 함께 깊이 있게 설명합니다. 또한 프로덕트 운영에 필요한 보안, 모니터링 및 문제 해결에 관한 내용을 포함합니다. 더불어 이 책에서 직접 소개하지 않더라도 검토할 만한 내용과 도구에 대해 언급합니다. 빠르고 간단하게 쿠버네티스를 경험하기보다는 온라인 쿠버네티스 레퍼런스(https://kubernetes.io/ko/docs/home/) 전반을 훑어본다는 생각으로 마지막 장까지 함께 읽어 보시면 쿠버네티스를 전체적으로 파악하는 데 큰 도움이 될 것입니다.

마지막으로 이 책의 번역을 무사히 마칠 수 있도록 도와주신 위키북스의 김윤래 팀장님께 감사하다는 말씀을 전하고, 작업을 함께한 주현 님, 상민 님이 계속 성장하는 엔지니어가 되길 응원합니다.

김정민

서문

이 책의 목적은 쿠버네티스를 활용하여 클라우드 네이티브 애플리케이션을 구축하는 데 필요한 지식과 다양한 도구의 정보를 제공하는 것입니다. 쿠버네티스는 엔지니어에게 컨테이너를 사용하여 클라우드 네이티브 플랫폼을 구축할 수 있는 강력한 도구를 제공하는 훌륭한 기술입니다. 쿠버네티스 프로젝트는 지속해서 발전하고 있으며 일반적인 시나리오를 해결하기 위한 다양한 도구를 포함합니다.

이 책의 구성은 쿠버네티스의 다양한 도구 모음의 특정 부분을 강조해 설명하기보다는, 기본 쿠버네티스 기능의 가장 중요한 부분을 간략하게 요약하여 쿠버네티스에서 애플리케이션 실행을 위해 필요한 모든 기술을 설명합니다. 그다음 두 번째 시나리오에서 쿠버네티스 운영상 보안 및 문제 해결을 위해 필요한 도구에 대해 알아봅니다. 마지막으로, 쿠버네티스 기술 경계를 넘어 서비스 메시 및 서버리스와 같이 쿠버네티스상에서 구축되는 몇 가지 유용한 패턴과 기술을 살펴봅니다.

대상 독자

이 책은 쿠버네티스 초보자를 위해 작성됐지만 내용을 최대한 활용하기 위해서는 컨테이너와 데브옵스의 개념을 잘 이해하고 있어야 합니다. 또한 리눅스의 기초 지식이 도움이 되지만 꼭 필요한 것은 아닙니다.

책의 구성

1장 쿠버네티스와 통신하기에서는 컨테이너 오케스트레이션의 개념과 쿠버네티스 작동 방식의 기본 사항을 소개합니다. 또한 쿠버네티스 클러스터와 통신하고 인증하는 데 필요한 기본 도구를 설명합니다.

2장 쿠버네티스 클러스터 설정하기에서는 로컬 머신과 클라우드상에서 쿠버네티스 클러스터를 생성하는 잘 알려진 몇 가지 방법을 설명합니다.

3장 쿠버네티스에서 애플리케이션 컨테이너 실행하기에서는 쿠버네티스에서 애플리케이션을 실행하는 가장 기본적인 구성 요소인 파드$_{Pod}$를 소개합니다. 파드를 만드는 방법과 수명주기에 대한 세부 사항을 설명합니다.

4장 애플리케이션 스케일링 및 배포하기에서는 오토스케일링$_{auto\ scaling}$을 포함하여 애플리케이션의 여러 파드를 스케일링 및 업그레이드할 수 있는 상위 레벨의 컨트롤러를 알아봅니다.

5장 서비스 및 인그레스 - 외부 시스템과 통신하기에서는 쿠버네티스 클러스터에서 실행되는 애플리케이션을 외부 사용자에게 노출하는 몇 가지 접근 방식을 소개합니다.

6장 쿠버네티스 애플리케이션 구성하기에서는 쿠버네티스에서 실행되는 애플리케이션 구성(보안 데이터 포함)을 제공하는 데 필요한 기술을 설명합니다.

7장 쿠버네티스의 스토리지에서는 쿠버네티스에서 실행되는 애플리케이션에 영구적 또는 비영구적인 스토리지를 제공하는 방법과 도구를 소개합니다.

8장 파드 할당 제어하기에서는 쿠버네티스 노드에서 파드의 배치를 제어하고 이에 영향을 미치는 다양한 도구와 전략을 소개합니다.

9장 쿠버네티스상 관찰 가능성에서는 측정 지표, 트래킹 및 로깅을 포함하여 쿠버네티스 컨텍스트에서 관찰 가능성을 위한 다양한 원칙을 알아봅니다.

10장 쿠버네티스 문제 해결하기에서는 쿠버네티스 클러스터에서 장애가 발생할 수 있는 몇 가지 주요 상황과 문제를 효과적으로 분류하는 방법을 검토합니다.

11장 쿠버네티스의 템플릿 코드 생성하기 및 CI/CD에서는 쿠버네티스 YAML 템플릿 도구 및 쿠버네티스의 CI/CD에 대한 몇 가지 일반적인 패턴을 소개합니다.

12장 쿠버네티스 보안 및 규정 준수에서는 쿠버네티스 프로젝트의 최근 보안 이슈와 클러스터 및 컨테이너 보안을 위한 도구를 포함하여 쿠버네티스의 보안을 위한 기본적인 사항을 다룹니다.

13장 CRD로 쿠버네티스 확장하기에서는 커스텀 리소스 정의(CRD_Custom Resource Definition)와 함께 오퍼레이터와 같은 쿠버네티스에 커스텀 기능을 추가하는 방법을 소개합니다.

14장 서비스 메시 및 서버리스에서는 쿠버네티스의 몇 가지 고급 패턴을 검토하여 클러스터에 서비스 메시를 추가하고 서버리스 워크로드를 활성화하는 방법을 설명합니다.

15장 쿠버네티스의 스테이트풀 워크로드에서는 쿠버네티스 에코시스템상에서 상태 유지가 필요한 애플리케이션을 실행하는 방법을 설명하는 자습서를 포함하여 스테이트풀_stateful 워크로드를 실행하는 방법을 자세히 설명합니다.

이 책을 잘 활용하기 위해서

쿠버네티스는 컨테이너를 기반으로 구동되기 때문에 이 책의 일부 예제에서는 출판 이후 변경된 내용의 컨테이너가 사용될 수 있습니다. 또한 일부 예시에서 도커 허브에 공개적으로 존재하지 않는 컨테이너들을 사용할 수 있습니다. 이러한 예시는 독자의 애플리케이션 컨테이너를 운영하기 위한 기반 지식으로 활용할 수 있습니다.

책에서 다루는 소프트웨어 및 하드웨어	운영체제 요구사항
도커	윈도우, macOS 및 리눅스
쿠버네티스	macOS 또는 리눅스에서 Minikube를 사용하여 로컬에서 실행할 수 있습니다. 전체 쿠버네티스 클러스터는 컨트롤 플레인 구성 요소에 대해 리눅스를 지원합니다(자세한 내용은 **2장 쿠버네티스 클러스터 설정하기** 참조).
헬름	윈도우, macOS 및 리눅스

경우에 따라 쿠버네티스 같은 오픈소스 소프트웨어에 중대한 변경 사항이 있을 수 있습니다. 이 책은 쿠버네티스 1.19에 따라 설명하지만 최신 정보 및 스펙에 대해서는 해당 문서를 확인하시기 바랍니다(쿠버네티스 및 책에서 다루는 오픈소스 프로젝트).

예제 코드 파일 다운로드

이 책의 예제 코드는 다음 깃허브 URL에서 다운로드 할 수 있습니다.

- https://github.com/wikibook/cnk

코드가 업데이트되는 경우 위 깃허브 리포지토리에 업데이트됩니다.

표기 규칙

이 책에서 사용하는 몇 가지 표기 규칙이 있습니다.

- **본문 텍스트의 코드**: 본문의 코드, 데이터베이스 테이블명, 폴더명, 파일명, 파일 확장자 및 경로명, URL, 사용자 입력 텍스트를 나타냅니다.

  > 토큰이 유효한지 확인하기 위해 CSV 파일을 제공해 API 서버 애플리케이션 시작 시 --token-auth-file-filename 파라미터를 사용할 수 있습니다.

- 코드 블록은 다음과 같습니다.

  ```
  apiVersion: networking.k8s.io/v1
  kind: NetworkPolicy
  metadata:
    name: full-restriction-policy
    namespace: development
  spec:
    policyTypes:
    - Ingress
    - Egress
    podSelector: {}
  ```

- 코드 블록의 특정 부분을 강조할 때는 관련 줄이나 항목을 굵게 표시합니다.

```
spec:
  privileged: false
  allowPrivilegeEscalation: false
  volumes:
    - 'configMap'
    - 'emptyDir'
    - 'projected'
    - 'secret'
    - 'downwardAPI'
    - 'persistentVolumeClaim'
  hostNetwork: false
  hostIPC: false
  hostPID: false
```

- 커맨드라인 입력과 출력 결과는 다음과 같습니다.

```
helm install falco falcosecurity/falco
```

- 굵은 글씨: 새로운 용어, 중요한 단어, 또는 화면에서 확인 가능한 단어를 나타냅니다. 예를 들어, 메뉴 또는 대화상자에 등장하는 단어는 다음과 같이 표시합니다.

> "Prometeus는 Prometeus 알림을 구성하기 위한 **Alerts** 탭도 제공합니다."

- 본문 내용과 관련해서 참고할 만한 내용은 다음과 같이 표시합니다.

> 중요 사항
> 레플리카셋을 사용하지 않고 레플리케이션 컨트롤러를 사용할 이유가 없습니다. 특별한 이유가 있지 않는 한 레플리카셋 사용을 권장합니다.

피드백

독자 여러분의 피드백은 언제나 환영합니다!

일반적인 피드백: 이 책에 대한 문의 사항이 있다면 제목에 책 제목을 기재해서 wikibook@wikibook.co.kr로 이메일을 보내주시기 바랍니다.

정오표: 내용의 정확성을 기하기 위해 최선을 다하지만 실수가 발생할 수 있습니다. 이 책에서 잘못된 부분을 발견했다면 https://wikibook.co.kr/support/contact/를 통해 저희에게 알려주시면 감사하겠습니다.

불법 복제: 인터넷에서 어떤 형태로든 이 책의 불법 복제물을 발견한 경우 URL 주소나 웹사이트 이름을 알려주시면 감사하겠습니다. 자료에 대한 링크와 함께 wikibook@wikibook.co.kr로 보내주세요.

집필/번역 제안: 전문 지식이 있는 주제가 있고 책을 쓰거나 책에 기여하는 데 관심이 있다면 https://wikibook.co.kr/join-author/를 통해 알려주세요.

1부 쿠버네티스 설치하기

01. 쿠버네티스와 통신하기 … 2

기술 요구사항 … 2

컨테이너 오케스트레이션 소개 … 3
- 컨테이너 오케스트레이션이란? … 3
- 컨테이너 오케스트레이션의 장점 … 3
- 일반적인 오케스트레이션 도구 … 4

쿠버네티스의 아키텍처 … 4
- 쿠버네티스 노드 유형 … 4
- 쿠버네티스 컨트롤 플레인 … 5
- 쿠버네티스 API 서버 … 5
- 쿠버네티스 스케줄러 … 6
- 쿠버네티스 컨트롤러 매니저 … 6
- etcd … 6
- 쿠버네티스 워커 노드 … 6
- kubelet … 7
- kube-proxy … 7
- 컨테이너 런타임 … 7
- 애드온 … 7

쿠버네티스 인증 및 권한 … 8
- 네임스페이스 … 8
- 사용자 … 8
- 인증 방법 … 9
- TLS와 보안을 위한 쿠버네티스의 인증서 인프라 … 9
- 권한 부여 옵션 … 10
- RBAC … 10
- ABAC … 12

kubectl과 YAML 사용하기 … 12
- kubectl과 kubeconfig 설정 … 12
- 명령형imperative 커맨드와 선언형declarative 커맨드 … 14
- kubectl 기본 커맨드 소개 … 14
- YAML 파일에 쿠버네티스 리소스 작성하기 … 16

요약	17
질문	17
더 읽을 거리	17

02. 쿠버네티스 클러스터 설정하기 — 18

기술 요구사항	19
신규 클러스터 생성 옵션	19
minikube로 클러스터 쉽게 시작하기	20
minikube 설치하기	20
minikube에서 클러스터 생성하기	21
관리형 쿠버네티스 서비스	21
관리형 쿠버네티스 서비스의 장점	22
관리형 쿠버네티스 서비스의 단점	22
AWS의 EKS(Elastic Kubernetes Service)	23
시작하기	23
구글 클라우드의 GKE(Google Kubernetes Engine)	24
시작하기	24
마이크로소프트 애저의 AKS(Azure Kubernetes Service)	27
시작하기	27
프로그램 방식의 클러스터 생성 도구	28
Kubeadm	28
Kops	28
Kubespray	29
Kubeadm으로 클러스터 생성하기	29
Kubeadm 설치하기	29
마스터 노드 시작하기	30
워커 노드 시작하기	30
kubectl 설정하기	30

Kops를 사용하여 클러스터 생성하기 — 31
  macOS에 설치하기 — 31
  리눅스에 설치하기 — 31
  윈도우에 설치하기 — 32
  Kops에 대한 자격 증명 설정하기 — 32
  상태 저장소 설정하기 — 33
  클러스터 생성하기 — 34

완전히 처음부터 클러스터 생성하기 — 35
  노드 프로비저닝 — 35
  TLS를 위한 쿠버네티스 인증 생성하기 — 36
  설정 파일 생성하기 — 36
  etcd 클러스터 생성과 암호화 구성하기 — 36
  컨트롤 플레인 컴포넌트 부트스트랩하기 — 37
  워커 노드 부트스트랩하기 — 39

요약 — 40
질문 — 41
더 읽을 거리 — 41

03. 쿠버네티스에서 애플리케이션 컨테이너 실행하기 — 42
기술 요구사항 — 43
파드란? — 43
파드 구현하기 — 43
  파드 패러다임 — 44
  파드 네트워크 — 45
  파드 스토리지 — 45
  네임스페이스 — 45
  파드의 라이프사이클 — 46
  파드 리소스 스펙 이해하기 — 47

요약 — 61
질문 — 61
더 읽을 거리 — 61

2부

쿠버네티스 애플리케이션 구성 및 배포

04. 애플리케이션 스케일링 및 배포하기 — 64
- 기술 요구 사항 — 65
- 파드의 문제점과 해결책 이해하기 — 65
  - 파드 컨트롤러 — 65
- 레플리카셋 사용하기 — 67
  - 레플리카 — 68
  - 셀렉터 — 68
  - 템플릿 — 69
  - 레플리카셋 테스트 — 69
- 배포 제어하기 — 70
  - 명령형 커맨드로 배포 제어 — 73
- 수평형 파드 오토스케일러의 활용하기 — 74
- 데몬셋 구현하기 — 75
- 스테이트풀셋 이해하기 — 77
- 잡 사용하기 — 79
  - 크론잡 — 81
- 종합 정리 — 83
- 요약 — 89
- 질문 — 89
- 더 읽을 거리 — 89

05. 서비스 및 인그레스 – 외부 시스템과 통신하기 — 90
- 기술 요구 사항 — 91
- 서비스와 클러스터 DNS 이해하기 — 91
  - 클러스터 DNS — 92
  - 서비스 프락시 종류 — 93
- ClusterIP 구현 — 94
  - 프로토콜 — 95

NodePort 사용하기	96
로드밸런서 서비스 설정하기	99
ExternalName 서비스 생성하기	100
인그레스 구성하기	102
인그레스 컨트롤러	103
요약	108
질문	109
더 읽을 거리	109

06. 쿠버네티스 애플리케이션 구성하기   110

기술 요구 사항	110
모범 사례를 활용한 컨테이너화된 애플리케이션 구성	111
컨피그맵 이해하기	111
시크릿 이해하기	112
컨피그맵 구현하기	112
텍스트 값에서 컨피그맵 생성하기	113
파일에서 컨피그맵 생성하기	114
볼륨으로 컨피그맵 마운트하기	115
환경 변수로 컨피그맵 마운트하기	116
시크릿 사용하기	117
파일에서 시크릿 생성하기	118
수동 선언적으로 시크릿 생성하기	119
볼륨으로 시크릿 마운트하기	119
시크릿을 환경 변수로 마운트하기	120
암호화된 시크릿 구현하기	121
시크릿의 암호화 여부 확인하기	123
클러스터 암호화 비활성화하기	124
요약	125
질문	125
더 읽을 거리	126

07. 쿠버네티스의 스토리지 — 127

- 기술 요구 사항 — 128
- 볼륨과 퍼시스턴트 볼륨의 차이점 이해 — 128
- 볼륨 — 128
- 퍼시스턴트 볼륨 — 132
  - 퍼시스턴트 볼륨 클레임 — 133
  - 파드에 퍼시스턴트 볼륨 클레임(PVC) 연결하기 — 135
- 클라우드 스토리지가 없는 퍼시스턴트 볼륨 — 136
  - Rook 설치하기 — 137
  - rook-ceph-block 스토리지 클래스 — 138
  - Rook Ceph 파일 시스템 — 141
- 요약 — 144
- 질문 — 144
- 더 읽을 거리 — 144

08. 파드 할당 제어하기 — 145

- 기술 요구 사항 — 146
- 파드 할당에 대한 사용 사례 확인하기 — 146
  - 쿠버네티스 노드 상태 할당 제어하기 — 147
  - 다양한 노드 유형이 필요한 애플리케이션 — 147
  - 특정 데이터 규정 준수가 필요한 애플리케이션 — 148
  - 다중 장애 도메인 — 148
- 노드 셀렉터와 노드 네임 사용하기 — 149
- 테인트와 톨러레이션 구현하기 — 151
  - 다중 테인트와 톨러레이션 — 154
- 노드 어피니티로 파드 제어하기 — 155
  - requiredDuringSchedulingIgnoredDuringExecution 노드 어피니티 사용하기 — 156
  - preferredDuringSchedulingIgnoredDuringExecution 노드 어피니티 사용하기 — 158
  - 다중 노드 어피니티 — 160

인터-파드 어피니티와 안티-어피니티 사용하기	161
파드 어피니티	162
파드 안티-어피니티	164
결합된 어피니티와 안티-어피니티	166
파드 어피니티와 안티-어피니티 제한 사항	167
파드 어피니티와 안티-어피니티 네임스페이스	168
요약	169
질문	169
더 읽을 거리	170

3부
프로덕션 환경에서 쿠버네티스 실행하기

09. 쿠버네티스의 관찰 가능성	172
기술 요구 사항	173
쿠버네티스 관찰 가능성 이해하기	173
쿠버네티스 클러스터 및 애플리케이션 상태에 대한 중요 사항 이해하기	174
기본 관찰 도구 사용하기	176
쿠버네티스의 지표	176
쿠버네티스의 로깅	179
쿠버네티스 대시보드 설치하기	181
쿠버네티스의 경고와 추적	185
최상의 에코시스템을 활용하여 쿠버네티스 관찰 가능성 향상시키기	186
프로메테우스와 그라파나 소개	186
쿠버네티스에서 EFK 스택 구현하기	195
예거를 사용하여 분산 추적 구현하기	201
타사 도구	206
요약	207
질문	207
더 읽을 거리	208

10. 쿠버네티스 문제 해결하기 — 209

- 기술 요구 사항 — 210
- 분산 애플리케이션의 장애 모드 이해하기 — 210
  - 네트워크가 안정적입니다 — 211
  - 지연 시간이 0입니다 — 212
  - 대역폭이 무한합니다 — 212
  - 네트워크가 안전합니다 — 212
  - 토폴로지가 변경되지 않습니다 — 213
  - 관리자가 한 명뿐입니다 — 213
  - 전송비가 0입니다 — 213
  - 네트워크가 동종입니다 — 214
- 쿠버네티스 클러스터 문제 해결하기 — 214
  - 사례 연구 – 쿠버네티스 파드 배치 실패 — 214
- 쿠버네티스에서 애플리케이션 문제 해결하기 — 219
  - 사례 연구 1 – 서비스가 응답하지 않음 — 220
  - 사례 연구 2 – 잘못된 파드 시작 커맨드 — 224
  - 사례 연구 3 – 로그가 있는 파드 애플리케이션 오작동 — 228
- 요약 — 234
- 질문 — 234
- 더 읽을 거리 — 234

11. 쿠버네티스의 템플릿 코드 생성 및 CI/CD — 235

- 기술 요구 사항 — 236
- 쿠버네티스에서 템플릿 코드 생성을 위한 옵션 이해하기 — 236
  - Helm — 237
  - Kustomize — 237
- Helm 및 Kustomize를 사용하여 쿠버네티스에서 템플릿 구현하기 — 237
  - 쿠버네티스와 함께 Helm 사용하기 — 238
  - Helm 차트 설치 및 제거하기 — 245
  - 쿠버네티스와 함께 Kustomize 사용하기 — 248

클러스터 내부 및 외부 관점에서 쿠버네티스의 CI/CD 패러다임 이해하기	255
클러스터 외 CI/CD	256
클러스터 내 CI/CD	256

쿠버네티스를 사용하여 클러스터 내 및 클러스터 외 CI/CD 구현하기	257
AWS Codebuild로 쿠버네티스 CI 구현	257
FluxCD로 쿠버네티스 CI 구현하기	261

요약	265
질문	265
더 읽을 거리	265

12. 쿠버네티스 보안 및 규정 준수   266

기술 요구 사항	267
쿠버네티스의 보안 이해하기	267
쿠버네티스에 대한 CVE 및 보안 감사 검토하기	268
CVE-2016-1905 이해 – 부적절한 승인 제어	268
CVE-2018-1002105 이해 – 백엔드로의 연결 업그레이드	268
2019년 보안 감사 결과 이해하기	269

클러스터 구성 및 컨테이너 보안을 위한 도구 구현하기	270
승인 컨트롤러 사용하기	270
파드 보안 정책 활성화하기	276
네트워크 정책 사용하기	282

쿠버네티스에서 침입 감지, 런타임 보안 및 규정 준수 처리하기	288
팔코 설치하기	288
팔코의 기능 이해하기	289
팔코를 규정 준수 및 런타임 보안 사용 사례에 매핑하기	294

요약	294
질문	295
더 읽을 거리	295

4부 쿠버네티스 확장하기

13. CRD로 쿠버네티스 확장하기 — 298
- 기술 요구 사항 — 299
- CRD로 쿠버네티스를 확장하는 방법 — 299
  - 커스텀 리소스 정의 작성하기 — 300
  - 커스텀 리소스 버전 정의 이해하기 — 302
  - 커스텀 리소스 정의 테스트하기 — 307
- 쿠버네티스 오퍼레이터를 통한 자체 관리 기능 — 308
  - 오퍼레이터의 제어 루프 매핑하기 — 308
  - 커스텀 리소스 정의를 위한 오퍼레이터 설계하기 — 310
- 클라우드별 쿠버네티스 익스텐션 사용하기 — 313
  - cloud-controller-manager 컴포넌트 이해하기 — 314
  - cloud-controller-manager 설치하기 — 314
  - cloud-controller-manager 기능 확인하기 — 317
  - 쿠버네티스에서 external-dns 사용하기 — 318
  - cluster-autoscaler 애드온 사용하기 — 320
- 에코시스템과 통합하기 — 320
  - 클라우드 네이티브 컴퓨팅 재단(CNCF) 소개 — 321
- 요약 — 322
- 질문 — 322
- 더 읽을 거리 — 322

14. 서비스 메시 및 서버리스 — 323
- 기술 요구 사항 — 324
- 사이드카 프락시 사용 — 324
  - NGINX를 사이드카 리버스 프락시로 사용하기 — 326
  - 사이드카 프락시로 Envoy 사용 — 331
- 쿠버네티스에 서비스 메시 추가 — 340
  - 쿠버네티스에서 Istio 설정 — 341

쿠버네티스에서 서버리스 구현	347
쿠버네티스에서 FaaS용 Knative 사용	348
쿠버네티스에서 FaaS용 OpenFaaS 사용	353
요약	357
질문	358
더 읽을 거리	358

15. 쿠버네티스의 스테이트풀 워크로드   359

기술 요구 사항	360
쿠버네티스의 스테이트풀 애플리케이션 이해	360
인기 있는 쿠버네티스 기반 스테이트풀 애플리케이션	360
쿠버네티스에서 스테이트풀 애플리케이션을 실행하는 전략 이해	362
쿠버네티스에 객체 스토리지 배포	368
Minio 오퍼레이터 설치	369
Krew와 Minio kubectl 플러그인 설치	369
Minio 오퍼레이터 시작	370
Minio 테넌트 생성	371
Minio 콘솔 접속	376
쿠버네티스에서 DB 실행	379
쿠버네티스에서 CockroachDB 실행	380
SQL로 CockroachDB 테스트	382
쿠버네티스에서 메시징과 큐 구현	383
쿠버네티스에 RabbitMQ 배포	383
요약	386
질문	386
더 읽을 거리	386

1부

쿠버네티스 설치하기

1부에서는 쿠버네티스의 용도, 설계 방법, 간단한 클러스터를 생성하고 통신하는 방법뿐만 아니라 기본 워크로드를 실행하는 방법을 설명합니다.

1부는 다음 장으로 구성됩니다.

- 1장 쿠버네티스와 통신하기
- 2장 쿠버네티스 클러스터 설정하기
- 3장 쿠버네티스에서 애플리케이션 컨테이너 실행하기

01

쿠버네티스와 통신하기

이번 장에서는 쿠버네티스의 장점과 사용 사례, 그리고 일반적인 구현을 포함한 컨테이너 오케스트레이션을 설명합니다. 또한 아키텍처 구성 요소의 레이아웃과 권한 부여, 인증, 그리고 일반적인 통신 방법을 포함해 쿠버네티스에 대해 간단하게 설명합니다. 마지막 부분에서는 쿠버네티스 API로 인증하는 방법과 통신하는 방법을 설명합니다.

이번 장에서는 다음 주제를 다룹니다.

- 컨테이너 오케스트레이션 기초
- 쿠버네티스 아키텍처
- 쿠버네티스의 인증 및 권한
- kubectl과 YAML 파일 사용하기

기술 요구사항

이번 장에서 설명하는 커맨드를 실행하려면 리눅스나 macOS, 윈도우가 실행되는 컴퓨터가 필요합니다. 이번 장에서 이후 모든 장에서 사용할 kubectl 커맨드라인 툴을 설치하는 방법을 설명합니다.

사용된 코드는 다음 링크의 깃허브 리포지토리에서 확인할 수 있습니다.

- https://github.com/wikibook/cnk/tree/master/Chapter1

컨테이너 오케스트레이션 소개

쿠버네티스의 목적을 소개하지 않고 이 주제를 설명할 수는 없습니다. 쿠버네티스는 컨테이너 오케스트레이션orchestration 프레임워크로, 이 책에서 의미하는 바를 설명하겠습니다.

컨테이너 오케스트레이션이란?

컨테이너 오케스트레이션은 클라우드와 데이터 센터에서 현대적 애플리케이션을 실행하기 위한 일반적인 패턴입니다. 컨테이너(의존성으로 패키징되어 사전 설정된 애플리케이션 집합)를 사용함으로써 개발자는 하나의 애플리케이션을 수많은 인스턴스에서 병렬로 실행할 수 있습니다.

컨테이너 오케스트레이션의 장점

컨테이너 오케스트레이션이 제공하는 장점은 많지만 여기서는 주요 내용을 중심으로 살펴봅니다. 첫 번째, 개발자가 **고가용성**high-availability 애플리케이션을 쉽게 구축할 수 있습니다. 여러 개의 애플리케이션 인스턴스를 실행함으로써 컨테이너를 이용한 오케스트레이션 시스템을 구성할 수 있습니다. 즉, 실패한 애플리케이션의 인스턴스를 자동으로 새로운 인스턴스로 교체합니다.

이렇게 하면 여러 애플리케이션 인스턴스를 물리적인 데이터 센터에서 클라우드로 확장할 수 있고, 하나의 데이터 센터가 중단돼도 다른 인스턴스의 애플리케이션은 계속 작동해 다운타임을 방지합니다.

두 번째, 컨테이너 오케스트레이션은 **규모 확장성**scalability이 높은 애플리케이션 구축을 가능하게 합니다. 애플리케이션의 새 인스턴스를 쉽게 만들고 삭제할 수 있기 때문에 오케스트레이션 도구는 수요에 맞게 자동으로 확장 및 축소할 수 있습니다. 클라우드 또는 데이터 센터 환경에서 새로운 **가상머신(VM)**이나 물리 머신을 오케스트레이션 도구에 리소스로 추가하여 더 큰 규모의 컴퓨터 풀을 관리할 수 있습니다. 이 프로세스는 클라우드 설정에서 완전히 자동화될 수 있고 규모가 작든 크든 상관없이 완전히 자유롭게 확장 가능합니다.

일반적인 오케스트레이션 도구

컨테이너 생태계에서 사용할 수 있는 매우 인기있는 오케스트레이션 도구는 다음과 같습니다.

- **도커 스웜**: 도커 스웜은 도커 컨테이너 엔진을 개발한 팀이 만들었습니다. 쿠버네티스에 비해 설정 및 실행은 쉽지만 유연성은 부족합니다.
- **아파치 메소스**: 아파치 메소스(Apache Mesos)는 데이터 센터와 클라우드 환경 모두에서 컴퓨팅, 메모리 및 스토리지를 관리하는 로우레벨(lower-level) 오케스트레이션 도구입니다. 메소스는 기본적으로 컨테이너를 관리하지 않지만, 메소스 위에서 실행되는 프레임워크인 마라톤(Marathon)은 완전하게 확장된 컨테이너 오케스트레이션 도구입니다. 메소스 위에서 쿠버네티스를 실행하는 것도 가능합니다.
- **쿠버네티스**: 2020년 현재, 컨테이너 오케스트레이션의 많은 작업이 쿠버네티스(k8s라는 축약어로 부르기도 함)로 통합됐습니다. 쿠버네티스는 구글이 개발한 오픈소스 컨테이너 오케스트레이션 도구로, Borg라는 이름으로 시작해 Omega까지 수년 동안 운영 경험을 바탕으로 공개됐습니다. 쿠버네티스는 오픈소스가 된 후 엔터프라이즈 환경에서 컨테이너를 실행하고 오케스트레이션하는 사실상 표준이 될 정도로 인기가 높아졌습니다. 여기에는 쿠버네티스가 매우 큰 커뮤니티를 가진 성숙도 높은 제품이라는 것과 앞에서 언급한 아파치 메소스보다 조작이 간단하고 도커 스웜보다는 유연하다는 것을 포함한 여러 가지 이유가 있습니다.

컨테이너 오케스트레이션 관련 도구가 여러 개 있고 어떤 측면에서는 다른 도구가 더 나은 점도 있을 수 있지만 가장 중요한 점은 쿠버네티스가 사실상 표준으로 자리 잡았다는 것입니다. 이것을 염두에 두고 쿠버네티스가 어떻게 작동하는지 살펴보겠습니다.

쿠버네티스의 아키텍처

쿠버네티스는 클라우드 또는 데이터 센터의 VM에서 실행되는 오케스트레이션 도구입니다. 일반적으로 쿠버네티스는 가상머신이나 물리 머신에서 각각 존재할 수 있으며 노드의 집합에서 실행됩니다.

쿠버네티스 노드 유형

쿠버네티스 노드는 VM, 베어메탈 호스트, 라즈베리 파이 등 여러 가지 유형이 있습니다. 쿠버네티스 노드는 다음 두 가지 범주로 구분합니다. 첫 번째는 마스터 노드(master node)로 쿠버네티스 컨트롤 플레인(control plane) 애플리케이션 실행을 담당하고, 두 번째 워커 노드(worker node)는 쿠버네티스에 배포하는 애플리케이션을 실행합니다.

프로덕션 배포 시 일반적으로 고가용성을 위해 최소 3개의 마스터 노드와 3개의 워커 노드로 구성하며 대부분 대규모 운영 시 마스터 노드보다 훨씬 더 많은 워커 노드를 실행합니다.

쿠버네티스 컨트롤 플레인

쿠버네티스 컨트롤 플레인은 마스터 노드에서 실행되는 애플리케이션과 서비스의 집합입니다. 쿠버네티스 기능의 핵심인 고도로 특화된 몇 가지 서비스가 있습니다.

- kube-apiserver: 쿠버네티스 API 서버입니다. 이 애플리케이션은 쿠버네티스에 전송된 커맨드를 처리합니다.
- kube-scheduler: 쿠버네티스 스케줄러입니다. 이 컴포넌트는 워크로드를 배치할 노드를 결정하며 이는 상당히 복잡한 과정일 때도 있습니다.
- kube-contorller-manager: 쿠버네티스 컨트롤 매니저입니다. 이 컴포넌트는 클러스터와 클러스터에서 실행 중인 애플리케이션이 원하는 설정대로 구성되도록 고수준의 제어 루프(control loop, 제어 회로)를 제공합니다.
- etcd: 클러스터 설정이 포함된 분산 키-값 저장소(distributed key-value store)입니다.

일반적으로 이러한 컴포넌트는 모든 마스터 노드에서 실행되는 시스템 서비스 형태로 되어 있습니다. 클러스터 전체를 수동으로 실행 및 생성할 수도 있지만, 클러스터 생성 라이브러리나 클라우드 벤더가 공급 및 관리하는 아마존 EKS(Elastic Kubernetes Service)와 같은 서비스를 사용하면 프로덕션 환경에서 자동으로 시작할 수 있습니다.

쿠버네티스 API 서버

쿠버네티스 API 서버는 일반적으로 433 포트를 사용해 HTTPS 요청을 받는 컴포넌트입니다. 이번 장에서는 자체 서명(self-signed) 인증서와 인증 및 권한 메커니즘에 대해 설명합니다.

쿠버네티스 API 서버에 구성 요청 시 etcd에서 현재 클러스터 설정 정보를 확인하고 필요 시 변경합니다.

쿠버네티스 API는 일반적으로 RESTful API입니다. 이는 쿼리 경로로 API 버전(예: /api/v1)과 각 쿠버네티스 리소스 유형에 대한 엔드포인트로 구성됩니다.

쿠버네티스를 확장하기 위한 목적으로(**13장 CRD로 쿠버네티스 확장하기** 참고) API 그룹을 기반으로 동적 엔드포인트 세트를 가진 API를 이용해 커스텀 리소스를 동일한 수준의 RESTful API로 노출할 수 있습니다.

쿠버네티스 스케줄러

쿠버네티스 스케줄러는 워크로드의 실행 위치를 결정합니다. 이 결정은 기본적으로 워크로드의 리소스 요구사항 및 노드의 상태에 따라 달라집니다. 또한 쿠버네티스에서 설정할 수 있는 할당 제어를 통해(**8장 파드 할당 제어하기** 참고) 스케줄러를 조정할 수 있습니다. 이러한 제어 기능은 노드에서 이미 실행 중인 다른 파드와 같은 노드 레이블 역할을 할 수 있고 그밖에 다양한 작동을 할 수 있게 합니다.

쿠버네티스 컨트롤러 매니저

쿠버네티스 컨트롤러 매니저는 여러 개의 컨트롤러를 실행하는 컴포넌트입니다. 컨트롤러는 클러스터의 현재 상태가 설정에 저장된 상태와 일치하도록 제어 루프를 실행합니다. 기본적으로 다음을 포함합니다.

- 노드 컨트롤러: 노드가 활성화되고 실행되게 보장합니다.
- 레플리케이션 컨트롤러: 각 워크로드가 적절하게 확장하게 보장합니다.
- 엔드포인트 컨트롤러: 각 워크로드에 대한 통신 및 라우팅 구성을 처리합니다(**5장 서비스 및 인그레스 – 외부 시스템과 통신하기** 참고).
- 서비스 어카운트 및 토큰 컨트롤러: API 액세스 토큰과 기본 어카운트 생성을 처리합니다.

etcd

etcd는 클러스터의 설정을 고가용성 방식으로 저장할 수 있는 분산 키-값 저장소입니다. etcd 복제본은 각 마스터 노드에서 실행되며, 키 또는 값에 대한 변경을 허용하기 전에 쿼럼quorum(필요한 최소한의 서버 수)이 유지될 수 있게 래프트 합의 알고리즘[1]_{Raft Consensus Algorithm}을 사용합니다.

쿠버네티스 워커 노드

쿠버네티스 워커 노드에는 컨트롤 플레인과 통신하고 네트워크 처리를 할 수 있는 컴포넌트가 포함되어 있습니다.

---

[1] (옮긴이) 래프트 합의 알고리즘: https://ko.wikipedia.org/wiki/래프트_(컴퓨터_과학)

첫째로는 클러스터 설정에 따라 컨테이너가 노드에서 실행되고 있는지 확인하는 **kubelet**이 있습니다. 둘째로는 각 노드에서 실행되는 워크로드에 네트워크 프락시 레이어를 제공하는 **kube-proxy**가 있습니다. 마지막으로 **컨테이너 런타임**이 각 노드에서 워크로드를 실행하는 데 사용됩니다.

kubelet

kubelet(쿠블릿 또는 큐블릿)은 모든 노드(마스터 노드 포함)에서 실행되는 에이전트입니다. 주요 목적은 PodSpec(파드 스펙) 리스트를 수신(나중에 자세히 설명)하고 이에 의해 정의된 컨테이너가 노드에서 실행 중인지 확인하는 것입니다. kubelet은 몇 가지 다른 메커니즘을 통해 PodSpec을 가져오지만 주로 쿠버네티스 API 서버를 확인해 리스트를 가져옵니다. 다른 방법으로 PodSpec 리스트가 위치한 파일 경로나 모니터링할 HTTP 엔드포인트, 또는 요청을 수신할 수 있는 자체적인 HTTP 엔드포인트를 모니터링해 확인하기도 합니다.

kube-proxy

kube-proxy는 모든 노드에서 실행되는 네트워크 프락시입니다. 주요 목적은 노드에서 실행되는 워크로드에 대해 TCP, UDP, SCTP 포워딩(스트림 또는 라운드 로빈을 통해)을 수행하는 것입니다. kube-proxy는 쿠버네티스 서비스 구성을 지원합니다(5장 서비스 및 인그레스 – 외부 시스템과 통신하기에서 자세히 설명합니다).

컨테이너 런타임

컨테이너 런타임은 각 노드에서 실행되며 실제로 워크로드를 실행하는 컴포넌트입니다. 쿠버네티스는 CRI-O, Docker, containerd, rktlet 및 모든 유효한 **CRI(Container Runtime Interface, 컨테이너 런타임 인터페이스)**를 지원합니다. 쿠버네티스 v1.14부터 RuntimeClass 기능은 알파에서 베타 버전으로 변경됐으며 특정 워크로드에 특화된 런타임을 선택할 수 있습니다.

애드온

핵심 클러스터 컴포넌트 외에도 일반적인 쿠버네티스 설치 시에 특정 기능을 제공하기 위한 추가 컴포넌트가 함께 설치됩니다.

예를 들어, **CNI(Container Network Interface)**인 Calico, Flannel 또는 Weave 같은 플러그인은 쿠버네티스 네트워크 요구사항을 준수하는 확장(overlay) 네트워크 기능을 제공합니다.

한편으로 CoreDNS는 클러스터 내 DNS 및 서비스 검색을 위해 자주 사용되는 애드온입니다. 또한 GUI를 통해 클러스터를 보고 제어할 수 있는 쿠버네티스 대시보드와 같은 도구도 있습니다.

여기서는 쿠버네티스의 주요 컴포넌트에 대해 개념적으로 이해한 후, 사용자가 이러한 컴포넌트를 쿠버네티스와 상호작용을 통해 제어하는 방법을 확인합니다.

쿠버네티스 인증 및 권한

네임스페이스는 쿠버네티스에서 매우 중요한 개념이며, API 액세스와 인증에 영향을 줄 수 있습니다.

네임스페이스

쿠버네티스의 네임스페이스는 클러스터에서 쿠버네티스 리소스를 그룹으로 구성할 수 있게 합니다. 이는 다양한 용도로 사용할 수 있는 분류 방법입니다. 예를 들어, 클러스터에 개발, 스테이지, 프로덕션 환경에 대한 네임스페이스를 각각 구성할 수 있습니다.

기본적으로 쿠버네티스는 디폴트 네임스페이스, kube-sysem 네임스페이스, kube-public 네임스페이스가 생성됩니다. 명명하지 않고 리소스 생성 시 디폴트 네임스페이스로 생성됩니다. kube-system은 etcd, 스케쥴러와 같은 쿠버네티스 시스템에서 생성한(사용자가 생성한 리소스를 제외하고) 모든 리소스와 같은 클러스터 서비스를 포함합니다. kube-public은 기본적으로 모든 사용자가 읽을 수 있으며 공용 리소스에 사용할 수 있습니다.

사용자

쿠버네티스에는 일반 사용자regular user와 서비스 계정service account이라는 두 가지 유형[2]의 사용자가 있습니다.

일반 사용자는 보통 개인 키, 사용자 이름과 암호, 또는 사용자 저장소 형태와 관계없이 클러스터 외부의 서비스가 관리합니다. 하지만 서비스 계정은 쿠버네티스가 관리하며 특정 네임스페이스로 제한됩니다.

---

2 (옮긴이) 일반적으로 쿠버네티스의 어카운트 유형을 구분할 때 사용자 계정User Account과 서비스 계정Service Account으로 구분합니다. 여기서는 사용자 계정을 일반 사용자Regular User로 설명하고 있습니다.

서비스 계정을 만들기 위해 쿠버네티스 API가 자동으로 계정을 만들 수도 있고 쿠버네티스 API 호출을 통해 수동으로 생성할 수도 있습니다.

쿠버네티스 API는 세 가지 유형의 요청이 있는데, 일반 사용자와 연관된 요청, 서비스 계정과 관련된 요청, 그리고 익명 요청이 있습니다.

인증 방법

인증 요청을 위해 쿠버네티스는 HTTP의 기본 요청, 클라이언트 인증서, 베어러 토큰bearer token, 프락시 기반 인증과 같은 다양한 옵션을 제공합니다.

HTTP 인증을 사용하기 위해서는 요청자가 베어러 값인 "token value"를 가진 인증 헤더와 함께 요청을 발송합니다.

토큰이 유효한지 확인하기 위해 CSV 파일을 제공해 API 서버 애플리케이션 시작 시 --token-auth-file-filename 파라미터를 사용할 수 있습니다. **부트스트랩 토큰**Bootstrap Tokens이라고 불리는 새로운 베타 기능은 API 서버가 실행되는 동안 재시작하지 않고도 토큰을 동적으로 교체하고 변경할 수 있게 합니다.

또한 Basic base64encoded(username:password)[3] 헤더 값을 사용한 기본 사용자 이름과 암호를 이용한 인증 토큰을 이용해 인증이 가능합니다.

TLS와 보안을 위한 쿠버네티스의 인증서 인프라

클라이언트 인증서(X.509 인증서)를 사용하기 위해서는 --client-ca-file=filename 파라미터를 이용해 API 서버를 시작해야 합니다. 해당 파일에는 API 요청 시 전달하는 인증서를 검증하는 **CA(Certificate Authorities, 인증 기관)**가 하나 이상 포함돼야 합니다.

CA 외에도 **CSR(Certificate Signing Request, 인증서 서명 요청)**을 생성해야 합니다. 이때 사용자 그룹을 포함할 수 있으며, 자세한 내용은 **인증** 옵션 관련 절에서 설명합니다.

예를 들어, 다음과 같이 사용할 수 있습니다.

```
$ openssl req -new -key myuser.pem -out myusercsr.pem -subj "/CN=myuser/0=dev/0=staging"
```

---

[3] (옮긴이) base64encoded(username:password)는 "{사용자이름} + ':' + {암호}" 문자열을 Base64로 인코딩한 결괏값 입력을 의미합니다.

이 커맨드로 dev와 staging이라는 이름의 그룹 일원으로 myuser 사용자를 위한 CSR이 생성됩니다.

CA 및 CSR이 생성되면 openssl, easyrsa, cfssl과 같은 인증서 생성 도구를 통해 사용할 클라이언트 인증서와 서버 인증서를 생성할 수 있습니다.

이 책의 목적은 가능하면 빠르게 쿠버네티스에서 워크로드를 실행하는 것이므로 다양한 인증서 구성 방법에 대한 내용은 생략합니다. 쿠버네티스 설명서와 **Kubernetes The Hard Way** 문서[4]에 클러스터를 처음부터 설정하는 방법이 잘 설명되어 있습니다. 대부분 실제 서비스 프로덕션에서 사용할 때는 이러한 단계를 수동으로 수행하지 않습니다.

권한 부여 옵션

쿠버네티스는 노드, 웹훅$_{webhook}$, RBAC, ABAC 권한 부여 방법을 제공합니다. 이 책에서는 가장 많이 사용하는 RBAC와 ABAC를 중점적으로 다루겠습니다. 다른 서비스와 함께/또는 커스텀 기능으로 클러스터를 확장한다면 다른 권한 부여 방법이 사용될 수도 있습니다.

RBAC

RBAC는 Role-Based Access Control(역할 기반 액세스 컨트롤)의 약자이며 권한 부여를 위한 일반적인 패턴입니다. 특히 쿠버네티스에서 RBAC의 역할과 사용자는 네 가지 쿠버네티스 리소스(Role, ClusterRole, RoleBindig, ClusterRoleBinding)를 사용해 구현됩니다. RBAC 모드를 활성화하기 위해서는 --authorization-mode=RBAC 파라미터 설정과 함께 API 서버를 시작해야 합니다.

Role과 ClusterRole 리소스는 특정 사용자의 권한을 지정하지 않고 권한의 집합을 정의합니다. 권한은 resources와 verbs를 이용해 설정합니다. 다음은 Role을 정의하는 샘플 YAML 파일입니다. 샘플 파일의 다른 내용은 나중에 설명합니다. 여기서는 resources와 verbs 행에 초점을 맞춰 리소스에 어떻게 적용할 수 있는지 확인합니다.

read-only-role.yaml
```
apiVersion: rbac.authorization.k8s.io/v1
kind: Role
```

---

[4] https://github.com/kelseyhightower/kubernetes-the-hard-way

```
metadata:
  namespace: default
  name: read-only-role
rules:
- apiGroups: [""]
  resources: ["pods"]
  verbs: ["get", "list"]
```

Role과 ClusterRole의 유일한 차이점은 Role은 특정 네임스페이스(이 경우 default 네임스페이스)로 제한되는 반면, ClusterRole은 클러스터 범위뿐만 아니라 클러스터에서 해당 유형의 모든 리소스(노드와 같은 클러스터 범위의 리소스)에 대한 액세스에 영향을 줄 수 있다는 것입니다.

RoleBinding 및 ClusterRoleBinding은 사용자 또는 사용자 리스트를 가지고 Role 또는 ClusterRole을 연결하는 리소스입니다. 다음 YAML 파일은 readonlyuser라는 사용자에 read-only-role을 연결하는 RoleBinding 리소스 설정을 나타냅니다.

read-only-rb.yaml

```
apiVersion: rbac.authorization.k8s.io/v1namespace.
kind: RoleBinding
metadata:
  name: read-only
  namespace: default
subjects:
- kind: User
  name: readonlyuser
  apiGroup: rbac.authorization.k8s.io
roleRef:
  kind: Role
  name: read-only-role
  apiGroup: rbac.authorization.k8s.io
```

subjects 키는 연결하는 역할에 대한 모든 엔티티 목록을 포함합니다(여기서는 사용자 alex). roleRef는 연결할 역할의 이름과 유형(Role 또는 ClusterRole)이 포함됩니다.

ABAC

ABAC는 Attribute-Based Access Control(속성 기반 액세스 컨트롤)의 약어로서 역할$_{role}$ 대신 **정책**$_{policy}$을 사용해 동작합니다. API 서버는 정책 오브젝트가 정의된 JSON 오브젝트 목록을 포함하는 권한 부여 정책 파일을 사용하여 ABAC 모드를 시작합니다. ABAC 모드를 활성화하려면 API 서버를 --authorization-mode=ABAC와 --authorization-mode-file=filename 파라미터를 설정해 시작합니다.

정책 파일에는 단일 정책의 정보를 포함하는 각 정책 오브젝트가 있습니다. 우선 정책 오브젝트가 어떤 주제에 해당하는지, 또한 사용자가 될 수 있는지 아니면 그룹이 될 수 있는지, 다음으로 정책을 통해 어느 리소스에 접근할 수 있는지가 담겨 있습니다. 또한 불$_{Boolean}$ 읽기 전용 값으로 정책의 리스팅(list), 가져오기(get), 감시(watch) 작업을 제한할 수 있습니다.

보조 유형 정책은 리소스가 아닌$_{non-resource}$ /version 엔드포인트와 같은 호출 유형과 연결됩니다.

API 요청이 ABAC 모드에서 수행되면 API 서버는 정책 파일의 리스트에 대해 사용자 및 사용자의 그룹을 확인하고 사용자가 접근하는 리소스 또는 엔드포인트와 일치하는 정책이 있는지 확인합니다. 접근 권한이 일치할 경우 API 서버가 요청을 승인합니다.

쿠버네티스 API가 인증 및 권한 부여를 처리하는 방법을 잘 이해해야 합니다. API를 직접 액세스할 수 있지만 쿠버네티스가 제공하는 커맨드라인 툴$_{command-line\ tool}$을 이용해 간단하게 인증 및 쿠버네티스 API 요청을 할 수 있습니다.

kubectl과 YAML 사용하기

kubectl은 공식적으로 제공하는 쿠버네티스 API에 액세스하기 위한 커맨드라인 툴입니다. 리눅스, macOS, 윈도우에 설치할 수 있습니다.

kubectl과 kubeconfig 설정

kubectl의 최신 버전을 설치하려면 다음 URL에서 설치 방법을 확인할 수 있습니다.

- https://kubernetes.io/docs/tasks/tools/install-kubectl/

kubectl을 설치한 후 하나 이상의 클러스터로 인증 설정을 해야 합니다. 이는 kubeconfig 파일을 사용하여 수행합니다.

kubeconfig 예제

```yaml
apiVersion: v1
kind: Config
preferences: {}

clusters:
- cluster:
    certificate-authority: fake-ca-file
    server: https://1.2.3.4
  name: development

users:
- name: alex
  user:
    password: mypass
    username: alex

contexts:
- context:
    cluster: development
    namespace: frontend
    user: developer
  name: development
```

kubeconfig 예제 파일은 YAML로 작성됐으며, 이 파일이 로컬 컴퓨터에서만 사용된다는 점을 제외하면 곧 설명할 다른 쿠버네티스 리소스 명세와 아주 유사합니다.

kubeconfig의 YAML 파일에는 clusters, users, contexts라는 세 가지 섹션이 있습니다.

- clusters 섹션은 CA 파일 이름과 서버 API 엔드포인트를 포함하여 kubectl을 통해 액세스할 수 있는 클러스터 리스트입니다.

- users 섹션은 사용자 인증서나 사용자명/암호 조합으로 인증할 수 있는 사용자 리스트입니다.

- 마지막으로 contexts 섹션은 클러스터, 네임스페이스, 컨텍스트 및 사용자 조합인 context에 대한 리스트입니다. kubectl config user-context 커맨드를 사용해 cluster, user 및 namespace 조합의 context를 쉽게 변경할 수 있습니다.

명령형imperative 커맨드와 선언형declarative 커맨드

쿠버네티스 API에 접근하는 방법은 두 가지가 있습니다. 명령형 접근법을 사용하면 쿠버네티스에 '우분투 복사 컨테이너 2개를 스핀업spin-up하라'[5] 또는 '이 애플리케이션을 5개로 확장하라'와 같은 커맨드를 직접 전달합니다.

반면 선언형 커맨드를 사용하면 클러스터에서 실행해야 하는 항목에 대한 스펙이 포함된 파일을 작성하고 쿠버네티스 API를 이용해 클러스터 구성과 일치하는지 확인 및 업데이트를 할 수 있습니다.

명령형 커맨드를 사용하면 쿠버네티스를 신속하게 시작할 수 있지만, 프로덕션 워크로드 또는 복잡한 워크로드를 실행할 때는 YAML을 작성한 후 선언형 설정을 사용하는 것을 권장합니다. 그 이유는 깃허브 리포지토리를 통해 변경 이력을 추적하거나 클러스터 관리를 위한 깃 기반 **CI/CD(Continuous Integration/Continuous Deliver, 지속적 통합/지속적 배포)**를 도입할 수 있기 때문입니다.

kubectl 기본 커맨드 소개

kubectl은 클러스터의 현재 상태를 확인하고 리소스를 조회하며 새로운 리소스를 만들 때 사용할 수 있는 편리한 커맨드를 제공합니다. kubectl은 대부분 커맨드가 동일한 방식으로 리소스에 액세스할 수 있게 구조화되어 있습니다.

먼저 클러스터에서 쿠버네티스 리소스를 확인하는 방법을 알아보겠습니다. 다음 커맨드를 실행하면 됩니다.

```
$ kubectl get resource_type
```

여기서 resource_type에는 쿠버네티스 리소스 이름이나 축약된 별칭alias을 입력합니다. 별칭(및 kubectl 커맨드)은 다음 URL에서 확인할 수 있습니다.

- https://kubnetes.io/docs/reference/kubectl/overview

---

[5] (옮긴이) **스핀업(spin up)**이란 가상환경(특히 컨테이너 기술)에서 인스턴스화를 통해 시작된다는 의미로 사용됩니다. 즉, 이용 환경이 시작(가동)됨을 의미합니다. 예를 들어, 다음과 같이 사용합니다. '부하를 처리하기 위해 쿠버네티스 클러스터에 추가 애플리케이션 노드를 스핀업합니다.' 반의어는 스**핀다운(spin down)**입니다.

노드에 대해서는 이미 설명했으므로 노드에 대한 커맨드부터 확인하겠습니다. 클러스터에 존재하는 노드를 찾기 위해서는 `kubectl get nodes` 또는 `kubectl get no`(no는 nodes에 대한 별칭) 커맨드를 사용합니다.

`kubectl`의 `get` 커맨드는 현재 클러스터에 있는 쿠버네티스 리소스 리스트를 반환합니다. 어떤 리소스 유형이라도 이 커맨드를 통해 확인할 수 있습니다. 리스트의 추가 정보를 확인하기 위해서는 `wide` 출력 플래그를 사용할 수 있습니다.

```
$ kubectl get nodes -o wide
```

리소스를 출력하는 것만으로 충분하지 않다면 특정 리소스의 세부 정보를 보면 됩니다. 특정 리소스의 이름을 전달해야 하는 것을 제외하고 `describe` 커맨드를 사용하여 정보를 얻을 수 있습니다. 마지막 파라미터를 생략하면(`kubectl get`은 `kubectl get all` 커맨드와 동일하게 동작) 쿠버네티스가 해당 유형의 모든 리소스에 대해 반환하므로 터미널에서 스크롤을 많이 해야 하는 상황이 발생할 수 있습니다.

예를 들어, `kubectl describe nodes`는 클러스터의 모든 노드의 세부사항을 반환하며, `kubectl describe nodes node1`은 node1이라는 이름을 가진 노드의 세부사항을 반환합니다.

여기까지 설명한 커맨드는 명령형 스타일로 되어 있습니다. 새로운 리소스를 만드는 것이 아니라 기존 리소스에 대한 정보를 가져옵니다. 쿠버네티스 리소스를 생성하려면 다음 커맨드를 사용하면 됩니다.

- 명령형 커맨드: `kubectl create -f /path/to/file.yaml`
- 선언형 커맨드: `kubectl apply -f /path/to/file.yaml`

두 커맨드 모두 YAML 또는 JSON 파일의 경로를 입력받습니다(또한 stdin을 이용해 입력 가능). 파일 대신 폴더 경로를 전달하면 해당 폴더에 있는 모든 YAML 또는 JSON 파일이 생성되거나 적용됩니다. 명령형 커맨드인 `create`로 실행하면 새로운 리소스가 생성되지만 같은 파일로 재실행하면 이미 해당 리소스가 존재하기 때문에 실패합니다. 하지만 선언형 커맨드인 `apply`로 실행하면 최초에 리소스를 실행하고 이후 재실행 시에는 변경 사항이 있을 경우 실행 중인 쿠버네티스 리소스를 업데이트하게 됩니다. `--dry-run` 플래그를 사용하여 `create` 또는 `apply` 커맨드의 출력 결과를 확인할 수 있습니다(리소스 생성 시 또는 에러 발생 시).

커맨드로 기존 리소스를 업데이트하려면 `describe` 커맨드와 마찬가지로 `kubectl edit resource_type resource_name`과 같이 `edit` 커맨드를 사용합니다. 명령형인지, 선언형인지와 관계없이 기존 리소스의

YAML 파일이 터미널 기본 편집기로 열립니다. 편집한 후 저장하면 쿠버네티스에서 해당 리소스에 대한 자동 업데이트가 트리거됩니다.

기존 리소스를 선언형으로 업데이트하기 위해서는 먼저 리소스를 생성한 YAML 리소스 파일을 편집한 후 kubectl apply -f /path/to/file.yaml을 실행합니다. 리소스 삭제는 명령형 커맨드인 kubectl delete resource_type resource_name을 통해 수행하는 것이 좋습니다.

마지막으로 간단하게 언급할 커맨드는 kubectl cluster-info이며 쿠버네티스 클러스터 서비스가 실행되는 IP 주소를 확인할 수 있습니다.

YAML 파일에 쿠버네티스 리소스 작성하기

쿠버네티스 API와 선언형으로 통신하기 위해 YAML 및 JSON 형식 모두를 사용할 수 있습니다. 이 책에서는 YAML이 좀 더 깔끔하고 페이지 공간을 절약할 수 있기 때문에 YAML로 설명합니다. 일반적인 쿠버네티스 리소스 YAML 파일은 다음과 같습니다.

```yaml
# resource.yaml
apiVersion: v1
kind: Pod
metadata:
  name: my-pod
spec:
  containers:
  - name: ubuntu
    image: ubuntu:trusty
    command: ["echo"]
    args: ["Hello Readers"]
```

정상적인 쿠버네티스 YAML 파일에는 최소 4개의 최상위 키가 있어야 합니다. 이 4개의 키는 apiVersion, kind, metadata, spec입니다.

apiVersion은 리소스를 생성할 때 사용할 쿠버네티스 API 버전을 지정합니다. kind는 YAML 파일이 참조하는 리소스 유형을 지정합니다. metadata에는 리소스의 name과 annotation, name-spacing 정보(후에 설명합니다)가 위치합니다. 마지막으로 spec 키는 쿠버네티스가 클러스터에서 리소스를 생성하는 데 필요한 모든 리소스 관련 정보를 포함합니다.

kind와 spec에 대해서는 **3장 쿠버네티스에서 애플리케이션 컨테이너 실행하기**에서 설명합니다.

요약

이번 장에서는 컨테이너 오케스트레이션의 배경, 쿠버네티스 클러스터의 아키텍처의 개요, 클러스터가 API를 호출하기 위해 인증 및 권한을 부여하는 방법, 공식 지원 커맨드라인 툴인 kubectl을 사용해 명령형 및 선언형 패턴으로 API와 통신하는 방법을 확인했습니다.

다음 장에서는 테스트를 위한 클러스터를 시작하는 몇 가지 방법과 이번 장에서 배운 kubectl 커맨드에 대해 마스터합니다.

질문

1. 컨테이너 오케스트레이션은 무엇인가요?
2. 쿠버네티스 컨트롤 플레인의 구성 요소는 무엇이며, 각각 어떤 역할을 하나요?
3. ABAC 인증 모드에서 쿠버네티스 API 서버를 어떻게 시작하나요?
4. 프로덕션 쿠버네티스 클러스터에 대해 두 개 이상의 마스터 노드를 갖는 것이 중요한 이유는 무엇인가요?
5. kubectl apply와 kubectl create의 차이점은 무엇인가요?
6. kubectl을 사용해 컨텍스트 간 전환은 어떻게 하나요?
7. 쿠버네티스 리소스를 선언형으로 생성한 다음 명령형으로 편집할 때의 단점은 무엇인가요?

더 읽을 거리

- 공식 쿠버네티스 문서: https://kubernetes.io/docs/home/
- Kubernetes The Hard Way[6]: https://github.com/kelseyhightower/kubernetes-the-hard-way

---

6　(옮긴이) 쿠버네티스를 수동으로 설치하는 방법을 안내합니다. 또한 클라우드 벤더별로 만들어진 문서는 검색하면 쉽게 확인할 수 있으며, AWS의 가이드 문서를 번역한 문서는 다음 링크에서 확인할 수 있습니다. https://github.com/tienne/kubernetes-the-hard-way-aws-ko

02

쿠버네티스 클러스터 설정하기

이번 장에서는 쿠버네티스 클러스터를 만드는 몇 가지 방법을 설명합니다. 먼저 간단한 로컬 클러스터를 생성하는 도구인 minikube에 관한 설명으로 시작하여 프로덕션에서 사용할 고급 도구를 다루고, 퍼블릭 클라우드 제공업체에서 제공하는 쿠버네티스 서비스를 검토합니다. 마지막으로 쿠버네티스 클러스터 생성 전략을 소개합니다.

이번 장에서는 다음 주제를 다룹니다.

- 신규 클러스터 생성 옵션
- minikube로 클러스터 쉽게 시작하기
- 클라우드 관리형 서비스 – EKS, GKE, AKS 등
- Kubeadm: 간단한 적합성$_{conformance}$ 인증 가능한 클러스터 생성
- Kops: 인프라 부트스트랩[1]
- Kubespray: Ansible 기반 클러스터 생성
- 처음부터 클러스터 완전하게 생성하기

---

1 (옮긴이) 부트스트랩(bootstrap)이란 컴퓨터 분야에서 한 번 시작하면 다른 외부의 도움 없이 스스로 진행하는 행위를 말합니다. 대표적인 예로 컴퓨터 전원을 켜면 부팅해 사용할 수 있는 준비 과정으로, 부트스트래핑(bootstrapping)을 줄여서 표현한 것입니다. 이 표현은 앞으로 계속 나오므로 알아두는 것이 좋습니다.

기술 요구사항

이번 장의 커맨드를 실행하려면 kubectl 도구가 설치되어 있어야 합니다. 설치 방법은 **1장 쿠버네티스와 통신하기**에서 확인할 수 있습니다.

이번 장에서 설명하는 방법으로 클러스터를 생성하려면 관련 프로젝트 설명서에서 각 방법에 대한 특정 기술 요구사항을 검토해야 합니다. minikube의 경우 리눅스, macOS 또는 윈도우가 실행되는 대부분 컴퓨터에서 실행됩니다. 대규모 클러스터 운영을 위해서는 사용하려는 도구의 설명서를 검토해야 합니다.

이번 장에서 사용된 코드는 다음 링크의 깃허브 리포지토리에서 확인할 수 있습니다.

- https://github.com/wikibook/cnk/tree/master/Chapter2

신규 클러스터 생성 옵션

쿠버네티스 클러스터를 생성하는 방법에는 간단한 로컬 도구부터 클러스터를 처음부터 끝까지 생성하는 방법까지 다양합니다.

쿠버네티스 학습을 이제 막 시작하는 경우에는 minikube와 같은 도구를 사용해 간단하게 로컬 클러스터를 시작할 수 있습니다.

서비스 애플리케이션 운영을 위한 프로덕션 클러스터를 구축하는 데는 다음과 같은 몇 가지 옵션이 있습니다.

- Kops, Kubespray, Kubeadm 도구를 사용하여 클러스터를 프로그래밍 방식으로 생성할 수 있습니다.
- 관리형 쿠버네티스 서비스를 사용할 수 있습니다.
- VM 또는 물리적 하드웨어에서 클러스터를 처음부터 완전히 생성할 수 있습니다.

클러스터 구성과 관련해 특별한 요구사항이 있는 경우가 아니라면 처음부터 부트스트랩 도구를 사용하는 것을 권장합니다.

대부분 사용 사례에서는 클라우드 공급자가 제공하는 관리형 쿠버네티스 서비스를 이용하거나 부트스트랩 도구를 사용해 직접 구축하는 두 가지 방법 중에서 선택합니다.

에어갭$_{air-gap}$[2] 시스템에서는 부트스트랩 도구를 사용하는 것이 유일한 방법입니다(환경에 따라 어느 방법이 더 나은지는 차이가 있을 수 있습니다). Kops의 경우 AWS 같은 특정 클라우드 제공업체의 클러스터를 쉽게 생성하고 관리할 수 있습니다.

> **중요 사항**
>
> 이번 절에서는 Rancher 또는 OpenShift 같은 특정 벤더가 제공하는 관리 서비스나 클러스터 생성 및 관리 도구에 대한 설명은 하지 않습니다. 프로덕션에서 클러스터 실행을 고려할 때 인프라 환경, 비즈니스 요구사항 등을 포함한 다양한 요소를 고려해야 합니다. 이 책에서는 좀 더 간결하게 설명하기 위해 다른 인프라 환경이나 특정 비즈니스 요구사항을 고려하지 않고 백지 상태의 일반적인 프로덕션 클러스터 운영에 중점을 둡니다.

minikube로 클러스터 쉽게 시작하기

minikube는 간단하게 로컬 클러스터로 쿠버네티스를 시작하는 가장 쉬운 방법을 제공합니다. 이 클러스터는 고가용성$_{High\ Availability}$ 및 운영 용도로는 사용되지 않지만, 몇 분만에 쿠버네티스에서 워크로드를 실행할 수 있는 좋은 방법입니다.

minikube 설치하기

minikube는 윈도우, macOS 및 리눅스에 설치할 수 있습니다. 다음 링크를 통해 세 가지 플랫폼에 대한 내용을 확인할 수 있습니다.

- https://minikube.sigs.k8s.io/docs/start

윈도우에 설치

다음 링크를 통해 minikube 설치 프로그램을 다운로드하여 실행하면 됩니다.

- https://storage.googleapis.com/minikube/releases/latest/minikube-installer.exe

---

[2] (옮긴이) 에어갭(Air Gap) 시스템이라는 용어는 국내에서는 일반적으로 망 분리 시스템으로 사용됩니다. 물리적, 논리적으로 공공 인터넷과 분리하여 데이터 침해나 해킹을 방지하기 위한 높은 수준의 보안 시스템을 말합니다.

macOS에 설치

다음 커맨드를 통해 바이너리를 다운로드하고 설치합니다. 코드 리포지토리에서도 확인할 수 있습니다.

`minikube-install-mac.sh`
```
curl -LO https://storage.googleapis.com/minikube/releases/latest/minikube-darwin-amd64 \
&& sudo install minikube-darwin-amd64 /usr/local/bin/minikube
```

리눅스에 설치

다음 커맨드로 배포 파일을 다운로드 및 설치할 수 있습니다.

`minikube-install-linux.sh`
```
curl -LO https://storage.googleapis.com/minikube/releases/latest/minikube-linux-amd64 \
&& sudo install minikube-linux-amd64 /usr/local/bin/minikube
```

minikube에서 클러스터 생성하기

minikube에서 클러스터를 시작하려면 minikube start 커맨드를 실행하면 기본 VirtualBox VM 드라이버로 간단한 로컬 클러스터가 생성됩니다. minikube 설명 사이트에서 몇 가지 추가 구성 옵션도 확인할 수 있습니다.

처음 시작하면 kubeconfig 파일이 자동으로 구성되므로 새로 만든 클러스터에서 추가 구성 없이 kubectl 커맨드를 사용할 수 있습니다.

관리형 쿠버네티스 서비스

관리형 쿠버네티스 서비스를 제공하는 클라우드 공급자 수가 증가하고 있습니다. 이 책에서는 주요 퍼블릭 클라우드 벤더와 해당 클라우드에서 제공하는 쿠버네티스 관리형 제품을 설명합니다.

- 아마존 웹 서비스(AWS) – **EKS**(Elastic Kubernetes Service)
- 구글 클라우드(GCP) – **GKE**(Google Kubernetes Engine)
- 마이크로소프트 애저(MS Azure) – **AKS**(Azure Kubernetes Service)

> **중요 사항**
> 관리형 쿠버네티스 서비스 수는 계속 증가하고 있습니다. 이번 절에서는 AWS, GCP, Azure에 대해 설명합니다. 이 클라우드 벤더들은 계속해서 관리형 쿠버네티스 서비스를 공급할 가능성이 매우 높기 때문입니다. 어떤 서비스를 사용하든지 함께 제공되는 공식 문서를 확인해 클러스터 생성 절차가 이 책과 동일한지 확인하세요.

관리형 쿠버네티스 서비스의 장점

일반적으로 관리형 쿠버네티스 서비스를 사용했을 때 얻는 몇 가지 장점이 있습니다. 무엇보다도, 설명하는 세 가지 관리형 서비스 모두 완벽하게 관리되는 쿠버네티스 컨트롤 플레인을 제공합니다.

즉, 관리형 쿠버네티스 서비스를 사용하면 마스터 노드에 대한 관리를 걱정할 필요가 없습니다. 마스터 노드는 추상화되어 있고 사용자는 존재하지 않는 것처럼 느낍니다. 세 가지 관리형 클러스터 모두 클러스터를 생성할 때 워커 노드의 수를 선택할 수 있습니다.

관리형 쿠버네티스 서비스의 또 다른 장점은 쿠버네티스 버전을 원활하게 업그레이드할 수 있다는 것입니다. 일반적으로 새로운 버전의 쿠버네티스를 클라우드 제공업체에서 검증하고 나면 몇 개의 버튼을 누르거나 간단한 절차를 이용해 업그레이드할 수 있습니다.

관리형 쿠버네티스 서비스의 단점

관리형 쿠버네티스 클러스터는 여러 측면에서 운영을 쉽게 만들 수 있지만 몇 가지 단점도 있습니다.

많은 관리형 쿠버네티스 서비스는 직접 클러스터를 구축하거나 Kops와 같은 도구로 최소 클러스터를 생성/관리하는 것보다 최소 유지 비용이 비쌉니다.

프로덕션 운영의 경우 최소한의 노드가 필요하기 때문에 큰 문제가 되지 않지만 개발 환경 또는 테스트 클러스터의 경우 불필요한 예산이 추가될 수 있습니다.

또한 마스터 노드가 추상화되어 작업이 편리해지지만 클라우드 제공업체에서 정의한 기능만 사용할 수 있기 때문에 미세 조정이나 고급 기능을 사용하지 못할 수도 있습니다.

AWS의 EKS(Elastic Kubernetes Service)

AWS의 관리형 쿠버네티스 서비스는 EKS 또는 엘라스틱 쿠버네티스 서비스$_{\text{Elastic Kubernetes Service}}$라고 부릅니다. EKS를 시작하는 몇 가지 방법 중 가장 간단한 방법을 확인해 보겠습니다.

시작하기

EKS 클러스터를 생성하려면 AWS 콘솔을 통해 적절한 **VPC(Virtual Private Cloud)** 및 **IAM (Identity and Access Management)** 설정을 프로비저닝$_{\text{provisioning}}$[3]해야 합니다. 이 설정은 콘솔을 통해 수동으로 생성하거나 CloudFormation이나 Terrafrom과 같은 인프라 프로비저닝 도구를 통해 생성할 수 있습니다. 콘솔을 통해 클러스터를 생성하는 방법은 다음 URL에서 확인할 수 있습니다.

- https://docs.aws.amazon.com/en_pv/eks/latest/userguide/getting-filename.html

처음부터 VPC에서 클러스터를 시작한다면 클러스터 프로비저닝 도구인 eksctl을 사용하면 됩니다.

eksctl을 설치하려면 다음 URL을 통해 윈도우, macOS, 리눅스에 대한 설치 방법을 확인할 수 있습니다.

- https://docs.aws.amazon.com/eks/latest/userguide/getting-started-eksctl.html

eksctl 설치 후, eksctl create cluster 커맨드를 사용하면 쉽게 클러스터를 생성할 수 있습니다.

eks-create-cluster.sh
```
eksctl create cluster \
--name prod \
--version 1.17 \
--nodegroup-name standard-workers \
--node-type t2.small \
--nodes 3 \
--nodes-min 1 \
--nodes-max 4 \
--node-ami auto
```

---

3 (옮긴이) 프로비저닝은 사용자 요구에 맞게 시스템 자원을 할당, 배치, 배포 준비하여 시스템을 즉시 사용할 수 있는 상태로 미리 준비해 두는 것을 말합니다.

커맨드를 실행하면 최소 1개에서 최대 4개의 노드가 탄력적으로 운영되는 오토스케일링$_{autoscaling}$ 그룹으로 설정된 t2.small 인스턴스 3개로 된 클러스터가 생성됩니다. 사용된 쿠버네티스 버전은 1.17[4]입니다. 중요한 것은 클러스터를 시작하면 기본 리전$_{region}$에서 시작해 선택한 노드 수에 따라 여러 개의 가용 영역$_{availability\ zone}$으로 분산된다는 것입니다.

그리고 eksctl은 kubeconfig 파일을 자동 업데이트하기 때문에 클러스터 생성 과정이 끝나고 난 후 kubectl 실행을 통해 확인할 수 있습니다.

```
kubectl get nodes
```

생성된 노드 목록과 IP를 확인할 수 있습니다. 이제 EKS의 클러스터가 준비됐습니다. 다음은 구글의 GKE를 설정해 볼 차례입니다.

구글 클라우드의 GKE(Google Kubernetes Engine)

GKE는 구글 클라우드의 관리형 쿠버네티스 서비스입니다. gcloud 커맨드라인 툴로 GKE 클러스터를 쉽고 빠르게 배포할 수 있습니다.

시작하기

gcloud를 이용해 GKE에서 클러스터를 생성하기 위해서는 구글 클라우드의 클라우드 셸$_{Cloud\ Shell}$을 사용하거나 로컬에서 커맨드라인 툴을 사용할 수 있습니다. 로컬에서 커맨드라인 툴을 사용하려면 구글 클라우드 SDK를 통해 gcloud CLI를 설치해야 합니다. 다음 링크에서 확인할 수 있습니다.

- https://cloud.google.com/sdk/docs/install-sdk

gcloud 설치 후 구글 클라우드 계정에서 GKE API가 활성화됐는지 확인이 필요합니다.

먼저 다음 URL의 콘솔로 이동한 다음 'kubernetes'로 검색한 후 **Kubernetes Engine API**를 클릭하고 나서 **Enable**을 클릭합니다.

---

[4] (옮긴이) 2022년 5월 현재 1.21 버전을 사용할 수 있습니다.

- https://console.cloud.google.com/apis/library

이제 API가 활성화됐으므로 다음 커맨드를 사용하여 프로젝트와 컴퓨팅 영역(zone)을 설정합니다.

```
gcloud config set project proj_id
gcloud config set compute/zone compute_zone
```

커맨드에서 proj_id는 클러스터를 생성하는 구글 클라우드의 프로젝트 ID에 해당하며, compute_zone은 구글 클라우드의 특정 지리적 위치의 배포 구역을 의미합니다.

GKE에는 세 가지 유형의 클러스터가 있으며, 각 클러스터는 서로 다른 수준의 신뢰성$_{reliability}$과 장애 허용성$_{fault\,tolerance}$을 제공합니다.

- 단일 영역 클러스터
- 멀티 영역 클러스터
- 리전 클러스터

GKE의 **단일 영역**$_{sing-zone}$ 클러스터는 단일 컨트롤 플레인 복제본$_{replica}$과 하나 이상의 워커 노드를 가진 클러스터를 의미합니다. 영역에 문제가 발생하면 컨트롤 플레인과 워커 노드가 모두 중단됩니다.

다중 영역$_{multi-zone}$ 클러스터는 단일 컨트롤 플레인 복제본과 두 개 이상의 워커 노드가 서로 다른 구글 클라우드 영역$_{zone}$에서 실행되는 클러스터를 의미합니다. 하나의 영역(컨트롤 플레인을 포함한 영역)이 다운되면 클러스터에서 실행 중인 워크로드는 계속 유지되지만, 컨트롤 플레인 영역이 다시 복구될 때까지 쿠버네티스 API를 사용할 수 없습니다.

마지막으로 GKE의 **리전 클러스터**$_{regional-cluster}$는 멀티 영역 컨트롤 플레인과 멀티 영역 워커 노드를 모두 가진 클러스터를 의미합니다. 어떤 영역이 다운되더라도 컨트롤 플레인과 워커 노드의 워크로드가 모두 지속됩니다. 이 유형은 가장 비싸지만 가장 안정적인 옵션입니다.

클러스터를 생성하기 위해 다음 커맨드를 실행하면 기본 설정으로 dev 클러스터를 생성할 수 있습니다.

```
gcloud container clusters create dev \
    --zone [compute_zone]
```

이 커맨드는 선택한 컴퓨팅 영역에 단일 영역 클러스터를 생성합니다. 멀티 영역 클러스터를 생성하려면 다음 커맨드를 실행하면 됩니다.

```
gcloud container clusters create dev \
    --zone [compute_zone_1]
    --node-locations  [compute_zone_1],[compute_zone_2],[etc]
```

이 커맨드에서 compute_zone_1과 compute_zone_2는 서로 다른 구글 클라우드 영역입니다. 또한 노드 위치 플래그를 통해 더 많은 영역을 추가할 수 있습니다.

마지막으로 지역 클러스터를 생성하기 위해서는 다음 커맨드를 실행합니다.

```
gcloud container clusters create dev \
    --region [region] \
    --node-locations  [compute_zone_1],[compute_zone_2],[etc]
```

이 경우 node-location 플래그는 선택 사항입니다. 해당 플래그를 생략하면 선택한 지역 내의 모든 영역에 작업자 노드가 있는 클러스터가 생성됩니다. 이 기본 동작을 변경하려면 node-location 플래그를 사용해 재정의할 수 있습니다.

이제 클러스터가 실행 중이므로 클러스터와 통신할 수 있게 kubeconfig 파일을 구성해야 합니다. 이를 위해서는 클러스터 이름을 다음 커맨드에 전달하면 됩니다.

```
gcloud  container  clusters  get-credentials  [cluster_name]
```

마지막으로 다음 커맨드를 사용하여 구성을 테스트합니다.

```
kubectl get nodes
```

EKS와 마찬가지로 프로비저닝된 모든 노드 목록이 표시됩니다. 확인했으면 마지막으로 마이크로소프트 애저의 관리형 쿠버네티스 서비스를 살펴보겠습니다.

마이크로소프트 애저의 AKS(Azure Kubernetes Service)

마이크로소프트 애저의 관리형 쿠버네티스 서비스는 AKS라고 부릅니다. AKS 클러스터 생성은 Azure CLI를 통해서 가능합니다.

시작하기

AKS 클러스터를 생성하기 위해서는 Azure CLI 도구를 사용하고 다음 커맨드로 서비스 주체$_{service\ principal}$(클러스터가 애저 리소스에 접근하기 위한 역할, 앱의 ID)를 생성합니다.

```
az ad sp create-for-rbac --skip-assignment --name myClusterPrincipal
```

이 커맨드의 결과는 다음 단계에서 사용할 수 있는 서비스 주체에 대한 정보가 있는 JSON 오브젝트이며, 다음과 같은 내용입니다.

```
{
  "appId": "559513bd-0d99-4c1a-87cd-851a26afgf88",
  "displayName": "myClusterPrincipal",
  "name": "http://myClusterPrincipal",
  "password": "e763725a-5eee-892o-a466-dc88d980f415",
  "tenant": "72f988bf-90jj-41af-91ab-2d7cd011db48"
}
```

이제 위 JSON 정보로 AKS 클러스터를 생성할 수 있습니다.

aks-create-cluster.sh
```
az aks create \
    --resource-group devResourceGroup \
    --name devCluster \
    --node-count 2 \
    --service-principal <appId> \
    --client-secret <password> \
    --generate-ssh-keys
```

이 커맨드는 devResourceGroup 리소스 그룹과 devCluster라는 클러스터 이름을 갖게 됩니다. appId와 password는 서비스 주체 생성 시 반환값을 사용합니다.

마지막으로 머신에서 적절한 kubectl 구성을 생성하기 위해 다음 커맨드를 실행합니다.

```
az aks get-credentials --resource-group devResourceGroup --name devCluster
```

이제 kubectl 커맨드에 익숙할 것입니다. kubectl get nodes 커맨드를 사용해 구성을 테스트합니다.

프로그램 방식의 클러스터 생성 도구

다양한 환경에서 쿠버네티스 클러스터를 부트스트랩할 수 있는 몇 가지 도구가 있는데, 여기서는 그중 가장 많이 사용되는 Kubeadm, Kops, Kubespray를 중점으로 다룰 것입니다. 각 도구마다 사용 예가 다르며 동작 또한 다릅니다.

Kubeadm

Kubeadm은 이미 프로비저닝된 인프라에서 클러스터 생성을 단순화하기 위해 쿠버네티스 커뮤니티에서 만든 도구입니다. Kops와 달리 Kubeadm은 클라우드 서비스에 인프라를 프로비저닝할 수 있는 기능은 없습니다. 단지 쿠버네티스 적합성 테스트를 통과한 모범 사례 클러스터를 만듭니다. Kubeadm은 인프라와 무관합니다. 리눅스 VM을 실행할 수 있는 곳이라면 어디서나 작동할 수 있습니다.

Kops

Kops는 많이 사용되는 클러스터 프로비저닝 도구입니다. 클러스터의 기본 인프라를 프로비저닝하고 모든 클러스터 구성 요소를 설치하며 클러스터의 기능을 검증합니다. 또한 업그레이드, 노드 교체 등과 같은 다양한 클러스터 작업을 수행하는 데 사용할 수 있습니다. Kops는 현재(2021년 12월 30일 기준) AWS를 공식 지원하며 GCP와 OpenStack은 베타 버전을, VMware vSphere와 DigitalOcean은 알파 버전을 제공합니다.

Kubespray

Kubespray는 Kops 및 Kubeadm과 다릅니다. Kops와 달리 Kubespray는 클러스터 리소스를 프로비저닝하지는 않습니다. 대신 Kubespray는 Ansible 또는 Vagrant를 통해 프로비저닝, 오케스트레이션, 노드 설정을 수행할 수 있습니다.

Kubeadm에 비해 Kubespray는 통합된 클러스터 생성 및 수명주기 프로세스가 훨씬 더 간단합니다. 최신 버전의 Kubespray는 노드 설정 후 클러스터 생성을 위해 Kubeadm을 사용할 수도 있습니다.

> **중요 사항**
> Kubespray를 이용해 클러스터를 생성하기 위해서는 Ansible에 관한 지식이 필요하기 때문에 이 책에서는 다루지 않겠습니다. Kubespray에 대한 모든 가이드는 다음 깃허브 URL에서 확인할 수 있습니다.
> - https://github.com/kubernetes-sigs/kubespray/blob/master/docs/getting-started.md

Kubeadm으로 클러스터 생성하기

Kubeadm으로 클러스터를 생성하려면 노드를 미리 프로비저닝해야 합니다. 다른 Kubernetes 클러스터와 마찬가지로 리눅스를 실행하는 VM 또는 베어메탈$_{Bare\ Metal}$[5] 서버가 필요합니다.

설명을 위해 단일 마스터 노드로 Kubeadm 클러스터를 부트스트랩하는 방법을 설명합니다. 고가용성을 위한 설정은 다른 마스터 노드에서 join 커맨드를 실행해야 합니다. 이 커맨드에 대해서는 다음 URL에서 확인할 수 있습니다.

- https://kubernetes.io/docs/setup/production-environment/tools/kubeadm/high-availability/

Kubeadm 설치하기

우선 모든 노드에 Kubeadm을 설치해야 합니다. 지원되는 각 운영 체제에 대한 설치 방법은 다음 URL에서 확인할 수 있습니다.

- https://kubernetes.io/docs/setup/production-environment/tools/kubeadm/install-secondem

---

5 (옮긴이) 베어메탈 서버는 가상화를 위한 하이퍼바이저 OS 없이 물리 서버를 그대로 제공하는 것을 말합니다. 하드웨어에 대한 직접 제어 및 OS 설정이 가능한 상태입니다.

각 노드 운영을 위해 필요한 포트가 모두 열려 있는지, 그리고 필요한 컨테이너 런타임을 설치했는지 확인해야 합니다.

마스터 노드 시작하기

Kubeadm을 사용하여 마스터 노드를 빨리 시작하려면 다음 커맨드만 실행하면 됩니다.

```
kubeadm init
```

이 초기화 커맨드는 필요한 클러스터 설정이나 네트워크 등에 따라 몇 가지 인수를 선택해 사용할 수 있습니다.

init 커맨드의 출력 결과에서 kubeadm join 커맨드를 확인할 수 있는데, 이 커맨드를 꼭 저장해야 합니다.

워커 노드 시작하기

워커 노드를 부트스트랩하려면 위에서 저장한 join 커맨드를 실행해야 합니다. 커맨드 형식은 다음과 같습니다.

```
kubeadm join --token [TOKEN] [IP ON MASTER]:[PORT ON MASTER] --discovery-token-ca-cert-hash sha256:[HASH VALUE]
```

이 커맨드라인에서 TOKEN은 부트스트랩 토큰입니다. 노드 간 인증 및 새로운 노드를 클러스터에 추가할 때 사용합니다. 이 토큰을 통해 새 노드를 클러스터에 추가$_{join}$할 권한을 갖게 됩니다.

kubectl 설정하기

Kubeadm을 사용하면 마스터 노드에 kubectl이 이미 설치되어 있습니다. 다른 머신이나 클러스터 외부에서 kubectl을 사용하기 위해서는 마스터 노드의 설정을 로컬에 복사하면 됩니다.

```
scp root@[IP OF MASTER]:/etc/kubernetes/admin.conf .
kubectl --kubeconfig ./admin.conf get nodes
```

위에서 커맨드로 생성된 kubeconfig는 클러스터의 관리자 구성입니다. 다른 사용자(또는 다른 권한)를 지정하려면 새 서비스 계정을 추가하고 해당 사용자에 대한 kubeconfig 파일을 생성해야 합니다.

Kops를 사용하여 클러스터 생성하기

Kops는 인프라를 프로비저닝하기 때문에 노드를 미리 생성할 필요가 없습니다. Kops를 설치하고 클라우드 플랫폼 자격 증명이 정상인지 확인한 후 클러스터를 한 번에 생성할 수 있습니다. Kops는 리눅스, macOS, 윈도우에 설치할 수 있습니다.

이 책에서는 AWS에서 클러스터를 생성하는 과정을 설명합니다. 다른 플랫폼에 대한 설치 지침은 다음 URL을 통해 확인할 수 있습니다.

```
https://github.com/kubernetes/kops/tree/master/docs
```

macOS에 설치하기

OS X에서 Kops를 설치하는 가장 간단한 방법은 홈브루(Homebrew)를 사용하는 것입니다.

```
brew update && brew install kops
```

또는 Kops 깃허브 페이지(다음 URL 참고)에서 최신 안정 버전의 Kops 파일을 가져올 수 있습니다.

```
https://github.com/kubernetes/kops/releases/latest
```

리눅스에 설치하기

리눅스에서는 다음 커맨드를 사용하여 Kops를 설치할 수 있습니다.

```sh
# kops-linux-install.sh
curl -LO https://github.com/kubernetes/kops/releases/download/$(curl -s https://api.github.com/repos/kubernetes/kops/releases/latest | grep tag_name | cut -d '"' -f 4)/kops-linux-amd64
chmod +x  kops-linux-amd64
sudo mv kops-linux-amd64 /usr/local/bin/kops
```

윈도우에 설치하기

윈도우에 Kops를 설치하기 위해서는 다음 링크에서 최신 윈도우용 파일을 다운로드한 후 kops.exe로 이름을 변경합니다. 그리고 윈도우 환경 변수에 추가합니다.

- https://github.com/kubernetes/kops/releases/latest

Kops에 대한 자격 증명 설정하기

Kops를 작동시키려면 몇 가지 필수적인 IAM 권한을 가진 AWS 자격 증명이 필요합니다. 이 작업을 안전하게 수행하려면 Kops를 위한 전용 IAM 사용자를 생성하는 것이 좋습니다.

먼저, Kops 사용자를 위한 IAM 그룹[6]을 생성합니다.

```
aws iam create-group --group-name kops_users
```

그런 다음, 생성된 kops_users 그룹에 필요한 역할을 연결합니다. Kops가 정상 동작하려면 AmazonEC2FullAccess, AmazonRoute53FullAccess, AmazonS3FullAccess, IAMFullAccess, AmazonVPCFullAccess 권한이 필요합니다. 다음 커맨드를 실행하면 해당 권한이 그룹에 부여됩니다.

```
# provide-aws-policies-to-kops.sh
aws iam attach-group-policy --policy-arn arn:aws:iam::aws:policy/AmazonEC2FullAccess --group-name kops
aws iam attach-group-policy --policy-arn arn:aws:iam::aws:policy/AmazonRoute53FullAccess --group-name kops
aws iam attach-group-policy --policy-arn arn:aws:iam::aws:policy/AmazonS3FullAccess --group-name kops
aws iam attach-group-policy --policy-arn arn:aws:iam::aws:policy/IAMFullAccess --group-name kops
aws iam attach-group-policy --policy-arn arn:aws:iam::aws:policy/AmazonVPCFullAccess --group-name kops
```

마지막으로 kops 사용자를 생성하여 kops_user 그룹에 추가하고 프로그래밍 방식의 액세스 키를 생성합니다. 다음 커맨드로 수행할 수 있습니다.

---

[6] (옮긴이) 해당 커맨드를 실행하기 위해서는 AWS CLI 환경을 먼저 설치해야 합니다. 여기서는 이미 AWS CLI 관련 도구 설치 및 환경을 모두 설정했다는 가정하에 설명하고 있습니다.

```
aws iam create-user --user-name kops
aws iam add-user-to-group --user-name kops --group-name kops_users
aws iam create-access-key --user-name kops
```

Kops가 새로운 IAM 사용자의 자격 증명에 액세스하게 하려면 다음 커맨드를 사용하여 앞에서 사용한 액세스 키와 암호키를 사용해 AWS CLI를 구성할 수 있습니다.

```
aws configure
export AWS_ACCESS_KEY_ID=$(aws configure get aws_access_key_id)
export AWS_SECRET_ACCESS_KEY=$(aws configure get aws_secret_access_key)
```

상태 저장소 설정하기

앞에서 설정한 자격 증명으로 클러스터 생성을 시작할 수 있습니다. 이 경우, 가십 기반[7] 클러스터를 구축하여 DNS를 조작할 필요가 없습니다. DNS 설정에 대해서는 다음 URL의 Kops 설명서를 확인하세요.

```
https://github.com/kubernetes/kops/tree/master/docs
```

먼저 클러스터 스펙$_{spec}$을 저장할 위치가 필요합니다. AWS에서는 S3를 사용합니다.

S3는 고유한 버킷 이름을 가져야 합니다. 다음 커맨드(AWS SDK 필요)를 사용해 손쉽게 버킷을 생성할 수 있습니다(my-domain-dev-state-store는 원하는 버킷 이름으로 대체하고 region 또한 원하는 지역으로 대체합니다).

```
aws s3api create-bucket \
    --bucket my-domain-dev-state-store \
    --region us-east-1
```

다음은 버킷 오브젝트를 암호화하고 버저닝할 수 있는 모범 사례를 위한 커맨드입니다.

---

7 (옮긴이) gossip-based(가십 기반)에서 gossip은 분산 컴퓨팅 환경에서 정보의 일관성을 유지할 수 있게 해주는 통신 패턴을 말합니다. kops 1.6.2 버전 이상에서 DNS 설정 옵션은 gossip-based cluster입니다. 다음 URL을 참고하세요. https://kops.sigs.k8s.io/gossip/

```
aws s3api put-bucket-versioning --bucket prefix-example-com-state-store --versioning-
configuration Status=Enabled
aws s3api put-bucket-encryption --bucket prefix-example-com-state-store --server-side-
encryption-configuration '{"Rules":[{"ApplyServerSideEncryptionByDefault":{"SSEAlgorithm":"A
ES256"}}]}'
```

마지막으로 Kops에 대한 환경 변수를 설정하려면 다음 커맨드를 사용합니다.

```
export NAME=devcluster.k8s.local
export KOPS_STATE_STORE=s3://my-domain-dev-cluster-state-store
```

> **중요 사항**
>
> Kops는 AWS S3, 구글 클라우드 스토리지, 쿠버네티스, DigitalOcean, OpenStack Swift, 알리바바 클라우드, memfs와 같은 여러 가지 저장 방법을 지원합니다. 또한 Kops 상태를 로컬 파일에 저장하고 사용할 수도 있습니다. 클라우드 기반 상태 저장소는 여러 인프라 개발자가 해당 저장소를 접근해 함께 사용하며 업데이트가 가능하다는 장점이 있습니다.

클러스터 생성하기

Kops를 사용하면 어떤 규모의 클러스터라도 모두 구현할 수 있습니다. 여기서는 워커 노드와 마스터 노드를 가지고 있어 세 개의 가용성 영역(Availability Zone) 모두에서 운영되는 클러스터를 구축합니다. 이 책에서는 us-east-1 리전을 사용하고 마스터와 워커 노드 모두 t2.medium 인스턴스를 사용해 클러스터를 구축할 것입니다.

이 클러스터에 대한 구성을 생성하려면 kops create 커맨드를 실행합니다.

```kops-create-cluster.sh
kops create cluster \
  --node-count 3 \
  --zones us-east-1a,us-east-1b,us-east-1c \
  --master-zones  us-east-1a,us-east-1b,us-east-1c  \
  --node-size t2.medium \
  --master-size t2.medium \
  ${NAME}
```

생성된 구성을 확인하려면 다음 커맨드를 사용하세요.

```
kops edit cluster ${NAME}
```

마지막으로 클러스터를 생성하려면 다음 커맨드를 실행하세요.

```
kops update cluster ${NAME} --yes
```

클러스터가 생성되려면 다소 시간이 걸릴 수 있습니다. 완료된 후 새 클러스터에서 kubectl을 사용할 수 있게 kubeconfig를 적절하게 구성해야 합니다.

완전히 처음부터 클러스터 생성하기

클러스터를 처음부터 만들려면 이 책의 여러 장에서 설명한 단계를 거쳐야 합니다. 하지만 우리의 목적은 가능한 한 빨리 쿠버네티스를 시작하고 실행하는 것이므로 전체 프로세스에 대한 설명은 생략합니다.

교육적 목적이거나 클러스터 세부사항까지 정의해야 하는 경우라면 완전한 클러스터 생성 학습서로 켈시 하이타워Kelseay Hightower가 작성한 **Kubernetes The Hard Way**를 참고하기 바랍니다.

- https://github.com/kelseyhightower/kubernetes-the-hard-way

다시 수동으로 클러스터를 생성하는 과정을 설명하겠습니다.

노드 프로비저닝

먼저 쿠버네티스를 실행하기 위해서는 인프라가 필요합니다. 일반적으로 VM이 좋은 선택이지만 베어메탈에서도 실행할 수 있습니다. 노드를 쉽게 확장할 수 없는 환경(클라우드 환경이 많은 이점이 있지만 기업에서는 여전히 베어메탈 환경이 일반적입니다)이라 할지라도 프로그램 요구사항을 만족시킬 수 있는 충분한 노드 수가 필요합니다. 특히 에어갭 환경에서는 이 부분을 충분히 검토해야 합니다.

일부 노드는 마스터 컨트롤 플레인에 사용되고 일부는 워커 로드로만 사용됩니다. 이때 마스터 노드와 워커 노드의 사양이 동일할 필요는 없습니다. 높은 사양이 필요할 수도 있고 더 낮은 사양으로도 충분할 수 있습니다. 결과적으로 특정 워크로드에 더 적합한 이종 클러스터[8] 패턴이 나타납니다.

---

8 (옮긴이) 이종 클러스터에 대해 저자는 non-homogeneous라는 단어를 사용했습니다. 정보기술 용어로 heterogeneous라는 단어와 동의어로 사용되며 구성 요소들이 서로 비슷하지 않은 특성을 말합니다.

TLS를 위한 쿠버네티스 인증 생성하기

정상적인 동작을 위해 모든 주요 컨트롤 플레인 컴포넌트에 TLS 인증서가 필요합니다. 이를 생성하기 위해서 CA(Certificate Authority)를 생성해야 하고, 그에 따라 TLS 인증서가 생성됩니다.

CA를 생성하기 위해서는 PKI(Public Key Infrastructure)를 부트스트랩해야 합니다. 이 작업을 위해 대부분의 PKI 도구를 사용할 수 있지만 쿠버네티스 공식 문서에서 사용하는 도구는 cfssl입니다.

모든 컴포넌트에 대해 PKI, CA, TLS 인증서를 생성했다면 다음 단계는 컨트롤 플레인과 워커 노드 컴포넌트에 대한 설정 파일을 생성하는 것입니다.

설정 파일 생성하기

kubelet, kube-proxy, kube-controller-manager, kube-scheduler 컴포넌트에 대해 설정 파일을 생성해야 합니다. kube-apiserver의 인증을 위해 이러한 설정 파일의 인증서를 사용합니다.

etcd 클러스터 생성과 암호화 구성하기

데이터 암호화 설정 생성은 데이터 암호화 정보가 있는 YAML 파일을 통해 처리합니다. 이를 위해 etcd 클러스터를 시작해야 합니다.

etcd 프로세스를 구성해 각 노드에 systemd 파일을 생성합니다. 그리고 나서 systemctl을 통해 각 노드에서 etcd 서버를 시작합니다.

다음은 etcd에 대한 systemd 예제 파일입니다. 다른 컨트롤 플레인 컴포넌트에 대한 systemd 파일도 이와 유사합니다.

example-systemd-control-plane

```
[Unit]
Description=etcd
Documentation=https://github.com/coreos

[Service]
Type=notify
ExecStart=/usr/local/bin/etcd \\
  --name ${ETCD_NAME} \\
```

```
  --cert-file=/etc/etcd/kubernetes.pem \\
  --key-file=/etc/etcd/kubernetes-key.pem \\
  --peer-cert-file=/etc/etcd/kubernetes.pem \\
  --peer-key-file=/etc/etcd/kubernetes-key.pem \\
  --trusted-ca-file=/etc/etcd/ca.pem \\
  --peer-trusted-ca-file=/etc/etcd/ca.pem \\
  --peer-client-cert-auth \\
  --initial-cluster-state new \\
  --data-dir=/var/lib/etcd
Restart=on-failure
RestartSec=5

[Install]
WantedBy=multi-user.target
```

이 서비스 파일은 각 마스터 노드에서 시작될 etcd 컴포넌트에 대한 런타임 정의를 제공합니다. 노드에서 etcd를 시작하려면 다음 커맨드를 사용합니다.

```
sudo systemctl daemon-reload
sudo systemctl enable etcd
sudo systemctl start etcd
```

성공적으로 실행한 후 노드가 재시작할 때 자동으로 etcd 서비스가 활성화됩니다.

컨트롤 플레인 컴포넌트 부트스트랩하기

마스터 노드에서 컨트롤 플레인 컴포넌트를 부트스트랩하는 과정은 etcd 클러스터를 생성하는 과정과 유사합니다. systemd 파일은 API 서버, 컨트롤러 관리자, 스케줄러 등 각 컴포넌트에 대해 생성된 후 systemctl 커맨드를 사용하여 각 컴포넌트를 시작합니다.

앞에서 생성한 설정 파일과 인증서 또한 각 마스터 노드에 포함돼야 합니다.

kube-apiserver 컴포넌트에 대한 파일을 섹션별로 살펴보겠습니다. Unit 섹션은 systemd 파일에 대한 간단한 설명입니다.

```
[Unit]
Description=Kubernetes API Server
Documentation=https://github.com/kubernetes/kubernetes
```

두 번째 섹션은 서비스에 전달될 모든 변수와 함께 서비스에 대한 실제 시작 커맨드입니다.

api-server-systemd-example
```
[Service]
ExecStart=/usr/local/bin/kube-apiserver \\
    --advertise-address=${INTERNAL_IP} \\
    --allow-privileged=true \\
    --apiserver-count=3 \\
    --audit-log-maxage=30 \\
    --audit-log-maxbackup=3 \\
    --audit-log-maxsize=100 \\
    --audit-log-path=/var/log/audit.log \\
    --authorization-mode=Node,RBAC \\
    --bind-address=0.0.0.0 \\
    --client-ca-file=/var/lib/kubernetes/ca.pem \\
     --enable-admission-plugins=NamespaceLifecycle,NodeRestriction,LimitRanger,ServiceAccount,DefaultStorageClass,ResourceQuota \\
    --etcd-cafile=/var/lib/kubernetes/ca.pem \\
    --etcd-certfile=/var/lib/kubernetes/kubernetes.pem \\
    --etcd-keyfile=/var/lib/kubernetes/kubernetes-key.pem \\
    --etcd-servers=https://10.10.0.10:2379,https://10.10.0.11:2379,https://10.10.0.12:2379 \\
    --event-ttl=1h \\
    --encryption-provider-config=/var/lib/kubernetes/encryption-config.yaml \\
    --kubelet-certificate-authority=/var/lib/kubernetes/ca.pem \\
    --kubelet-client-certificate=/var/lib/kubernetes/kubernetes.pem \\
    --kubelet-client-key=/var/lib/kubernetes/kubernetes-key.pem \\
    --kubelet-https=true \\
    --runtime-config=api/all \\
    --service-account-key-file=/var/lib/kubernetes/service-account.pem \\
    --service-cluster-ip-range=10.10.0.0/24 \\
    --service-node-port-range=30000-32767 \\
    --tls-cert-file=/var/lib/kubernetes/kubernetes.pem \\
    --tls-private-key-file=/var/lib/kubernetes/kubernetes-key.pem \\
    --v=2
```

마지막으로 Install 섹션은 WantedBy 대상을 지정합니다.

```
Restart=on-failure
RestartSec=5
[Install]
WantedBy=multi-user.target
```

kube-scheduler, kube-controller-manager에 대한 서비스 파일은 kube-apiserver 정의와 유사하며 노드에서 컴포넌트를 시작할 준비가 되면 어렵지 않게 진행할 수 있습니다.

```
sudo systemctl daemon-reload
sudo systemctl enable kube-apiserver kube-controller-manager kube-scheduler
sudo systemctl start kube-apiserver kube-controller-manager kube-scheduler
```

etcd와 비슷하게 노드 재시작 시 서비스를 구동합니다.

워커 노드 부트스트랩하기

워커 노드 또한 비슷합니다. kubelet, 컨테이너 런타임, cni, kube-proxy의 스펙을 systemctl을 사용해 생성하고 실행합니다. kubelet 설정은 API 서버를 통해 컨트롤 플레인으로 통신할 수 있게 TLS 인증서를 지정합니다.

kubelet 서비스 정의를 어떻게 하는지 살펴보겠습니다.

```
kubelet-systemd-example
[Unit]
Description=Kubernetes Kubelet
Documentation=https://github.com/kubernetes/Kubernetes
After=containerd.service
Requires=containerd.service

[Service]
ExecStart=/usr/local/bin/kubelet \\
  --config=/var/lib/kubelet/kubelet-config.yaml \\
  --container-runtime=remote \\
  --container-runtime-endpoint=unix:///var/run/containerd/containerd.sock \\
```

```
  --image-pull-progress-deadline=2m \\
  --kubeconfig=/var/lib/kubelet/kubeconfig  \\
  --network-plugin=cni \\
  --register-node=true \\
  --v=2
Restart=on-failure
RestartSec=5

[Install]
WantedBy=multi-user.target
```

예제 파일을 보면 서비스 정의는 cni, 컨테이너 런타임, kubelet-config 파일을 참조합니다. kubelete-config 파일에는 워커 노드에 필요한 TLS 정보가 포함되어 있습니다.

워커와 마스터 노드를 부트스트랩한 다음, 클러스터는 TLS 설정의 일부로 생성된 admin kubeconfig 파일을 참조해 동작해야 합니다.

요약

이번 장에서는 쿠버네티스 클러스터를 만드는 몇 가지 방법을 검토했습니다. minikube를 사용한 소규모 로컬 클러스터 생성, 애저, AWS, 구글 클라우드에 관리하는 쿠버네티스 서비스에 클러스터 설정, Kops 프로비저닝 도구를 사용한 클러스터 생성, 그리고 마지막으로 수동으로 처음부터 클러스터를 생성하는 방법을 살펴봤습니다.

이제 다양한 환경에서 쿠버네티스 클러스터를 생성할 수 있는 기술을 갖추었습니다. 쿠버네티스 클러스터에 애플리케이션을 실행할 준비가 됐습니다.

다음 장에서는 쿠버네티스에서 애플리케이션 실행을 시작하는 방법을 알아봅니다. 쿠버네티스가 아키텍처 수준에서 어떻게 동작하는지 다음 몇 장에 걸쳐 더 쉽게 이해해 봅시다.

질문

1. minikube는 어떤 용도로 사용되나요?
2. 관리형 쿠버네티스 서비스를 사용할 때의 단점은 무엇인가요?
3. Kops와 Kubeadm은 어떻게 다른가요? 주요 차이점을 설명하세요.
4. Kops는 어떤 플랫폼을 지원하나요?
5. 클러스터를 수동으로 생성할 때 주요 클러스터 컴포넌트를 어떻게 지정하고 각 노드에서 어떻게 실행되나요?

더 읽을 거리

- 공식 쿠버네티스 문서: https://kubernetes.io/docs/home/
- **Kubernetes The Hard Way**: https://github.com/kelseyhightower/kubernetes-the-hard-way

03

쿠버네티스에서
애플리케이션 컨테이너 실행하기

이번 장에서는 쿠버네티스가 제공하는 가장 작은 구성 단위인 파드$_{Pod}$에 대한 포괄적인 내용을 설명합니다. PodSpec의 YAML 포맷과 가능한 설정을 확인하고, 쿠버네티스가 파드를 처리하고 스케줄링하는 방법을 간단하게 알아봅니다. 파드는 쿠버네티스에서 애플리케이션을 실행하는 가장 기본적인 방법이며 모든 고차원적$_{higher-order}$ 애플리케이션 컨트롤러에 사용됩니다.

이번 장에서는 다음 내용을 다룹니다.

- 파드란?
- 네임스페이스
- 파드 생명주기
- 파드 리소스 스펙
- 파드 스케줄링

기술 요구사항

이번 장에서 설명하는 커맨드를 실행하려면 실행 중인 쿠버네티스 클러스터와 함께 kubectl 커맨드라인 툴을 지원하는 컴퓨터가 필요합니다. 쿠버네티스로 빠르게 시작하고 실행하는 방법과 kubectl 도구를 설치하는 방법에 대해서는 **1장 쿠버네티스와 통신하기**를 참조하세요.

이번 장에서 사용된 코드는 다음 깃허브 리포지토리 URL에서 확인할 수 있습니다.

- https://github.com/wikibook/cnk/tree/master/Chapter3

파드란?

파드$_{Pod}$는 쿠버네티스에서 가장 작은 컴퓨팅 리소스입니다. 이것은 노드에서 쿠버네티스 스케줄러에 의해 시작되고 하나 이상의 컨테이너를 지정해 실행합니다. 파드는 많은 설정과 확장 기능이 있는 쿠버네티스에서 애플리케이션을 실행하는 가장 기본적인 방법입니다.

> **중요 사항**
> 파드 자체로는 애플리케이션을 실행하는 좋은 방법(환경)은 아닙니다. 파드는 쿠버네티스와 같은 컨테이너 오케스트레이션의 가장 큰 장점을 이용하기 위해 한 번 쓰고 버리는 일회용품과 같이 취급하는 것이 좋습니다. 이는 컨테이너를 애완동물이 아닌 가축처럼 생각해야 함을 의미합니다. 컨테이너와 쿠버네티스를 잘 활용하기 위해서는 애플리케이션이 자가 복구 및 규모 확장 가능한 그룹으로 실행돼야 합니다. 파드는 이러한 그룹의 구성 요소이며 애플리케이션을 파드로 구성하는 방법에 대해서는 이후 장에서 설명합니다.

파드 구현하기

파드는 그룹$_{group}$이나 네임스페이스$_{namespace}$와 같은 리눅스의 격리 원칙$_{isolation\ tenet}$을 사용해 구현하며 논리적인 호스트 시스템과 같습니다. 파드는 하나 이상의 컨테이너(도커, CRI-O 및 기타 런타임)를 실행하고 VM 프로세스 간의 통신과 같이 동일한 방식으로 서로 커뮤니케이션합니다.

두 개의 서로 다른 파드 내의 컨테이너가 통신하려면 IP를 통해 다른 파드(및 컨테이너)에 접근해야 합니다. 기본적으로 동일한 파드에서 실행되는 컨테이너만 저수준 통신 방법을 사용할 수 있지만, 호스트 IPC를 통해 서로 통신할 수 있도록 다양한 파드를 구성할 수 있습니다.

파드 패러다임

가장 기본 수준에서 보면 두 가지 유형의 파드가 있습니다.

- 단일 컨테이너 파드
- 멀티 컨테이너 파드

일반적으로 파드당 하나의 컨테이너를 포함하는 것이 가장 좋습니다. 이 접근 방식으로 독립적인 애플리케이션의 규모 확장이 가능하며 파드를 간단하게 생성하고 문제없이 유지되게 해줍니다.

반면, 멀티 컨테이너 파드는 복잡하지만 다양한 상황에서 유용합니다.

- 애플리케이션의 여러 부분을 별도의 컨테이너에서 실행하는 것이 좋지만 밀접하게 결합되어 있는 경우에는 동일한 파드 내에서 함께 실행해 원활한 통신 및 파일 시스템에 대한 접근 공유를 지원합니다.
- **사이드카 패턴**[1]을 구현할 때 유틸리티 컨테이너가 기본 애플리케이션과 함께 담겨 로깅, 지표, 네트워크 또는 서비스 메시와 같은 고급 기능(14장 서비스 메시와 서버리스 참조)을 처리합니다.

다음 다이어그램은 일반적인 사이드카 패턴의 구현을 보여줍니다.

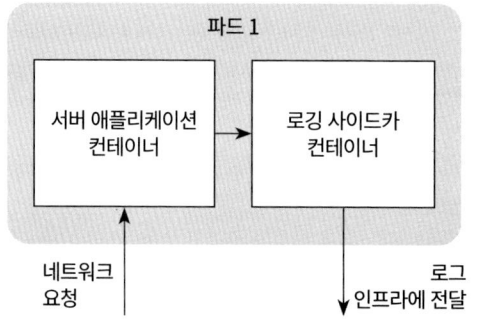

그림 3.1 일반적인 사이드카 구현

이 예에는 웹 서버를 실행하는 애플리케이션 컨테이너와 서버 파드에서 로그를 가져와 로깅 인프라로 전달하는 로깅 애플리케이션이라는 두 개의 컨테이너가 있는 단일 파드가 있습니다. 많은 로그 수집기가 파드 수준이 아닌 노드 수준에서 동작합니다. 이것은 사이드카 패턴을 설명하기 위한 예시입니다.

---

[1] (옮긴이) 사이드카 패턴sidecar pattern이란 파드 내에서 메인 컨테이너를 확장, 향상, 개선하는 역할의 사이드카 컨테이너를 함께 운용하는 패턴을 말합니다. 이를 통해 컨테이너의 재사용성을 증가시킬 수 있습니다.

파드 네트워크

앞서 언급했듯이 파드 간 통신에 사용하는 자체 IP 주소가 있습니다. 각 파드에는 IP 주소와 포트가 있으며 컨테이너가 두 개 이상 있는 경우 파드에서 실행되는 컨테이너 간에 이를 공유합니다.

파드 내에서 컨테이너는 파드의 IP를 호출하지 않고 로컬호스트(localhost)를 사용해 통신할 수 있습니다. 이는 파드 내의 컨테이너가 네트워크 네임스페이스를 공유하기 때문입니다. 본질적으로 가상 네트워크 인터페이스를 사용해 구현되는 동일한 브리지를 통해 통신[2]합니다.

파드 스토리지

쿠버네티스 스토리지에 대해서는 설명할 것이 많지만 **7장 쿠버네티스의 스토리지**에서 자세히 검토하고, 여기서는 연결된 영구$_{persistent}$ 또는 비영구$_{non-persistent}$ 볼륨에 대해 설명합니다. 비영구 볼륨은 유형에 따라 파드에서 데이터 또는 파일을 저장하는 데 사용되지만 파드가 종료되면 삭제됩니다. 영구 볼륨은 파드 종료 후에도 유지되며 여러 파드 또는 애플리케이션 간에 데이터를 공유하는 데 사용할 수 있습니다.

파드에 대한 설명을 계속 진행하기 전에 네임스페이스에 대해 잠깐 설명합니다. 파드 작업 중에 kubectl 커맨드로 작업하기 때문에 쿠버네티스와 kubectl이 어떻게 네임스페이스로 묶이는지 확인하는 것이 중요합니다.

네임스페이스

1장 쿠버네티스와 통신하기에서 권한 부여를 설명할 때 네임스페이스에 대해 간단하게 설명했지만 여기서 그 목적을 확인하고 확장하겠습니다. 네임스페이스는 클러스터 내의 서로 다른 영역을 논리적으로 분리할 수 있게 합니다. 일반적으로 환경별로 네임스페이스를 갖습니다. 하나는 개발용, 다른 하나는 스테이지용, 또 다른 하나는 프로덕션용으로 네임스페이스를 부여하며 모두 동일한 클러스터 내에 있다고 가정합니다.

1장에서 **인증**에 대해 설명할 때 네임스페이스별로 사용자 권한을 지정할 수 있었습니다. 사용자가 프로덕션이 아닌 개발 네임스페이스에 새로운 애플리케이션과 리소스를 배포할 수 있게 허용하는 예를 들어 보겠습니다.

---

[2] (옮긴이) 간단하게 예를 들면, 인터넷 공유기 네트워크 안에 PC가 있고 PC 안에 VM을 생성할 때 브리지 네트워크 설정을 사용한다면 공유기의 DHCP 기능으로 VM에 별도의 IP를 할당받게 됩니다.

실행 중인 클러스터에서 kubectl get namespaces 또는 kubectl get ns를 실행하면 존재하는 네임스페이스를 확인할 수 있습니다.

```
NAME          STATUS    AGE
default       Active    1d
kube-system   Active    1d
kube-public   Active    1d
```

네임스페이스를 명령적$_{imperatively}$으로 생성하기 위해서는 kubectl create namespace staging 커맨드를 실행하거나, 다음과 같이 YAML 파일에 리소스를 정의하고 kubectl apply -f /path/to/file.yaml을 실행합니다.

```yaml
# staging-ns.yaml
apiVersion: v1
kind: Namespace
metadata:
  name: staging
```

위와 같이 네임스페이스 스펙의 정의는 아주 간단합니다. 이제 좀 더 복잡한 PodSpec으로 넘어가겠습니다.

파드의 라이프사이클

클러스터에서 실행 중인 파드를 빠르게 확인하려면 kubectl get pods 또는 kubectl get pods --all-namespaces 커맨드를 실행합니다. 그러면 현재 네임스페이스(kubectl 구문에서 정의됨, 지정하지 않는 경우 기본 네임스페이스)에서 파드 정보를 가져올 수 있습니다.

kubectl get pods 커맨드의 출력 결과는 다음과 같습니다.

```
NAME     READY   STATUS    RESTARTS   AGE
my-pod   1/1     Running   0          9s
```

출력 결과에는 파드가 현재 어떤 상태인지 알려주는 STATUS 값이 있습니다.

파드 상태 값 정보는 다음과 같습니다.

- **Running**: 파드가 문제없이 컨테이너를 성공적으로 스핀업한 상태를 말합니다. 파드가 단일 컨테이너를 갖고 있고 Running 상태이면 컨테이너가 작업이 아직 완료되지 않았거나 프로세스가 실행 중이라는 의미입니다. 또한 현재 재기동(다시 시작) 중일 수도 있으며, 이는 READY 값을 통해 확인할 수 있습니다. 예를 들어, READY 값이 0/1이면 파드가 아직 헬스체크(health checks)를 통과하지 못했을 수 있습니다. 이는 컨테이너가 여전히 스핀업 진행 중, 데이터베이스 연결이 작동하지 않음, 시작하기 위해 애플리케이션 프로세스가 시작되지 않음 등 다양한 경우일 수 있습니다.
- **Succeeded**: 파드 컨테이너가 완료(complete) 또는 종료(exit) 커맨드를 수행할 수 있게 설정한 경우(웹 서버 시작과 같은 오랜 구동 시간의 커맨드는 아님) 컨테이너의 프로세스가 완료되면 파드에 Succeeded(성공) 상태가 표시됩니다.
- **Pending**: Pending(대기) 상태는 파드에 있는 컨테이너 중 이미지를 기다리고 있음을 나타냅니다. 컨테이너 이미지를 외부 리포지토리에서 다운로드 중이거나 파드 자체가 kube-scheduler에 의해서 예약되어 작업 시작을 기다리고 있을 수도 있습니다.
- **Unknown**: Unknown 상태는 쿠버네티스에서 파드가 실제 어떤 상태인지 알 수 없다는 것을 의미합니다. 이는 일반적으로 파드가 있는 노드에 오류가 발생한 경우에도 발생합니다. 디스크 공간이 부족하거나 클러스터의 연결이 끊긴 경우에도 발생합니다.
- **Failed**: Failed 상태는 파드에 있는 하나 이상의 컨테이너가 실패 상태로 종료된 것을 의미합니다. 파드 내에 컨테이너들은 성공 또는 실패한 후 종료됩니다. 이 상태는 클러스터가 파드를 제거하거나 컨테이너 애플리케이션 내부에서 프로세스가 중단됐을 때 등 다양한 이유로 발생할 수 있습니다.

파드 리소스 스펙 이해하기

파드 리소스 스펙은 확실히 알아야 할 내용이므로 YAML 파일의 다양한 요소를 살펴보고 그것들을 어떻게 결합하는지 자세히 설명하겠습니다.

우선 완전한 스펙의 파드를 살펴본 후 각 부분을 검토하겠습니다.

simple-pod.yaml
```
apiVersion: v1
kind: Pod
metadata:
  name: myApp
  namespace: dev
  labels:
    environment: dev
  annotations:
```

```
    customid1: 998123hjhsad
spec:
  containers:
  - name: my-app-container
    image: busybox
```

이 파드 YAML 파일은 첫 장에서 살펴본 것보다 복잡한데, 몇몇 새로운 파드가 기능 설명을 위해 추가됐기 때문입니다.

API 버전

1행의 `apiVersion`부터 설명을 시작합니다. 1장에서 언급했듯이 `apiVersion`은 리소스를 만들고 구성할 때 쿠버네티스에게 어떤 버전의 API를 사용할지 알려줍니다. 파드는 쿠버네티스에서 오랫동안 존재해왔고, 그러다가 PodSpec이 API 버전 1(v1)에 통합됐습니다. 다른 리소스 유형에서는 버전 이름 외에 그룹 이름이 포함될 수도 있습니다. 예를 들어, 쿠버네티스 CronJob 리소스는 `batch/v1beta1` `apiVersion`을 사용하는 반면, Job 리소스는 `batch/v1` `apiVersion`을 사용합니다. 두 리소스 모두 `batch`라는 API 그룹에 해당합니다.

Kind

`kind` 값은 쿠버네티스에 있는 리소스 유형의 실제 이름에 해당합니다. 여기서는 파드 리소스에 대해 설명하므로 `Pod`라고 값을 지정합니다. `kind` 값은 `Pod`, `ConfigMap`, `CronJob` 등과 같이 카멜케이스로 표기합니다.

> **중요 사항**
>
> `kind` 값의 전체 목록은 https://kubernetes.io/docs/home/에서 공식 쿠버네티스 문서를 확인하세요. 새로운 `kind` 값이 새로운 릴리스에 추가되기도 하므로 이 책의 리소스 유형은 변경 및 추가될 수 있습니다.

metadata

메타데이터는 다음에 설명하는 여러 개의 다른 값을 가질 수 있는 최상위 키입니다. 먼저 `name`은 리소스의 이름이며 `kubectl`을 통해 표시되고 etcd에 저장됩니다. `namespace`는 리소스가 생성돼야 하는 네임스페이스에 해당합니다. YAML 스펙에 네임스페이스가 지정되지 않으면 리소스가 `default`기본 네임스페이스에 생성됩니다. 하지만 `apply` 또는 `create` 커맨드에 네임스페이스가 지정되어 있는 경우는 예외입니다.

다음으로 lables$_{레이블}$는 리소스에 메타데이터를 추가하는 데 사용되는 키-밸류$_{key-value}$ 쌍입니다. labels는 리소스를 필터링하고 선택하기 위해 쿠버네티스 제공 셀렉터$_{selector}$에서 기본으로 사용되기 때문에 다른 메타데이터 비해 특별하며 커스텀 기능에서도 사용됩니다.

마지막으로 metadata 블록은 라벨처럼 컨트롤러와 커스텀 쿠버네티스 기능에서 사용(추가 설정이나 특정 기능을 위한 데이터)할 수 있는 여러 개의 어노테이션$_{annotation}$(주석)을 지정할 수 있습니다. 다음 PodSpec에는 메타데이터에 몇 가지 어노테이션이 정의되어 있습니다.

```yaml
# pod-with-annotations.yaml
apiVersion: v1
kind: Pod
metadata:
  name: myApp
  namespace: dev
  labels:
    environment: dev
  annotations:
    customid1: 998123hjhsad
    customid2: 1239808908sd
spec:
  containers:
  - name: my-app-container
    image: busybox
```

일반적으로 데이터를 추가하거나 확장 기능을 사용하기 위해서는 어노테이션을, 쿠버네티스 특정 기능과 셀렉터를 위해서는 레이블을 사용합니다.

스펙

spec$_{스펙}$은 리소스 관련 설정을 포함하는 최상위 키입니다. 이 경우 kind 값이 Pod이므로 파드 관련 몇 가지 설정을 추가합니다. 모든 추가 설정 관련 키는 스펙 키 아래에 들여쓰기되며 파드 구성을 나타냅니다.

컨테이너

containers컨테이너키는 파드 내에서 실행될 하나 이상의 컨테이너 목록을 의미합니다. 각 컨테이너 스펙은 리소스 YAML의 컨테이너 리스트 항목별로 들여쓰기한 후 설정 값을 노출합니다. 여기서는 설정 중 일부를 검토합니다. 전체 목록은 다음 URL의 쿠버네티스 설명서를 참조하세요.

- https://kubernetes.io/docs/home/

이름

컨테이너 스펙 내에서 name이름은 파드 내에서 컨테이너의 이름을 지정합니다. 컨테이너 이름은 kubectl logs 커맨드를 사용하여 특정 컨테이너 로그를 상세하게 접근하는 데 사용할 수 있는데, 자세한 내용은 뒤에서 설명합니다. 우선, 디버깅을 쉽게 할 수 있게 파드의 각 컨테이너에 대한 명확한 이름을 선택해 입력해야 합니다.

이미지

각 컨테이너에 대한 image이미지는 파드 내에서 시작해야 하는 도커(또는 다른 런타임) 이미지의 이름을 지정하는 데 사용합니다. 이미지는 기본적으로 공개 도커 허브에서 가져오지만 비공개 리포지토리 또한 지원합니다.

이게 전부입니다. 이제 파드를 지정하고 쿠버네티스에서 실행하면 됩니다. 이제부터 파드 섹션에 대한 모든 내용은 **추가적인 설정**으로 다루겠습니다.

파드의 리소스 스펙

파드는 정의된 메모리와 컴퓨팅 자원이 할당되도록 구성할 수 있습니다. 이것은 리소스가 부족한 애플리케이션 구동 환경으로 인해 전체 클러스터에 영향을 미치는 것을 방지합니다. 또한 성능을 향상시키고 메모리 누수를 방지하는 데도 도움이 됩니다. cpu와 memory라는 두 가지 리소스에 대해 설정이 가능합니다. 또한 각 리소스는 Requests요청와 Limits제한에 대해 지정이 가능합니다. 따라서 총 네 가지의 리소스 사양에 대한 키를 지정할 수 있습니다.

메모리 요청 및 제한에 대한 값은 50Mi(메비바이트), 50MB(메가바이트), 1Gi(기비바이트)와 같이 설정하며 바이트 단위 숫자와 E, P, T, G, M, k와 같이 수량 접미사를 쓰거나 Ei, Pi, Ti, Gi, Mi, Ki와 같이 2의 거듭제곱으로 구성합니다.

CPU 요청과 제한은 10진수 숫자를 사용해 1밀리-CPU를 의미하는 m을 사용해 표현합니다. 200m는 0.2에 해당하므로 논리적인 CPU의 20% 또는 1/5에 해당합니다. 이 양은 코어 수와 관계없이 컴퓨팅 파워의 양을 나타냅니다. 즉, 1CPU는 AWS 또는 GCP의 코어와 관계없이 동일합니다. 다음 YAML 파일에서는 리소스 요청 및 제한에 대해 설명합니다.

```
pod-with-resource-limits.yaml
apiVersion: v1
kind: Pod
metadata:
  name: myApp
spec:
  containers:
  - name: my-app-container
    image: mydockername
    resources:
      requests:
        memory: "50Mi"
        cpu: "100m"
      limits:
        memory: "200Mi"
        cpu: "500m"
```

이 파드에는 cpu와 memory에 대해 requests와 limits를 지정한 도커 이미지로 실행하는 컨테이너가 있습니다. 코드에서는 이미지 이름이 mydockername으로 되어 있지만 예제에서 파드 리소스 제한을 테스트하려면 busybox비지박스[3] 이미지를 사용해 확인합니다.

컨테이너 시작 커맨드

쿠버네티스 파드 내에서 컨테이너가 시작될 때 컨테이너의 기본 시작 스크립트(예: 도커 컨테이너 스펙이 정의되어 있는 스크립트)를 실행합니다. 이 기능을 다른 커맨드나 추가 인수로 재정의하려면 command 및 args 키를 정의하면 됩니다. 다음 YAML 파일에서 start 커맨드와 추가 인수를 정의하는 컨테이너 설정을 살펴봅니다.

---

[3] 비지박스(BusyBox)는 일반적으로 사용되는 유닉스 유틸리티를 작은 실행 파일로 결합한 것을 말합니다. 소규모 또는 임베디드 시스템 환경을 위해 제공합니다. 쿠버네티스에서 비지박스 이미지는 편리한 유틸리티가 다수 포함된 리눅스 기반 컨테이너 이미지입니다.

```
pod-with-start-command.yaml
apiVersion: v1
kind: Pod
metadata:
  name: myApp
spec:
  containers:
  - name: my-app-container
    image: mydockername
    command: ["run"]
    args: ["--flag", "T", "--run-type", "static"]
```

위 코드에서 커맨드 및 쉼표와 공백으로 구분된 인수 목록의 문자열 배열로 지정된 내용을 확인할 수 있습니다.

초기화 컨테이너

초기화 컨테이너$_{\text{init container}}$는 일반 파드 컨테이너가 시작되기 전에 시작, 실행, 종료되는 파드 내의 특수한 컨테이너입니다.

초기화 컨테이너는 애플리케이션이 시작되기 전에 파일을 초기화하거나 파드를 시작하기 전에 다른 애플리케이션이나 서비스 실행을 확인하는 것과 같은 다양한 경우에 사용될 수 있습니다.

여러 개의 초기화 컨테이너가 지정된 경우 모든 초기화 컨테이너가 순서대로 실행됩니다. 따라서 초기화 컨테이너는 완료 및 종료가 있는 스크립트를 실행해야 합니다. 그렇지 않고 초기화 컨테이너의 스크립트 또는 애플리케이션이 계속 실행되면 파드의 일반 컨테이너가 시작되지 않습니다.

다음 파드에서 초기화 컨테이너(`initContainers`)는 `nslookup`으로 `config-service`가 있는지 반복 확인하며, 확인되면 스크립트를 종료하고 `my-app` 애플리케이션 컨테이너가 시작되도록 트리거합니다.

```
pod-with-init-container.yaml
apiVersion: v1
kind: Pod
metadata:
  name: myApp
spec:
```

```
containers:
- name: my-app
  image: mydockername
  command: ["run"]
initContainers:
- name: init-before
  image: busybox
  command: ['sh', '-c', 'until nslookup config-service; do echo config-service not up; sleep 2; done;']
```

> **중요 사항**
> 초기화 컨테이너가 작업에 실패하면 쿠버네티스는 자동으로 파드를 다시 시작합니다. 이에 관한 설정은 파드 레벨의 설정에서 restartPolicy 값을 변경하면 됩니다.

다음은 쿠버네티스의 일반적인 파드 시작 흐름을 보여주는 다이어그램입니다.

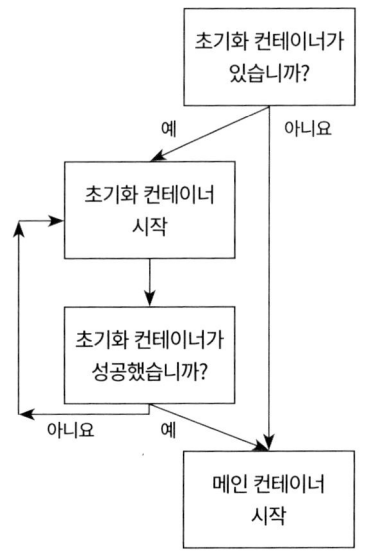

그림 3.2 초기화 컨테이너 순서도

파드에 두 개 이상의 초기화 컨테이너가 있을 경우 순차적으로 실행됩니다. 이는 순서대로 실행해야 하는 모듈식 단계를 설정하는 경우 유용합니다. 다음 YAML 파일은 이를 보여줍니다.

```
pod-with-multiple-init-containers.yaml
apiVersion: v1
kind: Pod
metadata:
  name: myApp
spec:
  containers:
  - name: my-app
    image: mydockername
    command: ["run"]
  initContainers:
  - name: init-step-1
    image: step1-image
    command: ['start-command']
  - name: init-step-2
    image: step2-image
    command: ['start-command']
```

예를 들어 이 경우에는 파드 YAML 파일에서 init-step-2가 호출되기 전에 init-step-1의 초기화 컨테이너가 성공해야 하고 my-app 컨테이너가 시작되기 전에 둘 다 성공해야만 합니다.

쿠버네티스의 다양한 프로브 소개

컨테이너(즉, 파드)가 언제 실패했는지 확인하기 위해 쿠버네티스는 컨테이너가 동작하는지 테스트해야 합니다. 이를 위해 컨테이너 작동 여부 확인을 위해 쿠버네티스가 지정된 간격으로 실행할 수 있는 프로브$_{probe}$를 정의할 수 있습니다.

쿠버네티스에서 구성할 수 있는 세 가지 유형의 프로브(준비성, 활성, 스타트업)가 있습니다.

준비성 프로브

먼저, 준비성 프로브$_{readiness\ probe}$를 사용하여 컨테이너가 HTTP를 통한 트래픽 응답과 같은 기능을 수행할 준비가 됐는지 확인할 수 있습니다. 예를 들어, 컨테이너는 시작되어 구성을 가져오고 있고 연결을 아직 허용할 준비가 되지 않은 애플리케이션의 시작 단계에서 유용합니다.

다음 YAML 파일에서 파드에 준비성 프로브가 구성된 내용을 살펴보겠습니다.

```
pod-with-readiness-probe.yaml
apiVersion: v1
kind: Pod
metadata:
  name: myApp
spec:
  containers:
  - name: my-app
    image: mydockername
    command: ["run"]
    ports:
    - containerPort: 8080
    readinessProbe:
      exec:
        command:
        - cat
        - /tmp/thisfileshouldexist.txt
      initialDelaySeconds: 5
      periodSeconds: 5
```

코드를 보면 프로브는 파드가 아닌 컨테이너별로 정의합니다. 쿠버네티스 컨테이너당 모든 프로브를 실행하고 이를 사용하여 파드의 전체 상태를 확인합니다.

활성 프로브

활성 프로브_{liveness probe}를 사용하면 애플리케이션이 어떤 원인(예: 메모리 오류)으로 실패했는지 확인할 수 있습니다. 오래 실행되는 애플리케이션 컨테이너에서는 활성 프로브가 쿠버네티스가 오래되고 손상된 파드를 새로운 파드로 리사이클링하는 데 도움을 줍니다. 프로브 자체로는 컨테이너를 다시 시작하지 않지만, 다른 쿠버네티스 리소스 및 컨트롤러는 프로브 상태를 확인하고 필요한 경우 재시작합니다. 다음은 활성 프로브 정의가 연결된 PodSpec입니다.

```
pod-with-liveness-probe.yaml
apiVersion: v1
kind: Pod
metadata:
  name: myApp
```

```yaml
spec:
  containers:
  - name: my-app
    image: mydockername
    command: ["run"]
    ports:
    - containerPort: 8080
    livenessProbe:
      exec:
        command:
        - cat
        - /tmp/thisfileshouldexist.txt
      initialDelaySeconds:   5
      failureThreshold: 3
      periodSeconds: 5
```

코드를 보면 활성 프로브는 준비성 프로브와 동일한 방식으로 정의하며, 추가 사항으로 failureThreshold가 있습니다.

failureThreshold 값은 쿠버네티스가 특정 조치를 취하기 전에 프로브를 시도하는 횟수를 결정합니다. 쿠버네티스는 failureThreshold 값을 초과할 경우 파드를 재시작합니다. 준비성 프로브의 경우 쿠버네티스는 단순히 '파드가 준비 안 됨(Not Ready)'으로 표시합니다. 기본값은 3이며 1 이상의 값을 설정할 수 있습니다.

예제에서는 프로브 설정과 함께 exec에 대한 설정이 있습니다. 뒤에서 사용 가능한 다양한 프로브 메커니즘을 검토하겠습니다.

스타트업 프로브

마지막으로 스타트업 프로브$_{\text{startup probe}}$는 컨테이너 시작 시 한 번만 실행되는 특수한 프로브입니다. 일부 애플리케이션(오래된 구조의 애플리케이션)은 컨테이너에서 시작하는 데 오래 걸리기 때문에 컨테이너가 처음 시작할 때 여유 시간을 제공해 활성 또는 준비성 프로브 실패로 파드가 다시 시작되는 것을 방지합니다. 다음 코드에서 스타트업 프로브 설정을 확인할 수 있습니다.

```yaml
# pod-with-startup-probe.yaml
apiVersion: v1
kind: Pod
metadata:
  name: myApp
spec:
  containers:
  - name: my-app
    image: mydockername
    command: ["run"]
    ports:
    - containerPort: 8080
    startupProbe:
      exec:
        command:
        - cat
        - /tmp/thisfileshouldexist.txt
      initialDelaySeconds: 5
      successThreshold: 2
      periodSeconds: 5
```

스타트업 프로브는 활성 또는 준비성 프로브 사이의 시간을 단순히 연장하는 것 이상의 이점을 제공합니다. 스타트업 프로브로 쿠버네티스는 시작 후 발생하는 문제 해결 시 대응 시간을 유지할 수 있고 시작 시간이 오래 걸리는 애플리케이션이 반복적으로 재시작하는 것을 방지합니다. 애플리케이션을 시작하는 데 수 초 또는 몇 분 이상 걸리는 경우 스타트업 프로브로 수행 시간을 쉽게 확보할 수 있습니다.

successThreshold는 문자 그대로 failureThreshold의 반대 개념입니다. 컨테이너가 준비로 표시되기 전에 필요한 수행 성공 수를 지정합니다. 안정화되기까지 실행과 종료를 반복하는 애플리케이션의 경우(일부 자체 클러스터링 애플리케이션) 이 값을 변경해 사용하는 것이 좋습니다. 기본값은 1이고 활성 프로브의 경우 변경이 불가능하며 준비성 및 스타트업 프로브의 값은 변경할 수 있습니다.

프로브 메커니즘 설정

프로브에는 exec, httpGet, tcpSocket의 세 가지 메커니즘이 있습니다.

exec 메서드를 사용하면 컨테이너 내부에서 실행할 커맨드를 지정할 수 있습니다. 지정한 커맨드가 성공적으로 실행되면 프로브가 성공된 것이며 커맨드가 실패하면 프로브는 실패 결과가 됩니다. 이제까지 구성한 모든 프로브는 exec 메서드를 사용했으므로 이제까지의 설정은 동일하게 동작합니다. 지정한 커맨드(쉼표로 구분된 리스트 형식의 인수 포함)가 실패할 경우 프로브가 실패합니다.

프로브의 httpGet 메서드를 사용하면 HTTP GET 요청으로 전송할 컨테이너의 URL을 지정할 수 있습니다. HTTP 요청 응답이 200과 400 사이의 코드를 반환하면 프로브는 성공합니다. 그 외 코드는 실패합니다.

httpGet 구성은 다음과 같습니다.

```yaml
# pod-with-get-probe.yaml
apiVersion: v1
kind: Pod
metadata:
  name: myApp
spec:
  containers:
  - name: my-app
    image: mydockername
    command: ["run"]
    ports:
    - containerPort: 8080
    livenessProbe:
      httpGet:
        path: /healthcheck
        port: 8001
        httpHeaders:
        - name: My-Header
          value: My-Header-Value
      initialDelaySeconds: 3
      periodSeconds: 3
```

마지막으로 tcpSocket 메서드는 컨테이너에서 지정된 소켓에 대해 열려 있는지 확인을 시도하고 그 결과를 사용하여 성공 또는 실패를 결정합니다. tcpSocket 구성은 다음과 같습니다.

```
pod-with-tcp-probe.yaml
apiVersion: v1
kind: Pod
metadata:
  name: myApp
spec:
  containers:
  - name: my-app
    image: mydockername
    command: ["run"]
    ports:
    - containerPort: 8080
    readinessProbe:
      tcpSocket:
        port: 8080
      initialDelaySeconds: 5
      periodSeconds: 10
```

위 코드에서 프로브는 검사를 수행할 때마다 8080 포트로 ping을 보내 확인합니다.

일반적인 파드 전환

쿠버네티스에서 실패한 파드는 빈번하게 상태가 전환되는 경향이 있습니다. 처음 쿠버네티스를 사용하면 이런 상황이 위협적으로 느껴질 수 있으므로 앞에서 설명한 파드 상태가 프로브의 기능과 상호 작용하는 방식을 이해하는 것은 중요합니다. 다시 한번 설명하자면 파드의 상태는 다음과 같습니다.

- Running
- Succeeded
- Pending
- Unknow
- Failed

일반적인 흐름은 kubectl get nods -w(-w 플래그는 커맨드에 감시를 추가)를 실행한 후 상태가 Pending과 Failed로 전환되는 문제의 파드를 확인합니다. Pending 상태는 파드(및 해당 컨테이너)가 스핀업하고 이미지를 가져올 때 아직 헬스체크가 되지 않기 때문에 나타납니다.

초기 프로브의 제한시간(이전 절에서 설명)이 경과하면 첫 번째 프로브가 실패합니다. 이는 실패에 대한 임곗값에 따라 수 초 또는 수 분 동안 지속될 수 있으며 상태는 여전히 Pending으로 나타납니다.

마지막으로 실패 임곗값에 도달하고 파드 상태가 Failed로 전환됩니다. 이 시점에서 PodSpec의 재시작 정책인 restartPolicy 값에 따라 다음 동작이 결정됩니다. restartPolicy 값으로는 Always나 Never, OnFailure를 가질 수 있습니다. 이 값이 Never인 경우 파드는 실패 상태를 유지합니다. 다른 두 값인 경우에는 파드가 자동으로 재시작해서 Pending 상태로 돌아가는데, 이는 끝없는 재시작의 원인이 됩니다.

다른 예로, 파드가 Pending 상태에서 영원히 멈출 수 있습니다. 이는 어떤 노드에서도 파드가 예약되지 않기 때문일 수 있습니다. 이는 리소스 요청 제약(이 책의 뒷부분인 **8장 파드 할당 제어하기**에서 자세히 다룹니다) 또는 노드에 연결할 수 없는 등 다양한 원인이 있을 수 있습니다.

Unknown은 일반적으로 파드가 예약된 노드에 연결할 수 없을 때 발생합니다. 노드가 종료됐거나 파드를 네트워크를 통해 연결할 수 없는 경우에 발생할 수 있습니다.

파드 스케줄링

파드 스케줄링의 복잡성과 쿠버네티스가 스케줄에 영향을 미치고 제어할 수 있는 방법은 **8장 파드 할당 제어하기**에서 설명하기로 하고 지금은 기본 사항을 간단하게 설명합니다.

파드를 스케줄링할 위치를 결정할 때 쿠버네티스는 다양한 요소를 고려하지만 가장 중요한 판단 요소는 파드 우선순위, 노드 가용성, 리소스 가용성입니다.

쿠버네티스 스케줄러는 바인딩되지 않은(스케줄링 되지 않은) 파드가 있는지 일정한 제어 루프를 통해 모니터링합니다. 바인딩되지 않은 파드가 하나 이상 발견되면 스케줄러는 파드 우선순위를 확인하여 먼저 스케줄링할 파드를 결정합니다.

스케줄러가 바인딩할 파드를 결정하면, 예약할 노드에서 최적의 설정을 찾기 위해 몇 번 점검하고 유형 검사를 수행합니다. 유형에 대한 확인은 세분화된 스케줄 컨트롤에 의해 결정되며 이에 대해서는 **8장 파드 할당 제어하기**에서 다루겠습니다. 우선은 점검에 대해 언급하겠습니다.

먼저 쿠버네티스는 현재 어떤 노드가 스케줄링이 가능한지 확인합니다. 이때 특정 노드가 작동하지 않거나 새 파드에 대한 스케줄링을 허용하지 않는 문제가 발생할 수 있습니다.

둘째, 쿠버네티스 PodSpec에 명시된 최소 리소스 요구사항과 일치하는 노드를 확인하여 예약 가능한 노드를 필터링합니다.

이 시점에서 다른 배치 제어가 없는 경우 스케줄러가 확인한 노드에 새 파드를 할당합니다. 해당 노드에 kubelet이 새 파드가 할당된 것을 확인하면 파드가 스핀업됩니다.

요약

이번 장에서는 파드가 쿠버네티스에서 동작하는 가장 기본적인 구성 요소라는 것을 학습했습니다. 쿠버네티스는 파드를 빌딩 블록처럼 사용하여 모든 컴퓨팅 작업을 수행하기 때문에 파드와 그에 대한 세부사항을 이해하는 것이 중요합니다. 여기까지 모두 이해했으면 잘 알겠지만 파드는 매우 작으며 견고하지 않은 독립적인 것입니다. 컨트롤러 없이 쿠버네티스에서 단일 파드로 애플리케이션을 운영하는 것은 잘못된 결정이며, 파드에 문제가 발생하면 서비스 장애가 발생합니다.

질문

1. 어떻게 네임스페이스를 사용하여 애플리케이션 환경을 분리할 수 있습니까?
2. 파드 상태가 Unknown으로 표시될 때 그 원인은 무엇입니까?
3. 파드의 메모리 리소스를 제한하는 이유는 무엇입니까?
4. 프로브가 실패해 파드를 재시작하기 전에 쿠버네티스에서 운영 중인 애플리케이션이 빠르게 시작되지 않는 경우 준비성, 활성, 스타트업 중 어떤 프로브 유형을 조정해야 할까요?

더 읽을 거리

- 쿠버네티스 공식 문서: https://kubernetes.io/docs/home/
- **Kubernetes The Hard Way**: https://github.com/kelseyhightower/kubernetes-the-hard-way

2부

쿠버네티스 애플리케이션 구성 및 배포

2부에서는 쿠버네티스에서 애플리케이션을 구성하고 배포하는 방법과 스토리지를 프로비저닝하고 애플리케이션을 클러스터 외부에 노출하는 방법에 대해 알아봅니다.

2부는 다음 장으로 구성됩니다.

- 4장 애플리케이션 스케일링 및 배포하기
- 5장 서비스 및 인그레스 – 외부 시스템과 통신하기
- 6장 쿠버네티스 애플리케이션 구성하기
- 7장 쿠버네티스의 스토리지
- 8장 파드 할당 제어하기

04

애플리케이션 스케일링 및 배포하기

이번 장에서는 애플리케이션을 실행하고 파드를 제어하는 상위 레벨의 쿠버네티스 리소스에 대해 설명합니다. 먼저 파드의 단점을 알아본 후 가장 간단한 파드 컨트롤러인 레플리카셋$_{\text{ReplicaSet}}$을 소개합니다. 그다음 쿠버네티스에 애플리케이션 배포를 위한 가장 인기 있는 방법인 디플로이먼트$_{\text{Deployment}}$를 다룹니다. 그리고 수평형 파드 오토스케일러$_{\text{Horizontal Pod Autoscaler}}$, 데몬셋$_{\text{DaemonSet}}$, 스테이트풀셋$_{\text{StatefulSet}}$, 잡$_{\text{Job}}$ 등 특정 유형의 애플리케이션을 배포하는 데 도움이 되는 리소스를 살펴봅니다. 마지막으로 쿠버네티스에서 복잡한 애플리케이션을 실행하는 예제를 살펴보며 종합해 설명합니다.

이번 장에서는 다음 주제를 다룹니다.

- 파드의 문제점과 해결책
- 레플리카셋 사용하기
- 디플로이먼트 제어하기
- 수평형 파드 오토스케일러 활용하기
- 데몬셋 구현하기
- 스테이트풀셋과 잡
- 종합 정리하기

기술 요구 사항

이번 장에서 설명하는 커맨드를 실행하려면 쿠버네티스 클러스터와 kubectl 커맨드라인 툴을 실행할 수 있는 환경이 필요합니다. 쿠버네티스의 시작 및 실행과 kubectl 툴을 설치하는 방법은 **1장 쿠버네티스와 통신하기**에서 확인할 수 있습니다.

이번 장에 사용된 코드는 다음 깃허브 리포지토리에서 참고할 수 있습니다.

- https://github.com/wikibook/cnk/tree/master/Chapter4

파드의 문제점과 해결책 이해하기

3장 쿠버네티스에서 컨테이너 애플리케이션 실행하기에서 살펴봤듯이, 쿠버네티스의 파드는 노드에서 실행되는 하나 이상의 컨테이너 애플리케이션 인스턴스입니다. 하나의 파드만 생성해도 다른 컨테이너와 마찬가지로 애플리케이션을 실행할 수 있습니다.

하지만 단일 파드를 사용하여 애플리케이션을 실행하는 경우 컨테이너가 가진 여러 이점을 활용할 수 없습니다. 컨테이너를 사용하면 애플리케이션의 새 인스턴스를 시작해 수요에 맞게 확장 또는 축소할 수 있는 **스테이트리스**[1] stateless 아이템으로 처리할 수 있습니다.

이는 애플리케이션을 쉽게 확장할 수 있고 주어진 시간에 다수의 애플리케이션 인스턴스를 제공함으로써 애플리케이션의 가용성을 높일 수 있다는 이점이 있습니다. 인스턴스 중 하나에 오류가 발생하더라도 애플리케이션은 계속 작동하며, 오류가 발생하기 전의 수준으로 자동 확장됩니다. 이를 위해 쿠버네티스에서 파드 컨트롤러 리소스 Pod controller resource 를 사용합니다.

파드 컨트롤러

쿠버네티스는 기본적으로 파드 컨트롤러에 대한 몇 가지 선택사항을 제공합니다. 가장 간단한 방법은 레플리카셋 ReplicaSet 을 사용하여 특정 파드에 대한 파드 인스턴스 수를 유지하는 것입니다. 한 인스턴스에 오류가 발생하면 레플리카셋은 새 인스턴스를 가동하여 이를 대체합니다.

---

[1] (옮긴이) **스테이트리스**(stateless)는 **스테이트풀**(stateful)과 반대로 상태를 저장하지 않는 것을 의미합니다. 즉, 애플리케이션이나 플로, 워크로드에 관한 로직만 수행할 뿐 데이터를 저장하지 않습니다. 공식 쿠버네티스 문서의 한국어 번역에서 **상태 비저장**(스테이트풀의 경우 **상태 저장**)과 같이 번역하지 않고 원문 발음 그대로 쓰였기에 여기서도 그대로 표현합니다.

두 번째 방법은 디플로이먼트$_{Deployment}$를 통해 자체적으로 레플리카셋을 제어하는 것입니다. 디플로이먼트는 쿠버네티스에서 애플리케이션을 실행할 때 가장 널리 사용되는 컨트롤러이며 레플리카셋에서 롤링 업데이트를 통해 애플리케이션을 쉽게 업그레이드할 수 있습니다.

수평형 파드 오토스케일러는 애플리케이션의 성능 지표를 기반으로 자동 확장하여 디플로이먼트를 한 단계 업그레이드합니다.

마지막으로 특정 상황에서 유용하게 사용할 수 있는 특수한 컨트롤러가 있습니다.

- 데몬셋$_{DaemonSet}$은 각 노드에서 애플리케이션의 인스턴스를 실행하고 관리합니다.
- 스테이트풀셋$_{StatefulSet}$은 스테이트풀 워크로드를 실행하기 위해 파드 아이덴티티가 유지되게 합니다.
- 잡$_{Jobs}$은 지정된 파드 수에서 시작부터 완료될 때까지 실행된 후 종료됩니다.

레플리카셋과 같은 기본 쿠버네티스 컨트롤러 또는 커스텀 컨트롤러(예: PostgreSQL 오퍼레이터)의 실제 동작은 예측하기 쉬워야 합니다. 다음 다이어그램은 표준 컨트롤 루프를 단순화한 것입니다.

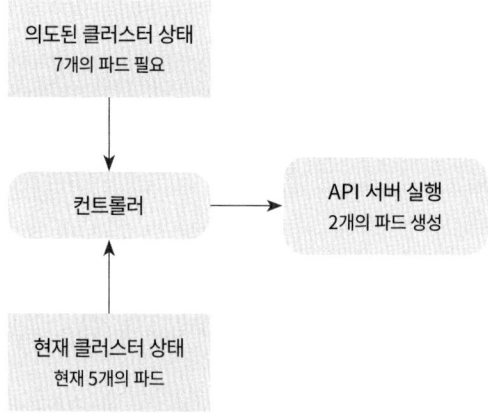

그림 4.1 쿠버네티스 컨트롤러의 기본 컨트롤 루프

컨트롤러는 **현재 클러스터 상태**(이 앱은 5개의 파드가 실행 중임)에 대해 **의도된 클러스터 상태**(이 앱은 7개의 파드가 필요함)를 지속해서 확인합니다. 의도한 상태가 현재 상태와 일치하지 않으면 컨트롤러는 API를 통해 조치를 취해 의도한 상태로 현재 상태를 수정합니다.

쿠버네티스에서 컨트롤러가 필요한 이유를 이해해야 합니다. 파드 자체만으로는 고가용성 애플리케이션을 구현하는 데 충분하지 않습니다 이제 가장 간단한 컨트롤러인 레플리카셋을 살펴봅니다.

레플리카셋 사용하기

레플리카셋은 가장 간단한 쿠버네티스 파드 컨트롤러 리소스이며, 이전 레플리케이션 컨트롤러를 대체합니다.

레플리카셋과 레플리케이션 컨트롤러의 주요 차이점은 레플리케이션 컨트롤러는 기본 유형의 **셀렉터**를 사용하여 제어해야 할 파드를 결정한다는 점입니다.

레플리케이션 컨트롤러는 단순 지분 기반$_{\text{Equity-Based}}$(**key=value**) 셀렉터[2]를 사용하는 반면, 레플리카셋은 이번 장에서 검토할 `matchLabels` 또는 `matchExpressions`와 같은 여러 형식을 가진 셀렉터를 사용합니다.

> **중요 사항**
>
> 일반적으로 레플리케이션 컨트롤러를 사용할 이유가 없습니다. 특별한 이유가 있지 않는 한 레플리카셋 사용을 권장합니다.

레플리카셋을 사용하면 쿠버네티스 파드 스펙에서 특정 파드의 개수를 유지할 수 있습니다. 레플리카셋의 YAML은 파드의 YAML과 매우 유사합니다. 실제로 전체 파드 스펙은 `template` 키 아래의 레플리카셋 YAML과 동일합니다.

다음 코드에서 몇 가지 차이점을 확인할 수 있습니다.

replica-set.yaml

```yaml
apiVersion: apps/v1
kind: ReplicaSet
metadata:
  name: myapp-group
  labels:
    app: myapp
```

---

[2] (옮긴이) 레플리카셋과 레플리케이션 컨트롤러는 지정된 시간에 설정한 수의 복제된 파드가 수행 중인지 확인합니다. 레플리카셋은 셀렉터 기반 셀렉터를 사용하고 레플리케이션 컨트롤러는 지분 기반 셀렉터를 사용합니다. 레플리케이션 컨트롤러는 지정된 value 값과 일치하는 레이블의 파드만 확인하며, 레플리카셋은 value의 집합(in, notin, exists 같은 연산자를 지원)을 필터링해 파드를 확인할 수 있습니다.

```
spec:
  replicas: 3
  selector:
    matchLabels:
      app: myapp
  template:
    metadata:
      labels:
        app: myapp
    spec:
      containers:
      - name: myapp-container
        image: busybox
```

레플리카셋 스펙에는 파드를 정의하는 template 섹션 외에도 selector 키와 replicas 키가 있습니다. replicas부터 살펴보겠습니다.

레플리카

replicas 키는 레플리카 수를 지정하여 레플리카셋이 항상 지정된 시간에 실행되게 합니다. 파드가 실패하거나 작동을 중지하면 레플리카셋이 그 자리를 대신할 새로운 파드를 생성합니다. 레플리카셋이 자가 복구 리소스가 되는 것입니다.

레플리카셋 컨트롤러는 파드 작동 중지 시점을 어떻게 확인할까요? 바로 파드의 상태를 확인합니다. 레플리카셋은 파드의 현재 상태가 **Running** 또는 **ContainerCreating**이 아닐 때 새 파드를 시작합니다.

3장 쿠버네티스에서 애플리케이션 컨테이너 실행하기에서 설명한 바와 같이 컨테이너 생성 후 파드의 상태는 파드에 대해 특별히 구성할 수 있는 활성$_{liveness}$, 준비성$_{readiness}$, 스타트업$_{startup}$ 프로브에 의해 결정됩니다. 즉, 파드의 실패 여부를 알 수 있게 애플리케이션별로 방법을 설정할 수 있으며, 레플리카셋은 그 자리에서 새 파드를 시작합니다.

셀렉터

selector 키는 셀렉터로 구현되는 컨트롤러로 레플리카셋이 작동하는 방식 때문에 중요합니다. 레플리카셋의 역할은 실행 중인 파드 수가 셀렉터와 일치하는지 확인하는 것입니다.

예를 들어, 애플리케이션 MyApp을 실행하는 파드가 있다고 가정하겠습니다. 이 파드는 App=MyApp이라는 selector 키로 레이블이 지정됩니다.

이제 동일한 애플리케이션으로 레플리카셋을 만들어 인스턴스 3개를 추가하고 싶다고 가정해 보겠습니다. 동일한 셀렉터로 레플리카셋을 생성하고 이미 하나의 인스턴스를 실행 중이므로 총 4개의 인스턴스를 실행할 목적으로 3개의 레플리카를 지정합니다.

레플리카셋을 시작하면 어떻게 될까요? 해당 애플리케이션을 실행하는 총 파드 수는 4개가 아닌 3개가 됩니다. 이는 레플리카셋이 분리된 파드를 확인하고 이를 관리할 수 있는 기능이 있기 때문입니다.

레플리카셋이 시작되면 selector 키와 일치하는 기존 파드가 이미 있는지 확인합니다. 레플리카셋은 필요한 복제 파드 수에 맞춰 파드를 생성하기 위해 셀렉터와 일치하는 기존 파드를 종료하거나 새 파드를 시작합니다.

템플릿

template 섹션에는 파드를 포함하고 있으며 메타데이터 섹션 및 스펙을 포함하여 파드 YAML과 동일한 모든 필드를 지원합니다. 대부분의 컨트롤러는 이 패턴을 따르며 이를 통해 전체 컨트롤러 YAML 내에서 파드 스펙을 정의할 수 있습니다.

지금까지 레플리카셋 스펙의 다양한 부분과 그 기능을 설명했습니다. 이어서 레플리카셋을 사용하여 실제로 애플리케이션을 실행하는 방법을 살펴보겠습니다.

레플리카셋 테스트

이제 레플리카셋을 배포해보겠습니다.

이전 replica-set.yaml 파일을 복사하고 동일한 폴더에서 다음 커맨드를 사용하여 실행합니다.

```
kubectl apply -f replica-set.yaml
```

레플리카셋이 제대로 생성됐는지 확인하려면 kubectl get pods를 실행하여 기본 네임스페이스에서 파드를 확인합니다.

레플리카셋에 대한 네임스페이스를 지정하지 않았으므로 기본 네임스페이스로 생성됩니다. kubectl get pods 커맨드 결과는 다음과 같을 것입니다.

```
NAME                          READY   STATUS    RESTARTS   AGE
myapp-group-192941298-k705b   1/1     Running   0          1m
myapp-group-192941298-o9sh8   1/1     Running   0          1m
myapp-group-192941298-n8gh2   1/1     Running   0          1m
```

이제 다음 커맨드를 사용하여 레플리카셋 파드 중 하나를 삭제합니다.

```
kubectl delete pod myapp-group-192941298-k705b
```

레플리카셋은 항상 지정된 수의 레플리카를 활성 상태로 유지하려고 합니다.

kubectl get 커맨드를 사용하여 실행 중인 파드를 다시 확인해 보겠습니다.

```
NAME                          READY   STATUS             RESTARTS   AGE
myapp-group-192941298-u42s0   1/1     ContainerCreating  0          1m
myapp-group-192941298-o9sh8   1/1     Running            0          2m
myapp-group-192941298-n8gh2   1/1     Running            0          2m
```

보다시피 레플리카셋 컨트롤러는 레플리카 수를 3개로 유지하기 위해 새 파드를 시작합니다.

마지막으로 다음 커맨드를 사용하여 레플리카셋을 삭제하겠습니다.

```
kubectl delete replicaset myapp-group
```

실행한 클러스터를 정리한 후 좀 더 복잡한 컨트롤러인 디플로이먼트를 알아보겠습니다.

배포 제어하기

레플리카셋은 쿠버네티스에서 고가용성 애플리케이션을 위한 많은 기능을 지원하지만 대부분 디플로이먼트$_{Deployment}$를 사용하여 실행합니다.

디플로이먼트는 레플리카셋에 비해 몇 가지 장점이 있으며, 실제로 레플리카셋을 확인하여 제어합니다.

디플로이먼트의 주요 장점은 rollout 절차를 지정할 수 있다는 점입니다. 즉, 애플리케이션의 업그레이드가 디플로이먼트의 다양한 파드에 배포되는 방식입니다. 이를 통해 트랙에서 잘못된 업그레이드를 중지하도록 쉽게 구성할 수 있습니다.

이렇게 하는 방법을 검토하기 전에 디플로이먼트에 대한 전체 스펙을 살펴보겠습니다.

deployment.yaml
```
apiVersion: apps/v1
kind: Deployment
metadata:
  name: myapp-deployment
  labels:
    app: myapp
spec:
  replicas: 3
  strategy:
    type: RollingUpdate
    rollingUpdate:
      maxSurge: 25%
      maxUnavailable: 25%
  selector:
    matchLabels:
      app: myapp
  template:
    metadata:
      labels:
        app: myapp
    spec:
      containers:
      - name: myapp-container
        image: busybox
```

보다시피 레플리카셋의 스펙과 매우 유사합니다. 차이점은 spec에 있는 키인 strategy입니다.

디플로이먼트는 strategy를 사용하여 RollingUpdate 또는 Recreate를 통해 애플리케이션을 업그레이드하는 방법을 설정할 수 있습니다.

Recreate는 디플로이먼트의 모든 파드가 동시에 삭제되고 새 버전의 새 파드가 생성되는 매우 기본적인 배포 방법입니다. 잘못된 디플로이먼트 발생 시 Recreate는 제어할 수 없습니다. 예를 들어, 새로운 파드가 시작되지 않으면 애플리케이션은 작동되지 않습니다.

반면 디플로이먼트에서 RollingUpdate를 사용하면 느리게 동작하지만 제어할 수 있습니다. 첫째, 새로운 애플리케이션은 파드별로 조금씩 롤아웃됩니다. 이는 maxSurge 및 maxUnavailable 값을 통해 조정할 수 있습니다.

롤링 업데이트는 다음과 같이 작동합니다. 디플로이먼트 스펙이 새로운 버전의 파드 컨테이너로 업데이트되면 디플로이먼트는 한 번에 하나의 파드를 중단한 후 새로운 버전의 파드를 생성하고, 새 파드가 Ready 상태로 확인될 때까지 기다린 후 다음 파드로 이동합니다.

maxSurge 및 maxUnavailable은 프로세스의 속도를 높이거나 낮출 수 있는 파라미터입니다. maxUnavailable은 롤아웃 프로세스 중에 사용할 수 없는 최대 파드 수를 조정합니다. 이는 백분율 또는 고정된 숫자로 명시할 수 있습니다. maxSurge는 주어진 시간 내에 생성할 수 있는 배포 복제본 수를 통해 최대 파드 수를 조정합니다. maxUnavailable과 마찬가지로 백분율 또는 고정된 숫자로 명시합니다.

다음 다이어그램은 RollingUpdate 프로세스를 나타냅니다.

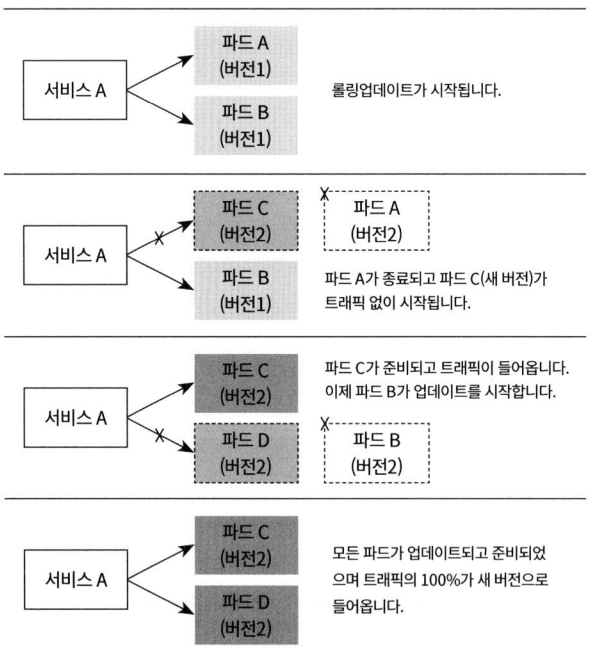

그림 4.2 디플로이먼트를 위한 RollingUpdate 프로세스

RollingUpdate 프로세스는 몇 가지 주요 단계를 따릅니다. 디플로이먼트는 파드를 하나씩 업데이트합니다. 파드가 성공적으로 업데이트된 후 다음 파드의 업데이트가 진행됩니다.

명령형 커맨드로 배포 제어

앞서 살펴봤듯이 디플로이먼트는 선언적 방법으로 YAML을 업데이트하여 변경할 수 있습니다. 쿠버네티스 또한 디플로이먼트의 여러 부분을 제어하기 위해 kubectl에서 몇 가지 특수한 커맨드를 제공합니다.

먼저 쿠버네티스는 레플리카의 수를 지정하여 디플로이먼트를 수동으로 확장할 수 있습니다.

myapp-deployment를 최대 5개의 레플리카로 확장하려면 다음을 실행합니다.

```
kubectl scale deployment myapp-deployment --replicas=5
```

필요한 경우 myapp-deployment를 이전 버전으로 롤백할 수 있습니다. 이를 보여주기 위해 새 버전의 컨테이너를 사용하도록 디플로이먼트를 수정합니다.

```
kubectl set image deployment myapp-deployment myapp-container=busybox:1.2 --record=true
```

이 커맨드는 디플로이먼트의 컨테이너 버전을 1.2로 변경합니다. 그 후 디플로이먼트는 그림 4.2의 순서대로 롤아웃 변경을 적용합니다.

이제 컨테이너 이미지 버전을 업데이트 이전 버전으로 되돌리고 싶다고 가정하겠습니다. 이는 rollout undo 커맨드를 사용하여 쉽게 수행할 수 있습니다.

```
kubectl rollout undo deployment myapp-deployment
```

이전 경우에는 초기 버전과 업데이트된 컨테이너로 두 가지 버전만 있었습니다. 다른 버전이 있는 경우 다음과 같이 undo 커맨드에 지정할 수 있습니다.

```
kubectl rollout undo deployment myapp-deployment --to-revision=10
```

여기까지 디플로이먼트가 중요한 이유를 확인했습니다. 정리하면, 디플로이먼트로 새로운 버전의 애플리케이션 롤아웃을 정교하게 제어할 수 있기 때문입니다. 다음으로, 디플로이먼트와 레플리카셋이 함께 작동하는 쿠버네티스용 스케일러에 대해 설명합니다.

수평형 파드 오토스케일러의 활용하기

지금까지 살펴본 것처럼 디플로이먼트와 레플리카셋을 사용하면 특정 시간에 사용할 수 있는 총 레플리카 수를 지정할 수 있습니다. 하지만 두 가지 방법 모두 자동 확장이 아니라 수동으로 확장하는 방법입니다.

수평형 파드 오토스케일러(HPA$_{\text{Horizontal Pod Autoscalers}}$)는 CPU 및 메모리 사용량 메트릭을 기반으로 디플로이먼트 또는 레플리카셋의 레플리카 수를 변경할 수 있는 상위 컨트롤러입니다.

수평형 파드 오토스케일러는 기본적으로 CPU 사용률에 따라 자동 확장할 수 있지만 커스텀 메트릭을 사용하여 확장할 수도 있습니다.

수평형 파드 오토스케일러의 YAML 파일은 다음과 같습니다.

```yaml
hpa.yaml
apiVersion: autoscaling/v1
kind: HorizontalPodAutoscaler
metadata:
  name: myapp-hpa
spec:
  maxReplicas: 5
  minReplicas: 2
  scaleTargetRef:
    apiVersion: apps/v1
    kind: Deployment
    name: myapp-deployment
  targetCPUUtilizationPercentage: 70
```

위 스펙에는 수평적 파드 오토스케일러에 의해 자동 확장되는 scaleTargetRef와 조정 파라미터가 있습니다.

scaleTargetRef의 정의는 디플로이먼트, 레플리카셋 또는 레플리케이션 컨트롤러가 될 수 있습니다. 여기서는 수평형 파드 오토스케일러가 이전에 생성한 디플로이먼트인 myapp-deployment를 확장하도록 정의했습니다.

조정 파라미터는 기본적으로 CPU 사용률 기반으로 확장합니다. targetCPUUtilizationPercentage를 사용하여 애플리케이션을 실행하는 각 파드의 CPU 사용률을 정의할 수 있습니다. 수평형 파드 오토스케일러는 파드의 평균 CPU 사용량이 70% 이상 증가하면 디플로이먼트 스펙을 확장하고, 파드의 CPU 사용량이 충분히 줄어들면 축소합니다.

일반적인 스케일링은 다음과 같이 수행됩니다.

1. 3개의 레플리카에서 디플로이먼트의 평균 CPU 사용량이 70%를 초과합니다.
2. 수평형 파드 오토스케일러 컨트롤 루프는 CPU 사용률 증가를 감지합니다.
3. 수평형 파드 오토스케일러는 새로운 레플리카 수로 디플로이먼트 스펙을 조정합니다. 새로운 레플리카 수는 CPU 사용률을 기준으로 노드당 CPU 사용률이 70% 미만을 유지하도록 계산됩니다.
4. 디플로이먼트 컨트롤러가 새 레플리카를 생성합니다.
5. 이 프로세스가 반복되어 디플로이먼트가 확장 또는 축소됩니다.

요약하면 수평형 파드 오토스케일러는 CPU 및 메모리 사용률을 추적하다가 일정 수준을 초과하면 확장 이벤트를 시작합니다. 다음으로 매우 특정한 유형의 파드 컨트롤러를 제공하는 데몬셋을 살펴봅니다.

데몬셋 구현하기

이제부터는 특정 요구 사항이 있는 애플리케이션을 실행할 때 필요한 옵션을 살펴봅니다.

데몬셋$_{DaemonSet}$은 레플리카와 유사하지만 레플리카 수가 노드당 하나의 레플리카로 고정된다는 점에서 차이가 있습니다. 즉, 클러스터의 각 노드는 항상 하나의 애플리케이션 레플리카를 활성 상태로 유지합니다.

> 중요 사항
> 데몬셋은 테인트(Taints) 또는 노드 셀렉터(Node Selector)와 같이 추가 파드 할당에 대한 제어가 없는 경우 노드당 하나의 레플리카만 생성합니다. 이는 **8장 파드 할당 제어하기**에서 자세히 다룹니다.

일반적인 데몬셋은 다음 다이어그램으로 표현할 수 있습니다.

그림 4.3 3개의 노드에 분산된 데몬셋

그림 4.3에서 볼 수 있듯이 각 노드(상자로 표시됨)에는 데몬셋에 의해 제어되는 하나의 애플리케이션 파드가 있습니다.

데몬셋은 노드 수준의 메트릭을 수집하거나 노드별로 네트워킹 프로세스를 제공하는 애플리케이션을 실행하는 데 적합합니다. 데몬셋 스펙은 다음과 같습니다.

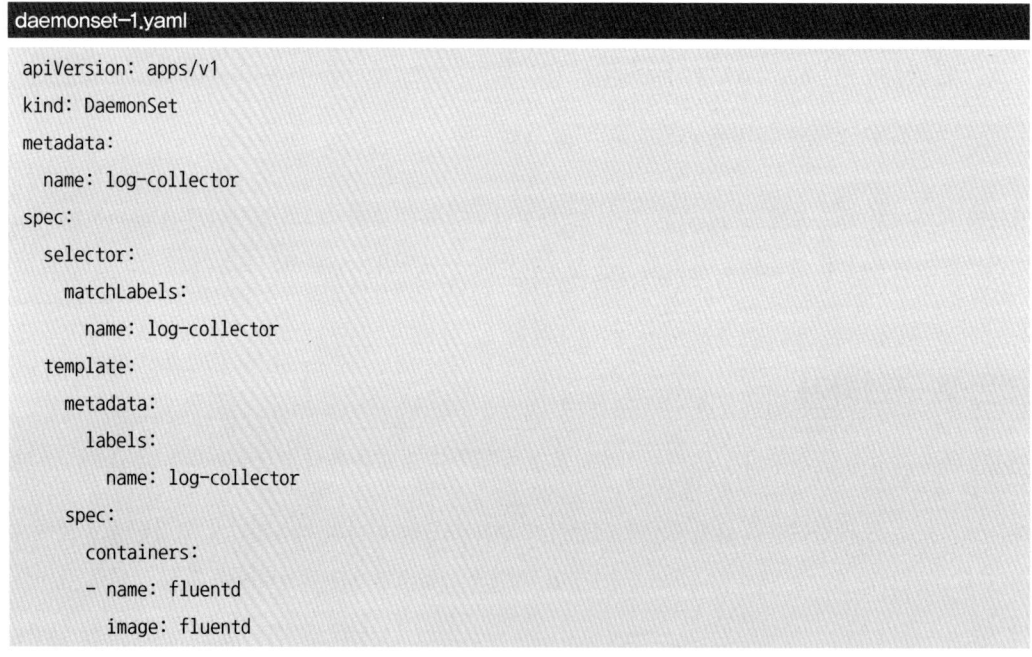

보다시피 데몬셋은 일반적인 레플리카 스펙과 매우 유사합니다. 데몬셋은 클러스터의 각 노드에서 파드를 실행하기 때문에 레플리카 수를 지정하지 않는다는 점이 레플리카셋과 다릅니다.

애플리케이션을 실행할 특정 노드를 지정하는 경우에는 다음처럼 노드 셀렉터를 사용합니다.

```yaml
# daemonset-2.yaml
apiVersion: apps/v1
kind: DaemonSet
metadata:
  name: log-collector
spec:
  selector:
    matchLabels:
      name: log-collector
  template:
    metadata:
      labels:
        name: log-collector
    spec:
      nodeSelector:
        type: bigger-node
      containers:
      - name: fluentd
        image: fluentd
```

이 YAML은 데몬셋을 레이블의 type=bigger-node 셀렉터와 일치하는 노드로 제한합니다. **8장 파드 할당 제어하기**에서 노드 셀렉터에 대해 자세히 알아볼 것입니다. 이제 데이터베이스와 같은 스테이트풀 애플리케이션을 실행하는 데 적합한 컨트롤러인 스테이트풀셋에 대해 살펴보겠습니다.

스테이트풀셋 이해하기

스테이트풀셋$_{\text{StatefulSet}}$은 레플리카셋 및 디플로이먼트와 매우 유사하지만 중요한 차이점은 스테이트풀 워크로드에 더 적합하다는 것입니다. 스테이트풀셋은 각 파드의 순서와 아이덴티티를 유지합니다. 이는 파드가 새 노드로 다시 예약되더라도 유지됩니다.

예를 들어, 3개의 레플리카로 구성된 스테이트풀셋에는 항상 파드 1, 파드 2, 파드 3이 있으며, 이러한 파드는 쿠버네티스 및 스토리지에서 아이덴티티를 유지합니다. (스토리지는 **7장 쿠버네티스의 스토리지**에서 다룰 예정입니다.)

간단한 스테이트풀셋 구성을 살펴보겠습니다.

```yaml
# statefulset.yaml
apiVersion: apps/v1
kind: StatefulSet
metadata:
  name: stateful
spec:
  selector:
    matchLabels:
      app: stateful-app
  replicas: 5
  template:
    metadata:
      labels:
        app: stateful-app
    spec:
      containers:
      - name: app
        image: busybox
```

이 YAML은 예제 앱의 5개 레플리카로 스테이트풀셋을 생성합니다.

스테이트풀셋이 일반적인 디플로이먼트 또는 레플리카셋과 다르게 파드 아이덴티티를 유지하는 방법을 살펴보겠습니다. 다음 커맨드로 전체 파드를 확인합니다.

```
kubectl get pods
```

결과는 다음과 같습니다.

NAME	READY	STATUS	RESTARTS	AGE
stateful-app-0	1/1	Running	0	55s
stateful-app-1	1/1	Running	0	48s
stateful-app-2	1/1	Running	0	26s
stateful-app-3	1/1	Running	0	18s
stateful-app-4	0/1	Pending	0	3s

보다시피, 5개의 스테이트풀셋 파드가 있고 각 파드에는 아이덴티티에 대한 숫자 표시가 있습니다. 이 속성은 데이터베이스 클러스터와 같은 스테이트풀 애플리케이션에 매우 유용합니다. 쿠버네티스에서 데이터베이스 클러스터를 실행하는 경우 마스터 대비 레플리카 파드의 아이덴티티가 중요하며, 스테이트풀셋 아이덴티티를 사용하여 쉽게 관리할 수 있습니다.

또 다른 흥미로운 점은 마지막 파드가 시작되고 있으며 아이덴티티가 증가함에 따라 파드의 수명이 증가한다는 것입니다. 이는 스테이트풀셋 파드가 한 번에 하나씩 순서대로 생성되기 때문입니다.

스테이트풀셋은 영구적 쿠버네티스 스토리지와 함께 사용하면 스테이트풀 애플리케이션을 쉽게 실행할 수 있습니다. 이에 관해서는 **7장 쿠버네티스의 스토리지**에서 자세히 알아볼 테고, 이제 매우 구체적인 용도의 컨트롤러인 잡에 대해 설명하겠습니다.

잡 사용하기

쿠버네티스에서 잡(Job) 리소스의 목적은 완료할 수 있는 작업을 실행하는 것입니다. 잡은 병렬 처리의 이점을 얻을 수 있는 일괄 작업에 적합하며 장기적으로 실행되는 애플리케이션에는 적합하지 않습니다.

잡 스펙 YAML은 다음과 같습니다.

job-1.yaml

```
apiVersion: batch/v1
kind: Job
metadata:
  name: runner
spec:
  template:
    spec:
      containers:
      - name: run-job
        image: node:lts-jessie
        command: ["node", "job.js"]
      restartPolicy: Never
  backoffLimit : 4
```

이 잡은 단일 파드로 시작해서 node job.js 커맨드를 실행하고 이후 종료됩니다. 이 예제와 다음 예제에는 컨테이너 이미지에 잡 로직을 실행하는 job.js 파일이 있다고 가정합니다. 기본적으로 컨테이너 이미지 node : lts-jessie에는 이 파일이 없습니다. 이는 병렬 처리 없이 실행되는 잡의 예시입니다. 도커 사용법에서 알 수 있듯이 여러 커맨드 인수는 문자열 배열로 전달해야 합니다.

병렬 처리로 실행할 수 있는 잡(동시에 잡을 실행하는 여러 레플리카)을 생성하려면 프로세스를 종료하기 전에 잡이 완료되었다는 것을 알 수 있도록 애플리케이션 코드를 개발해야 합니다. 이를 위해 잡의 각 인스턴스에 더 큰 배치 작업을 수행하고 중복 작업이 발생하지 않게 하는 코드가 포함돼야 합니다.

이를 가능하게 하는 뮤텍스 락(mutex lock) 및 워크 큐(Work Queue) 등의 여러 애플리케이션 패턴이 있습니다. 또한 코드는 데이터베이스 값을 업데이트 및 처리하는 배치 작업의 상태를 확인해야 합니다. 잡 코드는 더 큰 작업이 완료된 것을 확인하면 종료돼야 합니다.

그리고 나면 parallelism 키를 사용하여 잡 코드에 병렬 처리를 추가할 수 있습니다. 다음 코드는 이를 보여줍니다.

```yaml
job-2.yaml
apiVersion: batch/v1
kind: Job
metadata:
  name: runner
spec:
  parallelism: 3
  template:
    spec:
      containers:
      - name: run-job
        image: node:lts-jessie
        command: ["node", "job.js"]
      restartPolicy: Never
  backoffLimit : 4
```

보다시피 3개의 레플리카와 함께 parallelism 키를 추가합니다. 또한 쿠버네티스는 완료된 잡의 횟수를 추적할 수 있고 지정한 완료 횟수에 대해 잡 병렬 처리를 교환할 수 있습니다. 위의 경우 병렬 처리로 설정할 수 있지만 설정하지 않으면 기본값이 1로 설정됩니다.

다음 스펙은 잡이 완료될 때까지 4번 실행하며 주어진 시간에 2번 반복됩니다.

```yaml
job-3.yaml
apiVersion: batch/v1
kind: Job
metadata:
  name: runner
spec:
  parallelism: 2
  completions: 4
  template:
    spec:
      containers:
      - name: run-job
        image: node:lts-jessie
        command: ["node", "job.js"]
      restartPolicy: Never
  backoffLimit: 4
```

쿠버네티스의 잡은 일회성 프로세스를 추상화하는 좋은 방법을 제공하며 여러 타사 애플리케이션이 이를 워크플로에 연결하여 사용합니다. 보다시피 사용하기가 아주 쉽습니다.

다음으로 매우 유사한 리소스인 크론잡을 살펴보겠습니다.

크론잡

크론잡$_{CronJob}$은 예약된 잡을 실행하는 쿠버네티스 리소스입니다. 이는 프로그래밍 언어 또는 애플리케이션 프레임워크에서 찾을 수 있는 크론잡 구현과 매우 유사하게 작동하지만, 한 가지 중요한 차이점이 있습니다. 쿠버네티스 크론잡은 사용할 수 있는 추가 추상화 계층을 제공하는 쿠버네티스 잡을 트리거합니다. 예를 들어, 매일 밤 배치 잡$_{batch Job}$을 트리거합니다.

쿠버네티스의 크론잡은 매우 일반적인 크론 표기법을 사용하여 구성합니다. 전체 스펙을 살펴보겠습니다.

```
cronjob-1.yaml
```
```yaml
apiVersion: batch/v1beta1
kind: CronJob
metadata:
  name: hello
spec:
  schedule: "0 1 * * *"
  jobTemplate:
    spec:
      template:
        spec:
          containers:
          - name: run-job
            image: node:lts-jessie
            command: ["node", "job.js"]
          restartPolicy: OnFailure
```

이 크론잡은 매일 오전 1시에 이전 잡 스펙과 동일한 잡을 생성합니다. 크론 시간 표기법을 간략하게 검토하자면 위 스펙에서는 오전 1시를 나타내는 문법을 사용했습니다. 크론 표기법에 대한 자세한 사항은 다음 URL을 확인하세요.

- http://man7.org/linux/man-pages/man5/crontab.5.html

크론 표기법은 공백으로 구분된 5개의 값으로 구성됩니다. 각 값은 정수나 문자, 또는 둘의 조합일 수 있습니다. 5개의 값은 왼쪽에서 오른쪽 순으로 다음 형식의 시간을 나타냅니다.

- 분
- 시
- 일(예: 25)
- 월
- 요일(예: 3 = 수요일)

이전 YAML은 병렬이 아닌 크론잡으로 가정합니다. 크론잡의 배치 용량을 늘리고 싶다면 이전 잡 스펙과 마찬가지로 병렬 처리를 추가할 수 있습니다. 이는 다음 코드 블록에서 확인할 수 있습니다.

```yaml
# cronjob-2.yaml
apiVersion: batch/v1beta1
kind: CronJob
metadata:
  name: hello
spec:
  schedule: "0 1 * * *"
  jobTemplate:
    spec:
      parallelism: 3
      template:
        spec:
          containers:
            - name: run-job
              image: node:lts-jessie
              command: ["node", "job.js"]
          restartPolicy: OnFailure
```

이 작업을 수행하려면 크론잡 컨테이너의 코드가 병렬 처리를 정상적으로 처리해야 합니다. 이는 큐 또는 기타 패턴을 사용하여 구현할 수 있습니다.

이제 쿠버네티스에서 기본적으로 제공하는 모든 컨트롤러를 검토했습니다. 이를 기반으로 다음 절에서는 쿠버네티스에서 더 복잡한 애플리케이션 예제를 실행해보겠습니다.

종합 정리

이제 쿠버네티스에서 애플리케이션을 실행하기 위한 툴 세트가 마련되었습니다. 실제 예제를 통해 분산된 여러 계층 및 기능적으로 분산된 쿠버네티스 리소스를 종합하여 애플리케이션을 실행하는 방법을 살펴보겠습니다.

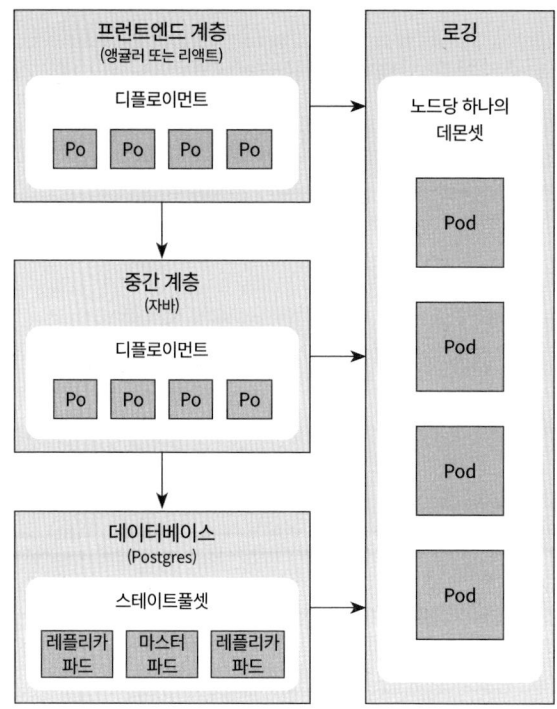

그림 4.4 다중 계층 애플리케이션 다이어그램

보다시피 그림의 애플리케이션은 앵귤러Angular 또는 리액트React 애플리케이션을 실행하는 웹 계층, 자바를 실행하는 중간 계층 또는 서비스 계층, Postgres를 실행하는 데이터베이스 계층, 마지막으로 로깅/모니터링 계층을 포함합니다.

각 계층에 대한 컨트롤러를 선택하는 것은 각 계층에서 실행할 애플리케이션에 따라 다릅니다. 웹 계층과 중간 계층은 스테이트리스 애플리케이션과 서비스를 실행하므로 사실상 디플로이먼트를 사용하여 업데이트, 블루/그린 배포 등을 처리할 수 있습니다.

데이터베이스 계층은 어떤 파드가 마스터이고 어떤 파드가 레플리카인지 파악하기 위해 데이터베이스 클러스터가 필요하므로 스테이트풀셋을 사용합니다. 마지막으로 로그 수집기는 모든 노드에서 실행해야 하므로 데몬셋을 사용하여 실행합니다.

이제 각 계층에 대한 YAML 스펙 예제를 살펴보겠습니다.

자바스크립트 기반 웹 앱부터 살펴보겠습니다. 이 애플리케이션은 쿠버네티스상에서 호스팅하면 카나리아 테스트$_{\text{canary test}}$나 블루/그린으로 배포$_{\text{blue/green deployment}}$할 수 있습니다. 참고로 이 섹션의 일부 예제는 도커 허브에서 공개적으로 사용할 수 없는 컨테이너 이미지 이름을 사용합니다. 이 패턴을 사용하려면 예제를 자신의 애플리케이션 컨테이너에 적용하고, 실제 애플리케이션 로직 없이 사용하려면 busybox를 사용하여 실행하십시오.

웹 계층의 YAML 파일은 다음과 같습니다.

example-deployment-web.yaml
```yaml
apiVersion: apps/v1
kind: Deployment
metadata:
  name: webtier-deployment
  labels:
    tier: web
spec:
  replicas: 10
  strategy:
    type: RollingUpdate
    rollingUpdate:
      maxSurge: 50%
      maxUnavailable: 25%
  selector:
    matchLabels:
      tier: web
  template:
    metadata:
      labels:
        tier: web
    spec:
      containers:
      - name: reactapp-container
        image: myreactapp
```

위 YAML에서는 `tier` 레이블과 `matchLabels` 셀렉터를 사용하여 애플리케이션에 레이블을 지정했습니다.

다음은 중간 계층 서비스 층입니다. 관련 YAML을 살펴보겠습니다.

example-deployment-mid.yaml
```
apiVersion: apps/v1
kind: Deployment
metadata:
  name: midtier-deployment
  labels:
    tier: mid
spec:
  replicas: 8
  strategy:
    type: RollingUpdate
    rollingUpdate:
      maxSurge: 25%
      maxUnavailable: 25%
  selector:
    matchLabels:
      tier: mid
  template:
    metadata:
      labels:
        tier: mid
    spec:
      containers:
      - name: myjavaapp-container
        image: myjavaapp
```

위 코드에서 볼 수 있듯이 중간 계층 애플리케이션은 웹 계층 설정과 매우 유사하며 다른 디플로이먼트를 사용합니다.

다음으로 Postgres 스테이트풀셋의 스펙을 살펴보면 흥미로운 부분이 있습니다. 페이지에 맞추기 위해 코드 블록을 조금 생략했지만 가장 중요한 부분은 확인할 수 있습니다.

example-statefulset.yaml
```
apiVersion: apps/v1
kind: StatefulSet
```

```
metadata:
  name: postgres-db
  labels:
    tier: db
spec:
  serviceName: "postgres"
  replicas: 2
  selector:
    matchLabels:
      tier: db
  template:
    metadata:
      labels:
        tier: db
    spec:
      containers:
      - name: postgres
        image: postgres:latest
        envFrom:
          - configMapRef:
              name: postgres-conf
        volumeMounts:
        - name: pgdata
          mountPath: /var/lib/postgresql/data
          subPath: postgres
```

위 YAML 파일에서 아직 검토하지 않은 몇 가지 새로운 개념인 컨피그맵$_{ConfigMap}$과 볼륨$_{volume}$ 관련 정보를 확인할 수 있습니다. 이것이 어떻게 동작하는지는 **6장 쿠버네티스 애플리케이션 구성하기**와 **7장 쿠버네티스의 스토리지**에서 자세히 살펴보고, 지금은 나머지 스펙에 집중하겠습니다. postgres 컨테이너와 기본 Postgres 포트인 5432에 설정된 포트가 있습니다.

마지막으로 로깅 앱에 대한 데몬셋을 살펴보겠습니다. 다음은 YAML 파일의 일부입니다.

example-daemonset.yaml

```
apiVersion: apps/v1
kind: DaemonSet
metadata:
```

```yaml
  name: fluentd
  namespace: kube-system
  labels:
    tier: logging
spec:
  updateStrategy:
    type: RollingUpdate
  template:
    metadata:
      labels:
        tier: logging
    spec:
      tolerations:
      - key: node-role.kubernetes.io/master
        effect: NoSchedule
      containers:
      - name: fluentd
        image: fluent/fluentd-kubernetes-daemonset:v1-debian-papertrail
        env:
          - name: FLUENT_PAPERTRAIL_HOST
            value: "mycompany.papertrailapp.com"
          - name: FLUENT_PAPERTRAIL_PORT
            value: "61231"
          - name: FLUENT_HOSTNAME
            value: "DEV_CLUSTER"
```

이 데몬셋은 클라우드 기반 로그 수집기이자 검색 툴인 Papertrail에 로그를 전달하기 위해 FluentD(인기 있는 오픈소스 로그 수집기)를 설정합니다. 다시 말하지만, 이 YAML 파일에는 이전에 검토하지 않은 사항이 있습니다. 예를 들어, node-role.kubernetes.io/master에 대한 tolerations 부분은 실제로 데몬셋이 워커 노드뿐만 아니라 마스터 노드에 파드를 배치하도록 허용합니다. 이것이 어떻게 작동하는지에 관해서는 **8장 파드 할당 제어하기**에서 검토할 것입니다.

또한 파드 스펙에서 직접 환경 변수를 지정합니다. 이는 비교적 기본적인 구성에 적합하며 시크릿 또는 컨피그맵(**6장 쿠버네티스 애플리케이션 구성하기**에서 검토 예정)을 사용하여 YAML 코드를 개선할 수 있습니다.

요약

이번 장에서는 쿠버네티스에서 애플리케이션을 실행하는 몇 가지 방법을 검토했습니다. 먼저 파드 자체가 애플리케이션 가용성을 보장하기에 충분하지 않은 이유를 검토하고 컨트롤러를 살펴봤습니다. 그다음, 레플리카셋 및 디플로이먼트를 포함한 몇 가지 간단한 컨트롤러를 검토하고 수평형 파드 오토스케일러, 잡, 크론잡, 스테이트풀셋, 데몬셋과 같은 구체적인 용도를 가진 컨트롤러를 알아봤습니다. 마지막으로 배운 내용을 종합하여 쿠버네티스에서 실행되는 복잡한 애플리케이션을 구현해 보았습니다.

다음 장에서는 서비스 및 인그레스를 사용하여 애플리케이션(현재 고가용성으로 올바르게 실행되고 있는)을 노출하는 방법을 배웁니다.

질문

1. 레플리카셋과 레플리케이션 컨트롤러의 차이점은 무엇입니까?
2. 레플리카셋에 비해 디플로이먼트의 장점은 무엇입니까?
3. 잡의 좋은 사용 사례는 무엇입니까?
4. 스테이트풀셋이 스테이트풀 워크로드에 더 적합한 이유는 무엇입니까?
5. 디플로이먼트를 사용하여 카나리아 배포를 어떻게 구현할 수 있을까요?

더 읽을 거리

- 공식 쿠버네티스 문서: https://kubernetes.io/docs/home/
- 쿠버네티스 잡 리소스 관련 문서: https://kubernetes.io/docs/concepts/workloads/controllers/job/
- FluentD 데몬셋 설치를 위한 문서: https://github.com/fluent/fluentd-kubernetes-daemonset
- **Kubernetes The Hard Way**: https://github.com/kelseyhightower/kubernetes-the-hard-way

05

서비스 및 인그레스 -
외부 시스템과 통신하기

이번 장에서는 쿠버네티스가 제공하는 애플리케이션 간 통신 및 클러스터 외부 리소스와 통신할 수 있는 방법을 설명합니다. 쿠버네티스 서비스 리소스 유형(ClusterIP, NodePort, LoadBalancer, ExternalName)과 이를 구현하는 방법을 알아봅니다. 마지막으로 쿠버네티스 인그레스$_{Ingress}$를 사용하는 방법을 배웁니다.

이번 장에서는 다음 주제를 다룹니다.

- 서비스와 클러스터 DNS 이해하기
- ClusterIP 구현하기
- NodePort 사용하기
- LoadBalancer 서비스 설정하기
- ExternalName 서비스 생성하기
- 인그레스 구성하기

기술 요구 사항

이번 장에서 설명하는 커맨드를 실행하려면 쿠버네티스 클러스터와 kubectl 커맨드라인 툴을 실행할 수 있는 환경이 필요합니다. 쿠버네티스의 시작 및 실행과 kubectl 툴을 설치하는 방법은 **1장 쿠버네티스와 통신하기**에서 확인할 수 있습니다.

이번 장에서 사용된 코드는 다음 깃허브 리포지토리에서 참고할 수 있습니다.

- https://github.com/wikibook/cnk/tree/master/Chapter5

서비스와 클러스터 DNS 이해하기

이전 장에서는 파드$_{Pod}$, 디플로이먼트$_{Deployment}$, 스테이트풀셋$_{StatefulSet}$ 등 리소스를 사용해 쿠버네티스에서 애플리케이션을 효과적으로 실행하는 방법을 살펴봤습니다. 웹 서버와 같은 애플리케이션은 컨테이너 외부의 네트워크 요청을 수락할 수 있어야 합니다. 이러한 네트워크 요청은 다른 애플리케이션이나 공용 인터넷에 액세스하는 장치일 수 있습니다.

쿠버네티스는 클러스터 외부와 내부 리소스가 파드, 디플로이먼트 등에서 실행하는 애플리케이션에 액세스할 수 있게 다양한 시나리오를 처리할 수 있는 리소스 유형을 제공합니다.

주요 리소스 유형은 서비스와 인그레스로 나뉩니다.

- **서비스**에는 ClusterIP, NodePort, LoadBalancer와 같은 여러 하위 유형이 있으며 일반적으로 클러스터 내부 또는 외부에서 단일 애플리케이션에 간단히 액세스할 수 있게 합니다.
- **인그레스**는 클러스터 내부의 다양한 리소스에 관해 경로 이름과 호스트 이름 기반으로 라우팅 처리 컨트롤러를 만드는 고급 리소스입니다. 인그레스는 규칙을 사용해 트래픽을 서비스로 전달하는 방식으로 동작합니다. 인그레스를 사용하려면 서비스를 사용해야 합니다.

첫 번째 서비스 유형인 리소스를 시작하기 전에 쿠버네티스가 클러스터 내에서 DNS를 처리하는 방법을 검토해 보겠습니다.

클러스터 DNS

먼저 쿠버네티스에서 기본적으로 자체 DNS 이름을 사용하는 리소스를 설명하겠습니다. 쿠버네티스의 DNS 이름은 파드와 서비스로 제한됩니다. 파드 DNS 이름은 여러 부분의 하위 도메인으로 구성됩니다.

쿠버네티스에서 실행하는 파드의 일반적인 **전체 주소 도메인 이름**Fully Qualified Domain Name(FQDN)은 다음과 같습니다.

```
my-hostname.my-subdomain.my-namespace.svc.my-cluster-domain.example
```

가장 오른쪽부터 살펴보겠습니다.

- my-cluster-domain.example은 클러스터 API 자체로 구성된 DNS 이름입니다. 클러스터 설정에 사용하는 툴과 툴을 실행하는 환경에 따라 외부 도메인 이름 또는 내부 DNS 이름이 될 수 있습니다.
- svc는 파드 DNS 이름에서도 나타납니다. 잠시 후에 확인하겠지만 일반적으로 FQDN을 통해 파드 또는 서비스에 액세스하지 않습니다.
- my-namespace는 매우 명확합니다. 이 부분은 파드가 동작하는 네임스페이스가 됩니다.
- my-subdomain은 파드 스펙의 subdomain입니다. 이 부분은 선택 사항입니다.
- 마지막으로 my-hostname은 파드 메타데이터에서 파드 이름과 관계없이 설정됩니다.

이 DNS 이름을 함께 사용하면 클러스터의 다른 리소스가 특정 파드에 액세스할 수 있습니다. 일반적으로 이 정보만으로는 큰 도움이 되지 않으며, 특히 여러 파드가 있는 디플로이먼트와 스테이트풀셋에는 서비스가 필요합니다.

서비스의 A 레코드 DNS 이름을 살펴보겠습니다.

```
my-svc.my-namespace.svc.cluster-domain.example
```

보다시피 파드 DNS 이름과 매우 유사하며, 네임스페이스의 왼쪽 값만 차이가 있습니다. 이 값이 서비스 이름입니다(이는 파드와 마찬가지로 메타데이터 이름을 기반으로 만들어집니다).

DNS 확인을 통해 네임스페이스 내에서 서비스(또는 파드) 이름과 하위 도메인을 통해 서비스 또는 파드에 액세스할 수 있게 됩니다.

예를 들어, 이전 서비스 DNS 이름을 사용하면 my-namespace 네임스페이스 내에서 DNS 이름 my-svc로 서비스에 액세스할 수 있습니다. my-namespace 네임스페이스의 외부에서는 my-svc.my-namespace를 통해 서비스에 액세스할 수 있습니다.

지금까지 클러스터 내 DNS가 동작하는 방식을 알아봤고, 이제 이 DNS가 서비스 프락시로 변환하는 방법을 설명해 보겠습니다.

서비스 프락시 종류

간단히 설명하면, 서비스는 애플리케이션을 실행하는 하나 이상의 파드로 요청을 전달하는 추상화 기능을 제공합니다.

서비스를 만들 때 요청을 전달할 파드를 서비스에 알려주는 셀렉터를 정의합니다. 요청이 kube-proxy 기능을 통해 서비스에 도달하면 해당 요청은 서비스 셀렉터와 일치하는 파드로 전달됩니다.

쿠버네티스에는 세 가지 프락시 모드를 사용할 수 있습니다.

- **유저스페이스 프락시 모드**: 쿠버네티스 버전 1.0부터 사용 가능한 가장 오래된 프락시 모드입니다. 이 프락시 모드는 라운드 로빈Round-Robin 방식으로 일치하는 파드에 요청을 보냅니다.
- **Iptables 프락시 모드**: 1.1부터 사용 가능하고 1.2부터 기본값입니다. 이는 유저스페이스 모드보다 낮은 부담으로 라운드 로빈 또는 랜덤 셀렉션을 사용할 수 있습니다.
- **IPVS 프락시 모드**: 1.8부터 사용 가능한 최신 옵션입니다. 이 프락시 모드는 라운드 로빈뿐만 아니라 로드밸런싱 옵션 또한 허용합니다.
    a. 라운드 로빈
    b. 최소 연결(최소 연결 수)
    c. 소스 해싱
    d. 대상 해싱
    e. 최단 예상 지연
    f. 대기열 없음

이 목록과 관련해 익숙하지 않은 분을 위해 라운드 로빈 로드밸런싱이 무엇인지 살펴보겠습니다.

라운드 로빈 로드밸런싱은 네트워크 요청에 따라 가능한 서비스 엔드포인트 목록을 처음부터 끝까지 반복 요청합니다. 다음 다이어그램은 서비스 뒤의 쿠버네티스 파드 프로세스를 간략하게 보여줍니다.

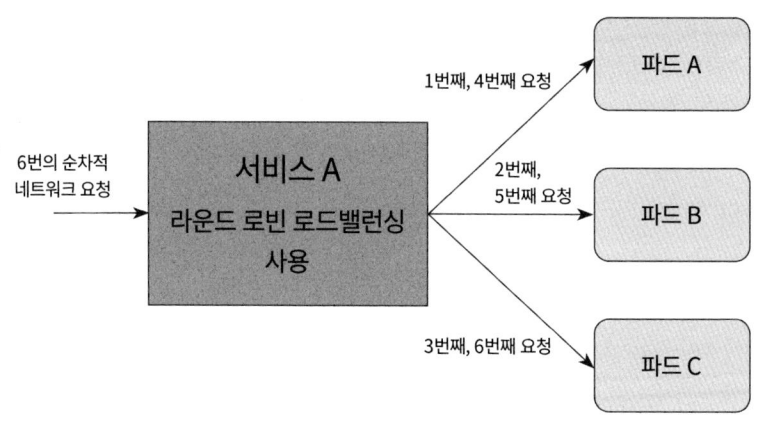

그림 5.1 파드에 대한 서비스 로드밸런싱

보다시피 서비스는 파드에 번갈아 가며 요청합니다. 첫 번째 요청은 파드 A로, 두 번째 요청은 파드 B로, 세 번째 요청은 파드 C로 보내며 반복합니다. 지금까지 서비스가 요청을 처리하는 방법을 알아봤고 이제 ClusterIP를 시작으로 주요 서비스 유형을 살펴보겠습니다.

ClusterIP 구현

ClusterIP는 클러스터 내부 IP를 노출하는 단순한 서비스 유형입니다. 이 서비스는 클러스터 외부에서 연결할 수 없습니다. 서비스 YAML 파일을 살펴보겠습니다.

```
clusterip-service.yaml

apiVersion: v1
kind: Service
metadata:
  name: my-svc
Spec:
  type: ClusterIP
  selector:
    app: web-application
    environment: staging
```

```
ports:
  - name: http
    protocol: TCP
    port: 80
    targetPort: 8080
```

다른 쿠버네티스 리소스와 마찬가지로 name 값을 포함한 메타데이터 블록이 있습니다. DNS에서 설명했듯이 이 name 값은 클러스터의 다른 곳에서 서비스에 액세스할 수 있는 방법입니다. 이러한 이유로 ClusterIP는 클러스터 내 다른 파드에 액세스하는 서비스로 적합합니다.

다음과 같이 스펙은 세 가지 부분으로 구성됩니다.

- 먼저 서비스 유형이 있습니다. 기본 유형은 ClusterIP이므로 ClusterIP 서비스를 원한다면 유형을 지정할 필요가 없습니다.
- 다음으로 selector가 있습니다. 셀렉터는 해당 파드의 메타데이터에 있는 레이블과 일치하는 키와 값으로 구성합니다. 이때 서비스는 트래픽을 전달할 app=web-application과 environment=staging인 파드를 찾습니다.
- 마지막으로 ports는 서비스 포트를 파드 targetPort 번호에 매핑할 수 있습니다. 서비스 80 포트(HTTP 포트)는 애플리케이션 파드의 8080 포트에 매핑합니다. 서비스에서 둘 이상의 포트를 열 수 있고, 여러 포트를 연다면 이름 필드가 필요합니다.

다음으로 protocol 옵션은 서비스 포트에서 중요한 내용이므로 자세히 검토하겠습니다.

프로토콜

이전 ClusterIP 서비스는 프로토콜로 TCP를 선택합니다. 쿠버네티스는 버전 1.19 기준으로 여러 프로토콜을 지원합니다.

- TCP
- UDP
- HTTP
- PROXY
- SCTP

특히 HTTP(L7) 서비스는 앞으로 새로운 기능이 나올 수 있는 영역입니다. 현재 여러 환경이나 클라우드 제공 업체에서는 모든 프로토콜을 완벽하게 지원하지는 않습니다.

> **중요 사항**
> 자세한 내용은 기본 쿠버네티스 문서의 서비스 프로토콜 설명에서 확인할 수 있습니다.
> - https://kubernetes.io/docs/concepts/services-network/service/

지금까지 ClusterIP를 사용하는 서비스 YAML의 세부 사항을 살펴봤으므로 다음 서비스 유형인 NodePort로 넘어가겠습니다.

NodePort 사용하기

NodePort는 외부 서비스 유형으로 실제로 클러스터 외부에서 액세스할 수 있습니다. NodePort 서비스를 만들 때 같은 이름의 ClusterIP 서비스가 자동으로 만들어지고 NodePort에 의해 라우팅되어 클러스터 내부에서 서비스에 계속 액세스할 수 있습니다. 따라서 NodePort는 LoadBalancer 서비스가 구성 불가능할 때 애플리케이션에 외부적으로 액세스할 수 있는 좋은 방안입니다.

NodePort는 클러스터에 있는 모든 노드에서 서비스에 액세스할 수 있는 포트를 엽니다. 이 포트는 기본적으로 30000-32767 범위에 있으며 서비스가 만들어지면 자동으로 연결합니다.

NodePort 서비스 YAML은 다음과 같습니다.

```yaml
# nodeport-service.yaml
apiVersion: v1
kind: Service
metadata:
  name: my-svc
Spec:
  type: NodePort
  selector:
    app: web-application
  ports:
    - name: http
      protocol: TCP
      port: 80
      targetPort: 8080
```

NodePort 서비스와 ClusterIP 서비스의 유일한 차이점은 서비스 유형입니다. 그러나 ports 부분에서 의도한 80 포트는 자동으로 만들어진 서비스의 ClusterIP 버전에 액세스할 때만 사용된다는 점에 유의해야 합니다. 클러스터 외부에서 노드 IP 서비스에 액세스하려면 만들어진 포트가 무엇인지 확인해야 합니다.

이를 위해 다음 커맨드로 서비스를 만들 수 있습니다.

```
kubectl apply -f svc.yaml
```

그러고 나서 다음 커맨드를 실행합니다.

```
kubectl describe service my-svc
```

위 커맨드의 결과는 다음과 같습니다.

```
Name:                my-svc
Namespace:           default
Labels:              app=web-application
Annotations:         <none>
Selector:            app=web-application
Type:                NodePort
IP:                  10.32.0.8
Port:                <unset> 8080/TCP
TargetPort:          8080/TCP
NodePort:            <unset> 31598/TCP
Endpoints:           10.200.1.3:8080,10.200.1.5:8080
Session Affinity:    None
Events:              <none>
```

NodePort 부분에서 이 서비스에 할당된 포트가 31598인 것을 확인합니다. 따라서 이 서비스는 모든 노드에서 [NODE_ IP]:[ASSIGNED_PORT]에 액세스할 수 있습니다.

또는 서비스에 NodePort IP를 수동으로 할당할 수 있습니다. 다음은 수동으로 할당한 NodePort YAML입니다.

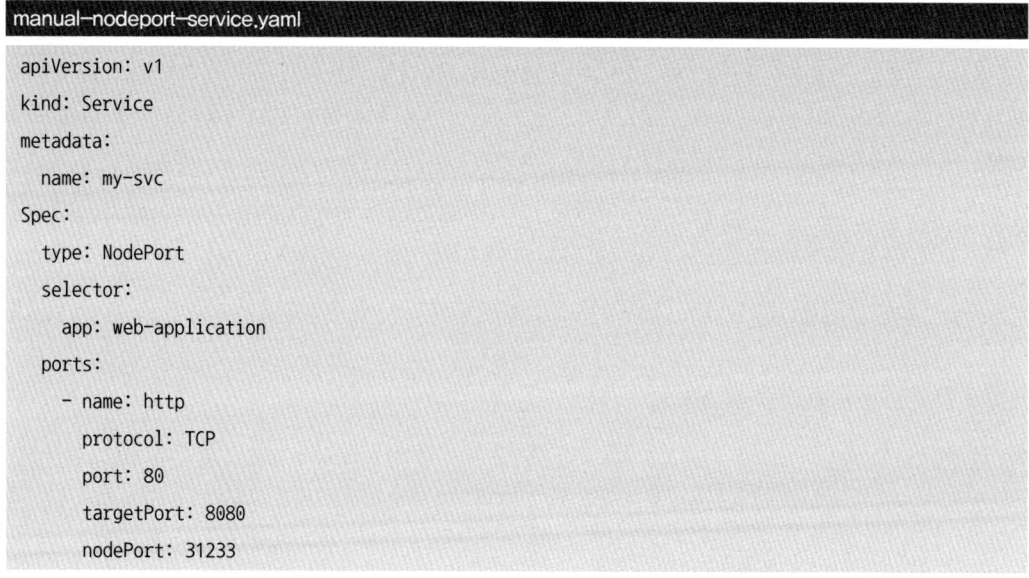

```
manual-nodeport-service.yaml
apiVersion: v1
kind: Service
metadata:
  name: my-svc
Spec:
  type: NodePort
  selector:
    app: web-application
  ports:
    - name: http
      protocol: TCP
      port: 80
      targetPort: 8080
      nodePort: 31233
```

보다시피 NodePort 30000-32767 범위에서 31233 포트를 선택합니다. 다음 다이어그램에서 NodePort 서비스가 노드에서 어떻게 동작하는지 살펴봅니다.

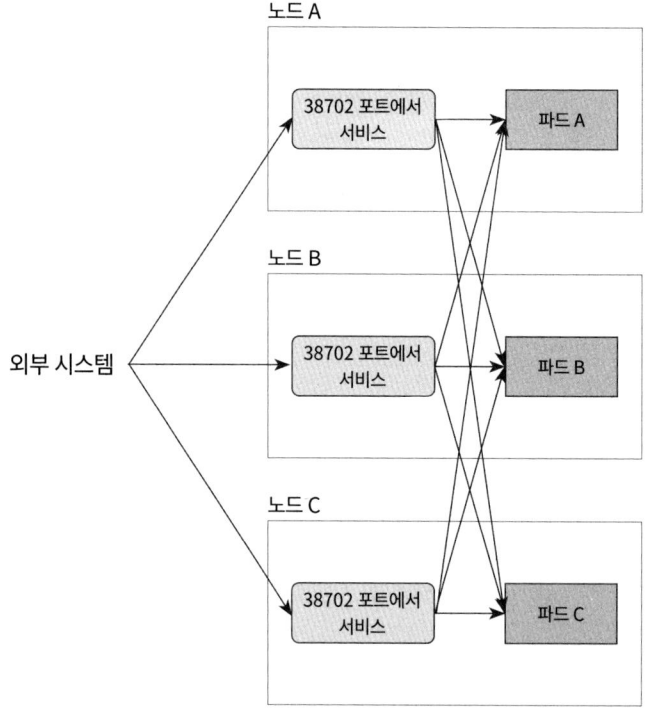

그림 5.2 NodePort 서비스

그림을 보면 클러스터의 모든 노드(노드 A, 노드 B, 노드 C)에서 서비스에 액세스할 수 있고, 네트워크 요청은 액세스하는 노드뿐만 아니라 모든 노드의 파드(파드 A, 파드 B, 파드 C) 간에 로드밸런싱됩니다. 이는 모든 노드에서 애플리케이션에 액세스할 수 있는 효과적인 방법입니다. 그러나 클라우드 서비스를 사용한다면 서버 간에 요청을 분산할 수 있는 다양한 도구가 있습니다. 다음 서비스 유형인 LoadBalancer를 사용하면 쿠버네티스에서 이러한 도구를 사용할 수 있습니다.

로드밸런서 서비스 설정하기

LoadBalancer는 클러스터의 실행 위치를 기반으로 LoadBalancer를 프로비저닝하는 쿠버네티스의 특수 서비스 유형입니다. 예를 들어, AWS에서 쿠버네티스는 Elastic Load Balancer를 통해 프로비저닝합니다.

> **중요 사항**
> 로드밸런서 서비스와 구성의 전체 목록은 쿠버네티스 서비스 문서에서 확인하세요.
> - https://kubernetes.io/docs/concepts/services-networking/service/#loadbalancer

LoadBalancer 서비스는 ClusterIP 또는 NodePort와 달리 클라우드 전용 방식으로 기능을 수정할 수 있습니다. 이를 위해서는 일반적으로 서비스 YAML 파일에서 어노테이션(annotations) 블록을 사용하며, 이전에 설명한 바와 같이 키와 값으로 구성됩니다. LoadBalancer 서비스 스펙을 검토하면서 이것이 AWS에서 어떻게 수행되는지 살펴보겠습니다.

loadbalancer-service.yaml
```
apiVersion: v1
kind: Service
metadata:
  name: my-svc
  annotations:
    service.beta.kubernetes.io/aws-load-balancer-ssl-cert: arn:aws..
spec:
  type: LoadBalancer
  selector:
    app: web-application
  ports:
```

```
- name: http
  protocol: TCP
  port: 80
  targetPort: 8080
```

어노테이션 블록이 없어도 LoadBalancer를 만들 수 있지만, 지원하는 AWS 어노테이션(위 YAML 코드와 같이)을 통해 TLS 인증서(Amazon Certificate Manager의 ARN)를 LoadBalancer에 연결할 수 있습니다. 또한 AWS 어노테이션을 사용하면 LoadBalancer 관련 로그를 구성할 수 있습니다.

다음은 AWS 클라우드가 제공하는 주요 어노테이션입니다.

- `service.beta.kubernetes.io/aws-load-balancer-ssl-cert`
- `service.beta.kubernetes.io/aws-load-balancer-proxy-protocol`
- `service.beta.kubernetes.io/aws-load-balancer-ssl-ports`

> **중요 사항**
>
> 모든 **클라우드 벤더**가 제공하는 전체 어노테이션 목록과 설명은 공식 쿠버네티스 문서에서 확인할 수 있습니다.
> - https://kubernetes.io/docs/tasks/administer-cluster/running-cloud-controller/

지금까지 가장 많이 사용되는 서비스 유형인 LoadBalancer를 알아봤습니다. 그러나 서비스 자체를 쿠버네티스 외부에서 실행한다면 다른 서비스 유형인 ExternalName을 사용할 수 있습니다.

ExternalName 서비스 생성하기

ExternalName 서비스 유형은 클러스터에서 실제로 실행하지 않는 애플리케이션을 프락시하는 데 사용할 수 있으며, 동시에 서비스를 언제든지 업데이트할 수 있게 추상화해 관리할 수 있습니다.

특정 상황을 가정해 보겠습니다. Azure에서 실행 중인 기존 프로덕션 애플리케이션이 있고, 클러스터 내에서 액세스하려고 합니다. 이 애플리케이션은 `myoldapp.mydomain.com`에서 액세스할 수 있습니다. 그러나 현재 이 애플리케이션을 컨테이너화하고 쿠버네티스에서 실행하는 작업을 하고 있으며, 새로운 버전은 현재 클러스터의 dev 네임스페이스 환경에서 동작합니다.

애플리케이션이 환경에 따라 다른 위치에서 통신을 요청하는 대신 프로덕션(prod)과 개발(dev) 등의 모든 네임스페이스에서 항상 `my-svc` 서비스를 가리킬 수 있습니다.

이 서비스는 dev에서 새로 컨테이너화된 애플리케이션으로 ClusterIP 서비스입니다. 다음 YAML은 개발 중인 컨테이너화된 서비스가 동작하는 방법을 보여줍니다.

```yaml
# clusterip-for-external-service.yaml
apiVersion: v1
kind: Service
metadata:
  name: my-svc
  namespace: dev
Spec:
  type: ClusterIP
  selector:
    app: newly-containerized-app
  ports:
    - name: http
      protocol: TCP
      port: 80
      targetPort: 8080
```

이 서비스는 prod 네임스페이스에서 ExternalName 서비스가 됩니다.

```yaml
# externalname-service.yaml
apiVersion: v1
kind: Service
metadata:
  name: my-svc
  namespace: prod
spec:
  type: ExternalName
  externalName: myoldapp.mydomain.com
```

ExternalName 서비스는 실제로 요청을 파드로 전달하지 않으므로 셀렉터가 필요하지 않습니다. 대신 서비스가 전달하려는 DNS 이름인 ExternalName을 지정합니다.

다음 다이어그램은 ExternalName 서비스의 사용법을 보여줍니다.

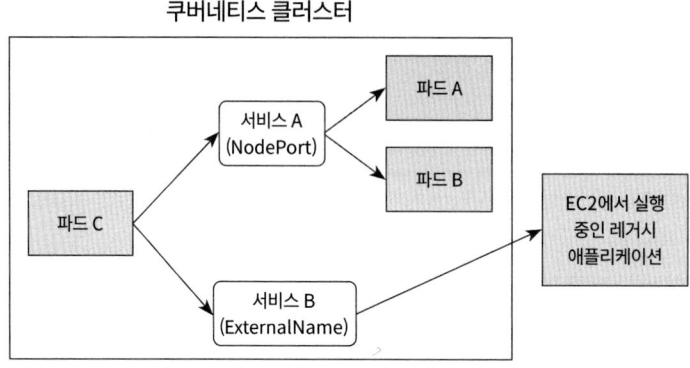

그림 5.3 ExternalName 서비스 구성

앞의 그림을 보면 클러스터 외부의 AWS VM인 **EC2에서 실행 중인 레거시 애플리케이션**이 있습니다. ExternalName 유형인 **서비스 B**는 요청을 VM으로 라우팅합니다. 이러한 식으로 **파드 C**(또는 클러스터의 다른 파드)는 ExternalName 서비스의 쿠버네티스 DNS 이름을 통해서만 외부 레거시 애플리케이션에 액세스할 수 있습니다.

지금까지 ExternalName을 포함한 모든 쿠버네티스 서비스 유형을 검토했습니다. 이제 좀 더 복잡한 애플리케이션 노출 방법인 쿠버네티스 인그레스 리소스를 살펴보겠습니다.

인그레스 구성하기

이번 장의 시작 부분에서 언급한 바와 같이, 인그레스$_{Ingress}$는 요청을 클러스터로 라우팅하는 세부적인 메커니즘을 제공합니다. 인그레스는 서비스를 대체하지 않지만, 경로 기반 라우팅과 같은 기능으로 서비스를 확장합니다. 인그레스가 필요한 이유는 비용 절감을 포함해 여러 가지 이유가 있습니다. 10개의 경로가 있는 ClusterIP 서비스가 있다면 인그레스는 각 경로에 새로운 LoadBalancer 서비스를 만드는 것보다 훨씬 더 저렴하고 간단합니다.

인그레스는 쿠버네티스의 다른 서비스처럼 동작하지 않습니다. 인그레스를 만드는 것만으로는 효과가 없으며, 두 가지 추가 구성 요소가 필요합니다.

- 인그레스 컨트롤러: Nginx 또는 HAProxy와 같은 도구를 기반으로 선택하여 구현할 수 있습니다.
- 의도한 경로로 라우팅하기 위한 ClusterIP 또는 NodePort 서비스

먼저 인그레스 컨트롤러를 구성하는 방법을 살펴보겠습니다.

인그레스 컨트롤러

일반적으로 클러스터는 직접 인그레스 컨트롤러를 구성하지 않으며, 직접 클러스터를 선택하고 배포해야 합니다. 가장 인기 있는 인그레스 컨트롤러로 ingress-nginx가 있지만 그 외 컨트롤러도 있습니다. 전체 목록은 https://kubernetes.io/docs/concepts/services-networking/ingress-controllers/를 참고합니다.

이제 인그레스 컨트롤러를 배포하는 방법을 알아보겠습니다. 이 책에서는 쿠버네티스 커뮤니티에서 만든 Nginx 인그레스 컨트롤러인 ingress-nginx를 사용합니다.

설치는 컨트롤러마다 다를 수 있지만 ingress-nginx는 크게 두 가지 부분이 있습니다. 먼저 메인 컨트롤러 자체를 배포해야 하는데, 이를 위한 커맨드는 대상 환경과 최신 Nginx 인그레스 버전에 따라 변경될 수 있습니다.

```
kubectl apply -f https://raw.githubusercontent.com/kubernetes/ingress-nginx/controller-v0.41.2/deploy/static/provider/cloud/deploy.yaml
```

두 번째, 실행 중인 환경에 따라 인그레스를 구성해야 할 수도 있습니다. AWS에서 실행하는 클러스터는 AWS에서 만든 Elastic Load Balancer를 사용해 인그레스 진입점을 구성할 수 있습니다.

> **중요 사항**
> 환경별 설정 지침을 보려면 https://kubernetes.github.io/ingress-nginx/deploy/에서 ingress-nginx 문서를 참조하세요.

Nginx 인그레스 컨트롤러는 새로운 인그레스 리소스(커스텀 쿠버네티스 리소스)를 만들 때마다 Nginx 구성을 자동 업데이트하는 파드의 집합입니다. 인그레스 컨트롤러 외에도 진입점$_{entry\ point}$이라고 하는 요청을 인그레스 컨트롤러로 라우팅하는 방법도 필요합니다.

인그레스 진입점

기본 nginx-ingress 설치는 Nginx에 대한 요청을 처리하는 단일 서비스도 만들며, 이 지점에서 인그레스 규칙이 반영됩니다. 그것은 인그레스를 구성하는 방법에 따라 LoadBalancer 또는 NodePort 서비스일 수 있습니다. 클라우드 환경에서는 클러스터 인그레스 진입점으로 클라우드 LoadBalancer 서비스를 사용할 가능성이 높습니다.

인그레스 규칙과 YAML

이제 인그레스 컨트롤러를 가동하고 실행했으므로 인그레스 규칙을 구성할 수 있습니다.

간단한 예부터 들어보겠습니다. 인그레스를 통해 서로 다른 경로에 노출하고자 하는 두 가지 서비스(service-a와 service-b)가 있습니다. 인그레스 컨트롤러와 Elastic Load Balancer가 생성되면(AWS에서 실행한다고 가정) 다음 단계를 통해 서비스를 만들 수 있습니다.

1. 먼저 service-a.yaml에서 서비스 A를 만드는 방법을 살펴보겠습니다.

   ```yaml
   service-a.yaml
   apiVersion: v1
   kind: Service
   metadata:
     name: service-a
   Spec:
     type: ClusterIP
     selector:
       app: application-a
     ports:
       - name: http
         protocol: TCP
         port: 80
         targetPort: 8080
   ```

2. 다음 커맨드를 실행해서 서비스 A를 만들 수 있습니다.

   ```
   kubectl apply -f service-a.yaml
   ```

3. 서비스 B를 만드는 YAML 코드는 다음과 유사합니다.

   ```yaml
   apiVersion: v1
   kind: Service
   metadata:
     name: service-b
   ```

```
Spec:
  type: ClusterIP
  selector:
    app: application-b
  ports:
    - name: http
      protocol: TCP
      port: 80
      targetPort: 8000
```

4. 다음 커맨드를 실행해서 서비스 B를 만듭니다.

```
kubectl apply -f service-b.yaml
```

5. 마지막으로 각 경로 규칙을 사용해서 인그레스를 만들 수 있습니다. 다음 ingress.yaml은 경로 기반 라우팅 규칙을 기반으로 요청합니다.

ingress.yaml

```
apiVersion: networking.k8s.io/v1
kind: Ingress
metadata:
  name: my-first-ingress
  annotations:
    nginx.ingress.kubernetes.io/rewrite-target: /
spec:
  rules:
  - host: my.application.com
    http:
      paths:
      - path: /a
        backend:
          serviceName: service-a
          servicePort: 80
      - path: /b
        backend:
          serviceName: service-b
          servicePort: 80
```

이전 YAML의 인그레스는 단일 호스트 값이 있으며, 이는 인그레스를 통해 들어오는 트래픽에 대한 호스트 요청 헤더에 해당합니다. 그다음, 이전에 만든 두 개의 ClusterIP 서비스로 이어지는 두 개의 경로 /a와 /b가 있습니다. 다음 다이어그램에서 이 구성을 살펴보겠습니다.

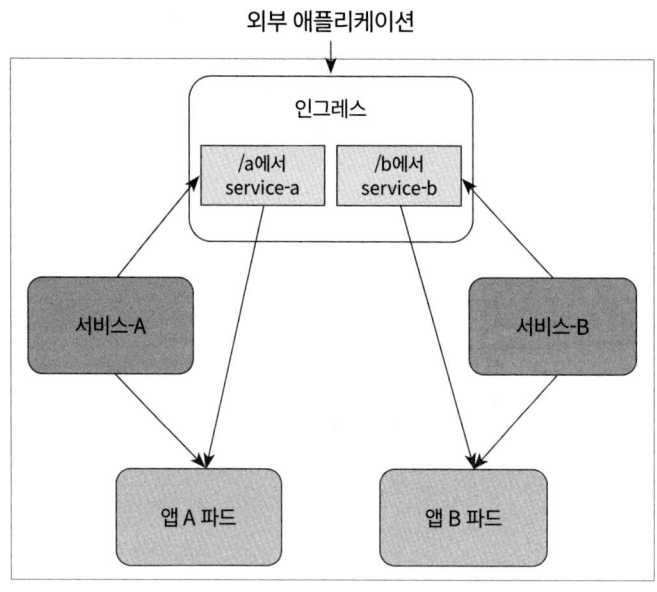

그림 5.4 쿠버네티스 인그레스 예시

보다시피 네트워크 요청은 간단한 경로 기반 규칙을 기반으로 적절한 파드로 직접 라우팅됩니다. 이는 nginx-ingress가 서비스 셀렉터를 사용해 파드 IP 목록을 가져오지만 파드와 통신하지 않고 서비스를 직접 사용하기 때문입니다. 오히려 Nginx 구성은 새로운 파드 IP가 온라인 상태가 되면 자동으로 업데이트됩니다.

실제로 호스트 값은 필요하지 않습니다. 이 규칙을 생략하면 호스트 헤더에 관계없이(호스트를 지정하는 다른 규칙과 일치하지 않는 한) 인그레스를 통해 들어오는 모든 트래픽이 규칙에 따라 라우팅됩니다. 이는 다음 YAML에서 볼 수 있습니다.

ingress-no-host.yaml

```
apiVersion: networking.k8s.io/v1
kind: Ingress
metadata:
  name: my-first-ingress
  annotations:
```

```
    nginx.ingress.kubernetes.io/rewrite-target: /
spec:
  rules:
  - http:
    paths:
    - path: /a
      backend:
        serviceName: service-a
        servicePort: 80
    - path: /b
      backend:
        serviceName: service-b
        servicePort: 80
```

위 인그레스 정의는 호스트 헤더 값이 없어도 경로 기반 라우팅 규칙 기반으로 동작합니다.

마찬가지로 다음과 같이 호스트 헤더를 기준으로 트래픽을 여러 개의 개별 분기 경로로 분산할 수 있습니다.

ingress-branching.yaml

```
apiVersion: networking.k8s.io/v1
kind: Ingress
metadata:
  name: multiple-branches-ingress
spec:
  rules:
  - host: my.application.com
    http:
      paths:
      - backend:
          serviceName: service-a
          servicePort: 80
  - host: my.otherapplication.com
    http:
      paths:
      - backend:
          serviceName: service-b
          servicePort: 80
```

마지막으로 대부분 TLS를 사용해서 인그레스를 보호할 수 있지만, 이 기능은 인그레스 컨트롤러별로 다릅니다. Nginx는 쿠버네티스 시크릿$_{Secret}$으로 이 작업을 수행할 수 있습니다. 이 기능은 다음 장에서 다룰 것이고, 일단 인그레스 구성을 확인하십시오.

```yaml
# ingress-secure.yaml
apiVersion: networking.k8s.io/v1
kind: Ingress
metadata:
  name: secured-ingress
spec:
  tls:
  - hosts:
    - my.application.com
    secretName: my-tls-secret
  rules:
  - host: my.application.com
    http:
      paths:
      - path: /
        backend:
          serviceName: service-a
          servicePort: 8080
```

이 구성은 TLS용 인그레스에 연결할 기본 네임스페이스에서 my-tls-secret이라는 쿠버네티스 시크릿을 찾습니다.

지금까지 인그레스에 대해 설명했습니다. 인그레스 기능은 사용할 인그레스 컨트롤러에 따라 다를 수 있으므로 구현 시 설명서를 확인해야 합니다.

요약

이번 장에서는 클러스터에서 실행하는 애플리케이션을 외부에 노출하는 쿠버네티스의 다양한 방법을 검토했습니다. 주요 방법으로 서비스와 인그레스가 있습니다. 클러스터 내 라우팅은 ClusterIP 서비스를 사용할 수 있고, 노드 포트를 통해 직접 서비스에 액세스하는 것은 NodePort를 사용할 수 있습니다. LoadBalancer 서비스를 사용하면 기존 클라우드 로드밸런싱 시스템을 사용할 수 있으며, ExternalName 서비스를 사용하면 클러스터에서 외부 리소스로 요청을 라우팅할 수 있습니다.

마지막으로 인그레스는 경로별로 클러스터에서 요청을 라우팅하는 강력한 도구입니다. 인그레스를 구현하려면 클러스터에 타사 또는 오픈소스 인그레스 컨트롤러를 설치해야 합니다.

다음 장에서는 두 가지 리소스 유형인 ConfigMap(컨피그맵)과 Secret(시크릿)을 사용해 쿠버네티스에서 실행하는 애플리케이션에 구성 정보를 주입하는 방법을 설명합니다.

질문

1. 클러스터 내부에서만 액세스하는 애플리케이션은 어떤 서비스 유형이 적합합니까?
2. NodePort 서비스가 활성 상태인 포트를 어떻게 알 수 있습니까?
3. 인그레스가 서비스보다 비용 효과적인 이유는 무엇입니까?
4. ExternalName 서비스는 레거시 애플리케이션을 지원하는 것 외에 클라우드 플랫폼에서 어떻게 유용하게 사용할 수 있습니까?

더 읽을 거리

- 쿠버네티스 설명서의 클라우드 제공자 정보: https://kubernetes.io/docs/tasks/administer-cluster/running-cloud-controller/

06

쿠버네티스 애플리케이션 구성하기

이번 장에서는 쿠버네티스가 제공하는 주요 구성 도구를 설명합니다. 컨테이너화된 애플리케이션을 구성하는 모범 사례를 설명하는 것으로 시작하겠습니다. 다음으로 애플리케이션에 구성 데이터를 제공하는 쿠버네티스 리소스 컨피그맵을 설명합니다. 마지막으로 쿠버네티스에서 실행하는 애플리케이션에 민감한 데이터를 저장하고 제공하는 안전한 방법인 시크릿을 다룹니다. 또한 이번 장에서는 쿠버네티스에서 프로덕션 애플리케이션을 구성하기 위한 훌륭한 툴셋을 제공합니다.

이번 장에서는 다음 주제를 다룹니다.

- 모범 사례를 사용한 컨테이너화된 애플리케이션 구성하기
- 컨피그맵 구현하기
- 시크릿 사용하기

기술 요구 사항

이번 장에 설명하는 커맨드를 실행하려면 쿠버네티스 클러스터와 kubectl 커맨드라인 툴을 실행할 수 있는 환경이 필요합니다. 쿠버네티스의 시작 및 실행과 kubectl 툴을 설치하는 방법은 **1장 쿠버네티스와 통신하기**에서 확인할 수 있습니다.

이번 장에서 사용된 코드는 다음 깃허브 리포지토리에서 확인할 수 있습니다.

- https://github.com/wikibook/cnk/tree/master/Chapter6

모범 사례를 활용한 컨테이너화된 애플리케이션 구성

4장 애플리케이션 스케일링 및 배포하기와 **5장 서비스 및 인그레스 – 외부 시스템과 통신하기**에서는 쿠버네티스에서 컨테이너화된 애플리케이션을 효과적으로 배포하고 노출하는 방법을 알아봤습니다. 이 정도면 쿠버네티스에서 컨테이너화된 주요 스테이트리스 애플리케이션을 실행하기에 충분합니다. 하지만 쿠버네티스는 애플리케이션을 구성하고 시크릿을 관리하는 추가 도구도 제공합니다.

쿠버네티스는 컨테이너를 실행하므로 도커파일(Dockerfile)에서 환경 변수를 사용하도록 애플리케이션을 구성할 수 있습니다. 하지만 이는 쿠버네티스와 같은 오케스트레이터를 제한적으로 사용하는 것입니다. 도커(Docker) 이미지를 다시 빌드하지 않고도 컨테이너 애플리케이션을 변경하는 것이 효율적입니다. 이를 위해 쿠버네티스는 구성에 초점을 맞춘 두 가지 리소스인 컨피그맵과 시크릿을 제공합니다. 먼저 컨피그맵을 살펴보겠습니다.

컨피그맵 이해하기

개발자라면 운영 환경에서 애플리케이션을 실행할 때 애플리케이션 구성 정보를 쉽고 빠르게 주입하고 싶을 것입니다. 이를 위해 쿼리하는 별도의 구성 서버를 사용하는 것부터 환경 변수나 환경 파일을 사용하는 것까지 다양한 패턴이 있습니다. 이러한 전략은 그것들이 제공하는 보안과 가용성에 따라 달라집니다.

컨테이너화된 애플리케이션에서는 환경 변수를 사용하는 것이 가장 쉬운 방법일 수 있지만, 이러한 변수를 안전한 방식으로 주입하기 위해 추가 툴이나 스크립트가 필요할 수 있습니다. 이는 쿠버네티스에서 컨피그맵 리소스를 사용하면 쉽고 유연한 방법으로 수행할 수 있습니다. 쿠버네티스 관리자는 컨피그맵을 사용해서 구성 정보를 파일 또는 환경 변수로 지정하고 주입할 수 있습니다.

쿠버네티스는 시크릿 키와 같은 매우 민감한 정보를 위해서 컨피그맵과 유사한 리소스인 시크릿을 제공합니다.

시크릿 이해하기

시크릿은 더 안전한 방식으로 저장해야 하는 추가 구성 항목(제한된 API에 대한 마스터 키, 데이터베이스 비밀번호 등)을 의미합니다. 쿠버네티스는 애플리케이션 구성 정보를 인코딩 방식으로 저장하는 시크릿이라는 리소스를 제공합니다. 이것은 근본적으로 시크릿 정보를 더 안전하게 만들지 않지만 kubectl get 또는 kubectl describe 커맨드에서 시크릿 정보를 자동으로 표기하지 않음으로써 시크릿 정보의 내용을 보호합니다. 이렇게 하면 시크릿 정보가 실수로 로그에 표기되는 것을 방지할 수 있습니다.

시크릿이 정보 보호를 보장하기 위해서는 클러스터에서 시크릿 데이터의 암호화를 활성화해야 합니다. 이를 수행하는 방법은 이번 장의 뒷부분에서 검토할 것입니다. 이 기능은 쿠버네티스 1.13부터 사용할 수 있으며, 쿠버네티스 관리자는 시크릿 정보가 etcd에 암호화되지 않은 상태로 저장하는 것을 방지하고 etcd 관리자의 액세스를 제한할 수 있습니다.

시크릿에 관해 자세히 알아보기 전에 민감하지 않은 정보에 더 적합한 컨피그맵을 설명하는 것으로 시작하겠습니다.

컨피그맵 구현하기

컨피그맵(ConfigMap)은 쿠버네티스에서 실행하는 컨테이너에 애플리케이션 구성 데이터를 저장하고 주입하는 쉬운 방법입니다.

컨피그맵을 만드는 방법은 간단하며, 실제로 애플리케이션 구성 데이터를 주입할 수 있는 두 가지 방법이 있습니다.

- 환경 변수로 주입
- 파일로 주입

첫 번째 방법은 단순히 메모리 내 컨테이너 환경 변수를 사용해 동작하고, 두 번째 방법은 다음 장에서 다룰 쿠버네티스 저장 매체인 볼륨을 이용합니다. 지금은 볼륨을 짧게 설명하고, 자세한 설명은 다음 장인 **7장 쿠버네티스의 스토리지**에서 하겠습니다.

컨피그맵은 kubectl 커맨드를 사용해서 만드는 것이 더 쉬울 수 있습니다. 컨피그맵을 만드는 방법에 따라 컨피그맵 자체에서 데이터를 저장하고 액세스하는 방식이 달라집니다. 먼저 텍스트 값에서 만드는 방법을 살펴보겠습니다.

텍스트 값에서 컨피그맵 생성하기

커맨드의 텍스트 값에서 컨피그맵을 만드는 방법은 다음과 같습니다.

```
kubectl create configmap myapp-config --from-literal=mycategory.mykey=myvalue
```

이 커맨드는 `myvalue` 값이 있는 `mycategory.mykey`라는 단일 키를 사용해서 `myapp-config`라는 컨피그맵을 만듭니다. 다음과 같이 여러 키와 값을 사용해 컨피그맵을 만들 수도 있습니다.

```
kubectl create configmap myapp-config2 --from-literal=mycategory.mykey=myvalue --from-literal=mycategory.mykey2=myvalue2
```

이 커맨드는 데이터 섹션에 두 개의 값이 있는 컨피그맵을 만듭니다.

컨피그맵을 보려면 다음 커맨드를 실행합니다.

```
kubectl get configmap myapp-config2
```

그럼 다음과 같이 출력됩니다.

```yaml
# configmap-output.yaml
apiVersion: v1
kind: ConfigMap
metadata:
  name: myapp-config2
  namespace: default
data:
  mycategory.mykey: myvalue
  mycategory.mykey2: myvalue2
```

컨피그맵 데이터가 길다면 텍스트 값에서 직접 만드는 것은 의미가 없으며, 파일에서 컨피그맵을 만들 수 있습니다.

파일에서 컨피그맵 생성하기

다양한 값을 사용해 컨피그맵을 쉽게 만들거나 기존 환경 파일을 재사용하려면 다음 단계에 따라 파일에서 컨피그맵을 생성하면 됩니다.

1. env.properties라는 파일을 만들어 시작하겠습니다.

   ```
   myconfigid=1125
   publicapikey=i38ahsjh2
   ```

2. 다음 커맨드를 실행해서 컨피그맵을 만들 수 있습니다.

   ```
   kubectl create configmap my-config-map --from-file=env.properties
   ```

3. kubectl create 커맨드가 컨피그맵을 올바르게 만들었는지 확인하려면 kubectl describe를 사용합니다.

   ```
   kubectl describe configmaps my-config-map
   ```

결과는 다음과 같습니다.

```
Name:           my-config-map
Namespace:      default
Labels:         <none>
Annotations:    <none>

Data
====
env.properties:    39 bytes
```

보다시피 이 컨피그맵에는 텍스트 파일과 바이트 수가 포함되어 있습니다. 이 파일 형식은 텍스트 파일이 될 수 있습니다. 그러나 파일 형식이 환경 파일이라면 이를 쿠버네티스에 알려 컨피그맵을 좀 더 읽기 쉽게 만들 수 있습니다. 이 작업을 수행하는 방법을 알아보겠습니다.

환경 파일에서 컨피그맵 생성하기

파일의 형식이 키 쌍이 있는 일반 환경 파일 형식이라면 다른 방법을 사용해서 컨피그맵을 만들 수 있습니다. 이 방법은 데이터를 파일 내에 숨기지 않고 컨피그맵 개체에서 더 명확하게 확인할 수 있습니다.

환경 생성은 이전과 똑같은 파일을 사용하겠습니다.

```
kubectl create configmap my-env-config-map --from-env-file=env.properties
```

이제 다음 커맨드의 출력으로 컨피그맵을 확인하겠습니다.

```
kubectl describe configmaps my-env-config-map
```

결과는 다음과 같습니다.

```
Name:           my-env-config-map
Namespace:      default
Labels:         <none>
Annotations:    <none>

Data
====
myconfigid:
----
1125
publicapikey:
----
i38ahsjh2
Events:         <none>
```

보다시피 --from-env-file 방법을 사용하면 kubectl describe를 실행할 때 env 파일의 데이터를 쉽게 볼 수 있습니다. 이것은 컨피그맵을 환경 변수로 직접 마운트할 수 있음을 의미합니다. 자세한 내용은 다음 내용에서 설명하겠습니다.

볼륨으로 컨피그맵 마운트하기

파드에서 컨피그맵 데이터를 사용하려면 파드 스펙에서 마운트해야 합니다. 이것은 스토리지를 제공하는 리소스인 쿠버네티스 볼륨을 마운트하는 방법과 같습니다. 볼륨에 관해서는 다음 장에서 살펴보겠습니다.

다음에서 my-config-map 컨피그맵을 파드의 볼륨으로 마운트하는 파드 스펙을 살펴보겠습니다.

```yaml
pod-mounting-cm.yaml
apiVersion: v1
kind: Pod
metadata:
  name: my-pod-mount-cm
spec:
  containers:
    - name: busybox
      image: busybox
      command:
        - sleep
        - "3600"
      volumeMounts:
        - name: my-config-volume
          mountPath: /app/config
  volumes:
    - name: my-config-volume
      configMap:
        name: my-config-map
  restartPolicy: Never
```

보다시피 my-config-map 컨피그맵은 컨테이너가 액세스할 수 있도록 /app/config 경로에 볼륨(my-config-volume)으로 마운트됩니다. 다음 장에서 이것이 어떻게 동작하는지 자세히 살펴볼 것입니다.

그 외 방법으로, 컨피그맵을 컨테이너의 환경 변수로 마운트할 수 있습니다. 이 작업 방법을 알아보겠습니다.

환경 변수로 컨피그맵 마운트하기

컨피그맵을 환경 변수로 마운트할 수도 있습니다. 이 과정은 컨피그맵을 볼륨으로 마운트하는 것과 매우 유사합니다.

파드 스펙을 살펴보겠습니다.

```yaml
# pod-mounting-cm-as-env.yaml
apiVersion: v1
kind: Pod
metadata:
  name: my-pod-mount-env
spec:
  containers:
    - name: busybox
      image: busybox
      command:
        - sleep
        - "3600"
      env:
        - name: MY_ENV_VAR
          valueFrom:
            configMapKeyRef:
              name: my-env-config-map
              key: myconfigid
  restartPolicy: Never
```

보다시피 컨피그맵을 볼륨으로 마운트하는 대신 단순히 컨테이너 환경 변수인 MY_ENV_VAR에서 참조하기만 하면 됩니다. 이렇게 하려면 valueFrom 키에서 configMapRef를 사용하고 컨피그맵의 이름과 컨피그맵 자체의 내부 확인 키를 참조해야 합니다.

이번 장의 첫 번째 섹션인 **모범 사례를 활용한 컨테이너화된 애플리케이션 구성**에서 언급했듯이, 컨피그맵은 기본적으로 안전하지 않으며 해당 데이터는 일반 텍스트로 저장됩니다. 보안을 위해 컨피그맵 대신 시크릿을 사용할 수 있습니다.

시크릿 사용하기

시크릿$_{Secret}$은 일반 텍스트 대신 인코딩된 텍스트(특히 Base64)로 저장한다는 점을 제외하곤 컨피그맵과 매우 유사하게 동작합니다.

따라서 시크릿을 만드는 것은 몇 가지 차이점을 제외하고 컨피그맵을 만드는 것과 매우 유사합니다. 먼저 시크릿을 명령적으로 만들면 시크릿의 데이터는 자동으로 Base64로 인코딩됩니다. 한 쌍의 파일에서 명령적으로 시크릿을 만드는 방법을 살펴보겠습니다.

파일에서 시크릿 생성하기

먼저 파일에서 시크릿을 만들어 보겠습니다(이는 여러 파일에서도 동작합니다). 이 작업은 kubectl create 커맨드를 사용합니다.

```
> echo -n 'mysecretpassword' > ./pass.txt
> kubectl create secret generic my-secret --from-file=./pass.txt
```

결과는 다음과 같습니다.

```
secret "my-secret" created
```

이제 kubectl describe를 사용해서 시크릿이 어떻게 보이는지 살펴보겠습니다.

```
> kubectl describe secrets/db-user-pass
```

이 커맨드의 결과는 다음과 같습니다.

```
Name:           my-secret
Namespace:      default
Labels:         <none>
Annotations:    <none>

Type:           Opaque

Data
====
pass.txt:   16 bytes
```

보다시피 describe 커맨드는 시크릿에 포함된 바이트 수와 해당 유형을 Opaque로 표시합니다.

그 외 시크릿을 만드는 방법은 선언적 접근 방식을 사용하는 것입니다. 다음 절에서 그 방법을 살펴보겠습니다.

수동 선언적으로 시크릿 생성하기

YAML 파일에서 선언적으로 시크릿을 만든다면 리눅스의 base64 파이프 같은 인코딩 유틸리티를 사용해서 저장할 데이터를 미리 인코딩해야 합니다.

다음과 같은 리눅스 base64 커맨드로 비밀번호를 인코딩해 보겠습니다.

```
> echo -n 'myverybadpassword' | base64
bXl2ZXJ5YmFkcGFzc3dvcmQ=
```

이제 secret.yaml이라는 쿠버네티스 YAML 스펙으로 선언적으로 시크릿을 만듭니다.

```
apiVersion: v1
kind: Secret
metadata:
  name: my-secret
type: Opaque
data:
  dbpass: bXl2ZXJ5YmFkcGFzc3dvcmQ=
```

secret.yaml 스펙은 이전에 만든 Base64로 인코딩한 문자열을 포함합니다.

다음 커맨드를 실행해서 시크릿을 만듭니다.

```
kubectl create -f secret.yaml
```

지금까지 시크릿을 만드는 방법을 살펴봤고, 다음으로 파드에서 사용할 시크릿을 마운트하는 방법을 알아보겠습니다.

볼륨으로 시크릿 마운트하기

시크릿을 마운트하는 것은 컨피그맵을 마운트하는 것과 매우 유사합니다. 먼저 시크릿을 파드에 볼륨(파일)으로 마운트하는 방법을 살펴보겠습니다.

파드 스펙을 살펴보겠습니다. 시크릿을 테스트하기 위해 예제 애플리케이션을 실행합니다.

```
pod-mounting-secret.yaml

apiVersion: v1
kind: Pod
metadata:
  name: my-pod-mount-cm
spec:
  containers:
    - name: busybox
      image: busybox
      command:
        - sleep
        - "3600"
      volumeMounts:
        - name: my-config-volume
          mountPath: /app/config
          readOnly: true
  volumes:
    - name: foo
      secret:
        secretName: my-secret
  restartPolicy: Never
```

여기서 컨피그맵과의 한 가지 차이점은 파드가 실행하는 동안 시크릿이 변경되지 않도록 볼륨에 readOnly를 지정한다는 것입니다. 그 밖에 나머지는 모두 같습니다.

다음 장인 **7장 쿠버네티스의 스토리지**에서 볼륨을 자세히 검토하겠지만, 간단히 설명하자면 볼륨은 파드에 스토리지를 추가하는 방법입니다. 이 예에서는 파일 시스템으로 간주할 수 있는 볼륨을 파드에 마운트합니다. 그 후 시크릿은 파일 시스템 내에 파일로 만들어집니다.

시크릿을 환경 변수로 마운트하기

시크릿을 환경 변수로 마운트하는 것은 파일을 마운트하는 것과 유사하며, 컨피그맵을 마운트하는 것과 거의 같은 방법입니다.

다른 파드 YAML을 살펴보겠습니다. 이 경우 시크릿을 환경 변수로 마운트합니다.

```yaml
# pod-mounting-secret-env.yaml
apiVersion: v1
kind: Pod
metadata:
  name: my-pod-mount-env
spec:
  containers:
    - name: busybox
      image: busybox
      command:
        - sleep
        - "3600"
      env:
        - name: MY_PASSWORD_VARIABLE
          valueFrom:
            secretKeyRef:
              name: my-secret
              key: dbpass
  restartPolicy: Never
```

kubectl apply로 파드를 만든 후, 변수가 제대로 초기화됐는지 확인하겠습니다. 이것은 docker exec와 같은 방식으로 동작합니다.

```
> kubectl exec -it my-pod-mount-env -- /bin/bash
> printenv MY_PASSWORD_VARIABLE
myverybadpassword
```

잘 동작합니다. 이제 컨피그맵과 시크릿을 만들고 마운트하는 방법을 잘 이해했으리라 생각합니다.

다음으로 시크릿에 관한 마지막 주제로 쿠버네티스 EncryptionConfig를 활용하여 안전하고 암호화된 시크릿을 만드는 방법을 알아보겠습니다.

암호화된 시크릿 구현하기

관리형 쿠버네티스 서비스(Amazon의 EKS_{Elastic Kubernetes Service} 포함)는 저장한 etcd 데이터를 자동으로 암호화하므로 암호화된 시크릿을 구현할 필요가 없습니다. Kops와 같은 클러스터 프로비저닝 도구에는 간단한 플래그(예: encryptionConfig: true)가 있습니다. 그러나 직접 클러스터를 생성할 때는 --encryption-Provider-config 플래그와 EncryptionConfig 파일로 쿠버네티스 API 서버를 시작해야 합니다.

> **중요 사항**
> 클러스터를 처음부터 만드는 것은 이 책의 범위를 벗어나는 내용입니다. (이에 대한 훌륭한 가이드는 https://github.com/kelseyhightower/kubernetes-the-hard-way에서 **Kubernetes The Hard Way**를 참조하십시오.)

암호화 처리 방식을 간략히 살펴보려면 다음 EncryptionConfiguration YAML에서 시작 시 kube-apiserver에 전달하는 것을 살펴보십시오.

```yaml
# encryption-config.yaml
apiVersion: apiserver.config.k8s.io/v1
kind: EncryptionConfiguration
resources:
  - resources:
      - secrets
    providers:
      - aesgcm:
          keys:
            - name: key1
              secret: c2VjcmV0IGlzIHNlY3VyZQ==
            - name: key2
              secret: dGhpcyBpcyBhYXNzd29yZA==
```

이 EncryptionConfiguration YAML은 etcd에서 암호화해야 하는 리소스 목록과 데이터를 암호화하는 데 사용할 하나 이상의 공급자를 사용합니다. 다음 공급자는 쿠버네티스 1.17부터 사용할 수 있습니다.

- **Identity**: 암호화 없음
- **Aescbc**: 권장하는 암호화 공급자
- **Secretbox**: Aescbc보다 빠르고 최신임
- **Aesgcm**: Aesgcm으로 키 회전을 직접 구현해야 함
- **Kms**: Vault 또는 AWS KMS와 같은 타사 시크릿 저장소와 함께 사용

전체 목록을 보려면 https://kubernetes.io/docs/tasks/administer-cluster/encrypt-data/#providers를 참조하십시오. 여러 공급자를 목록에 추가할 때 쿠버네티스는 첫 번째로 구성한 공급자로 암호화합니다. 복호화는 쿠버네티스 목록으로 이동해 각 공급자와 함께 복호화를 시도합니다. 모두 동작하지 않으면 오류를 반환합니다.

시크릿을 만들고(이전 예제에서 수행한 방법 참조) EncryptionConfig를 활성화하면 시크릿이 실제로 암호화됐는지 확인할 수 있습니다.

시크릿의 암호화 여부 확인하기

시크릿이 실제로 etcd에서 암호화됐는지 확인하는 가장 쉬운 방법은 etcd에서 직접 값을 가져와 암호화 접두사를 확인하는 것입니다.

1. 먼저 base64로 시크릿 키를 만듭니다.

   ```
   > echo -n 'secrettotest' | base64
   c2VjcmV0dG90ZXN0
   ```

2. 다음으로 secret_to_test.yaml 파일을 만듭니다.

   ```
   apiVersion: v1
   kind: Secret
   metadata:
     name: secret-to-test
   type: Opaque
   data:
     myencsecret: c2VjcmV0dG90ZXN0
   ```

3. 시크릿을 만듭니다.

   ```
   kubectl apply -f secret_to_test.yaml
   ```

4. 시크릿이 만들어진 상태에서 직접 쿼리해서 etcd에 암호화됐는지 확인합니다. etcd를 자주 쿼리할 필요는 없지만 클러스터의 부트스트랩에 사용하는 인증서에 액세스할 수 있다면 다음과 같이 과정이 쉬워집니다.

   ```
   > export ETCDCTL_API=3
   > etcdctl --cacert=/etc/kubernetes/certs/ca.crt
   ```

```
--cert=/etc/kubernetes/certs/etcdclient.crt
--key=/etc/kubernetes/certs/etcdclient.key
get /registry/secrets/default/secret-to-test
```

시크릿 데이터는 구성한 암호화 공급자에 따라 공급자 태그로 시작합니다. 예를 들어, Azure KMS 공급자로 암호화된 시크릿은 `k8s:enc:kms:v1:azurekmsprovider`로 시작합니다.

5. 이제 kubectl을 통해 시크릿이 올바르게 복호화됐는지 확인하십시오(여전히 인코딩된 상태입니다).

```
> kubectl get secrets secret-to-test -o yaml
```

출력 결과는 `myencsecret: c2VjcmV0dG90ZXN0`일 것입니다. 이는 암호화되지 않고 인코딩된 시크릿 값입니다.

```
> echo 'c2VjcmV0dG90ZXN0' | base64 --decode
secrettotest
```

성공입니다!

이제 클러스터에서 암호화가 실행됩니다. 다음으로 암호화를 비활성화하는 방법을 알아보겠습니다.

클러스터 암호화 비활성화하기

쿠버네티스 리소스에서 암호화를 쉽게 비활성화할 수 있습니다.

먼저 빈 암호화 구성 YAML로 쿠버네티스 API 서버를 다시 시작합니다. 이는 클러스터를 자체 프로비저닝한다면 쉽게 할 수 있지만, EKS 또는 AKS에서는 수동으로 하는 것은 불가능하며 클라우드 공급자별 설명서를 참고해야 합니다.

클러스터를 자체 프로비저닝하거나 Kops 또는 Kubeadm과 같은 도구를 사용한다면 다음 EncryptionConfiguration으로 모든 마스터 노드에서 kube-apiserver 과정을 다시 시작할 수 있습니다.

encryption-reset.yaml
```
apiVersion: apiserver.config.k8s.io/v1
kind: EncryptionConfiguration
resources:
  - resources:
```

```
      - secrets
    providers:
    - identity: {}
```

> **중요 사항**
> 아이덴티티 공급자는 목록에 있는 공급자일 필요는 없지만, 첫 번째 공급자이어야 합니다. 이전에 언급한 것처럼 쿠버네티스는 첫 번째 아이덴티티 공급자로 etcd의 새로운 또는 업데이트한 개체를 암호화합니다.

모든 시크릿을 수동으로 다시 만들고, 그 시점에서 자동으로 아이덴티티 공급자(암호화되지 않음)를 사용합니다.

```
kubectl get secrets --all-namespaces -o json | kubectl replace -f -
```

이제 모든 시크릿은 암호화되지 않습니다.

요약

이번 장에서는 쿠버네티스가 애플리케이션 구성을 주입하는 방법을 살펴봤습니다. 먼저 컨테이너화된 애플리케이션을 구성하는 모범 사례를 살펴봤습니다. 그다음 쿠버네티스가 제공하는 첫 번째 방법인 컨피그맵과 이를 만들고 파드에 마운트하기 위한 여러 옵션을 검토했습니다. 마지막으로 암호화한 경우 민감한 구성을 처리하는 더 안전한 방법인 시크릿을 살펴봤습니다. 이제 애플리케이션에 안전한 구성 값과 안전하지 않은 구성 값을 제공하는 데 필요한 모든 도구를 활용할 수 있습니다.

다음 장에서는 시크릿과 컨피그맵 마운트에서 다뤘던 쿠버네티스의 스토리지(저장소)인 볼륨 리소스를 자세히 알아보겠습니다.

질문

1. 시크릿과 컨피그맵의 차이점은 무엇입니까?
2. 시크릿은 어떻게 인코딩합니까?
3. 컨피그맵을 일반 파일에서 만드는 것과 환경 파일에서 만드는 것의 차이점은 무엇입니까?
4. 쿠버네티스에서 시크릿은 어떻게 안전하게 보호할 수 있습니까? 기본적으로 안전하지 않은 이유는 무엇입니까?

더 읽을 거리

쿠버네티스의 데이터 암호화 구성 정보는 다음 링크의 공식 문서에서 찾을 수 있습니다.

- https://kubernetes.io/docs/tasks/administer-cluster/encrypt-data/

07

쿠버네티스의 스토리지

이번 장에서는 쿠버네티스에서 애플리케이션 스토리지(저장소)를 제공하는 방법을 알아봅니다. 쿠버네티스의 두 가지 스토리지 리소스인 볼륨$_{Volume}$과 퍼시스턴트(영속성) 볼륨$_{Persistent\ Volume}$을 확인하겠습니다. 볼륨은 일시적인 데이터 요구에 적합하지만 쿠버네티스에서 중요한 스테이트풀 워크로드를 실행하려면 퍼시스턴트 볼륨이 필요합니다. 이번 장에서 배울 기술을 통해 쿠버네티스에서 실행하는 애플리케이션의 스토리지를 다양한 방법과 환경으로 구성할 수 있습니다.

이번 장에서는 다음 주제를 다룰 것입니다.

- 볼륨과 퍼시스턴트 볼륨의 차이점 이해하기
- 볼륨 사용하기
- 퍼시스턴트 볼륨 생성하기
- 퍼시스턴트 볼륨 클레임

기술 요구 사항

이번 장에 설명하는 커맨드를 실행하려면 쿠버네티스 클러스터와 kubectl 커맨드라인 툴을 실행할 수 있는 환경이 필요합니다. 쿠버네티스의 시작 및 실행과 kubectl 툴을 설치하는 방법은 **1장 쿠버네티스와 통신하기**에서 확인할 수 있습니다.

이번 장에 사용된 코드는 다음 깃허브 리포지토리에서 참고할 수 있습니다.

- https://github.com/wikibook/cnk/tree/master/Chapter7

볼륨과 퍼시스턴트 볼륨의 차이점 이해

컨테이너화된 스테이트리스 애플리케이션은 컨테이너 파일 자체를 위한 디스크 공간만 필요로 할 수 있습니다. 이 유형의 애플리케이션을 실행한다면 쿠버네티스에서 추가 구성은 필요하지 않습니다.

그러나 항상 그렇지는 않습니다. 컨테이너로 이동하는 레거시 앱은 여러 가지 이유로 디스크 공간 볼륨이 필요할 수 있습니다. 컨테이너에서 사용할 파일을 보관하려면 쿠버네티스 볼륨 리소스가 필요합니다.

쿠버네티스에서 만들 수 있는 두 가지 주요 스토리지 리소스는 다음과 같습니다.

- 볼륨
- 퍼시스턴트 볼륨

볼륨은 특정 파드의 수명주기에 연결되지만, 퍼시스턴트 볼륨은 삭제될 때까지 활성 상태를 유지하며 파드 간에 서로 데이터를 공유할 수 있습니다. 볼륨은 파드 내 컨테이너 간의 데이터를 공유하는 데 유용하며, 퍼시스턴트 볼륨은 다양한 고급 용도로 사용할 수 있습니다.

먼저 볼륨을 구현하는 방법을 살펴보겠습니다.

볼륨

쿠버네티스는 다양한 볼륨$_{volume}$ 유형을 지원합니다. 대부분은 볼륨 또는 퍼시스턴트 볼륨을 사용할 수 있지만 일부는 리소스별로 다릅니다. 가장 간단한 것부터 시작해서 몇 가지 유형을 검토하겠습니다.

> **중요 사항**
>
> 전체 볼륨 유형 목록은 다음 링크에서 볼 수 있습니다.
>
> - https://kubernetes.io/docs/concepts/storage/volumes/#types-of-volumes

다음은 볼륨 유형 목록입니다.

- awsElasticBlockStore
- cephfs
- Configmap
- emptyDir
- hostPath
- local
- nfs
- persistentVolumeClaim
- rbd
- Secret

보다시피 컨피그맵과 시크릿은 모두 볼륨의 **유형**으로 구현합니다. 또한 목록에는 클라우드 공급자 볼륨 유형인 awsElasticBlockStore도 포함됩니다.

하나의 파드와 별도로 생성하는 퍼시스턴트 볼륨과 달리, 볼륨은 대부분 파드의 컨텍스트에서 수행합니다.

다음 파드 YAML은 단순한 볼륨을 만듭니다.

pod-with-vol.yaml

```
apiVersion: v1
kind: Pod
metadata:
  name: pod-with-vol
spec:
  containers:
```

```yaml
    - name: busybox
      image: busybox
      volumeMounts:
      - name: my-storage-volume
        mountPath: /data
  volumes:
  - name: my-storage-volume
    emptyDir: {}
```

이 YAML은 emptyDir 볼륨 유형과 함께 파드를 만듭니다. emptyDir 볼륨 유형은 파드를 할당한 노드에 이미 존재하는 스토리지를 사용해 프로비저닝합니다. 앞서 언급한 바와 같이 볼륨은 컨테이너가 아닌 파드의 수명 주기와 연결됩니다.

즉, 여러 컨테이너가 있는 파드에서는 모든 컨테이너가 볼륨 데이터에 접근할 수 있습니다. 다음 YAML 파일의 예를 보겠습니다.

pod-with-multiple-containers.yaml

```yaml
apiVersion: v1
kind: Pod
metadata:
  name: my-pod
spec:
  containers:
  - name: busybox
    image: busybox
    volumeMounts:
    - name: config-volume
      mountPath: /shared-config
  - name: busybox2
    image: busybox
    volumeMounts:
    - name: config-volume
      mountPath: /myconfig
  volumes:
  - name: config-volume
    emptyDir: {}
```

이 예에서 파드의 두 컨테이너는 서로 다른 경로에 있지만, 볼륨 데이터에 접근할 수 있습니다. 컨테이너는 공유된 볼륨의 파일을 통해 통신할 수도 있습니다.

스펙에서 중요한 부분은 volume spec 자체(volumes의 목록 항목)와 볼륨 mount(volumeMounts의 목록 항목)입니다.

각 마운트 항목에는 volumes 부분의 볼륨 이름과 볼륨이 마운트되는 컨테이너의 파일 경로인 mountPath를 포함합니다. 예를 들어, 이전 YAML에서 볼륨 config-volume은 /shared-config의 busybox 파드 내에서, 그리고 /myconfig의 busybox2 파드 내에서 접근할 수 있습니다.

볼륨 스펙 자체에는 이름을 사용합니다. 이때 my-storage와 볼륨 유형별 추가 키/값을 사용하는데, 이 경우에는 emptyDir이고 빈 대괄호만 사용합니다.

이제 파드에 마운트한 클라우드 프로비저닝 볼륨의 예를 살펴보겠습니다. 예를 들어, 다음 YAML에서 AWS EBS_{Elastic Block Storage} 볼륨을 마운트할 수 있습니다.

```yaml
pod-with-ebs.yaml
apiVersion: v1
kind: Pod
metadata:
  name: my-app
spec:
  containers:
  - image: busybox
    name: busybox
    volumeMounts:
    - mountPath: /data
      name: my-ebs-volume
  volumes:
  - name: my-ebs-volume
    awsElasticBlockStore:
      volumeID: [INSERT VOLUME ID HERE]
```

이 YAML은 클러스터가 AWS 인증이 올바르게 설정되어 있다면 기존 EBS 볼륨을 파드에 연결합니다. 보다시피 awsElasticBlockStore 키를 사용해 볼륨 ID를 구체적으로 구성합니다. 이때 EBS 볼륨은 이미 해당 AWS 계정과 리전에 있어야 합니다. 이 기능은 AWS EKS~Elastic Kubernetes Service~를 사용하면 쿠버네티스 내에서 EBS 볼륨을 자동으로 프로비저닝해서 훨씬 쉽게 사용할 수 있습니다.

또한 쿠버네티스는 쿠버네티스 AWS 클라우드 공급자 내에 볼륨을 자동으로 프로비저닝하는 기능을 포함하고, 이는 퍼시스턴트 볼륨과 함께 사용할 수 있습니다. 다음 **퍼시스턴트 볼륨**~Persistent volumes~ 절에서 자동으로 프로비저닝한 볼륨을 가져오는 방법을 살펴보겠습니다.

퍼시스턴트 볼륨

퍼시스턴트 볼륨~persistent volume~은 일반 쿠버네티스 볼륨에 비해 몇 가지 중요한 장점을 가집니다. 이전에 언급한 바와 같이, 퍼시스턴트 볼륨의 수명주기는 단일 파드의 수명이 아니라 클러스터의 수명과 관련이 있습니다. 즉, 퍼시스턴트 볼륨은 클러스터가 실행되는 동안 파드 간 자원을 공유하고 재사용할 수 있습니다. 이러한 이유로 스토리지 자체가 단일 파드보다 오래 지속되므로 EBS(AWS의 블록 스토리지 서비스)와 같은 외부 저장소에 훨씬 더 잘 어울립니다.

퍼시스턴트 볼륨을 사용하려면 `PersistentVolume`과, `PersistentVolume`을 파드에 마운트하는 데 사용하는 `PersistentVolumeClaim`이라는 두 가지 리소스가 필요합니다.

`PersistentVolume`부터 시작하겠습니다. `PersistentVolume` 생성을 위한 기본 YAML을 살펴보겠습니다.

```
pv.yaml
apiVersion: v1
kind: PersistentVolume
metadata:
  name: my-pv
spec:
  storageClassName: manual
  capacity:
    storage: 5Gi
  accessModes:
    - ReadWriteOnce
  hostPath:
    path: "/mnt/mydata"
```

이제 이것을 나눠서 살펴보겠습니다. 스펙의 첫 번째 줄인 storageClassName부터 시작합니다.

첫 번째 구성인 storageClassName은 사용할 스토리지 유형입니다. hostPath 볼륨 유형의 경우 manual로 지정하지만 AWS EBS는 gp2Encrypted라는 스토리지 클래스를 만들어 AWS의 gp2 스토리지 유형과 EBS 암호화를 사용하도록 설정할 수 있습니다. 따라서 스토리지 클래스는 특정 볼륨 유형에 사용할 수 있는 구성 조합이며, 볼륨 스펙에서 참조할 수 있습니다.

AWS StorageClass 예제에서 gp2Encrypted를 위한 새로운 StorageClass를 프로비저닝해 보겠습니다.

gp2-storageclass.yaml
```
kind: StorageClass
apiVersion: storage.k8s.io/v1
metadata:
  name: gp2Encrypted
  annotations:
    storageclass.kubernetes.io/is-default-class: "true"
provisioner: kubernetes.io/aws-ebs
parameters:
  type: gp2
  encrypted: "true"
  fsType: ext4
```

이제 gp2Encrypted 스토리지 클래스를 사용해 PersistentVolume을 만들 수 있습니다. 그러나 동적으로 프로비저닝한 EBS(또는 다른 클라우드 스토리지 서비스) 볼륨을 사용해 PersistentVolume을 손쉽게 만들 수도 있습니다. 동적으로 프로비저닝한 볼륨을 사용하기 위해서 먼저 PersistentVolumeClaim을 생성한 다음 자동으로 PersistentVolume을 만듭니다.

퍼시스턴트 볼륨 클레임

이제 쿠버네티스에서 퍼시스턴트 볼륨을 쉽게 만들 수 있습니다. 그러나 스토리지를 파드에 연결할 수는 없습니다. PersistentVolumeClaim을 만들어 하나 이상의 파드에 PersistentVolume을 연결해야 합니다.

이전 절의 새로운 StorageClass를 기반으로 원하는 StorageClass가 있는 다른 퍼시스턴트 볼륨이 없으므로 새로운 PersistentVolume을 자동으로 생성하는 클레임을 만들어 보겠습니다.

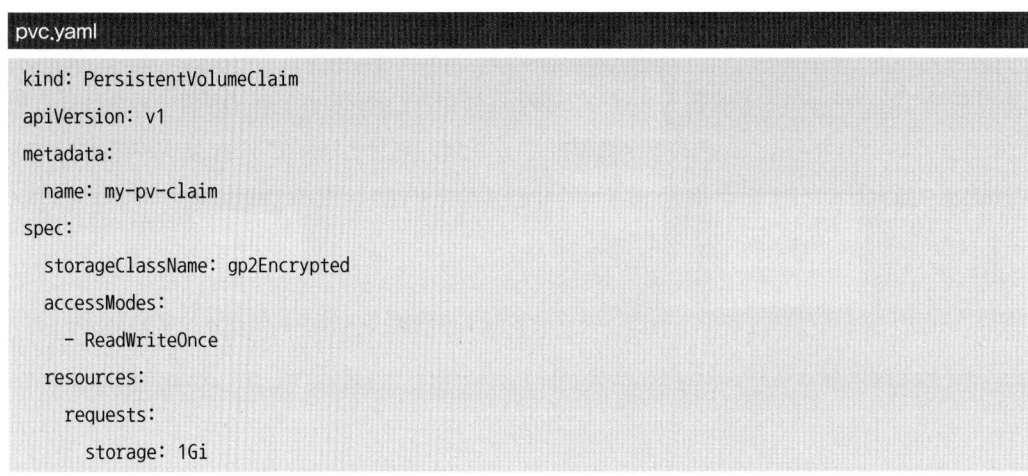

이 파일에서 `kubectl apply -f`를 실행해서 새로운 **퍼시스턴트 볼륨**을 만듭니다. AWS 클라우드 공급자를 올바르게 설정한다면 GP2 유형과 암호화를 사용하는 새로운 EBS 볼륨이 만들어집니다.

EBS 퍼시스턴트 볼륨을 파드에 연결하기 전에 AWS에서 EBS 볼륨이 올바르게 만들어졌는지 확인하겠습니다.

이를 위해 AWS 콘솔에서 EKS 클러스터가 같은 리전에서 실행 중인지 확인합니다. 그런 다음 **서비스 〉 EC2**로 이동해 **Elastic Block Store**의 왼쪽 메뉴에서 **볼륨**을 클릭합니다. 이 섹션에서는 PVC 상태와 같은 크기(**1GiB**)의 자동 생성된 볼륨을 확인해야 합니다. 볼륨은 GP2 클래스가 있어야 하며 암호화가 활성화돼야 합니다. AWS 콘솔에서는 어떤 모습인지 살펴보겠습니다.

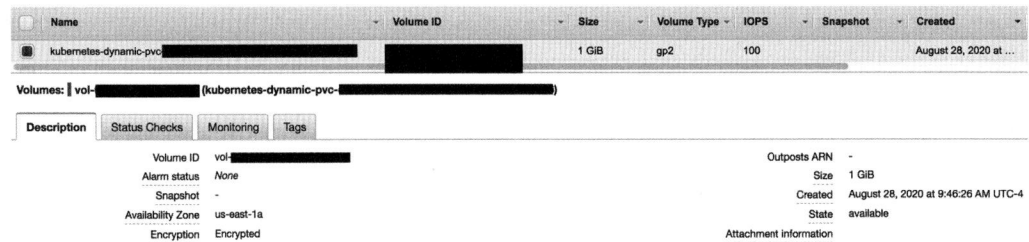

그림 7.1 AWS 콘솔에서 보이는 자동 생성된 EBS 볼륨

보다시피 AWS에서 동적으로 생성된 EBS 볼륨은 암호화를 사용하고 **gp2** 볼륨 유형을 할당합니다. 이제 AWS에서 볼륨이 만들어진 것을 확인했으므로 파드에 연결할 수 있습니다.

파드에 퍼시스턴트 볼륨 클레임(PVC) 연결하기

이제 PersistentVolume과 PersistentVolumeClaim이 모두 있고, 이를 파드에 연결해 사용할 수 있습니다. 이 과정은 컨피그맵 또는 시크릿을 연결하는 것과 매우 유사합니다. 컨피그맵과 시크릿은 기본적으로 볼륨 유형이기 때문입니다.

다음 pod-with-attachment.yaml에서 암호화된 EBS 볼륨을 파드에 연결하고 이름을 지정할 수 있습니다.

```yaml
# pod-with-attachment.yaml
apiVersion: v1
kind: Pod
metadata:
  name: my-pod
spec:
  volumes:
    - name: my-pv
      persistentVolumeClaim:
        claimName: my-pv-claim
  containers:
    - name: my-container
      image: busybox
      volumeMounts:
        - mountPath: "/usr/data"
          name: my-pv
```

`kubectl apply -f pod-with-attachment.yaml`을 실행하면 /usr/data에 대한 클레임을 통해 PersistentVolume이 마운트된 파드가 만들어집니다.

볼륨이 성공적으로 만들어졌는지 확인하기 위해 파드에 접속해서 볼륨이 마운트된 위치에 파일을 만들어 보겠습니다.

```
> kubectl exec -it shell-demo -- /bin/bash
> cd /usr/data
> touch myfile.txt
```

이제 다음 커맨드를 사용해서 파드를 삭제해 보겠습니다.

```
> kubectl delete pod my-pod
```

다음 커맨드를 사용해서 다시 만듭니다.

```
> kubectl apply -f my-pod.yaml
```

작업을 제대로 수행한다면 kubectl exec를 실행해서 파드에 다시 접속할 때 파일을 볼 수 있어야 합니다.

```
> kubectl exec -it my-pod -- /bin/bash
> ls /usr/data
myfile.txt
```

성공입니다!

이렇게 해서 쿠버네티스용 클라우드 스토리지에서 제공하는 퍼시스턴트 볼륨을 만드는 방법을 살펴봤습니다. 그러나 쿠버네티스는 온프레미스 또는 minikube를 사용하는 노트북에서 실행할 수도 있습니다. 이때 대신 사용할 수 있는 대체 퍼시스턴트 볼륨 유형을 살펴보겠습니다.

클라우드 스토리지가 없는 퍼시스턴트 볼륨

이전 예에서는 클라우드 환경에서 쿠버네티스를 실행하며 클라우드 플랫폼(AWS EBS 등)에서 제공하는 스토리지 서비스를 사용할 수 있다고 가정했습니다. 하지만 이런 서비스가 항상 사용 가능한 것은 아닙니다. 데이터 센터 환경이나 전용 하드웨어에서 쿠버네티스를 실행할 수도 있습니다.

이때 쿠버네티스에 스토리지를 제공하기 위한 여러 가지 방법이 있습니다. 간단한 방법 중 하나는 hostPath로 볼륨 유형을 변경하는 것입니다. hostPath는 노드의 기존 스토리지 장치 내에서 동작하는 퍼시스턴트 볼륨을 만듭니다. 예를 들어, minikube를 통해 실행하는 것은 간단하지만, AWS EBS와 같이 강력한 추상화 스토리지는 제공하지 않습니다. EBS와 같은 클라우드 스토리지 도구와 유사한 온프레미스 기능을 갖춘 도구로 Rook과 Ceph를 사용하는 방법을 살펴보겠습니다. 전체 설명서는 https://rook.io/docs/rook/v1.3/ceph-quickstart.html에서 Rook 문서(Ceph 포함)를 참조하십시오.

Rook은 인기 있는 오픈소스 쿠버네티스 스토리지 추상화 계층입니다. EdgeFS, NFS와 같은 다양한 공급자를 통해 퍼시스턴트 볼륨을 제공할 수 있습니다. 이때 객체, 블록, 파일 스토리지를 제공하는 오픈소스 스토리지 프로젝트인 Ceph를 사용합니다. 이번 장에서는 단순하게 블록 모드를 사용합니다.

쿠버네티스에 Rook을 설치하는 것은 매우 간단합니다. Rook 설치부터 Ceph 클러스터 설정, 마지막으로 클러스터에 퍼시스턴트 볼륨을 프로비저닝하는 과정까지 살펴보겠습니다.

Rook 설치하기

Rook 설치는 Rook 깃허브 리포지토리에서 제공하는 일반적인 Rook 설치 기본 설정을 사용합니다. 이 기능은 사용 사례에 따라 사용자가 정의할 수 있지만, 워크로드를 위한 블록 스토리지를 빠르게 설정할 수 있습니다. 다음 단계를 참조하십시오.

1. 먼저 Rook 리포지토리를 복제해 보겠습니다.

   ```
   > git clone --single-branch --branch master https://github.com/rook/rook.git
   > cd cluster/examples/kubernetes/ceph
   ```

2. 다음 단계는 여러 **커스텀 리소스 정의**(Custom Resource Definitions(CRD))를 포함해 모든 관련 쿠버네티스 리소스를 만듭니다. 이에 대해서는 이후에 살펴보겠지만, 지금은 일반적인 파드, 서비스 등을 제외하고 Rook에 특화된 새로운 쿠버네티스 리소스로 간주하십시오. 다음 커맨드를 실행해서 공통 리소스를 만듭니다.

   ```
   > kubectl apply -f ./common.yaml
   ```

3. 다음으로 특정 Rook 프로바이더(여기서는 Ceph)에 필요한 모든 리소스 프로비저닝을 처리하는 Rook 오퍼레이터를 시작합니다.

   ```
   > kubectl apply -f ./operator.yaml
   ```

4. 다음 커맨드를 실행해서 Rook 오퍼레이터 파드가 실제로 실행 중인지 확인합니다.

   ```
   > kubectl -n rook-ceph get pod
   ```

5. Rook 파드가 Running 상태가 되면 Ceph 클러스터를 설정할 수 있습니다. 이와 관련된 YAML 파일은 Git에서 복제한 폴더에도 있습니다. 다음 커맨드를 실행합니다.

   ```
   > kubectl create -f cluster.yaml
   ```

이 과정은 몇 분 정도 소요될 수 있습니다. Ceph 클러스터는 운영자, **객체 스토리지 장치**(Object Storage Devices(OSD)), 관리자를 포함한 여러 파드 유형으로 구성됩니다.

Rook과 Ceph 커맨드 도구를 사용할 수 있는 툴박스 컨테이너 이미지를 통해 Ceph 클러스터가 제대로 동작하는지 확인할 수 있습니다. 툴박스를 시작하려면 Rook 프로젝트에서 제공하는 툴박스 파드 스펙(https://rook.io/docs/rook/v0.7/toolbox.html)을 사용하면 됩니다.

다음은 툴박스 파드의 스펙의 예시입니다.

```yaml
# rook-toolbox-pod.yaml
apiVersion: v1
kind: Pod
metadata:
  name: rook-tools
  namespace: rook
spec:
  dnsPolicy: ClusterFirstWithHostNet
  containers:
  - name: rook-tools
    image: rook/toolbox:v0.7.1
    imagePullPolicy: IfNotPresent
```

보다시피 이 파드는 Rook에서 제공하는 특수 컨테이너 이미지를 사용합니다. 이 이미지는 사전 설치된 Rook과 Ceph를 조사하는 데 필요한 모든 도구가 미리 설치되어 있습니다.

툴박스 파드를 실행하면 rookctl과 ceph 커맨드로 클러스터 상태를 확인할 수 있습니다(자세한 내용은 Rook 문서를 확인하십시오).

rook-ceph-block 스토리지 클래스

이제 클러스터가 동작하므로 퍼시스턴트 볼륨에서 사용할 스토리지 클래스를 만들 수 있습니다. 이 스토리지 클래스는 rook-ceph-block이라고 합니다. 다음 YAML 파일(ceph-rook-combined.yaml)은 스토리지 클래스 자체뿐만 아니라 Ceph에 있는 블록 스토리지를 처리하는 CephBlockPool을 포함합니다(https://rook.io/docs/rook/v0.9/ceph-pool-crd.html을 참조).

```yaml
# ceph-rook-combined.yaml
apiVersion: ceph.rook.io/v1
kind: CephBlockPool
metadata:
```

```
  name: replicapool
  namespace: rook-ceph
spec:
  failureDomain: host
  replicated:
    size: 3
---
apiVersion: storage.k8s.io/v1
kind: StorageClass
metadata:
  name: rook-ceph-block
provisioner: rook-ceph.rbd.csi.ceph.com
parameters:
    clusterID: rook-ceph
    pool: replicapool
    imageFormat: "2"
# 현재는 `layering` 기능만 지원합니다.
    imageFeatures: layering
    csi.storage.k8s.io/provisioner-secret-name: rook-csi-rbd-provisioner
    csi.storage.k8s.io/provisioner-secret-namespace: rook-ceph
    csi.storage.k8s.io/node-stage-secret-name: rook-csi-rbd-node
    csi.storage.k8s.io/node-stage-secret-namespace: rook-ceph
csi-provisioner
    csi.storage.k8s.io/fstype: xfs
reclaimPolicy: Delete
```

보다시피 YAML의 스펙은 StorageClass와 CephBlockPool 리소스를 정의합니다. 이번 장의 앞부분에서 언급한 바와 같이, StorageClass는 쿠버네티스에 PersistentVolumeClaim을 수행하는 방법을 알려줍니다. 반면 CephBlockPool 리소스는 Ceph에 분산 스토리지 리소스를 생성하는 방법과 위치(스토리지를 복제하는 양)를 알려줍니다.

이제 파드에 스토리지를 제공할 수 있습니다. 새로운 스토리지 클래스로 새로운 PVC를 만들어 보겠습니다.

rook-ceph-pvc.yaml

```
kind: PersistentVolumeClaim
apiVersion: v1
```

```yaml
metadata:
  name: rook-pvc
spec:
  storageClassName: rook-ceph-block
  accessModes:
    - ReadWriteOnce
  resources:
    requests:
      storage: 1Gi
```

PVC는 스토리지 클래스 rook-ceph-block이므로 방금 만든 새로운 스토리지 클래스를 사용합니다. 이제 YAML 파일의 파드에 PVC를 제공해 보겠습니다.

rook-ceph-pod.yaml

```yaml
apiVersion: v1
kind: Pod
metadata:
  name: my-rook-test-pod
spec:
  volumes:
    - name: my-rook-pv
      persistentVolumeClaim:
        claimName: rook-pvc
  containers:
    - name: my-container
      image: busybox
      volumeMounts:
        - mountPath: "/usr/rooktest"
          name: my-rook-pv
```

파드가 만들어지면 Rook은 새로운 퍼시스턴트 볼륨을 파드에 연결해야 합니다. 파드가 제대로 동작하는지 살펴보겠습니다.

```
> kubectl exec -it my-rook-test-pod -- /bin/bash
> cd /usr/rooktest
> touch myfile.txt
> ls
```

다음 결과를 확인할 수 있습니다.

```
myfile.txt
```

성공입니다.

Rook과 Ceph의 블록 스토리지 기능을 Ceph와 함께 사용했지만 몇 가지 이점이 있는 파일 시스템 모드도 있습니다. 이 기능을 사용하려는 이유를 설명해 보겠습니다.

Rook Ceph 파일 시스템

Rook의 Ceph 블록 공급자의 단점은 한 번에 하나의 파드에서만 쓸 수 있다는 것입니다. Rook/Ceph로 ReadWriteMany 퍼시스턴트 볼륨을 만들려면 RWX 모드를 지원하는 파일 시스템 공급자를 사용해야 합니다. 자세한 내용은 https://rook.io/docs/rook/v1.3/ceph-quickstart.html에서 Rook/Ceph 문서를 참조하십시오.

Ceph 클러스터를 만드는 것까지 이전의 모든 단계를 적용합니다. 이때 파일 시스템을 만들어야 합니다. 다음 YAML 파일을 사용해서 만들어 보겠습니다.

```
rook-ceph-fs.yaml
```

```yaml
apiVersion: ceph.rook.io/v1
kind: CephFilesystem
metadata:
  name: ceph-fs
  namespace: rook-ceph
spec:
  metadataPool:
    replicated:
      size: 2
  dataPools:
    - replicated:
        size: 2
  preservePoolsOnDelete: true
  metadataServer:
    activeCount: 1
    activeStandby: true
```

이때 안정성을 위해 메타데이터와 데이터를 최소 두 개 이상의 풀(metadataPool과 dataPool 블록)에 복제합니다. 또한 reservedPoolsOnDelete 키를 사용해 삭제 시 풀을 보존합니다.

다음으로 Rook/Ceph 파일 시스템 스토리지의 새로운 스토리지 클래스를 만들어 보겠습니다. 이 작업은 다음 YAML에서 수행합니다.

```
rook-ceph-fs-storageclass.yaml
```
```
apiVersion: storage.k8s.io/v1
kind: StorageClass
metadata:
  name: rook-cephfs
provisioner: rook-ceph.cephfs.csi.ceph.com
parameters:
  clusterID: rook-ceph
  fsName: ceph-fs
  pool: ceph-fs-data0
  csi.storage.k8s.io/provisioner-secret-name: rook-csi-cephfs-provisioner
  csi.storage.k8s.io/provisioner-secret-namespace: rook-ceph
  csi.storage.k8s.io/node-stage-secret-name: rook-csi-cephfs-node
  csi.storage.k8s.io/node-stage-secret-namespace: rook-ceph
reclaimPolicy: Delete
```

이 rook-cephfs 스토리지 클래스는 이전에 만든 풀을 지정하고 스토리지 클래스의 회수 정책을 기입합니다. 마지막으로 Rook/Ceph 문서에 설명된 몇 가지 어노테이션을 사용합니다. 이제 PVC를 통해 파드뿐만 아니라 디플로이먼트에도 연결할 수 있습니다. 다음으로 PV를 살펴보겠습니다.

```
rook-cephfs-pvc.yaml
```
```
kind: PersistentVolumeClaim
apiVersion: v1
metadata:
  name: rook-ceph-pvc
spec:
  storageClassName: rook-cephfs
  accessModes:
    - ReadWriteMany
  resources:
```

```
      requests:
        storage: 1Gi
```

이 퍼시스턴트 볼륨은 ReadWriteMany 모드에서 새로운 rook-cephfs 스토리지 클래스를 참조하며 1Gi를 요청합니다. 다음으로 Deployment를 확인합니다.

rook-cephfs-deployment.yaml

```
apiVersion: v1
kind: Deployment
metadata:
  name: my-rook-fs-test
spec:
  replicas: 3
  strategy:
    type: RollingUpdate
    rollingUpdate:
      maxSurge: 25%
      maxUnavailable: 25%
  selector:
    matchLabels:
      app: myapp
  template:
    spec:
    volumes:
      - name: my-rook-ceph-pv
        persistentVolumeClaim:
          claimName: rook-ceph-pvc
    containers:
    - name: my-container
      image: busybox
      volumeMounts:
      - mountPath: "/usr/rooktest"
        name: my-rook-ceph-pv
```

이 Deployment는 volumes 아래의 persistentVolumeClaim 블록을 사용해서 ReadWriteMany 퍼시스턴트 볼륨 클레임을 참조합니다. 배포되면 모든 파드는 같은 퍼시스턴트 볼륨을 읽고 쓸 수 있습니다.

이제 퍼시스턴트 볼륨을 만들어 파드에 연결하는 방법을 잘 이해했으리라 생각합니다.

요약

이번 장에서는 쿠버네티스에 스토리지를 제공하는 두 가지 방법인 볼륨과 퍼시스턴트 볼륨을 설명했습니다. 먼저 볼륨은 파드의 수명과 연결되지만 퍼시스턴트 볼륨은 해당 볼륨이나 클러스터가 삭제될 때까지 지속된다는 차이점을 설명했습니다. 그런 다음 볼륨을 구현하고 파드에 연결하는 방법을 살펴봤습니다. 마지막으로 볼륨에서 퍼시스턴트 볼륨으로 확장해서 학습하고 여러 유형의 퍼시스턴트 볼륨을 사용하는 방법을 살펴봤습니다. 이러한 기술은 온프레미스에서 클라우드에 이르는 다양한 환경에서 애플리케이션에 퍼시스턴트와 퍼시스턴트가 아닌 스토리지를 할당하는 데 도움이 됩니다.

다음 장에서는 애플리케이션 문제에서 벗어나 쿠버네티스의 파드 할당을 제어하는 방법을 알아보겠습니다.

질문

1. 볼륨과 퍼시스턴트 볼륨의 차이점은 무엇입니까?
2. StorageClass란 무엇이며 볼륨과 어떤 관련이 있습니까?
3. 퍼시스턴트 볼륨과 같은 쿠버네티스 리소스를 생성할 때 클라우드 리소스를 자동으로 프로비저닝하는 방법은 무엇입니까?
4. 어떤 사용 사례에서 퍼시스턴트 볼륨 대신 볼륨을 사용하는 것이 금지됩니까?

더 읽을 거리

자세한 내용은 다음 링크를 참조하십시오.

- Rook용 Ceph Storage 퀵스타트: https://github.com/rook/rook/blob/master/Documentation/ceph-quickstart.md
- Rook 툴박스: https://rook.io/docs/rook/v0.7/toolbox.html
- 클라우드 공급자: https://kubernetes.io/docs/tasks/administer-cluster/running-cloud-controller/

08

파드 할당 제어하기

이번 장에서는 쿠버네티스에서 파드 할당을 제어하는 다양한 방법과 처음부터 제어를 구현하는 것이 좋은 이유를 설명합니다. 파드 할당은 쿠버네티스에서 파드가 예약된 노드를 제어하는 것입니다. 노드 셀렉터$_{\text{node selector}}$와 같은 간단한 제어로 시작하여 테인트$_{\text{taint}}$와 톨러레이션$_{\text{toleration}}$[1]과 같은 복잡한 도구를 살펴봅니다. 마지막으로 베타 기능인 노드 어피니티$_{\text{node affinity}}$와 인터-파드 어피니티$_{\text{inter-Pod affinity}}$/안티-어피니티$_{\text{anti-affinity}}$를 알아봅니다.

이전 장에서는 디플로이먼트를 사용하여 애플리케이션 파드를 조정 및 확장하고, 컨피그맵과 시크릿을 사용하여 구성을 주입하고, 퍼시스턴트 볼륨이 있는 스토리지를 추가하는 것까지 애플리케이션 파드를 쿠버네티스에서 잘 실행하는 방법을 알아봤습니다.

그러나 이 모든 과정에서 항상 쿠버네티스 스케줄러에 의존하여(파드에 대한 많은 정보를 스케줄러에 제공하지 않고) 최적의 노드에 파드를 배치했습니다. 지금까지는 파드(파드 스펙에서 resource.requests와 resource.limits)에 리소스 제한과 요청만을 추가했습니다. 리소스 요청은 파드를 예약하는 데 필요한 노드의 사용 가능한 리소스 최소 수준을 지정하고, 리소스 제한은 파드가 사용할 수 있는 최대 리소스 크기를 지정했습니다. 하지만 파드를 실행해야 하는 노드 또는 노드 집합에 대한 구체적인 요구 사항은 없었습니다.

---

[1] (옮긴이) 테인트(taint)를 번역하면 얼룩이라는 뜻이고, 톨러레이션(toleration)은 관용 또는 묵인이라는 뜻입니다. 테인트가 설정된 노드에는 일반적으로 파드를 배포할 수 없으며 톨러레이션을 적용해야 배포가 가능합니다.

이 방법은 대다수의 애플리케이션과 클러스터에 적합합니다. 그러나 첫 번째 절에서 확인했듯이 세분화된 파드 할당을 제어하는 것이 유용한 전략인 경우가 많습니다.

이번 장에서는 다음 주제를 다룰 것입니다.

- 파드 할당에 대한 사용 사례 확인하기
- 노드 셀렉터 사용하기
- 테인트와 톨러레이션 구현하기
- 노드 어피니티로 파드 제어하기
- 인터-파드 어피니티와 안티-어피티니 사용하기

기술 요구 사항

이번 장에서 설명하는 커맨드를 실행하려면 쿠버네티스 클러스터와 kubectl 커맨드라인 툴을 실행할 수 있는 환경이 필요합니다. 쿠버네티스의 시작 및 실행과 kubectl 툴을 설치하는 방법은 **1장 쿠버네티스와 통신하기**에서 확인할 수 있습니다.

이번 장에 사용된 코드는 다음 깃허브 리포지토리에서 참고할 수 있습니다.

- https://github.com/wikibook/cnk/tree/master/Chapter8

파드 할당에 대한 사용 사례 확인하기

파드 할당 제어$_{\text{Pod placement controls}}$는 쿠버네티스에서 제공하는 도구로, 예약할 노드를 결정하거나 필요한 노드가 부족하여 파드 스케줄링을 완전히 중지할 시기를 결정할 수 있게 합니다. 이는 여러 가지 패턴으로 사용할 수 있지만, 여기서는 몇 가지 주요 패턴을 살펴보겠습니다. 우선 쿠버네티스는 디폴트로 파드 할당 제어를 모두 구현하고 있습니다. 이 방법을 살펴보겠습니다.

쿠버네티스 노드 상태 할당 제어하기

쿠버네티스는 몇 가지 기본 할당 제어로 어떤 방식이든 비정상인 노드를 지정합니다. 이는 일반적으로 테인트와 톨러레이션을 사용하여 정의하며, 이번 장의 뒷부분에서 자세히 검토합니다.

쿠버네티스가 사용하는 기본 테인트(다음 절에서 다룰 내용)는 다음과 같습니다.

- `memory-pressure`
- `disk-pressure`
- `unreachable`
- `not-ready`
- `out-of-disk`
- `network-unavailable`
- `unschedulable`
- `uninitialized` (클라우드 공급자가 생성한 노드에만 해당함)

이러한 조건은 노드에 새 파드를 할당할 수 없는 것으로 인지할 수도 있지만, 나중에 살펴볼 내용을 통해 스케줄러에서 이러한 테인트를 처리하는 방법에는 약간의 유연성이 있다는 것을 알 수 있습니다. 이러한 시스템 생성 할당 제어의 목적은 비정상 노드가(제대로 동작하지 않을 수 있는 워크로드를) 수신하지 못하게 하는 것입니다.

다음 절에서 볼 수 있듯이 노드 상태를 위한 시스템 생성 할당 제어 외에도 사용자로서 미세 조정된 스케줄링을 구현하는 사용 사례가 있습니다.

다양한 노드 유형이 필요한 애플리케이션

이기종 쿠버네티스 클러스터에서 모든 노드는 동일하게 생성되지 않습니다. 좀 더 성능이 좋은 VM(또는 베어메탈)일 수도 있고 부족한 자원을 가진 환경에서 서로 다른 특화된 노드 집합일 수 있습니다.

예를 들어, 데이터 과학 파이프라인을 실행하는 클러스터에는 딥러닝 알고리즘 실행을 위한 GPU 가속 기능이 있는 노드, 애플리케이션을 제공하는 일반 컴퓨팅 노드, 완성된 모델을 기반으로 추론할 수 있는 대용량 메모리가 있는 노드 등이 있을 수 있습니다.

파드 할당 제어를 사용하면 플랫폼의 다양한 부분이 수행할 작업에 가장 적합한 하드웨어에서 실행될 수 있습니다.

특정 데이터 규정 준수가 필요한 애플리케이션

애플리케이션 요구 사항에 따라 다양한 컴퓨팅 유형이 필요한 이전 예와 유사하게, 특정 데이터 규정 요구 사항에는 특정 노드 유형이 필요할 수 있습니다.

예를 들어, AWS, Azure와 같은 클라우드 공급자에서 전용 테넌시[2]가 포함된 VM을 사용할 수 있습니다. 즉, 다른 애플리케이션은 기본 하드웨어와 하이퍼바이저에서 실행하지 않습니다. 이는 고객이 단일 물리적 시스템을 공유할 수 있는 일반적인 클라우드 공급자 VM과 다릅니다.

특정 데이터 규정을 준수하려면 이 수준의 전용 테넌시가 필요합니다. 이러한 요구 사항을 충족하기 위해 파드 할당 제어를 사용하여 관련 애플리케이션이 전용 테넌시가 있는 노드에서만 실행하게 합니다. 동시에 일반적인 VM에서는 컨트롤 플레인을 실행하여 비용을 절감할 수 있습니다.

멀티-테넌트 클러스터

여러 테넌트(예를 들어, 네임스페이스로 구분)가 있는 클러스터를 실행하면 파드 할당 제어를 사용하여 특정 노드 또는 노드 그룹을 예약하고 클러스터의 다른 테넌트와 물리적으로 분리할 수 있습니다. 이는 AWS 또는 Azure의 전용 하드웨어 개념과 유사합니다.

다중 장애 도메인

쿠버네티스는 이미 워크로드를 여러 노드에서 실행하도록 예약하여 고가용성을 제공하지만 이 패턴을 확장할 수도 있습니다. 장애 도메인Failure Domain은 여러 노드에 걸쳐 확장되어 자체 파드 스케줄링 전략을 만들 수 있습니다. 이를 처리하는 좋은 방법은 파드/노드 어피니티 또는 안티-어피니티 기능을 사용하는 것입니다. 관련 내용은 이번 장의 뒷부분에서 자세히 설명합니다.

물리적으로 랙당 20개의 노드가 있는 베어메탈에 클러스터를 설치하는 경우를 가정하겠습니다. 각 랙에 전용 전원이 연결되어 있고 백업이 있다면 장애 도메인으로 구성되었다고 생각할 수 있습니다. 전원 연결이 실패한다면 해당 랙에 있는 모든 시스템에 장애가 발생합니다. 따라서 쿠버네티스의 경우, 별도의

---

2 (옮긴이) 테넌시는 사전적 의미로 임차 또는 소작을 의미하며, 클라우드 서비스 이용자가 가지게 되는 자신만의 환경을 말합니다.

랙/장애 도메인에 두 개의 인스턴스 또는 파드를 실행하도록 권장할 수 있습니다. 다음 그림은 장애 도메인에서 애플리케이션을 실행하는 방법입니다.

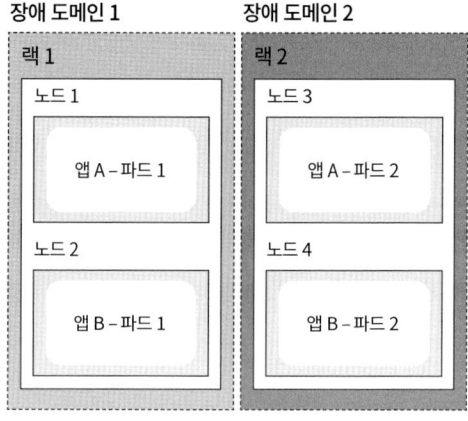

그림 8.1 장애 도메인

그림에서 볼 수 있듯이 애플리케이션 파드가 동일한 장애 도메인의 노드가 아닌 여러 장애 도메인에 분산되어 있으므로 **장애 도메인 1**이 중단되더라도 가동 시간을 유지할 수 있습니다. **앱 A – 파드 1**과 **앱 B – 파드 1**은 동일한(빨간색) 장애 도메인에 있습니다. 장애 도메인(**랙 1**)이 중단되더라도 **랙 2**에 각 애플리케이션의 복제본이 남습니다.

여기서는 쿠버네티스 스케줄러에서 까다로운 요구 사항이나 최고의 안정성을 위한 구성이 필요할 때 사용을 고려하라는 의미에서 '권장'이라는 단어를 썼습니다.

이러한 할당 제어에 대한 고급 기능은 사용 사례를 통해 확실히 이해해야 합니다.

이제 각 할당 도구 세트를 하나씩 살펴보며 실제 구현을 설명해 보겠습니다. 가장 간단한 노드 셀렉터부터 시작하겠습니다.

노드 셀렉터와 노드 네임 사용하기

노드 셀렉터$_{\text{node selector}}$는 쿠버네티스에서 매우 간단한 할당 제어 유형입니다. 각 쿠버네티스 노드는 메타데이터 블록에서 하나 이상의 레이블을 지정할 수 있으며, 파드는 노드 셀렉터를 지정할 수 있습니다.

기존 노드에 레이블을 지정하려면 `kubectl label` 커맨드를 사용합니다.

```
> kubectl label nodes node1 cpu_speed=fast
```

이 예에서는 노드 node1에 레이블 cpu_speed와 값 fast로 레이블을 지정합니다.

이제 효율적인 성능을 위해 CPU 주기가 매우 빠른 애플리케이션이 있다고 가정해 보겠습니다. 다음 코드처럼 워크로드에 nodeSelector를 추가하여 CPU 속도 레이블이 있는 노드에서만 예약할 수 있습니다.

pod-with-node-selector.yaml
```
apiVersion: v1
kind: Pod
metadata:
  name: speedy-app
spec:
  containers:
  - name: speedy-app
    image: speedy-app:latest
    imagePullPolicy: IfNotPresent
  nodeSelector:
    cpu_speed: fast
```

디플로이먼트의 일부 또는 자체 배포 시 speedy-app 파드는 cpu_speed 레이블이 있는 노드에서만 예약합니다.

잠시 후 검토할 다른 고급 파드 할당 옵션과 다르게 노드 셀렉터 유형은 유연하게 동작하지 않습니다. 필요한 레이블을 가진 노드가 없으면 애플리케이션을 예약할 수 없습니다.

훨씬 더 간단한(하지만 훨씬 더 취약한) 셀렉터의 경우 노드 네임$_{node\ name}$으로 예약해야 하는 노드를 정확히 지정하여 파드를 예약할 수 있습니다. 다음과 같이 사용할 수 있습니다.

pod-with-node-name.yaml
```
apiVersion: v1
kind: Pod
metadata:
  name: speedy-app
spec:
  containers:
```

```
- name: speedy-app
  image: speedy-app:latest
  imagePullPolicy: IfNotPresent
nodeName: node1
```

보다시피 이 셀렉터는 파드가 node1에서만 예약하도록 허용하므로 어떤 이유로든 파드를 수락하지 않으면 파드가 예약되지 않습니다.

더 미묘한 할당 제어를 위해 테인트와 톨러레이션으로 이동하겠습니다.

테인트와 톨러레이션 구현하기

쿠버네티스의 테인트$_{taint}$와 톨러레이션$_{toleration}$은 노드 셀렉터와 반대로 동작합니다. 노드가 적절한 레이블을 가져 파드를 예약하는 대신, 테인트 노드는 모든 파드가 예약되지 않게 합니다. 그런 다음 파드에 톨러레이션을 표시하여 테인트 노드에서 예약할 수 있습니다.

이번 장의 앞부분에서 언급한 바와 같이 쿠버네티스는 시스템 생성 테인트를 사용하여 노드를 비정상으로 표시하고 새 워크로드를 예약하지 않게 합니다. 예를 들어, out-of-disk 테인트는 테인트가 있는 노드에 새로운 파드가 예약되는 것을 막습니다.

노드 셀렉터와 동일한 사용 예시로 테인트와 톨러레이션을 적용해 보겠습니다. 이것은 기본적으로 이전 설정의 반대이므로, 먼저 kubectl taint 커맨드로 노드에 테인트를 적용합니다.

```
> kubectl taint nodes node2 cpu_speed=slow:NoSchedule
```

이 커맨드를 하나씩 살펴봅시다. 여기서는 node2에 cpu_speed 테인트와 slow 값을 제공합니다. 또한 이 테인트에 NoSchedule 효과를 표시합니다.

예제를 마치면(커맨드를 따라 하고 있는 경우라면 아직 이 작업을 수행하지 마십시오.) 빼기 연산자를 사용하여 taint를 제거할 수 있습니다.

```
> kubectl taint nodes node2 cpu_speed=slow:NoSchedule-
```

taint 효과를 사용하면 스케줄러가 테인트를 세분화하여 처리할 수 있습니다. 세 가지 가능한 효과 값은 다음과 같습니다.

- NoSchedule
- NoExecute
- PreferNoSchedule

NoSchedule과 NoExecute는 강력한 효과를 제공합니다. 즉, 노드 셀렉터와 마찬가지로 두 가지 가능성만 있습니다. 파드에 톨러레이션이 존재하거나(잠시 후 살펴보겠습니다) 파드가 예약되지 않은 것입니다. NoExecute는 톨러레이션이 있는 노드의 모든 파드를 제거하여 기본 기능을 추가하는 반면, NoSchedule은 톨러레이션이 없는 새 파드가 결합하는 것을 방지하면서 기존 파드를 그대로 유지할 수 있게 합니다.

한편으로 PreferNoSchedule은 쿠버네티스 스케줄러에 유연성을 제공합니다. 이는 스케줄러에게 허용되지 않는 테인트가 없는 파드용 노드를 찾으려고 시도하지만, 존재하지 않는 경우 계속 진행하여 예약하도록 지시합니다. 이는 유연한 효과를 구현합니다.

예제의 경우 NoSchedule을 선택하여 톨러레이션을 제공하지 않는 한 노드에 새로운 파드를 할당하지 않습니다. 이제 다음 작업을 수행해 보겠습니다. CPU 클럭 속도를 고려하지 않는 두 번째 애플리케이션이 있다고 가정합시다. 느린 노드도 요구 사항에 충족합니다. 다음은 파드 매니페스트입니다.

```yaml
# pod-without-speed-requirement.yaml
apiVersion: v1
kind: Pod
metadata:
  name: slow-app
spec:
  containers:
  - name: slow-app
    image: slow-app:latest
```

현재 slow-app 파드는 테인트가 있는 노드에서 실행되지 않습니다. 테인트가 있는 노드에서 실행하려면 이 파드에 대한 톨러레이션을 제공해야 합니다. 다음과 같이 할 수 있습니다.

pod-with-toleration.yaml

```yaml
apiVersion: v1
kind: Pod
metadata:
  name: slow-app
spec:
  containers:
  - name: slow-app
    image: slow-app:latest
  tolerations:
  - key: "cpu_speed"
    operator: "Equal"
    value: "slow"
    effect: "NoSchedule"
```

값의 배열인 tolerations 항목을 살펴보겠습니다. 각 값에는 테인트 이름과 동일한 key가 있습니다. 그리고 operator 값도 있습니다. 이 operator는 Equal 또는 Exists일 수 있습니다. Equal은 이전 코드와 같이 value 키를 사용하여 파드를 허용하기 위해 테인트가 동일해야 하는 값을 구성할 수 있습니다. Exists는 테인트 이름이 노드에 있어야 하지만, 이 파드 스펙처럼 값이 무엇인지는 중요하지 않습니다.

pod-with-toleration2.yaml

```yaml
apiVersion: v1
kind: Pod
metadata:
  name: slow-app
spec:
  containers:
  - name: slow-app
    image: slow-app:latest
  tolerations:
  - key: "cpu_speed"
    operator: "Exists"
    effect: "NoSchedule"
```

보다시피 파드가 모든 cpu_speed 테인트를 허용하도록 Exists operator 값을 사용합니다.

마지막으로 effect는 테인트 자체에서의 effect와 동일한 방식으로 동작합니다. 여기에는 테인트 효과와 동일한 유형의 값(NoSchedule, NoExecute, PreferNoSchedule)을 포함할 수 있습니다.

NoExecute 톨러레이션이 있는 파드는 이와 관련된 테인트를 무기한 허용합니다. 그러나 지정한 시간이 경과한 후 파드가 테인트 노드를 벗어나게 하려면 tolerationSeconds 항목을 추가할 수 있습니다. 이렇게 하면 일정 시간 후에 적용되는 톨러레이션을 지정할 수 있습니다. 예를 들어 보겠습니다.

```yaml
# pod-with-toleration3.yaml
apiVersion: v1
kind: Pod
metadata:
  name: slow-app
spec:
  containers:
  - name: slow-app
    image: slow-app:latest
  tolerations:
  - key: "cpu_speed"
    operator: "Equal"
    Value: "slow"
    effect: "NoExecute"
    tolerationSeconds: 60
```

이 경우 테인트와 톨러레이션이 실행될 때 테인트 slow 노드에서 이미 실행 중인 파드는 다른 노드로 예약되기 전에 노드에 60초 동안 유지됩니다.

다중 테인트와 톨러레이션

스케줄러는 파드와 노드에 여러 테인트 또는 톨러레이션이 있다면 이를 모두 확인합니다. 이 동작은 OR 논리 연산자가 아닙니다. 테인트 노드 중 파드에서 일치하는 톨러레이션이 없으면 노드에 예약되지 않습니다(PreferNoSchedule를 제외하고는, 이전과 같이 스케줄러는 가능하면 노드를 예약하지 않습니다). 노드의 6개 테인트 중 파드 5개를 허용하더라도 여전히 NoSchedule 테인트로 예약되지 않으며 NoExecute 테인트로 계속 제거됩니다.

훨씬 더 정교하게 할당을 제어하는 도구인 노드 어피니티를 살펴보겠습니다.

노드 어피니티로 파드 제어하기

보다시피 테인트와 톨러레이션은 노드 셀렉터보다 훨씬 유연하지만 일부 사용 사례는 해결되지 않은 상태로 남겨두며, 일반적으로 Exists 또는 Equals를 사용하여 특정 테인트에서 일치하는 **필터** 패턴만 허용합니다. 보다 유연하게 노드를 선택하는 고급 사용 사례가 많을 수 있으며, **어피니티**affinity는 이를 해결하는 쿠버네티스의 기능입니다.

어피니티에는 두 가지 유형이 있습니다.

- 노드 어피니티
- 인터-파드 어피니티

노드 어피니티는 훨씬 더 강력한 선택 특성 집합을 허용한다는 점을 제외하면 노드 셀렉터와 유사한 개념입니다. 몇 가지 예시 YAML을 살펴본 다음 여러 조각으로 나누어 살펴보겠습니다.

pod-with-node-affinity.yaml
```
apiVersion: v1
kind: Pod
metadata:
  name: affinity-test
spec:
  affinity:
    nodeAffinity:
      requiredDuringSchedulingIgnoredDuringExecution:
        nodeSelectorTerms:
          - matchExpressions:
              - key: cpu_speed
                operator: In
                values:
                  - fast
                  - medium_fast
  containers:
  - name: speedy-app
    image: speedy-app:latest
```

보다시피 Pod spec에는 affinity 키가 있으며 nodeAffinity 설정을 지정합니다. 노드 어피니티에는 두 가지 유형이 있습니다.

- requiredDuringSchedulingIgnoredDuringExecution
- preferredDuringSchedulingIgnoredDuringExecution

이 두 가지 유형의 기능은 각각 NoSchedule과 PreferNoSchedule이 동작하는 방식에 직접 연결됩니다.

requiredDuringSchedulingIgnoredDuringExecution 노드 어피니티 사용하기

쿠버네티스에서 requiredDuringSchedulingIgnoredDuringExecution은 노드와 일치하는 단어가 없는 파드를 예약하지 않습니다.

preferredDuringSchedulingIgnoredDuringExecution은 소프트 요구 사항을 충족시키려고 시도하지만, 충족되지 않는 경우에도 계속 파드를 예약합니다.

노드 셀렉터, 테인트, 톨러레이션에 대한 노드 어피니티의 실제 기능은 셀렉터와 관련하여 구현할 수 있는 실제 표현식과 로직에서 찾을 수 있습니다.

requiredDuringSchedulingIgnoredDuringExecution과 preferredDuringSchedulingIgnoredDuringExecution 어피니티의 기능은 매우 다르므로 개별적으로 검토하겠습니다.

required 어피니티에는 nodeSelectorTerms를 지정할 수 있는 기능이 있습니다. nodeSelectorTerms는 matchExpressions를 포함하는 하나 이상의 블록일 수 있고, matchExpressions의 각 블록에는 여러 표현식이 있을 수 있습니다.

이전 코드에는 단일 노드 셀렉터 용어인 matchExpressions 블록이 있으며, 이 자체에 하나의 표현식만 있습니다. 이 표현식은 노드 셀렉터와 마찬가지로 노드 레이블을 나타내는 key를 찾습니다. 다음으로 일치 항목을 식별하는 방법에 대한 유연성을 제공하는 operator가 있습니다. 다음은 오퍼레이터로 사용 가능한 값입니다.

- In
- NotIn

- Exists
- DoesNotExist
- Gt(참고: ~보다 큼)
- Lt(참고: ~보다 작음)

예제의 경우 In 오퍼레이터를 사용하여 지정한 여러 값 중 하나인지 확인합니다. 마지막으로 values 부분에서 표현식이 참이 되기 전에 오퍼레이터를 기반으로 일치해야 하는 하나 이상의 값을 나열할 수 있습니다.

셀렉터를 지정할 때 훨씬 더 세분화됩니다. 다른 오퍼레이터를 사용하는 cpu_speed의 예를 살펴보겠습니다.

```yaml
# pod-with-node-affinity2.yaml
apiVersion: v1
kind: Pod
metadata:
  name: affinity-test
spec:
  affinity:
    nodeAffinity:
      requiredDuringSchedulingIgnoredDuringExecution:
        nodeSelectorTerms:
        - matchExpressions:
          - key: cpu_speed
            operator: Gt
            values:
            - "5"
  containers:
  - name: speedy-app
    image: speedy-app:latest
```

보다시피 매우 세분화된 matchExpressions 셀렉터를 사용합니다. 더 고급 오퍼레이터를 사용할 수 있으므로 speedy-app이 클럭 속도가 충분히 높은 노드(이 경우 5GHz)에서만 예약되게 할 수 있습니다. 노드는 slow와 fast와 같이 광범위한 그룹으로 분류하는 대신 스펙을 훨씬 더 세분화할 수 있습니다.

다음으로 다른 노드 어피니티 유형인 preferredDuringSchedulingIgnoredDuringExecution을 살펴보겠습니다.

preferredDuringSchedulingIgnoredDuringExecution 노드 어피니티 사용하기

구문은 약간 다르며 소프트 요구 사항에 영향을 미칠 수 있는 세분성을 제공합니다. 이를 구현하는 파드 스펙 YAML을 살펴보겠습니다.

```yaml
# pod-with-node-affinity3.yaml
apiVersion: v1
kind: Pod
metadata:
  name: slow-app-affinity
spec:
  affinity:
    nodeAffinity:
      preferredDuringSchedulingIgnoredDuringExecution:
      - weight: 1
        preference:
          matchExpressions:
          - key: cpu_speed
            operator: Lt
            values:
            - "3"
  containers:
  - name: slow-app
    image: slow-app:latest
```

이것은 required 구문과 약간 다릅니다.

preferredDuringSchedulingIgnoredDuringExecution은 연결 기본 설정으로 각 항목에 weight를 할당할 수 있습니다. 이 기본 설정은 동일한 key-operator-values 구문을 사용하는 내부 표현식이 있는 matchExpressions 블록일 수 있습니다.

여기서 중요한 차이점은 weight 값입니다. preferredDuringSchedulingIgnoredDuringExecution은 소프트 요구 사항이므로 연관된 가중치와 함께 몇 가지 기본 설정을 나열하고 스케줄러가 그것을 충족시키기 위해 최선을 다해 처리하게 할 수 있습니다. 이 방법은 스케줄러가 모든 기본 설정을 검토하고 각 기본 설정의 가중치와 조건에 대한 충족 여부를 기준으로 노드에 대한 점수를 계산하는 방식으로 수행됩니다. 모든 하드 요구 사항을 충족한다면 스케줄러는 계산한 점수가 가장 높은 노드를 선택합니다. 앞의 경우에는 가중치가 1인 단일 기본 설정이지만, 가중치는 1에서 100 사이의 어느 값이든 될 수 있습니다. speedy-app 사용 사례에 대한 더 복잡한 설정을 살펴보겠습니다.

```yaml
pod-with-node-affinity4.yaml
apiVersion: v1
kind: Pod
metadata:
  name: speedy-app-prefers-affinity
spec:
  affinity:
    nodeAffinity:
      preferredDuringSchedulingIgnoredDuringExecution:
      - weight: 90
        preference:
          matchExpressions:
          - key: cpu_speed
            operator: Gt
            values:
            - "3"
      - weight: 10
        preference:
          matchExpressions:
          - key: memory_speed
            operator: Gt
            values:
            - "4"
  containers:
  - name: speedy-app
    image: speedy-app:latest
```

이 책에서는 가능하면 speedy-app이 최상의 노드에서 실행되도록 소프트 요구 사항만 반영해 구현했습니다. 여기서는 빠르게 할당할 수 있는 노드가 없는 경우에도 앱을 예약하여 실행하기를 원합니다. 이를 위해 cpu_speed가 3(3GHz) 이상이고 메모리 속도가 4(4GHz) 이상인 노드의 두 가지 기본 설정을 지정합니다.

앱은 메모리 바운딩보다 CPU 바운딩이 훨씬 더 크기 때문에 기본 설정에 적절하게 가중치를 둘 것입니다. 이 경우 cpu_speed는 weight를 90으로, memory_speed는 weight를 10으로 설정합니다.

따라서 cpu_speed의 요구 사항을 충족하는 노드는 memory_speed의 요구 사항만 충족하는 노드보다 훨씬 더 높은 점수를 갖게 됩니다. 하지만 두 가지 모두를 충족하는 노드보다는 점수가 낮습니다. 이 앱에 사용할 10개 또는 100개의 새로운 파드를 예약할 때 이 계산이 얼마나 유용한지 알 수 있습니다.

다중 노드 어피니티

다중 노드 어피니티를 다룰 때 고려해야 할 핵심 로직이 있습니다. 첫 번째, 단일 노드 어피니티가 있더라도 동일한 파드 스펙의 노드 셀렉터와 결합한다면 노드 셀렉터는 노드 어피니티 로직이 작동하기 전에 반드시 충족돼야 합니다. 이는 노드 셀렉터가 하드 요구 사항만 구현하고 둘 사이에 OR 논리 오퍼레이터가 없기 때문입니다. OR 논리 오퍼레이터는 두 요구 사항을 모두 확인하여 하나 이상의 요구 사항이 참인지 확인할 수 있지만, 노드 셀렉터는 이를 허용하지 않습니다.

두 번째, requiredDuringSchedulingIgnoredDuringExecution 노드 어피니티는 nodeSelectorTerms 아래의 여러 항목이 OR 논리 오퍼레이터에서 처리됩니다. 전부가 아니더라도 하나만 충족하면 파드는 계속 스케줄링됩니다.

마지막으로 모든 nodeSelectorTerm에 대해 matchExpressions 아래에 있는 모든 항목은 충족돼야 합니다. 이는 AND 논리 오퍼레이터입니다. 이에 대한 YAML 예시를 살펴보겠습니다.

pod-with-node-affinity5.yaml

```
apiVersion: v1
kind: Pod
metadata:
  name: affinity-test
spec:
  affinity:
    nodeAffinity:
      requiredDuringSchedulingIgnoredDuringExecution:
        nodeSelectorTerms:
        - matchExpressions:
          - key: cpu_speed
            operator: Gt
```

```
        values:
        - "5"
      - key: memory_speed
        operator: Gt
        values:
        - "4"
containers:
- name: speedy-app
  image: speedy-app:latest
```

노드의 CPU 속도가 5이지만 메모리 속도 요구 사항을 충족하지 못한다면(또는 그 반대의 경우) 파드는 예약되지 않습니다.

노드 어피니티에 대해 마지막으로 주의해야 할 점은 두 가지 어피니티 유형 모두 테인트와 톨러레이션 설정에서 사용한 것과 동일한 NoExecute 기능을 허용하지 않는다는 것입니다.

추가 노드 어피니티 유형인 requiredDuringSchedulingRequiredDuring은 향후 버전에서 기능을 추가할 예정입니다. 쿠버네티스 1.19에는 아직 이 기능이 존재하지 않습니다.

다음으로 노드 규칙을 정의하는 대신 파드 간 어피니티를 정의하는 인터-파드 어피니티와 안티-어피니티를 살펴보겠습니다.

인터-파드 어피니티와 안티-어피니티 사용하기

인터-파드 어피니티$_{\text{inter-Pod affinity}}$와 안티-어피니티$_{\text{anti-affinity}}$를 사용하면 노드에 이미 존재하는 다른 파드를 기준으로 파드를 실행하는 방법을 지정할 수 있습니다. 클러스터의 파드 수는 일반적으로 노드 수보다 훨씬 많고 일부 파드 어피니티와 안티-어피니티 규칙은 다소 복잡할 수 있으므로 많은 노드에서 많은 파드를 실행하면 클러스터 컨트롤 플레인에 상당한 부하를 줄 수 있습니다. 이러한 이유로 쿠버네티스 설명서에서는 클러스터의 노드 수가 많은 경우 이러한 기능을 사용하지 않는 것을 권장합니다.

파드 어피니티와 안티-어피니티는 매우 다르게 동작합니다. 각각 살펴본 후 어떻게 함께 사용할 수 있는지 설명하겠습니다.

파드 어피니티

노드 어피니티와 마찬가지로, 파드 어피니티~Pod affinity~ 스펙의 구성 요소를 설명하기 위해 YAML을 살펴보겠습니다.

```yaml
# pod-with-pod-affinity.yaml
apiVersion: v1
kind: Pod
metadata:
  name: not-hungry-app-affinity
spec:
  affinity:
    podAffinity:
      requiredDuringSchedulingIgnoredDuringExecution:
      - labelSelector:
          matchExpressions:
          - key: hunger
            operator: In
            values:
            - "1"
            - "2"
        topologyKey: rack
  containers:
  - name: not-hungry-app
    image: not-hungry-app:latest
```

노드 어피니티와 마찬가지로 파드 어피니티는 두 가지 유형 중에서 하나를 선택할 수 있습니다.

- preferredDuringSchedulingIgnoredDuringExecution
- requiredDuringSchedulingIgnoredDuringExecution

다시 말하지만, 노드 어피니티와 유사하게 하나 이상의 셀렉터를 가질 수 있는데, 이 셀렉터는 노드가 아닌 파드를 선택하므로 labelSelector라고 합니다. matchExpressions 기능은 노드 어피니티와 동일하지만 파드 어피니티는 topologyKey라는 새로운 키를 추가합니다.

topologyKey는 본질적으로 스케줄러가 동일한 셀렉터의 다른 파드가 실행 중인지 확인하기 위해 찾아야 하는 범위를 제한하는 셀렉터입니다. 즉, 파드 어피니티는 동일한 노드에 있는 동일한 유형(셀렉터)의 다른 파드만 의미하는 것이 아니라 여러 노드의 그룹을 의미할 수 있습니다.

이번 장의 첫 부분에 있는 장애 도메인 예제로 돌아가 보겠습니다. 이 예에서 각 랙은 랙당 여러 노드가 있는 자체 장애 도메인입니다. 이 개념을 topologyKey로 확장하기 위해 랙의 각 노드에 rack=1 또는 rack=2 레이블을 지정할 수 있습니다. 그런 다음 YAML과 같이, topologyKey 랙을 사용하여 스케줄러가 동일한 topologyKey를 가진 노드(이 경우 Node 1과 Node 2의 모든 파드)에서 실행되는 모든 파드를 확인하여 파드 어피니티 또는 안티-어피니티 규칙을 적용하도록 지정할 수 있습니다.

이 모든 것을 종합하면, 스케줄러는 다음 YAML 예제와 같습니다.

- 이 파드는 rack 레이블이 있는 노드에서 예약돼야 하며, rack 레이블은 노드를 그룹으로 분리합니다.
- 그런 다음 파드는 hunger 레이블과 1 또는 2의 값으로 실행 중인 파드가 이미 존재하는 그룹에서 예약됩니다.

기본적으로 클러스터를 토폴로지 도메인[3](이 경우 랙)으로 분할하고 스케줄러에 동일한 토폴로지 도메인을 공유하는 노드에서만 유사한 파드를 함께 예약하도록 지정합니다. 이는 파드가 가능하면 동일한 도메인을 공유하지 않기를 바라는 처음 설명한 장애 도메인 예와는 반대되는 개념입니다. 하지만 동일한 도메인에서 파드와 같은 것을 유지해야 하는 경우도 있습니다. 예를 들어, 테넌트가 도메인에 대한 전용 하드웨어 테넌시를 원하는 다중 테넌트 설정에서 특정 테넌트에 속하는 모든 파드가 정확히 동일한 토폴로지 도메인에 예약되게 할 수 있습니다.

동일한 방식으로 preferredDuringSchedulingIgnoredDuringExecution을 사용할 수 있습니다. 안티-어피니티에 대해 알아보기 전에 파드 어피니티와 preferred 유형을 예로 들어보겠습니다.

```
pod-with-pod-affinity2.yaml
apiVersion: v1
kind: Pod
metadata:
  name: not-hungry-app-affinity
spec:
  affinity:
```

---

[3] (옮긴이) 쿠버네티스에서 토폴로지 도메인(Topology Domain)은 노드 레이블을 지정하여 논리적 개념으로 묶인 노드 그룹을 의미합니다.

```
podAffinity:
  preferredDuringSchedulingIgnoredDuringExecution:
  - weight: 50
    podAffinityTerm:
      labelSelector:
        matchExpressions:
        - key: hunger
          operator: Lt
          values:
          - "3"
      topologyKey: rack
containers:
- name: not-hungry-app
  image: not-hungry-app:latest
```

이전과 마찬가지로 이 코드 블록에서는 오퍼레이터(Lt)를 사용하여 weight(이 경우 50)와 표현식이 일치합니다. 이 어피니티는 스케줄러가 파드가 있는 노드 또는 3 미만의 hunger 상태의 파드가 있는 동일한 랙의 다른 노드에서 파드를 예약하기 위해 최선을 다해 시도합니다. **노드 어피니티로 파드 제어하기** (pod-with-node-affinity4.yaml 참고)에서 노드 어피니티에 대해 설명한 바와 같이, weight는 스케줄러에서 노드를 비교하는 데 사용합니다. 특히 이 시나리오에서는 어피니티 목록에 항목이 하나만 있기 때문에 가중치 50은 차이가 없습니다.

파드 안티-어피니티는 동일한 셀렉터와 토폴로지를 사용하여 이 패러다임을 확장합니다. 자세히 살펴보겠습니다.

파드 안티-어피니티

파드 안티-어피니티를 사용하면 파드가 셀렉터와 일치하는 파드와 동일한 토폴로지 도메인에서 실행되지 않게 할 수 있습니다. 이는 파드 어피니티와 반대의 논리를 구현합니다. 이제 YAML을 살펴보고 어떻게 동작하는지 설명하겠습니다.

```
pod-with-pod-anti-affinity.yaml
apiVersion: v1
kind: Pod
metadata:
  name: hungry-app
```

```
spec:
  affinity:
    podAntiAffinity:
      preferredDuringSchedulingIgnoredDuringExecution:
      - weight: 100
        podAffinityTerm:
          labelSelector:
            matchExpressions:
            - key: hunger
              operator: In
              values:
              - "4"
              - "5"
          topologyKey: rack
  containers:
  - name: hungry-app
    image: hungry-app
```

파드 어피니티와 유사하게 podAntiAffinity 아래에서 안티-어피니티를 지정하는 위치로 affinity 키를 사용합니다. 또한 파드 어피니티와 마찬가지로 preferredDuringSchedulingIgnoredDuringExecution 또는 requireDuringSchedulingIgnoredDuringExecution을 사용할 수 있습니다. 파드 어피니티와 동일하게 셀렉터에 대해 모두 같은 구문을 사용합니다.

구문의 유일한 차이점은 affinity 키 아래에서 podAntiAffinity를 사용하는 것입니다.

그렇다면 이 YAML은 무엇을 할까요? 이 경우 스케줄러(소프트 요구 사항)에 이 파드 또는 rack 레이블에 대해 동일한 값을 가진 다른 노드에서 4 또는 5의 hunger 레이블 값으로 실행되는 파드가 없는 노드에서 이 파드를 예약하도록 권장합니다. 즉, 스케줄러에게 **이 파드를 추가 파드가 있는 도메인과 같은 위치에 배치하지 않도록** 설정합니다.

이 기능은 장애 도메인별로 파드를 분리하는 좋은 방법입니다. 각 랙을 도메인으로 지정하고 고유한 셀렉터로 안티-어피니티를 제공할 수 있습니다. 이렇게 하면 동일한 장애 도메인에 있지 않은 노드에 대해 파드의 클론을 예약(또는 선호하는 어피니티에서 시도)하여 도메인 장애 시 애플리케이션의 가용성을 높일 수 있습니다.

파드 어피니티와 안티-어피니티를 결합할 수 있는 선택사항도 있습니다. 이것이 어떻게 작동하는지 살펴봅시다.

결합된 어피니티와 안티-어피니티

이는 실제로 클러스터 컨트롤 플레인에 과도한 부하를 줄 수 있는 상황 중 하나입니다. 파드 어피니티와 안티-어피니티를 결합하면 매우 미묘한 규칙을 쿠버네티스 스케줄러에 전달할 수 있는데, 이를 수행하기 위해서 쿠버네티스는 엄청난 작업을 수행해야 합니다.

이 두 개념을 결합한 디플로이먼트 스펙에 대한 YAML을 살펴보겠습니다. 어피니티와 안티-어피니티는 파드에 적용되는 개념이지만, 일반적으로 디플로이먼트나 레플리카셋과 같은 컨트롤러가 없는 파드는 지정하지 않습니다. 따라서 이러한 규칙은 디플로이먼트 YAML의 파드 스펙 항목에서 적용합니다. 다음 YAML은 간결하게 디플로이먼트의 파드 스펙 부분만 표시하지만, 깃허브 리포지토리에서 전체 내용을 확인할 수 있습니다.

pod-with-both-antiaffinity-and-affinity.yaml

```yaml
apiVersion: apps/v1
kind: Deployment
metadata:
  name: hungry-app-deployment
# 간단하게 설명하기 위해 섹션을 제거
    spec:
      affinity:
        podAntiAffinity:
          preferredDuringSchedulingIgnoredDuringExecution:
          - labelSelector:
              matchExpressions:
              - key: app
                operator: In
                values:
                - other-hungry-app
            topologyKey: "rack"
        podAffinity:
          requiredDuringSchedulingIgnoredDuringExecution:
          - labelSelector:
              matchExpressions:
              - key: app
                operator: In
                values:
                - hungry-app-cache
```

```
        topologyKey: "rack"
  containers:
  - name: hungry-app
    image: hungry-app:latest
```

이 코드 블록에서는 스케줄러에게 디플로이먼트의 파드를 다음과 같이 처리하도록 지시합니다. 파드는 rack 레이블이 있는 노드 또는 rack 레이블이 있는 다른 노드에 예약돼야 하며 동일한 값인 app=hungry-label-cache가 있는 파드가 있어야 합니다.

다음으로, 스케줄러는 가능하면 rack 레이블이 있는 노드 또는 rack 레이블이 있는 다른 노드에 파드를 예약해야 하며, 동일한 값인 app=other-hungry-app이 있는 파드가 없도록 해야 합니다.

이를 요약하면, hungry-app이 hungry-app-cache와 동일한 토폴로지에서 실행하기를 원하며, 가능하면 other-hungry-app과 동일한 토폴로지에 있지 않기를 바랍니다.

강력한 힘에는 큰 책임이 따릅니다. 파드 어피니티와 안티-어피니티 두 기능은 모두 강제적이며 성능을 감소시키는 원인이 됩니다. 쿠버네티스는 이상 동작이나 성능 문제가 발생하지 않도록 두 도구를 모두 사용할 수 있는 방법에 제한을 둡니다.

파드 어피니티와 안티-어피니티 제한 사항

어피니티와 안티-어피니티에 대한 가장 큰 제한 사항은 빈 topologyKey를 사용할 수 없다는 것입니다. 스케줄러가 단일 토폴로지 유형으로 처리하는 것을 제한하지 않으면 의도하지 않은 동작이 발생할 수 있습니다.

두 번째 제한 사항은 기본적으로 안티-어피니티의 강력한 설정인 requiredOnSchedulingIgnoredDuringExecution을 사용하면 어떤 레이블도 topologyKey로 사용할 수 없다는 것입니다.

쿠버네티스에서는 kubernetes.io/hostname 레이블만 사용할 수 있습니다. 즉, required 안티-어피니티를 사용하면 기본적으로 노드당 하나의 토폴로지만 가질 수 있습니다. 이 제한은 prefer 안티-어피니티 또는 어피니티 중 어느 쪽에도 존재하지 않으며, 이 기능을 변경할 수 있지만 사용자 승인 컨트롤러를 작성해 합니다. 이는 **12장 쿠버네티스 보안 및 규정 준수**와 **13장 CRD로 쿠버네티스 확장하기**에서 설명하겠습니다.

지금까지 할당 제어에 대해 설명하면서 네임스페이스에 대해 언급하지 않았습니다. 네임스페이스 또한 파드 어피니티 및 안티-어피니티와 관련이 있습니다.

파드 어피니티와 안티-어피니티 네임스페이스

파드 어피니티와 안티-어피니티는 다른 파드의 위치에 따라 다르게 동작하므로 네임스페이스는 어떤 파드가 어피니티나 안티-어피니티에 대해 포함되는지 결정하는 중요한 역할을 합니다.

기본적으로 스케줄러는 어피니티 또는 안티-어피니티가 있는 파드의 네임스페이스만 찾습니다. 이전 예에서는 네임스페이스를 지정하지 않았으므로 기본 네임스페이스를 사용합니다.

다음 YAML은 파드가 어피니티 또는 안티-어피니티에 영향을 미치는 하나 이상의 네임스페이스를 추가합니다.

```yaml
# pod-with-anti-affinity-namespace.yaml
apiVersion: v1
kind: Pod
metadata:
  name: hungry-app
spec:
  affinity:
    podAntiAffinity:
      preferredDuringSchedulingIgnoredDuringExecution:
      - weight: 100
        podAffinityTerm:
          labelSelector:
            matchExpressions:
            - key: hunger
              operator: In
              values:
              - "4"
              - "5"
          topologyKey: rack
          namespaces: ["frontend", "backend", "logging"]
  containers:
  - name: hungry-app
    image: hungry-app
```

이 코드 블록에서 스케줄러는 안티-어피니티를 일치시키려고 할 때 프런트엔드, 백엔드, 로깅 네임스페이스를 찾습니다(namespace 키에서 podAffinityTerm 블록을 볼 수 있습니다). 이를 통해 규칙을 검증할 때 스케줄러가 동작하는 네임스페이스를 제한할 수 있습니다.

요약

이번 장에서는 스케줄러를 통해 특정 파드 할당 규칙을 수행하기 위해 쿠버네티스가 제공하는 제어에 대해 살펴봤습니다. '하드' 요구 사항과 '소프트' 규칙이 있고 그중 소프트 규칙은 스케줄러가 가능하면 규칙을 위반하는 파드가 할당되지 않도록 최선을 다하지만 반드시 막지는 못합니다. 또한 실제 장애 도메인과 다중 테넌시와 같은 스케줄링 제어를 구현해야 하는 이유도 알아봤습니다.

쿠버네티스 자체에는 기본적으로 사용하는 테인트와 톨러레이션과 같은 고급 방법 외에도 노드 셀렉터와 노드 네임과 같은 파드 할당에 영향을 주는 간단한 방법이 있습니다. 마지막으로 쿠버네티스가 노드와 파드 어피니티, 안티-어피니티를 위해 제공하는 몇 가지 고급 도구를 살펴봤습니다. 이를 통해 스케줄러가 수행해야 할 복잡한 규칙 세트를 만들 수 있습니다.

다음 장에서는 쿠버네티스의 관찰 가능성을 설명하겠습니다. 애플리케이션 로그를 보는 방법을 알아보고, 클러스터 내에서 어떤 일이 일어나고 있는지 실시간으로 확인할 수 있는 유용한 도구도 사용할 것입니다.

질문

1. 노드 셀렉터와 노드 네임 필드의 차이점은 무엇입니까?
2. 쿠버네티스는 시스템에서 제공하는 테인트와 톨러레이션을 어떻게 사용합니까? 어떤 이유에서 사용합니까?
3. 여러 유형의 파드 어피니티 또는 안티-어피니티를 사용할 때 주의해야 하는 이유는 무엇입니까?
4. 3계층 웹 애플리케이션의 성능을 위해 다중 장애 영역에서 코로케이션[4] collocation을 사용해 가용성에 대한 균형을 어떻게 맞출 수 있습니까? 노드 또는 파드 어피니티와 안티-어피니티를 사용하는 예를 들어보세요.

---

[4] (옮긴이) 코로케이션은 서비스업체(IDC)가 서버 공간과 네트워크 대역폭뿐만 아니라 물리적인 하드웨어, 즉 서버 및 네트워크 장비까지 임대 형태로 제공하는 서비스를 의미합니다.

더 읽을 거리

- 테인트와 톨러레이션 기본 시스템에 대한 자세한 설명은 다음을 참조하세요. https://kubernetes.io/docs/concepts/scheduling-eviction/taint-and-toleration/#taint-based-evictions

3부

프로덕션 환경에서 쿠버네티스 실행하기

3부에서는 쿠버네티스 2일차 작업으로 CI/CD 모범 사례, 쿠버네티스 커스터마이징 및 확장 방법, 대규모 클라우드 네이티브 에코시스템의 기초를 간략하게 살펴봅니다. 3부는 다음과 같이 구성되어 있습니다.

- 9장 쿠버네티스의 관찰 가능성
- 10장 쿠버네티스 문제 해결하기
- 11장 쿠버네티스의 템플릿 코드 생성 및 CI/CD
- 12장 쿠버네티스 보안 및 규정 준수

09

쿠버네티스의 관찰 가능성

이번 장에서는 프로덕션 환경에서 쿠버네티스 운영 시 함께 구현이 권장되는 기능에 대해 자세히 설명합니다. 먼저, 쿠버네티스와 같은 분산 시스템 운영을 위한 관찰 가능성에 대해 설명합니다. 그런 다음 쿠버네티스에 내장된 관찰 가능성 스택과 구현 기능을 살펴봅니다. 마지막으로, 에코시스템상에서 다른 애플리케이션을 통한 추가적인 관찰 가능성, 모니터링, 로깅 및 인프라의 지표를 통해 쿠버네티스 관찰 가능성 도구를 보완하는 방법을 학습합니다. 이번 장에서 학습한 기술은 관찰 가능성 도구를 쿠버네티스 클러스터에 배포하고 클러스터(및 클러스터에서 실행 중인 애플리케이션)의 작동 방식을 이해하는 데 도움이 됩니다.

이번 장에서는 다음 주제를 다룹니다.

- 쿠버네티스의 관찰 가능성 이해하기
- 지표, 로깅, 대시보드 등 기본 관찰 가능성 도구 사용하기
- 최상의 에코시스템 구현하기

먼저 쿠버네티스가 관찰 가능성을 위해 제공하는 기본 도구와 프로세스에 대해 알아보겠습니다.

기술 요구 사항

이번 장에서 설명하는 커맨드를 실행하려면 작동 중인 쿠버네티스 클러스터와 함께 kubectl 커맨드라인을 지원하는 컴퓨터가 필요합니다. 쿠버네티스를 빠르게 시작 및 실행하는 방법과 kubectl 도구를 설치하는 방법에 대한 설명은 **1장 쿠버네티스와 통신하기**를 참조하시기 바랍니다.

이 장에서 사용한 코드는 책의 깃허브 리포지토리에서 확인할 수 있습니다.

- https://github.com/wikibook/cnk/tree/master/Chapter9

쿠버네티스 관찰 가능성 이해하기

어떤 프로덕션 시스템도 모니터링할 방법이 없다면 완성된 시스템이 될 수 없습니다. 소프트웨어에서 관찰 가능성$_{observability}$이란 언제나 시스템 성능을 파악할 수 있는 능력(최상의 상태와 그 이유를 포함한)으로 정의됩니다. 관찰 가능성은 보안, 성능 및 운영 능력에 상당한 이점을 제공합니다. VM, 컨테이너 및 애플리케이션 레벨에서 시스템이 어떻게 응답하는지 파악하면 시스템을 조정하여 효율적으로 수행하고 이벤트에 신속하게 대응하며 버그를 더욱 쉽게 해결할 수 있습니다.

애플리케이션의 실행 속도가 매우 느린 시나리오를 예로 살펴봅시다. 병목 현상을 찾기 위해 다음과 같은 요소를 확인할 수 있습니다.

- 애플리케이션 코드 자체
- 파드의 리소스 사양
- 배포 상태에서 파드 수
- 파드 또는 노드 레벨에서 메모리 및 CPU 사용량
- 클러스터 외부에서 실행 중인 MySQL 데이터베이스와 같은 외부 요소

관찰 가능성 도구를 추가하면 이러한 요소들을 진단하고 애플리케이션 성능 저하의 원인을 파악할 수 있습니다.

프로덕션용 컨테이너 오케스트레이션 시스템인 쿠버네티스는 애플리케이션을 모니터링할 수 있는 몇 가지 기본 도구를 제공합니다. 이번 장에서는 관찰 가능성을 지표, 로그, 추적, 경고의 4가지로 구분합니다. 각 항목을 살펴보겠습니다.

- **지표**$_{\text{Metric}}$는 CPU, 메모리, 네트워크, 디스크 공간 등 시스템의 현재 상태를 보여주는 수치를 나타냅니다. 이 수치를 통해 시스템의 최대 용량과 현재 상태 간의 차이를 알고 사용자가 시스템을 계속 사용할 수 있게 보장할 수 있습니다.
- **로그**$_{\text{Log}}$는 애플리케이션 및 시스템에서 텍스트 로그를 수집하는 방법을 말합니다. 로그는 쿠버네티스 컨트롤 플레인 로그와 애플리케이션 파드 자체 로그의 조합일 수 있습니다. 로그는 쿠버네티스 시스템의 가용성을 진단하는 데 도움이 될 수 있지만, 애플리케이션 버그를 분류하는 데도 도움이 될 수 있습니다.
- **추적**$_{\text{Trace}}$은 분산된 추적을 수집하는 것을 의미합니다. 추적은 HTTP 요청이나 그 외 일련의 요청에 대한 엔드 투 엔드 관찰 가능성을 제공하는 패턴입니다. 이 주제는 마이크로서비스가 사용되는 분산 클라우드 네이티브 설정에서 특히 중요합니다. 다수의 마이크로서비스가 서로 호출하며 엔드 투 엔드 요청에 관여하는 경우, 병목 현상이나 문제를 찾기 어려울 수 있습니다. 추적을 사용하면 서비스 간 호출의 각 구간별로 분류된 요청을 확인할 수 있습니다.
- **경고**$_{\text{Alert}}$는 특정 이벤트가 발생할 때 자동화된 접점을 설정하는 것에 해당합니다. 경고는 **지표**와 **로그**에 모두 설정할 수 있으며 문자 메시지에서 이메일, 타사 애플리케이션 등 다양한 매체를 통해 전달할 수 있습니다.

관찰 가능성의 이 4가지 측면에서 클러스터의 상태를 파악할 수 있어야 합니다. 하지만 지표, 로그, 심지어 경고에 대해서도 다양한 데이터 기준 지점을 구성할 수 있습니다. 따라서 무엇을 확인해야 할지 파악하는 것이 중요합니다. 다음 절에서는 쿠버네티스 클러스터 및 애플리케이션 상태에 있어 가장 중요한 관찰 가능성 영역에 대해 설명합니다.

쿠버네티스 클러스터 및 애플리케이션 상태에 대한 중요 사항 이해하기

쿠버네티스 또는 타사 관찰 솔루션이 제공하는 많은 지표와 로그 중에서 클러스터에 주요 문제를 일으킬 가능성이 가장 높은 항목을 확인할 수 있습니다. 어떤 관찰 솔루션을 사용하든 다음 항목이 가장 중요한 관찰 항목의 역할을 할 것입니다. 먼저 CPU 사용량과 클러스터 상태 간의 관련성을 살펴보겠습니다.

노드 CPU 사용량

쿠버네티스 클러스터의 노드 전반에서 CPU 사용량 상태는 관찰 솔루션 전반에 걸쳐 모니터링해야 하는 매우 중요한 지표입니다. 2부에서 파드가 CPU 사용량에 대한 리소스 요청 및 제한을 정의할 수 있는 방법을 설명했습니다. 하지만 이 제한이 클러스터의 최대 CPU 용량보다 높게 설정된 경우에는 노드가 그 이상 할당을 허용할 수 있습니다. 또한 컨트롤 플레인을 실행하는 마스터 노드에서도 CPU 용량 문제가 발생할 수 있습니다.

최대 CPU 용량을 넘긴 워커 노드는 성능이 저하되거나 파드에서 실행 중인 워크로드를 제한할 수 있습니다. 이 문제는 파드에 제한을 설정하지 않거나 총 파드 제한이 노드 최대 제한보다 큰 경우에도 쉽게 발생할 수 있습니다. 마스터 노드의 CPU 수 제한은 스케줄러나 kube-apiserver, 또는 기타 컨트롤 플레인 구성 요소의 성능을 저하시킬 수 있습니다.

일반적으로 워커 노드 및 마스터 노드의 CPU 사용량은 관찰 솔루션에서 확인할 수 있어야 합니다. 이 작업은 지표(예: 이번 장 뒷부분에서 설명하는 그라파나_{Grafana} 같은 차트 솔루션)와 클러스터의 노드 전체에서 높은 CPU 사용량 경고를 조합하는 것이 가장 좋습니다.

메모리 사용량도 CPU와 마찬가지로 계속 확인해야 하는 매우 중요한 지표입니다.

노드 메모리 사용량

CPU 사용량과 마찬가지로 메모리 사용량은 클러스터 전체에 걸쳐 관찰해야 하는 매우 중요한 지표입니다. 메모리 사용량이 파드 리소스 제한을 초과할 수 있습니다. 이것은 CPU 사용량과 동일한 문제가 마스터 노드와 워커 노드 모두에서 발생할 수 있다는 것을 의미합니다.

다시 말하지만, 경고와 지표의 조합은 클러스터 메모리 사용량에 대한 모니터링을 위해 중요합니다. 이번 장 뒷부분에서 이를 위한 몇 가지 도구를 배울 것입니다.

다음 주요 관찰 항목으로 로그를 살펴보겠습니다.

컨트롤 플레인 로깅

쿠버네티스 컨트롤 플레인의 구성 요소를 실행할 때 클러스터 작업에 대해 자세히 확인할 수 있는 로그를 출력할 수 있습니다. **10장 쿠버네티스 문제 해결하기**에서 볼 수 있듯이 이러한 로그는 문제 해결에 크게 도움이 될 수 있습니다. 쿠버네티스 API 서버, 컨트롤러 매니저, 스케줄러, kube-proxy 및 kubelet 로그는 모두 특정 문제 해결 또는 관찰 가능성에 매우 유용합니다.

애플리케이션 로깅

쿠버네티스 관찰 가능성 스택에 애플리케이션 로깅을 통합할 수도 있습니다. 애플리케이션 로그를 다른 지표와 함께 볼 수 있게 통합하는 것은 작업자에게 큰 도움이 됩니다.

애플리케이션 성능 지표

애플리케이션 로깅과 마찬가지로 애플리케이션 성능 지표 및 모니터링은 쿠버네티스에서 애플리케이션 성능과 밀접한 관련이 있습니다. 애플리케이션 수준의 메모리 사용량 및 CPU 프로파일링은 관찰 가능성 스택에서 중요한 부분일 수 있습니다.

일반적으로 쿠버네티스는 애플리케이션 모니터링 및 로깅을 위한 데이터 인프라를 제공하지만, 차트 작성 및 검색과 같은 기능은 제공하지 않습니다. 이 점을 염두에 두고 쿠버네티스에서 기본 제공하는 성능 지표 및 모니터링을 위한 도구를 검토해 보겠습니다.

기본 관찰 도구 사용하기

쿠버네티스는 타사 솔루션을 추가하지 않고도 사용할 수 있는 관찰 도구를 제공합니다. 이러한 기본 도구는 타사 솔루션을 검토하는 데 기준이 되므로 먼저 이를 살펴봅니다. 관찰 가능성은 지표, 로그, 추적 및 경고를 포함한 것을 의미하므로, 이를 기본 제공 솔루션을 중심으로 차례대로 살펴볼 것입니다. 먼저 지표에 대해 알아보겠습니다.

쿠버네티스의 지표

kubectl describe pod 커맨드 실행만으로 애플리케이션에 대한 많은 정보를 얻을 수 있습니다. 파드 스펙, 현재 상태 및 기능을 방해하는 주요 문제에 대한 정보를 확인할 수 있습니다.

애플리케이션에 문제가 있다고 가정해 보겠습니다. 구체적으로 파드가 시작되지 않는다고 합시다. 확인을 위해 kubectl describe pod 커맨드를 실행합니다. **1장 쿠버네티스와 통신하기**에서 언급했듯이 kubectl describe pod와 kubectl describe pods는 동일합니다. 다음은 describe pod 커맨드의 출력 예입니다. Events 정보를 제외한 내용은 생략했습니다.

```
Events:
Type      Reason            Age              From               Message
----      ------            ---              ----               -------
Warning   FailedScheduling  35s (x1 over 35s) default-scheduler  0/3 nodes are available:
                                                                 3 Insufficient memory.
```

그림 9.1 파드 이벤트 출력 설명

보다시피 노드의 메모리가 모두 부족하기 때문에 파드가 스케줄링되지 않았습니다. 추가로 더 확인해 보겠습니다.

kubectl describe nodes 커맨드를 실행하면 쿠버네티스 노드에 대해 많은 것을 확인할 수 있습니다. 이 정보 중 일부는 시스템의 작동 방식과 밀접한 관련이 있을 수 있습니다. 다음은 kubectl describe nodes 커맨드의 또 다른 출력 예입니다. 전체 출력을 표시하는 대신, 두 가지 중요한 섹션인 Conditions와 Allocated resources를 살펴보겠습니다. 먼저 Conditions 부분부터 살펴보겠습니다.

```
Conditions:
Type            Status  LastHeartbeatTime               LastTransitionTime              Reason                          Message
----            ------  -----------------               ------------------              ------                          -------
OutOfDisk       False   Wed, 12 Mar 2020 22:45:03 -0400 Tue, 11 Mar 2020 07:10:44 -0400 KubeletHasSufficientDisk        kubelet has sufficient disk space available
MemoryPressure  True    Wed, 12 Mar 2020 22:45:03 -0400 Tue, 11 Mar 2020 07:10:44 -0400 KubeletHasInsufficientMemory    Kubelet has insufficient memory available
DiskPressure    False   Wed, 12 Mar 2020 22:45:03 -0400 Tue, 11 Mar 2020 07:10:44 -0400 KubeletHasNoDiskPressure        kubelet has no disk pressure
Ready           True    Wed, 12 Mar 2020 22:45:03 -0400 Tue, 11 Mar 2020 07:10:44 -0400 KubeletReady                    kubelet is posting ready status
```

그림 9.2 노드 상태 출력 설명

위 그림에서 kubectl describe nodes 커맨드 출력에서 Conditions 부분만을 표시했습니다. 어떤 문제가 있을 때 꼭 확인해야 하는 부분입니다. 출력 내용을 보면 노드는 실제로 문제가 발생한 상태입니다. MemoryPressure 상태가 True이며, kubelet이 사용 가능한 메모리가 부족하다는 내용을 확인할 수 있습니다. 그 때문에 파드가 스케줄링되지 않은 것은 당연한 결과입니다.

다음으로 Allocated resources 부분을 확인해보겠습니다.

```
Allocated resources:
  (Total limits may be over 100 percent, i.e., overcomitted.)
  CPU Requests    CPU Limits      Memory Requests     Memory Limits
  ------------    ----------      ---------------     -------------
  8520m (40%)     4500m (24%)     16328Mi (104%)      16328Mi (104%)
```

이제 몇 가지 지표를 보겠습니다. 파드가 너무 많은 메모리를 요청하여 노드 및 파드 문제로 이어진 것처럼 보입니다. 이 출력 결과에서 알 수 있듯이, 쿠버네티스는 이미 기본적으로 노드에 대한 지표 데이터를 수집하고 있습니다. 노드 용량 내에서 파드 자원 요청을 유지하는 것이 가장 중요한 기능 중 하나이기 때문에 이러한 데이터가 없다면 스케줄러는 제대로 동작할 수 없을 것입니다.

그러나 기본적으로 이러한 지표는 사용자에게는 보이지 않습니다. 사실 각 노드의 kubelet이 지표를 수집하고 스케줄러가 일을 할 수 있도록 이를 전달합니다. 다행히 클러스터에 지표 서버를 배포하는 것만으로 이러한 지표들을 쉽게 얻을 수 있습니다.

지표 서버는 공식적으로 지원되는 쿠버네티스 애플리케이션으로 지표를 수집하여 API 엔드포인트에 접근하여 사용할 수 있게 합니다. 지표 서버는 사실 수평 파드 오토스케일러를 작동시키는 데 필요하지만 쿠버네티스 배포 버전에 따라 기본적으로 포함되지 않을 수 있습니다.

지표 서버는 매우 빠르게 배포할 수 있습니다. 다음을 사용하여 이 책을 쓰는 시점의 최신 버전을 설치할 수 있습니다.[1]

```
kubectl apply -f https://github.com/kubernetes-sigs/metrics-server/releases/download/v0.3.7/components.yaml
```

> 중요 사항
>
> 지표 서버를 사용하는 방법에 대한 전체 문서는 다음에서 찾을 수 있습니다.
> - https://github.com/kubernetes-sigs/metrics-server

수집 서버가 실행되면 새로운 쿠버네티스 커맨드를 사용할 수 있습니다. kubectl top 커맨드를 사용하여 파드나 노드에서 사용 중인 메모리 및 CPU 용량에 대한 세부 정보를 확인할 수 있습니다.

몇 가지 사용 예를 살펴보겠습니다. 노드 수준 지표를 보기 위해 kubectl top nodes 커맨드를 실행합니다. 다음은 커맨드의 출력 결과입니다.

```
NAME                      CPU(cores)   CPU%   MEMORY(bytes)   MEMORY%
ip-10-10-1-231.ec2.internal   22m          2%     355Mi           9%
NAME                      CPU(cores)   CPU%   MEMORY(bytes)   MEMORY%
ip-10-10-1-109.ec2.internal   24m          2%     355Mi           9%
NAME                      CPU(cores)   CPU%   MEMORY(bytes)   MEMORY%
ip-10-10-1-266.ec2.internal   29m          3%     354Mi           9%
```

그림 9.3 노드 지표 출력

---

1 (옮긴이) 번역 시점에는 v0.5.0이 지표 서버의 가장 최신 버전입니다.

보다시피 CPU 및 메모리 사용량의 절댓값과 상댓값을 확인할 수 있습니다.

> **중요 사항**
> CPU 코어는 millicpu 또는 millicores로 측정됩니다. 1,000 millicores는 가상 CPU 1개와 같습니다. 메모리는 바이트로 측정됩니다.

다음으로 kubectl top pods 커맨드를 살펴보겠습니다. kube-system 네임스페이스에 있는 파드를 보기 위해 -n kube-system 플래그와 함께 실행합니다.

다음과 같이 실행합니다.

```
kubectl top pods -n kube-system
```

다음과 같은 결과가 나옵니다.[2]

```
NAMESPACE    NAME                  CPU(cores)    MEMORY(bytes)
default      my-hungry-pod         8m            50Mi
default      my-lightweight-pod    2m            10Mi
```

보다시피 이 커맨드는 kubectl top nodes 커맨드와 동일한 절대 단위(밀리코어 및 바이트)를 사용합니다. 파드 수준 지표에서는 상대 단위(백분율)는 없습니다.

다음은 쿠버네티스가 로깅을 어떻게 처리하는지 살펴보겠습니다.

쿠버네티스의 로깅

쿠버네티스의 로깅은 애플리케이션 로그와 컨트롤 플레인 로그의 두 영역으로 나눌 수 있습니다.

컨트롤 플레인 로그

컨트롤 플레인 로그는 스케줄러, API 서버 등과 같은 쿠버네티스 컨트롤 플레인 구성 요소에 의해 생성된 로그를 말합니다. 기본 쿠버네티스 설치의 경우 노드 자체에서 컨트롤 플레인 로그를 찾을 수 있으며, 로그를 보려면 노드에 직접 접근해야 합니다. Systemd를 사용하도록 설정된 구성 요소가 있는 클러스터

---

2 (옮긴이) 실제로는 NAMESPACE 열에 default가 아니라 kube-system이 출력돼야 합니다.

의 경우 journalctl CLI 도구를 사용하여 로그를 찾을 수 있습니다. (자세한 내용은 다음 링크를 참조하기 바랍니다.)

- https://manpages.debian.org/stretch/systemd/journalctl.1.en.html

마스터 노드의 경우 파일 시스템의 다음 위치에서 로그를 찾을 수 있습니다.

- /var/log/kube-scheduler.log에서 쿠버네티스 스케줄러 로그를 찾을 수 있습니다.
- /var/log/kube-controller-manager.log에서 컨트롤러 매니저 로그를 찾을 수 있습니다.
- /var/log/kube-apiserver.log에서 쿠버네티스 API 서버 로그를 찾을 수 있습니다.

워커 노드에서는 파일 시스템의 다음 두 위치에서 로그를 확인할 수 있습니다.

- /var/log/kubelet.log에서 kubelet 로그를 찾을 수 있습니다.
- /var/log/kube-proxy.log에서 kube proxy 로그를 찾을 수 있습니다.

일반적으로 클러스터의 상태는 마스터 및 워커 노드의 구성 요소 상태에 영향을 받지만 애플리케이션 로그를 추적하는 것도 중요합니다.

애플리케이션 로그

쿠버네티스에서 애플리케이션 로그를 찾는 것은 매우 쉽습니다. 작동 방식을 설명하기 전에 예를 살펴보겠습니다.

특정 파드에 대한 로그를 확인하려면 kubectl logs <파드_이름> 커맨드를 사용합니다. 커맨드 출력 결과는 컨테이너의 stdout 또는 stderr에 기록된 내용을 표시합니다. 파드에 컨테이너가 여러 개 있는 경우 다음 커맨드에 컨테이너 이름을 포함해야 합니다.

```
kubectl logs <파드_이름> <컨테이너_이름>
```

쿠버네티스는 컨테이너 엔진의 로깅 드라이버를 사용하여 파드 로그를 처리합니다. 일반적으로 stdout 또는 stderr에 대한 로그는 /var/logs 폴더 내에서 각 노드 디스크 공간에 유지됩니다. 쿠버네티스 배포에 따라 노드 디스크 공간 관리를 위해 로그 순환을 설정할 수 있습니다. 또한 스케줄러 및 kube-apiserver와 같은 쿠버네티스 구성 요소의 로그도 일반적으로 /var/logs 폴더 내에서 노드 디스크 공간에 유지됩니다. 이 기본 로깅은 기능에 제한이 있습니다. 따라서 쿠버네티스를 위한 강력한 관찰 가능성 스택에는 로그 전달을 위한 타사 솔루션이 포함됩니다. 관련해서는 곧 알아볼 것입니다.

다음으로, 일반적인 쿠버네티스 관찰 가능성을 위해 쿠버네티스 대시보드를 사용할 수 있습니다.

쿠버네티스 대시보드 설치하기

쿠버네티스 대시보드는 GUI에서 로그 보기, 리소스 편집 등 kubectl의 모든 기능을 제공합니다. 대시보드 설정은 간단합니다. 한번 살펴봅시다.

kubectl apply 커맨드 한 줄만으로 대시보드 설치가 가능합니다. 대시보드를 커스터마이징하려면 다음의 쿠버네티스 대시보드 깃허브 페이지를 참조하기 바랍니다.

- https://github.com/kubernetes/dashboard

쿠버네티스 대시보드 버전을 설치하려면 사용 중인 쿠버네티스 버전에 따라 다음 kubectl 커맨드를 실행하여 원하는 버전으로 <VERSION> 태그를 대체합니다. 대시보드 깃허브 페이지에서 버전 호환성을 확인하기 바랍니다.

```
kubectl apply -f https://raw.githubusercontent.com/kubernetes/dashboard/<VERSION>/aio/deploy/recommended.yaml
```

이 책을 쓰는 시점에는 v2.0.4를 사용합니다. 최종 커맨드는 다음과 같습니다.

```
kubectl apply -f https://raw.githubusercontent.com/kubernetes/dashboard/v2.0.4/aio/deploy/recommended.yaml
```

쿠버네티스 대시보드를 설치한 후에는 대시보드에 접근하는 방법이 몇 가지 있습니다.

> **중요 사항**
> 일반적으로 인그레스 또는 로드밸런서 서비스를 사용하지 않는 것이 좋습니다. 쿠버네티스 대시보드에서 일반 사용자가 클러스터 개체를 업데이트할 수 있기 때문입니다. 어떤 이유로든 대시보드에 대한 로그인 방법 및 정보가 유출되면 보안 위험이 클 수 있습니다.

따라서 로컬 컴퓨터에서 대시보드를 보기 위해 kubectl port-forward 또는 kubectl proxy를 사용할 수 있습니다.

아직 예제에서 사용해보지 않은 kubectl proxy 커맨드를 사용해 볼 것입니다.

kubectl port-forward 커맨드와 달리 kubectl proxy 커맨드는 클러스터에서 실행 중인 모든 서비스에 프락시로 연결하려면 하나의 커맨드만 필요합니다. 이 작업은 쿠버네티스 API를 로컬 컴퓨터의 포트(기본값 8081번)에 직접 프락시하여 수행합니다. kubectl proxy 커맨드에 대한 자세한 내용은 다음 URL을 확인하기 바랍니다.

- https://kubernetes.io/docs/reference/generated/kubectl/kubectl-commands#proxy

kubectl proxy를 사용하여 특정 쿠버네티스 서비스에 접근하려면 올바른 경로가 필요합니다. kubectl proxy를 실행한 후 쿠버네티스 대시보드에 접근하는 경로는 다음과 같습니다.

```
http://localhost:8001/api/v1/namespaces/kubernetes-dashboard/services/https:kubernetes-dashboard:/proxy/
```

보다시피 브라우저에 입력한 kubectl proxy 경로는 로컬호스트 포트 8001로 접근하고 있으며, 네임스페이스(kubernetes-dashboard), 서비스 이름 및 셀렉터(https:kubernetes-dashboard), 프락시 경로를 나타냅니다.

쿠버네티스 대시보드 URL을 브라우저에 입력하고 결과를 살펴보겠습니다.

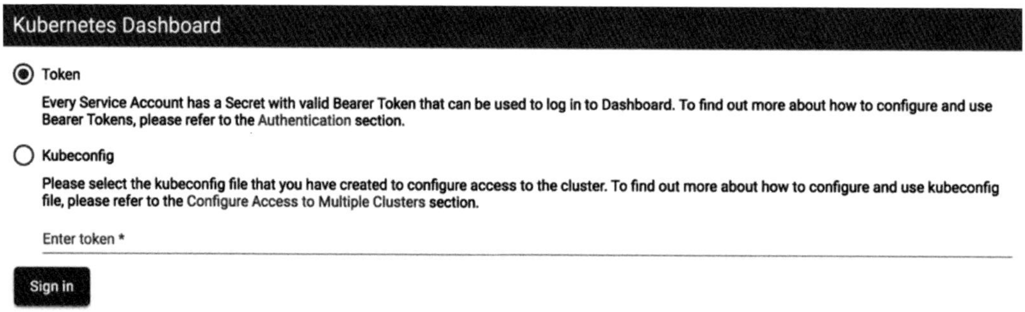

그림 9.4 쿠버네티스 대시보드 로그인

쿠버네티스 대시보드를 배포하고 접근하면 로그인 화면이 나타납니다. 서비스 어카운트(또는 자체 계정)를 생성하여 로그인하거나 로컬 kubeconfig 파일을 연동합니다. 특정 서비스 어카운트 토큰으로 쿠버네티스 대시보드에 로그인하면 대시보드 사용자가 서비스 어카운트의 권한을 상속받습니다. 이를 통해 사용자가 쿠버네티스 대시보드를 사용하여 수행할 수 있는, 예를 들면 읽기 전용 권한과 같은 작업을 지정할 수 있습니다.

이제 쿠버네티스 대시보드를 위한 새로운 서비스 계정을 생성해 보겠습니다. 서비스 어카운트를 정의하고 제한할 수 있지만 지금은 관리자 권한을 부여할 것입니다. 이렇게 하려면 다음 단계를 수행합니다.

1. 다음 kubectl 커맨드를 사용하여 서비스 어카운트를 만들 수 있습니다.

    ```
    kubectl create serviceaccount dashboard-user
    ```

    다음과 같은 내용이 출력되어 서비스 어카운트가 생성됐음을 확인할 수 있습니다.

    ```
    serviceaccount/dashboard-user created
    ```

2. 이제 서비스 어카운트를 클러스터 롤에 연결해야 합니다. 롤을 사용할 수도 있지만, 대시보드 사용자가 모든 네임스페이스에 접근하게 하고 싶습니다. cluster-admin 기본 클러스터 롤에 서비스 어카운트를 연결하기 위해 다음 커맨드를 사용합니다.

    ```
    kubectl create clusterrolebinding dashboard-user \
    --clusterrole=cluster-admin --serviceaccount=default:dashboard-user
    ```

    출력 결과는 다음과 같습니다.

    ```
    clusterrolebinding.rbac.authorization.k8s.io/dashboard-user created
    ```

3. 이 커맨드를 실행하고 나면 대시보드에 로그인할 수 있을 것입니다. 먼저 로그인에 필요한 토큰을 찾아야 합니다. 서비스 어카운트의 토큰은 쿠버네티스 시크릿에 저장됩니다. 다음 커맨드를 통해 토큰이 어떤 시크릿에 저장되어 있는지 확인합니다.

    ```
    kubectl get secrets
    ```

    출력 결과에서 다음과 같이 시크릿을 확인할 수 있습니다.

NAME	TYPE	DATA	AGE
dashboard-user-token-dcn2g	kubernetes.io/service-account-token	3	112s

4. 대시보드 로그인을 위한 토큰을 얻기 위해 다음 커맨드를 사용해 시크릿 내용을 확인합니다.

```
kubectl describe secret dashboard-user-token-dcn2g
```

출력 결과는 다음과 같습니다.

```
Name:           dashboard-user-token-dcn2g
Namespace:      default
Labels:         <none>
Annotations:    kubernetes.io/service-account.name: dashboard-user
                kubernetes.io/service-account.uid: 9dd255sd-426c-43f4-88c7-66ss91h44215

Type:  kubernetes.io/service-account-token

Data
====
ca.crt:     1025 bytes
namespace:  7 bytes
token:      <토큰 내용>
```

5. 대시보드에 로그인하기 위해 token 옆의 문자열을 복사하여 쿠버네티스 대시보드 로그인 화면의 토큰 입력란에 붙여넣은 다음 **Sign In**을 클릭합니다. 쿠버네티스 대시보드 개요 페이지가 표시될 것입니다.

6. 대시보드를 살펴보면 kubectl을 사용할 수 있는 리소스를 왼쪽 사이드바에서 동일하게 네임스페이스별로 필터링할 수 있습니다. 다음은 **네임스페이스** 페이지 보기의 예입니다.

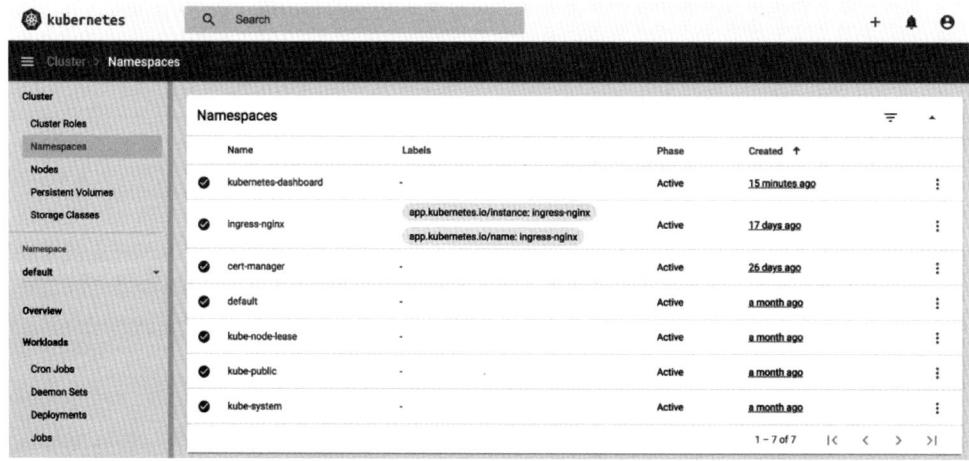

그림 9.5 쿠버네티스 대시보드 세부 정보

7. 또한 개별 리소스를 클릭할 수 있으며, 서비스 어카운트에 적절한 권한이 있는 한 대시보드를 사용하여 해당 리소스를 편집할 수도 있습니다.

다음은 디플로이먼트 세부 정보 페이지에서 디플로이먼트 리소스를 편집하는 화면입니다.

그림 9.6 쿠버네티스 대시보드 편집 화면

쿠버네티스 대시보드에서 클러스터에 있는 다양한 리소스 유형을 파악하고 파드 로그를 볼 수 있습니다. 대시보드의 전체 기능을 이해하려면 앞서 언급한 깃허브 페이지를 확인하기 바랍니다.

마지막으로 쿠버네티스의 기본 관찰 가능성에 대한 내용을 마무리하기 위해 경고에 대해 알아보겠습니다.

쿠버네티스의 경고와 추적

안타깝게도 관찰 가능성 퍼즐의 마지막 두 조각인 **경고**와 **추적**은 아직 쿠버네티스의 기본 기능이 아닙니다. 다음 절에서 이러한 기능을 생성하기 위한 쿠버네티스 에코시스템에서 제공하는 오픈소스 도구를 통합하는 내용을 설명하겠습니다.

최상의 에코시스템을 활용하여 쿠버네티스 관찰 가능성 향상시키기

앞서 설명했듯이 쿠버네티스는 강력한 관찰 가능성을 위한 기능을 제공하지만 지표, 로깅, 추적 및 경고를 위한 더 높은 수준의 도구를 만드는 것은 커뮤니티와 벤더의 에코시스템에 달려 있습니다. 여기서는 이 책의 목적에 맞게 완전한 오픈소스, 자체 호스팅 솔루션에 초점을 맞출 것입니다. 이러한 솔루션 중 대부분은 지표, 로그, 추적 및 경고 간에 여러 관찰 가능성 기준을 충족하므로 기능으로 분류하는 대신 각 솔루션을 검토할 것입니다.

지표와 경고에 자주 사용되는 조합인 **프로메테우스**Prometheus와 **그라파나**Grafana부터 살펴보겠습니다.

프로메테우스와 그라파나 소개

프로메테우스와 그라파나는 쿠버네티스 관찰 가능성 기술의 일반적인 조합입니다. 프로메테우스는 통합이 많은 시계열 데이터베이스, 쿼리 계층 및 경보 시스템인 반면, 그라파나는 프로메테우스와 통합된 정교한 그래프 작성 및 시각화 계층입니다. 프로메테우스부터 시작하여 이 두 도구의 설치 및 사용법을 살펴보겠습니다.

프로메테우스와 그라파나 설치하기

프로메테우스를 설치하는 방법은 여러 가지가 있지만 서비스의 확장성을 위해 대부분 디플로이먼트로 설치합니다. 여기서는 `kube-prometheus` 프로젝트(https://github.com/coreos/kube-prometheus)를 사용할 것입니다. 이 프로젝트에는 `operator`(오퍼레이터)와 여러 **CRD(커스텀 리소스 정의)**가 포함됩니다. 그라파나도 자동으로 설치됩니다.

오퍼레이터는 기본적으로 쿠버네티스의 애플리케이션 컨트롤러(파드의 다른 애플리케이션처럼 배포됨)입니다. 해당 애플리케이션을 올바르게 실행하거나 작동하기 위해 쿠버네티스 API에 커맨드를 내립니다.

반면 CRD를 사용하면 쿠버네티스 API 내부의 커스텀 기능을 모델링할 수 있습니다. **13장 CRD로 쿠버네티스 확장하기**에서 오퍼레이터와 CRD에 대해 자세히 알아볼 것입니다. 하지만 지금은 오퍼레이터를 애플리케이션 스스로를 적절히 제어하고 필요에 따라 다른 파드 및 디플로이먼트까지 조절할 수 있는 배포 방법으로만 고려합니다. 그리고 CRD를 쿠버네티스를 사용하여 애플리케이션별 문제를 파악하는 방법으로 고려합니다.

프로메테우스를 설치하려면 먼저 최신 버전 또는 쿠버네티스 버전에 따라 다른 버전의 프로메테우스를 다운로드해야 합니다.

```
curl -LO https://github.com/coreos/kube-prometheus/archive/v0.5.0.zip
```

그런 다음 압축 파일을 풉니다. 먼저 CRD를 설치해야 합니다. 일반적으로 대부분 쿠버네티스 도구 설치 설명서에서는 기본 CRD가 쿠버네티스에 아직 생성되지 않은 경우 CRD를 사용하는 설정이 실패하기 때문에 먼저 CRD를 생성하라고 알려줍니다.

다음 커맨드를 사용하여 설치합니다.

```
kubectl apply -f manifests/setup
```

CRD가 생성되는 동안 몇 초간 기다려야 합니다. 이 커맨드는 자원이 생성될 공간인 monitoring 네임스페이스를 생성합니다. 모든 것이 준비되면 다음 커맨드를 사용하여 프로메테우스와 그라파나의 나머지 자원을 생성합니다.

```
kubectl apply -f manifests/
```

이 커맨드가 실제로 무엇을 생성하는지 확인해 보겠습니다. 전체 스택은 다음과 같이 구성됩니다.

- **프로메테우스 디플로이먼트**: 프로메테우스 애플리케이션의 파드
- **프로메테우스 오퍼레이터**: 프로메테우스 파드를 제어 및 작동
- **얼럿매니저 디플로이먼트**: 경고를 지정하고 트리거하는 프로메테우스 구성 요소
- **그라파나**: 강력한 시각화 대시보드
- **Kube-state-metrics 에이전트**: 쿠버네티스 API 상태에서 지표를 생성
- **프로메테우스 노드 익스포터**: 노드 하드웨어 및 OS 수준 지표를 프로메테우스로 전달
- **쿠버네티스 지표를 위한 프로메테우스 어댑터**: 프로메테우스로 수집하기 위한 쿠버네티스 리소스 지표 API 및 커스텀 지표 API용 어댑터

이러한 모든 구성 요소는 커맨드부에서 애플리케이션 컨테이너 자체에 이르기까지 클러스터에 대한 정교한 관찰 가능성을 제공합니다.

스택이 생성되면 구성 요소를 사용할 수 있습니다. kubectl get po -n monitoring 커맨드로 확인할 수 있습니다.

프로메테우스 사용하기

프로메테우스의 진정한 힘은 데이터 저장소, 쿼리 및 경고 계층에 있지만 우선 개발자에게 제공하는 간단한 UI를 살펴 봅니다. 나중에 볼 수 있듯이 그라파나는 더 많은 기능과 커스텀 기능을 제공하지만 프로메테우스 UI를 숙지하는 것이 좋습니다.

기본적으로 kube-prometheus는 프로메테우스, 그라파나 및 얼럿매니저를 위한 ClusterIP[3] 서비스만 생성합니다. 이러한 것들을 클러스터 외부로 노출하는 것은 우리에게 달려 있습니다. 이 실습에서는 간단히 서비스를 로컬 컴퓨터에 포트 포워딩해보겠습니다. 프로덕션의 경우 인그레스를 사용하여 세 개의 서비스로 라우팅하는 것이 좋습니다.

프로메테우스 UI 서비스에 port-forward하려면 다음과 같은 port-forward 커맨드를 사용합니다.

```
kubectl -n monitoring port-forward svc/prometheus-k8s 3000:9090
```

프로메테우스 UI를 위해 9090번 포트를 사용합니다. 다음 주소로 로컬 컴퓨터에서 서비스에 접근합니다.

- http://localhost:3000

그러면 다음과 같은 화면을 볼 수 있습니다.

---

[3] (옮긴이) 쿠버네티스 서비스 유형의 종류 중 하나로, ClusterIP, NodePort, LoadBalancer, ExternalName 등이 있습니다.

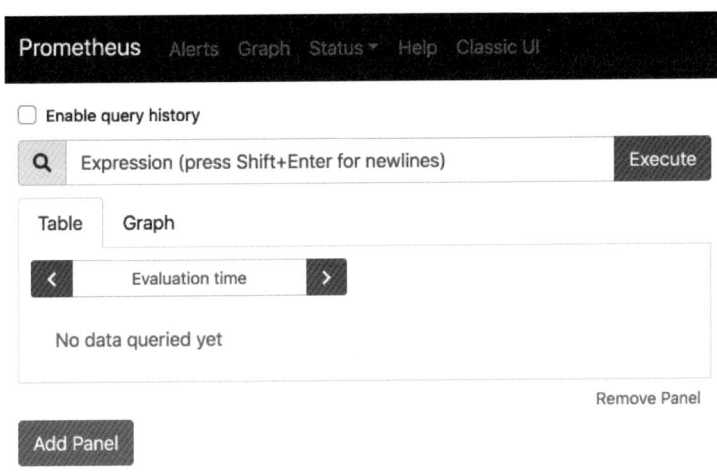

그림 9.7 프로메테우스 UI

프로메테우스 UI에는 그림 9.7에서 볼 수 있듯이 **Graph** 페이지가 있습니다. UI를 통해 경고를 생성할 수는 없지만 구성된 경고를 볼 수 있는 자체 UI가 있습니다. 그라파나와 얼럿매니저가 그 작업을 도와줄 것입니다.

쿼리를 수행하려면 **Graph** 페이지로 이동하여 **Expression** 줄에 쿼리 커맨드를 입력한 후 **Execute**를 클릭합니다. 프로메테우스는 PromQL이라는 쿼리 언어를 사용합니다. 이 책에서는 자세히 설명하지 않겠지만 프로메테우스 문서에 잘 설명되어 있습니다. 다음 링크에서 참조하기 바랍니다.

```
https://prometheus.io/docs/prometheus/latest/querying/basics/
```

작동 방식을 보려면 다음과 같이 기본 쿼리를 입력합니다.

```
kubelet_http_requests_total
```

이 쿼리는 다음 화면에 표시된 것처럼 각 요청 카테고리에 대해 각 노드의 kubelet에 대한 총 HTTP 요청 수를 나열합니다.

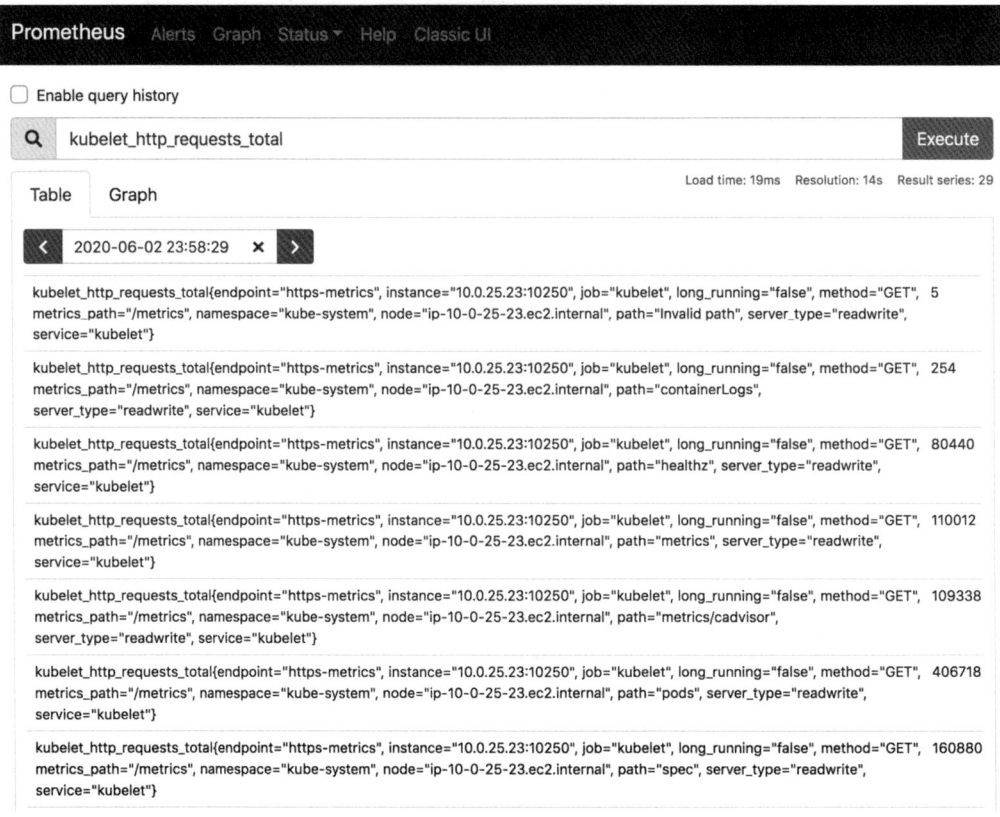

그림 9.8 HTTP 요청 쿼리

다음 화면과 같이 Table 옆에 있는 Graph 탭을 클릭하여 요청을 그래프 형식으로도 볼 수 있습니다.

그림 9.9 HTTP 요청 쿼리 – 그래프 형식

이것은 앞의 화면에 나온 데이터의 시계열 그래프 보기를 제공합니다. 보다시피 그래프 작성 기능은 매우 간단합니다.

프로메테우스는 또한 경고 구성을 위한 **경고** 탭을 제공합니다. 일반적으로 UI에서 **경고** 탭을 사용하는 대신 코드를 통해 경고를 설정하기 때문에 여기서는 해당 내용을 건너뛰겠습니다. 자세한 내용은 다음의 프로메테우스 공식 문서를 확인하기 바랍니다.

- https://prometheus.io/docs/alerting/latest/overview/

이제 시각화를 통해 프로메테우스의 강력한 데이터 도구를 확장할 수 있는 그라파나로 이동하겠습니다.

그라파나 사용하기

그라파나는 실시간 업데이트가 가능한 여러 차트 작성 유형을 지원하고 지표를 시각화하는 강력한 도구를 제공합니다. 그라파나 UI에서 클러스터 지표를 볼 수 있도록 그라파나를 프로메테우스와 연결할 수 있습니다.

그라파나를 시작하려면 다음을 수행합니다.

1. 현재의 포트 포워딩을 중단하고(**CTRL+C**로 수행) 그라파나 UI를 위한 새 포트 포워딩을 설정합니다.

   ```
   kubectl -n monitoring port-forward svc/grafana 3000:3000
   ```

2. 다시 `localhost:3000`으로 이동하여 그라파나 UI를 확인합니다. **Username**: admin, **Password**: admin으로 로그인할 수 있습니다. 이때 다음 화면과 같이 초기 암호를 변경할 수 있습니다.

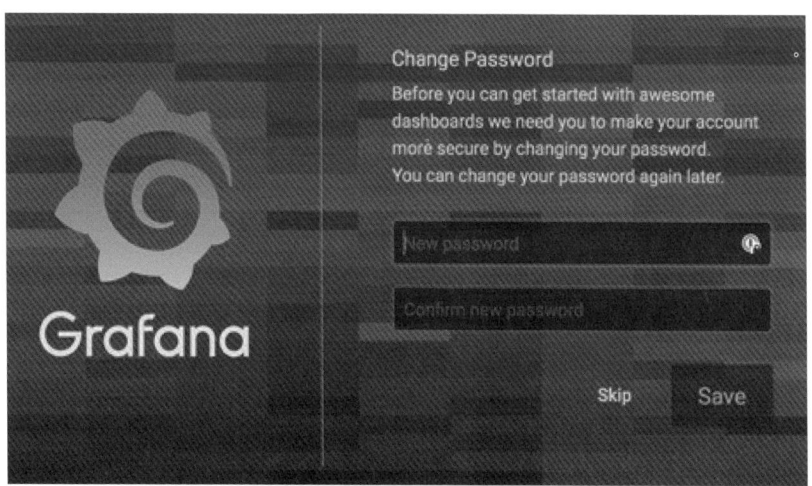

그림 9.10 그라파나 암호 변경 화면

3. 로그인하면 다음과 같은 화면이 표시됩니다. 그라파나는 사전 구성된 대시보드가 없지만 다음 화면에서 볼 수 있듯이 [+] 기호를 클릭하여 쉽게 추가할 수 있습니다.

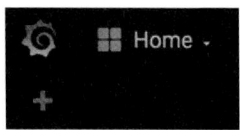

그림 9.11 그라파나 메인 페이지

4. 각 그라파나 대시보드에는 서로 다른 지표 집합에 대한 하나 이상의 그래프가 있습니다. 사전 구성된 대시보드(직접 만드는 대신)를 추가하려면 왼쪽 메뉴에서 더하기(+) 기호를 클릭하고 Import를 클릭합니다. 다음 화면과 같이 표시됩니다.

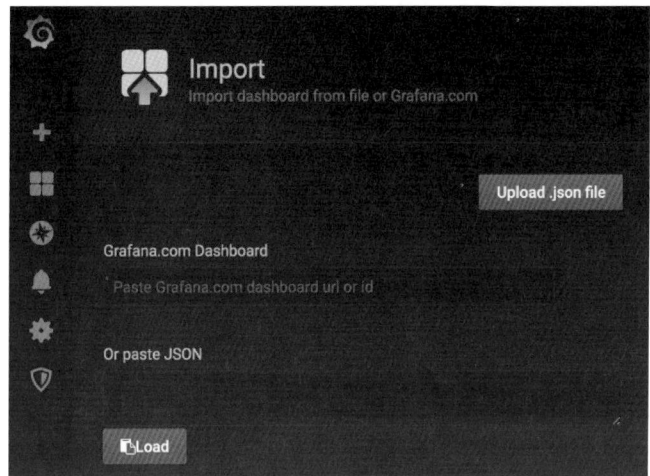

그림 9.12 그라파나 대시보드 가져오기(Import)

JSON 구성을 사용하거나 공용 대시보드 ID를 붙여 넣어서 이 페이지를 통해 대시보드를 추가할 수 있습니다.

5. https://grafana.com/grafana/dashboards/315에서 공용 대시보드 및 관련 ID를 찾을 수 있습니다. 대시보드 #315는 처음 시작하기에 훌륭한 쿠버네티스용 대시보드입니다. 그것을 Grafana.com Dashboard 텍스트 상자에 추가하고 Load를 클릭합니다.

6. 다음 페이지의 Prometheus 드롭다운 옵션에서 Prometheus 데이터 원본을 선택합니다. 이 옵션은 사용 가능한 여러 데이터 원본을 선택하는 데 사용됩니다. Import를 클릭하면 대시보드가 로드되고 다음 화면과 같이 표시됩니다.

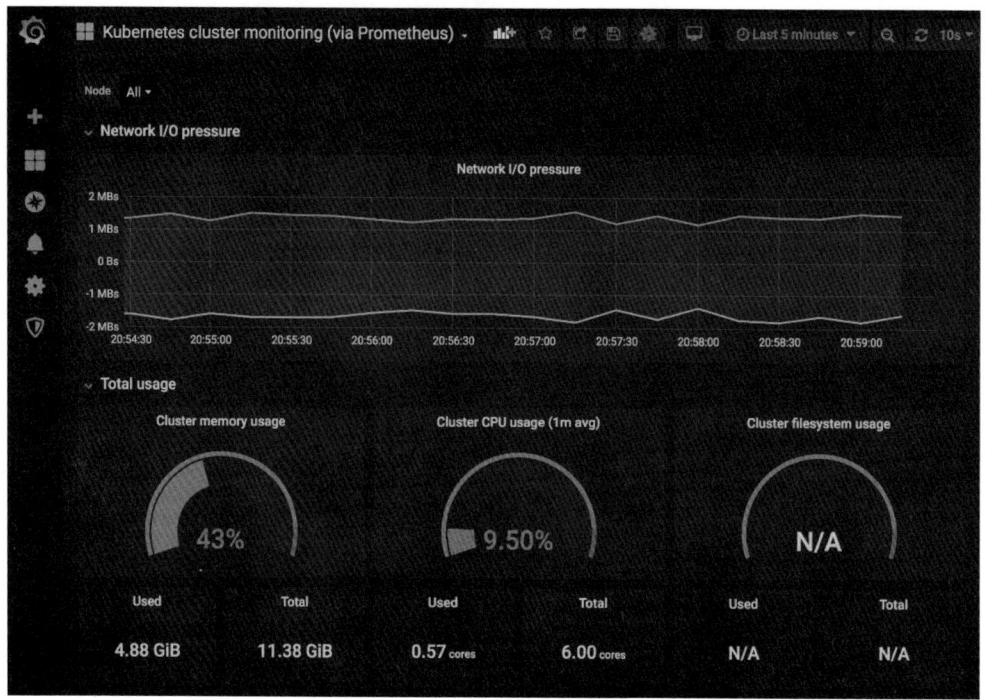

그림 9.13 그라파나 대시보드

이 그라파나 대시보드는 클러스터 전체의 네트워크, 메모리, CPU 및 파일 시스템 사용률에 대한 높은 수준의 개요를 제공하며, 파드 및 컨테이너 별로 세분화되어 있습니다. **Network I/O pressure, Cluster memory usage, Cluster CPU usage** 및 **Cluster filesystem usage**에 대한 실시간 그래프로 구성되어 있습니다. 마지막 옵션인 Cluster filesystem usage는 프로메테우스 설치 방법에 따라 활성화되지 않을 수 있습니다.

마지막으로 얼럿매니저 UI를 살펴보겠습니다.

얼럿매니저 사용하기

얼럿매니저는 프로메테우스 경고에서 생성된 경고를 관리하기 위한 오픈소스 솔루션입니다. 이전에 얼럿매니저를 스택의 일부로 설치했습니다. 이제 얼럿매니저의 기능을 살펴보겠습니다.

1. 먼저 다음 커맨드를 사용하여 얼럿매니저에 port-forward 설정을 합니다.

```
kubectl -n monitoring port-forward svc/alertmanager-main 3000:9093
```

2. 평소처럼 `localhost:3000`으로 이동하여 다음 화면과 같이 UI를 확인합니다. 프로메테우스 UI와 비슷해 보입니다.

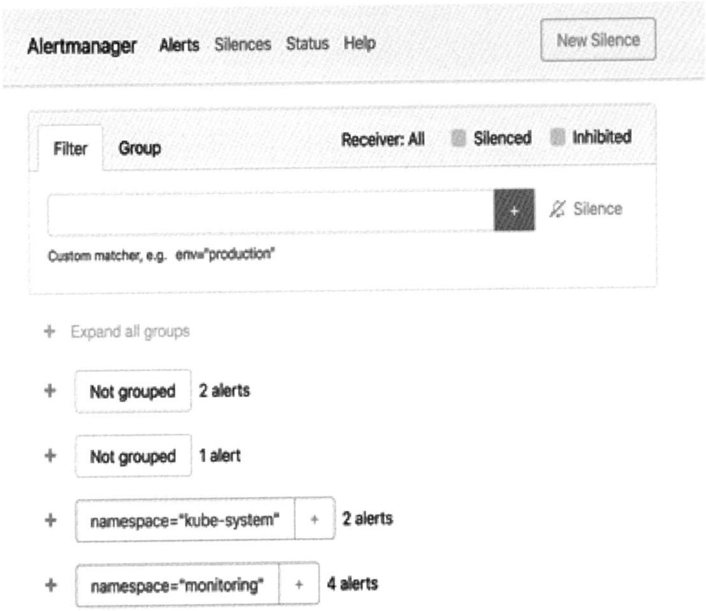

그림 9.14 얼럿매니저 UI

얼럿매니저는 프로메테우스 경고와 함께 작동합니다. 프로메테우스 서버를 사용하여 알림 규칙을 지정한 다음 얼럿매니저를 사용하여 유사한 알림을 하나의 통보로 그룹화하고 중복 제거를 수행하며 특정 규칙과 일치하는 경우에는 알람을 무시할 수 있습니다.

다음으로 가장 인기 있는 로깅 스택인 Elasticsearch, FluentD 및 Kibana에 대해 살펴보겠습니다.

쿠버네티스에서 EFK 스택 구현하기

EFK 스택은 널리 사용되는 ELK 스택(Elasticsearch, Logstash 및 Kibana)과 마찬가지로 쿠버네티스에서 잘 지원되는 FluentD 로그 전달자로 Logstash를 대체합니다. 이 스택을 구현하는 것은 쉽고, 쿠버네티스에서 완전한 오픈소스 도구를 사용하여 로그 집계 및 검색 기능을 시작할 수 있습니다.

EFK 스택 설치하기

쿠버네티스에서 EFK 스택을 설치하는 방법은 여러 가지가 있지만 쿠버네티스 깃허브 리포지토리 자체에서 지원하는 YAML이 있습니다. 이 기능을 사용해 보겠습니다.

1. 먼저 다음 커맨드를 사용하여 쿠버네티스 리포지토리를 복제하거나 다운로드합니다.

   ```
   git clone https://github.com/kubernetes/kubernetes
   ```

2. 매니페스트 위치는 `kubernetes/cluster/addons` 폴더, 특히 `fluentd-elasticsearch` 아래에 있습니다.

   ```
   cd kubernetes/cluster/addons
   ```

   프로덕션 워크로드의 경우 클러스터에 대한 구성을 적절하게 커스터마이즈하기 위해 이러한 매니페스트를 일부 변경할 수 있지만 이 실습에서는 모든 항목을 기본값으로 두겠습니다. 이제 EFK 스택을 구성해보겠습니다.

3. 먼저 Elasticsearch 클러스터 자체를 생성하겠습니다. 이것은 쿠버네티스에서 StatefulSet으로 실행되며 Service도 생성합니다. 클러스터를 만들려면 두 가지 kubectl 커맨드를 실행해야 합니다.

   ```
   kubectl apply -f ./fluentd-elasticsearch/es-statefulset.yaml
   kubectl apply -f ./fluentd-elasticsearch/es-service.yaml
   ```

   > **중요 사항**
   >
   > Elasticsearch StatefulSet의 경우 기본적으로 각 파드에 대한 리소스 요청은 3GB 메모리이므로 사용 가능한 노드가 없는 경우 기본 구성 그대로 배포할 수 없습니다.

4. 다음으로, FluentD 로깅 에이전트를 배포하겠습니다. 이러한 설정은 노드당 하나씩 배포되는 DaemonSet으로 실행되고 노드에서 Elasticsearch로 로그를 전달합니다. 기본 FluentD 에이전트 구성이 포함된 ConfigMap YAML을 만들어야 합니다. 로그 필터 및 새로운 원본위치와 같은 항목을 추가하기 위해 커스터마이즈할 수 있습니다.

5. 에이전트 및 해당 구성에 대한 DaemonSet을 설치하려면 다음 두 가지 kubectl 커맨드를 실행합니다.

   ```
   kubectl apply -f ./fluentd-elasticsearch/fluentd-es-configmap.yaml
   kubectl apply -f ./fluentd-elasticsearch/fluentd-es-ds.yaml
   ```

6. 이제 ConfigMap과 FluentD DaemonSet을 만들었으므로 Elasticsearch와 상호 작용하기 위한 GUI인 Kibana를 만들 수 있습니다. Kibana는 DeamonSet으로 설치되고 Service를 생성합니다. 클러스터에 Kibana를 배포하려면 마지막으로 두 가지 kubectl 커맨드를 실행합니다.

```
kubectl apply -f ./fluentd-elasticsearch/kibana-deployment.yaml
kubectl apply -f ./fluentd-elasticsearch/kibana-service.yaml
```

7. 모든 작업이 시작되면 몇 분 정도 걸릴 수 있습니다. 프로메테우스와 그라파나와 동일한 방법으로 Kibana UI에 접근할 수 있습니다. 방금 만든 리소스의 상태를 확인하기 위해 다음을 실행합니다.

```
kubectl get po -A
```

8. FluentD, Elasicsearch 및 Kibana 파드가 모두 **Ready**(준비) 상태가 되면 다음 단계로 넘어갑니다. **Error** 또는 **CrashLoopBackoff** 단계에 있는 파드가 있다면 addons 폴더의 쿠버네티스 깃허브 문서를 참조하기 바랍니다.

9. 구성 요소가 제대로 작동하는지 확인했으면 port-forward 커맨드를 사용하여 Kibana UI에 접근하겠습니다. EFK 스택은 kube-system 네임스페이스에 존재하기 때문에 커맨드에 포함해야 합니다. 커맨드는 다음과 같습니다.

```
kubectl port-forward -n kube-system svc/kibana-logging 8080:5601
```

이 커맨드는 Kibana UI에서 로컬 컴퓨터의 8080번 포트로 port-forward를 시작합니다.

10. localhost:8080에서 Kibana UI를 확인해보겠습니다. 정확한 버전 및 구성에 따라 다음과 같이 나타나야 합니다.

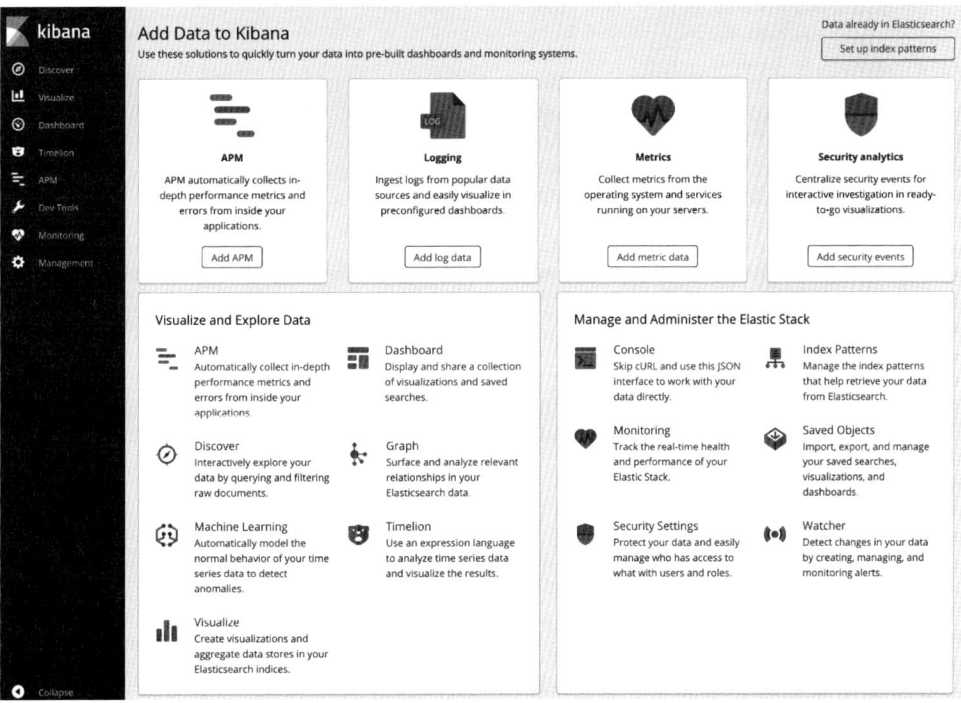

그림 9.15 기본 Kibana UI

Kibana는 로그, 지표 등을 검색하고 시각화하는 여러 가지 기능을 제공합니다. 대시보드에서 가장 중요한 부분은 **로깅**이기 때문에 이번 실습에서는 Kibana를 로그 검색 UI로만 사용할 것입니다.

그러나 Kibana는 그라파나와 비슷한 다른 기능도 많이 가지고 있습니다. 예를 들어, 전체 시각화 엔진, **애플리케이션 성능 모니터링(APM)** 기능 및 프로메테우스의 PromQL과 매우 유사한 시계열 데이터에 대한 표현 엔진인 Timelion 등이 있습니다. Kibana의 지표 기능은 프로메테우스 및 그라파나와 유사합니다.

11. Kibana를 작동하려면 먼저 인덱스$_{index}$ 패턴을 지정해야 합니다. 그러려면 Visualize 버튼을 클릭한 다음 **Add an Index Pattern**을 클릭합니다. 패턴 목록에서 옵션을 선택하고 현재 날짜가 표시된 색인을 선택한 다음 인덱스 패턴을 생성합니다.

이제 설정이 끝났으므로 **Discover** 페이지에서 검색 기능을 사용할 수 있습니다. 이 경우 Apache Lucene 쿼리 구문(https://www.elastic.co/guide/en/elasticsearch/reference/6.7/query-dsl-query-string-query.html#query-string-syntax)이 사용됩니다. 간단한 문자열 일치 표현식에서 매우 복잡한 쿼리에 이르기까지 모든 것을 처리할 수 있습니다. 다음 화면에서는 문자 h에 대해 간단한 문자열 일치를 수행합니다.

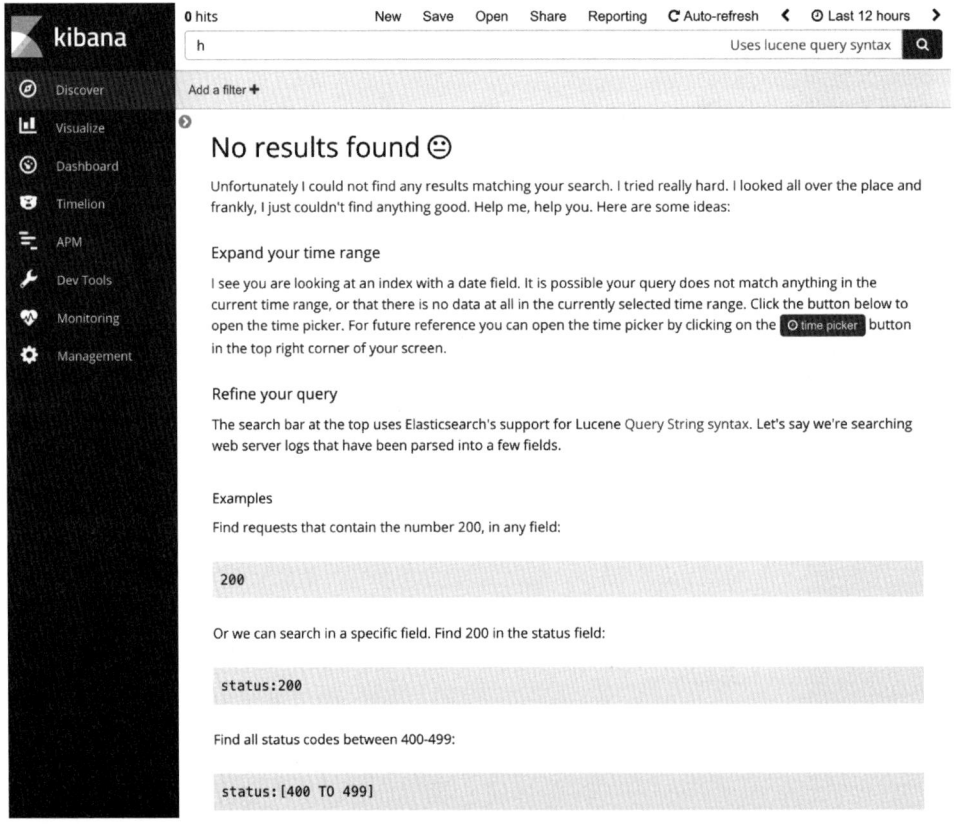

그림 9.16 Discover UI

그림 9.16에서 볼 수 있듯이, Kibana는 결과를 찾을 수 없는 경우 쿼리 예제를 비롯한 유용한 해결책을 제공합니다.

이제 검색 쿼리를 작성하는 방법을 알아봤으므로 **시각화** 페이지의 쿼리에서 시각화를 만들 수 있습니다. 그래프, 차트 등을 포함한 시각화 유형 중에서 선택한 후 다음 화면에 표시된 대로 특정 쿼리를 사용하여 커스터마이즈할 수 있습니다.

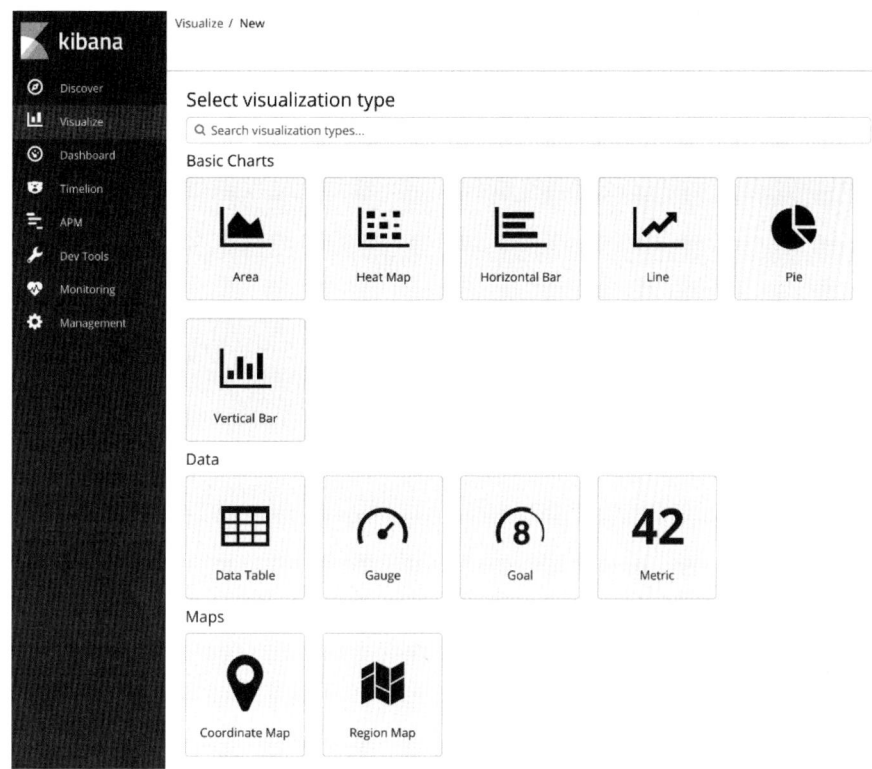

그림 9.17 새 시각화 만들기

다음으로 이러한 시각화를 대시보드로 결합할 수 있습니다. 이 기능은 여러 시각화를 대시보드에 추가하고 저장한 후 재사용할 수 있는 그라파나와 유사하게 동작합니다.

또한 검색 표시줄을 사용하여 대시보드 시각화에 대한 필터를 추가할 수 있습니다. 이 기능은 상당히 좋습니다. 다음 화면은 대시보드를 특정 쿼리에 연결하는 방법을 보여줍니다.

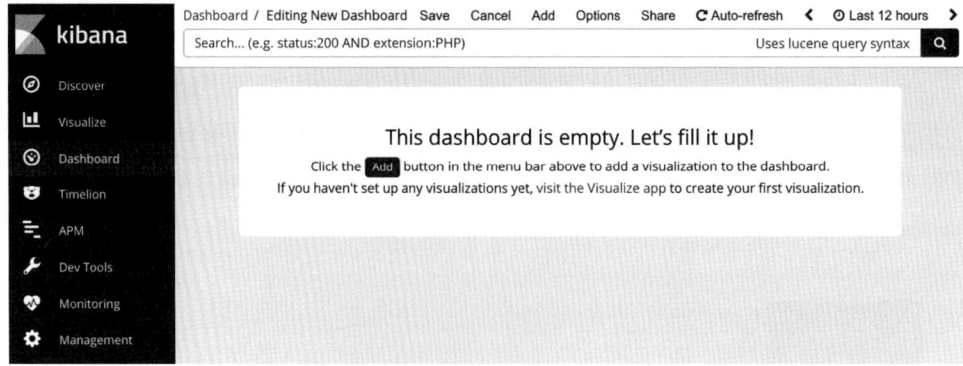

그림 9.18 대시보드 UI

보다시피 **Add** 버튼을 사용하여 특정 쿼리에 대한 대시보드를 만들 수 있습니다.

다음으로 Kibana는 시계열 시각화 합성 도구인 **Timelion**이라는 도구를 제공합니다. 기본적으로 별도의 데이터 소스를 단일 시각화로 결합도 가능합니다. Timelion은 매우 강력하지만, 그것의 특징에 대한 설명은 이 책의 범위를 벗어납니다. 다음 화면은 Timelion UI를 보여줍니다. 이 두 가지 도구는 매우 유사한 기능을 제공하므로 그라파나와 몇 가지 유사점이 있을 수 있습니다.

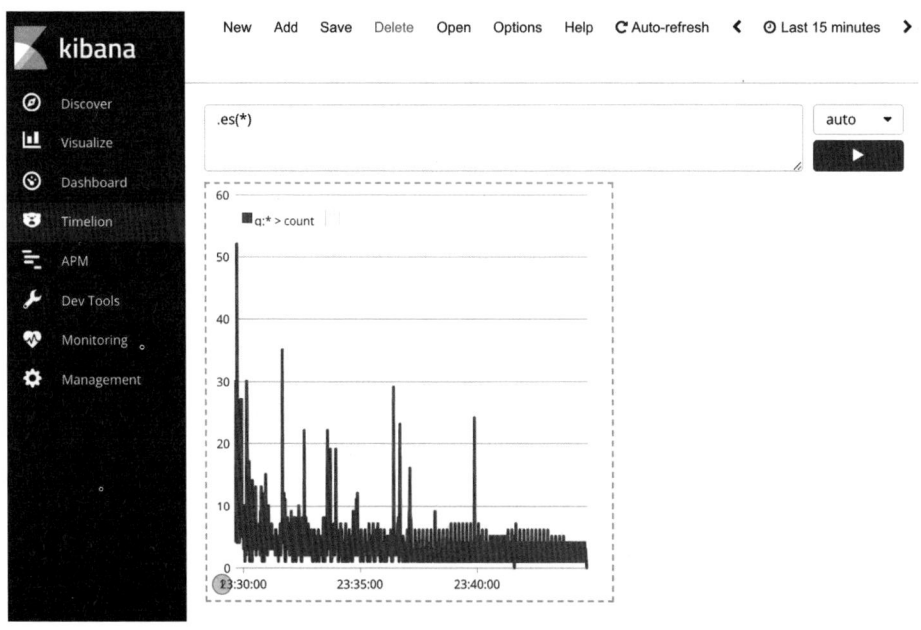

그림 9.19 Timelion UI

보다시피 Timelion에서 쿼리를 사용하여 그라파나에서처럼 실시간 업데이트 그래프를 구동할 수 있습니다.

또한 이 책과 관련이 적지만 Kibana는 APM 기능을 제공하므로 특히 쿠버네티스와 함께 추가 설정이 필요합니다. 이 책에서는 이러한 유형의 정보는 프로메테우스에 의존하여 얻고, EFK 스택을 애플리케이션의 로그를 검색하기 위한 용도로 사용합니다.

지금까지 지표 및 경고 관련하여 프로메테우스 및 그라파나를 다뤘고 로깅에 대해서 EFK 스택을 다뤘으므로 이제 관찰 가능성 퍼즐의 한 부분만 남아 있습니다. 이를 해결하기 위해 또 다른 훌륭한 오픈소스 소프트웨어인 예거(Jaeger)를 사용할 것입니다.

예거를 사용하여 분산 추적 구현하기

예거는 쿠버네티스와 호환되는 오픈소스 분석 추적 솔루션입니다. 예거는 분산 추적을 정의하기 위한 표준 세트인 오픈트레이싱(OpenTracing) 규격을 구현합니다.

예거는 추적을 볼 수 있는 UI를 제공하고 프로메테우스와 통합합니다. 공식 예거 문서는 https://www.jaegertracing.io/docs/에서 확인할 수 있습니다. 출판 시점 이후로 변경사항이 있을 수 있으니 항상 문서를 확인하기 바랍니다.

예거 오퍼레이터를 사용하여 예거 설치하기

예거를 설치하기 위해 예거 오퍼레이터를 사용할 것입니다. 예거 오퍼레이터는 이 책에서 처음 접하는 오퍼레이터입니다. 쿠버네티스의 **오퍼레이터**는 단순히 쿠버네티스의 언어를 사용하는 커스텀 애플리케이션 컨트롤러를 만들기 위한 패턴입니다. 즉, 애플리케이션을 위한 쿠버네티스 리소스를 모두 배포하는 대신 단일 파드(또는 일반적으로 단일 배포)를 배포하는 것을 의미합니다. 그러면 해당 애플리케이션이 쿠버네티스와 통신하여 필요한 리소스를 모두 생성(spin up)합니다. 더 나아가 애플리케이션을 자체 운영하여 필요할 때 리소스를 변경할 수도 있습니다. 오퍼레이터는 매우 복잡할 수 있지만 최종 사용자가 쿠버네티스 클러스터에 상용 또는 오픈소스 소프트웨어를 더 쉽게 배포할 수 있게 해줍니다.

예거 오퍼레이터를 시작하려면 예거에 대한 초기 리소스를 몇 개 만들어야 합니다. 나머지 리소스는 오퍼레이터가 만듭니다. 예거 설치를 위한 사전 조건으로 클러스터에 `nginx-ingress` 컨트롤러를 설치해야 합니다. 그래야 예거 UI에 접근할 수 있습니다.

먼저 예거를 위한 네임스페이스를 생성합니다. kubectl create namespace 커맨드를 입력합니다.

```
kubectl create namespace observability
```

네임스페이스를 만들었으면 예거와 오퍼레이터가 사용할 몇 가지 **CRD**를 생성합니다. CRD에 대해서는 쿠버네티스 확장하기 챕터에서 자세히 설명할 것입니다. 지금은 그것을 애플리케이션을 위한 맞춤 기능을 구축하기 위해 쿠버네티스 API를 채택하는 방법으로 생각합시다. 다음 단계에 따라 예거를 설치하겠습니다.

1. 예거 CRD를 생성하려면 다음 커맨드를 실행합니다.

    ```
    kubectl create -f https://raw.githubusercontent.com/jaegertracing/jaeger-operator/master/deploy/crds/jaegertracing.io_jaegers_crd.yaml
    ```

    CRD가 생성되면 오퍼레이터가 작업하기 위해 필요한 몇 가지 역할 및 바인딩(Bindings)을 생성해야 합니다.

2. 예거는 클러스터 전체 사용 권한이 필요하기 때문에 선택적 클러스터롤 및 클러스터롤바인딩을 생성해야 합니다. 이를 위해 다음 커맨드를 실행합니다.

    ```
    kubectl create -n observability -f https://raw.githubusercontent.com/jaegertracing/jaeger-operator/master/deploy/service_account.yaml
    kubectl create -n observability -f https://raw.githubusercontent.com/jaegertracing/jaeger-operator/master/deploy/role.yaml
    kubectl create -n observability -f https://raw.githubusercontent.com/jaegertracing/jaeger-operator/master/deploy/role_binding.yaml
    kubectl create -f https://raw.githubusercontent.com/jaegertracing/jaeger-operator/master/deploy/cluster_role.yaml
    kubectl create -f https://raw.githubusercontent.com/jaegertracing/jaeger-operator/master/deploy/cluster_role_binding.yaml
    ```

3. 이제 오퍼레이터가 작업하는 데 필요한 모든 리소스가 있습니다. 마지막 kubectl 커맨드로 오퍼레이터를 설치하겠습니다.

    ```
    kubectl create -n observability -f https://raw.githubusercontent.com/jaegertracing/jaeger-operator/master/deploy/operator.yaml
    ```

4. 마지막으로 다음 커맨드를 사용하여 오퍼레이터가 실행 중인지 확인합니다.

    ```
    kubectl get deploy -n observability
    ```

오퍼레이터가 정상적으로 동작한다면 출력 결과는 다음과 비슷할 것입니다.

그림 9.20 예거 오퍼레이터 파드 출력

이제 예거 오퍼레이터는 실행되고 있지만 예거 자체는 실행되고 있지 않습니다. 예거는 매우 복잡한 시스템이며 다양한 구성으로 실행할 수 있기 때문에 예거 오퍼레이터를 사용하여 이러한 구성을 더 쉽게 배포할 수 있게 합니다.

예거 오퍼레이터는 Jaeger라는 CRD를 사용하여 예거 인스턴스에 대한 구성을 읽습니다. 그러면 오퍼레이터는 필요한 모든 파드 및 기타 리소스를 쿠버네티스에 배포합니다.

예거는 **AllInOne**, **Production**, **Streaming**이라는 세 가지 기본 구성으로 실행할 수 있습니다. 이러한 구성에 대한 전체 설명은 이 책의 범위를 벗어납니다(이전에 공유된 예거 문서 링크를 확인바랍니다). 이번 실습에서는 AllInOne 구성을 사용할 것입니다. 이 구성은 영구 스토리지를 사용하지 않고 예거 UI, 콜렉터(Collector), 에이전트 및 인제스터(Ingestor)를 단일 파드로 결합합니다. 이 구성은 데모용으로 적합합니다. 프로덕션 준비 구성은 예거 문서를 확인하기 바랍니다.

예거 배포를 만들려면 예거 오퍼레이터에게 선택한 구성을 전달해야 합니다. 앞서 만든 CRD인 예거 CRD를 사용하여 이를 수행합니다. CRD 인스턴스에 대한 새 파일을 생성합니다.

```
jaeger-allinone.yaml
apiVersion: jaegertracing.io/v1
kind: Jaeger
metadata:
  name: all-in-one
  namespace: observability
spec:
  strategy: allInOne
```

여기서는 예거 타입 구성의 작은 부분 집합을 사용하고 있습니다. 전체 내용은 문서를 참조하기 바랍니다.

이제 다음 커맨드를 실행하여 예거 인스턴스를 만들 수 있습니다.

```
kubectl apply -f jaeger-allinone.yaml
```

이 커맨드는 이전에 설치한 예거 CRD의 인스턴스를 생성합니다. 이때 예거 오퍼레이터는 CRD가 생성되었음을 감지해야 합니다. 1분 안에 실제 예거 파드가 실행될 것입니다. 다음 커맨드를 사용하여 observability 네임스페이스에 있는 모든 파드를 확인합니다.

```
kubectl get po -n observabiltity
```

출력으로 올인원 인스턴스에 대해 새로 생성된 예거 파드를 볼 수 있습니다.

```
NAME                          READY   STATUS    RESTARTS   AGE
all-in-one-12t6bc95sr-aog4s   1/1     Running   0          5m
```

클러스터에서 인그레스 컨트롤러가 실행 중인 경우 예거 오퍼레이터가 수신 레코드를 생성합니다. 즉, kubectl을 통해 인그레스 항목을 나열하여 예거 UI에 접근할 수 있는 위치를 확인할 수 있습니다.

다음 커맨드를 사용하여 인그레스 목록을 나열합니다.

```
kubectl get ingress -n observability
```

출력에 다음과 같이 예거 UI에 대한 새 인그레스가 표시됩니다.

```
NAMESPACE       NAME               HOSTS   ADDRESS          PORTS   AGE
observability   all-in-one-query   *       10.200.208.231   80      46s
```

그림 9.21 예거 UI 서비스 출력

이제 클러스터의 인그레스 레코드에 나열된 주소로 이동하면 다음과 같은 예거 UI를 볼 수 있습니다.

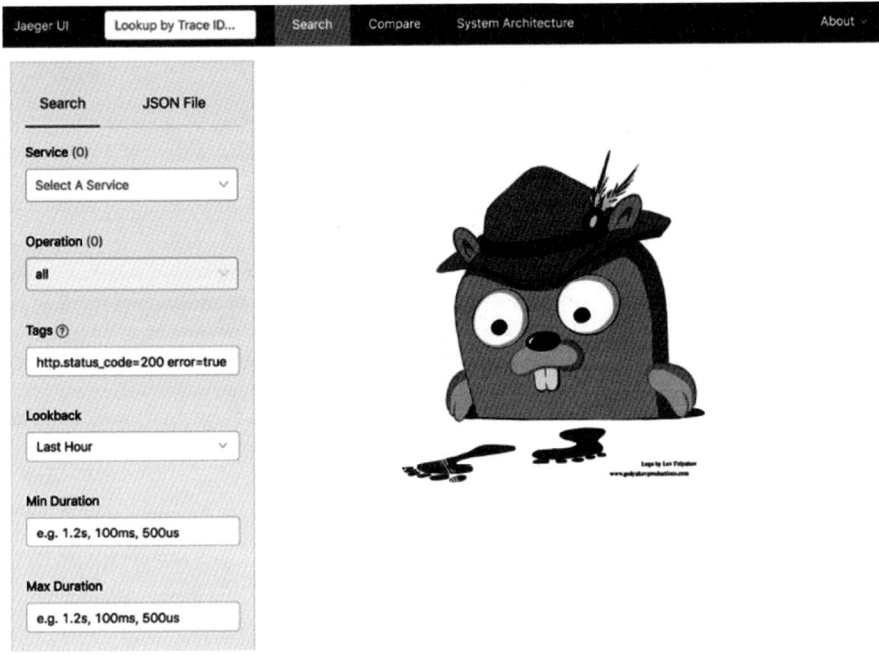

그림 9.22 예거 UI

보다시피 예거 UI는 매우 간단합니다. 상단에는 **Search, Compare, System Architecture**라는 세 개의 탭이 있습니다. 여기서는 **Search** 탭에 초점을 두고 설명할 텐데, 나머지 2개에 대한 자세한 내용은 https://ww.jagertracking.io를 참조하기 바랍니다.

예거 Search 페이지에서는 많은 입력을 기반으로 추적을 검색할 수 있습니다. 추적에 포함된 서비스 또는 태그, 기간 등을 기준으로 검색할 수 있습니다. 하지만 지금은 아무것도 없을 것입니다.

그 이유는 예거가 가동되어 실행 중이지만 예거에 추적을 보내도록 앱을 구성해야 하기 때문입니다. 이것은 일반적으로 코드나 프레임워크 수준에서 이루어져야 하며, 이 책의 범위를 벗어납니다. 예거의 추적 기능을 사용하고 싶다면 샘플 앱을 설치할 수 있습니다. 예거 설명 페이지(https://www.jaegertracing.io/docs/1.18/getting-started/#sample-app-hotrod)를 참조하기 바랍니다.

서비스가 예거에 추적을 보내면 추적을 확인할 수 있습니다. 예거의 추적은 다음과 같습니다. 가독성을 위해 추적의 뒷부분 일부를 잘라냈지만 추적이 어떻게 보이는지 확인하는 데는 무리가 없을 것입니다.

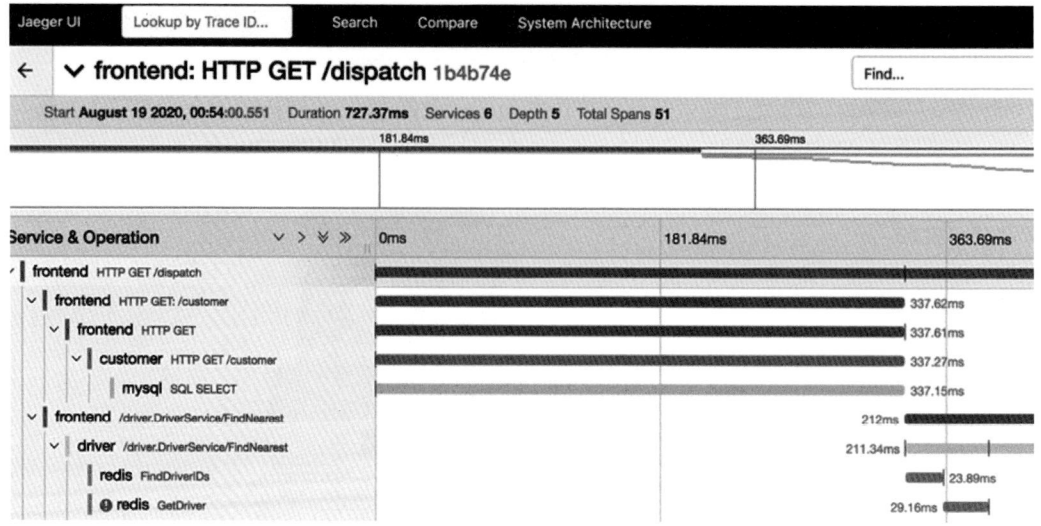

그림 9.23 예거의 추적 보기

보다시피 추적에 대한 예거 UI 보기는 서비스 추적을 구성 요소로 나눕니다. 각 서비스 간 호출뿐만 아니라 서비스 자체의 모든 특정 호출도 추적에서 자체 줄이 있습니다. 수평 막대 차트는 시간에 따라 왼쪽에서 오른쪽으로 이동하며, 추적의 각 개별 호출에는 자체 줄이 있습니다. 이 추적에서는 HTTP 호출, SQL 호출 및 일부 Redis 문이 있습니다.

예거와 추적이 개발자가 서비스 간 호출을 이해하고 병목 현상을 찾는 데 어떻게 도움이 되는지 확인할 수 있을 것입니다.

예거에 대한 검토를 통해 관찰 가능성 항목에서 모든 문제에 대한 완전한 오픈소스 솔루션을 다뤘습니다. 그렇다고 해서 상용 솔루션 사용 사례가 없다는 것은 아닙니다. 대부분 상용 솔루션을 사용하는 경우가 많습니다.

타사 도구

여러 오픈소스 라이브러리 외에도 쿠버네티스에 대한 지표, 로깅 및 경고를 위한 상용 제품이 많습니다. 이 중 일부는 오픈소스보다 훨씬 좋습니다.

일반적으로 지표 및 로깅을 위한 대부분의 도구는 지표 및 로그를 서비스에 전달하기 위해 클러스터에서 리소스를 프로비저닝해야 합니다. 이번 장에서는 이러한 서비스를 클러스터에서 실행했지만 상용 제품에서는 별도의 SaaS 애플리케이션에 로그온하여 로그를 분석하고 지표를 확인할 수 있습니다. 예를 들어, 이번 장에서 프로비저닝한 EFK 스택을 예로 들면, Elasticsearch와 Kibana를 엘라스틱(Elastic)의 인프라에서 호스팅하여 복잡성을 줄이면서 호스팅 솔루션에 대해 엘라스틱 비용을 지불할 수 있습니다. Sumo Logic, New Relic, DataDog, AppDynamics를 포함한 공급업체의 다른 솔루션도 많습니다.

프로덕션 환경의 경우 별도의 컴퓨팅(별도의 클러스터, 서비스 또는 SaaS 제품)을 사용하여 로그 및 지표 분석을 수행하는 것이 일반적입니다. 이렇게 하면 실제 소프트웨어를 실행하는 클러스터가 애플리케이션 전용이 될 수 있으며 비용이 많이 드는 로그 검색 또는 쿼리 기능은 별도로 처리할 수 있습니다. 또한 애플리케이션 클러스터가 장애가 나더라도 장애 지점까지의 로그와 지표를 확인할 수 있습니다.

요약

이번 장에서는 쿠버네티스에 대한 관찰 가능성에 대해 배웠습니다. 먼저 지표, 로깅, 추적 및 경고의 네 가지 주요 관찰 가능성에 대해 배웠습니다. 그런 다음 로그 및 리소스 지표를 관리하는 방법과 쿠버네티스 대시보드를 배포하는 방법을 포함하여 쿠버네티스 자체가 관찰 가능성을 위한 도구를 어떻게 제공하는지 알아봤습니다. 마지막으로, 네 개 요소에 대한 시각화, 검색 및 경고를 제공하기 위해 몇 가지 주요 오픈소스 도구를 구현하고 사용하는 방법에 대해 배웠습니다. 이러한 지식을 통해 향후 쿠버네티스 클러스터에 대한 강력한 관찰 가능성 인프라를 구축하고 클러스터에서 무엇을 가장 중요하게 관찰할지 결정할 수 있습니다.

다음 장에서는 여기서 관찰 가능성에 대해 배운 내용을 사용하여 쿠버네티스에서의 애플리케이션 문제를 해결할 것입니다.

질문

1. 지표와 로그의 차이점을 설명하십시오.
2. 단순히 프로메테우스 UI를 사용하는 대신 그라파나를 사용하는 이유는 무엇입니까?
3. 프로덕션에서 EFK 스택을 실행할 때(가능한 한 많은 컴퓨팅을 프로덕션 애플리케이션 클러스터에서 사용하지 않게 하기 위해) 어떤 스택이 프로덕션 애플리케이션 클러스터에서 실행됩니까? 그리고 어떤 스택이 클러스터 밖에서 실행됩니까?

더 읽을 거리

- Kibana Timelion에 대한 자세한 내용은 다음 링크를 참고하세요.
- https://www.elastic.co/guide/en/kibana/7.10/timelion-tutorial-create-time-series-visualizations.html

# 10

쿠버네티스 문제 해결하기

이번 장에서는 쿠버네티스 클러스터와 클러스터에서 실행되는 애플리케이션의 문제 해결(트러블슈팅이라고도 함)을 효과적으로 하기 위한 모범 사례를 살펴봅니다. 여기에는 마스터 노드와 워커 노드를 별도로 디버깅하는 방법뿐만 아니라 일반적인 쿠버네티스 문제에 대한 논의도 포함됩니다. 일반적인 쿠버네티스 문제는 사례 연구 형식으로 논의되고 진행되며 클러스터 문제와 애플리케이션 문제로 나닙니다.

클러스터와 애플리케이션 문제 해결을 잘 하는 방법을 살펴보기 전에 몇 가지 일반적인 쿠버네티스 장애에 대해 먼저 설명하겠습니다.

이번 장에서는 다음 항목에 대해 다룹니다.

- 분산 애플리케이션의 장애 이해하기
- 쿠버네티스 클러스터 문제 해결하기
- 쿠버네티스에서 애플리케이션 문제 해결하기

기술 요구 사항

이번 장에서 설명하는 커맨드를 실행하려면 쿠버네티스 클러스터와 함께 kubectl 커맨드라인 도구를 지원하는 컴퓨터가 필요합니다. kubectl 도구를 설치하는 방법과 쿠버네티스를 빠르게 실행할 수 있는 방법에 대한 설명은 **1장 쿠버네티스와 통신하기**를 참조하기 바랍니다.

이번 장에 사용된 코드는 이 책의 깃허브 리포지토리 에서 확인할 수 있습니다.

- https://github.com/wikibook/cnk/tree/master/Chapter10

분산 애플리케이션의 장애 모드 이해하기

쿠버네티스 구성 요소(및 쿠버네티스에서 실행 중인 애플리케이션)는 둘 이상의 복제본을 실행하는 것을 전제로 배포됩니다. 이로 인해 디버깅하기 어려운 몇 가지 흥미로운 장애가 발생할 수 있습니다.

이러한 이유로 쿠버네티스의 애플리케이션은 스테이트리스일 경우 실패할 가능성이 적습니다. 이 경우 상태는 쿠버네티스 외부에서 실행되는 캐시 또는 데이터베이스로 저장됩니다. 스테이트풀셋 및 퍼시스턴트볼륨을 쿠버네티스 기본 요소로 사용하면 쿠버네티스에서 스테이트풀 애플리케이션을 훨씬 더 쉽게 실행할 수 있으며, 릴리스마다 쿠버네티스에서 스테이트풀 애플리케이션을 실행할 수 있게 됩니다. 그러나 쿠버네티스에서 완전한 스테이트풀 애플리케이션을 실행하기로 결정하면 복잡성이 발생하므로 실패할 가능성이 있습니다.

분산 애플리케이션의 장애는 다양한 요인으로 인해 발생할 수 있습니다. 네트워크 안정성 및 대역폭 제약과 같은 단순한 문제가 큰 문제를 일으킬 수 있습니다. 이것들은 너무나 다양해서 썬마이크로시스템스의 피터 도이치$_{\text{Peter Deutsch}}$는 분산 컴퓨팅의 장애(8번째 항목을 추가한 제임스 고슬링$_{\text{James Gosling}}$과 함께)를 작성하기까지 했습니다. 분산 컴퓨팅에 대한 오해 관련 논문에서 아르논 로템갈오즈$_{\text{Arnon Rotem-Gal-Oz}}$는 이러한 오해의 원인에 대해 설명합니다(https://www.rgoarchitects.com/Files/fallacies.pdf).

오해는 번호순으로 다음과 같습니다.

1. 네트워크가 안정적입니다.
2. 지연 시간이 0입니다.

3. 대역폭이 무한합니다.
4. 네트워크가 안전합니다.
5. 토폴로지가 변경되지 않습니다.
6. 관리자가 한 명뿐입니다.
7. 전송비가 0입니다.
8. 네트워크가 동종입니다.

쿠버네티스는 이러한 오해를 염두에 두고 설계 및 개발되었으므로 더 관대합니다. 또한 쿠버네티스에서 실행되는 애플리케이션의 경우 이러한 문제를 완벽하게 해결하지는 못합니다. 따라서 애플리케이션이 컨테이너화되어 쿠버네티스에서 실행될 때 이러한 이슈에 직면했을 때 문제가 나타날 가능성이 매우 높습니다. 각 오해 항목이 사실이 아니라고 가정하고 논리적인 결론에 도달할 경우 분산 애플리케이션에 장애 모드를 도입할 수 있습니다. 쿠버네티스 및 쿠버네티스에서 실행되는 애플리케이션에 적용되는 각 오해를 살펴보겠습니다.

네트워크가 안정적입니다

여러 논리 시스템에서 실행 중인 애플리케이션은 인터넷을 통해 통신해야 합니다. 따라서 네트워크의 모든 안정성 문제로 인해 문제가 발생할 수 있습니다. 특히 쿠버네티스에서 컨트롤 플레인 자체를 고가용성 설정으로 배포할 수 있습니다. (여러 마스터 노드가 있는 설정을 의미합니다. **1장 쿠버네티스와 통신하기**를 참조하기 바랍니다.) 이는 컨트롤러 수준에서 장애 모드가 발생할 수 있음을 의미합니다. 네트워크를 신뢰할 수 없는 경우 kubelet이 컨트롤 플레인과 통신하지 못하여 파드 배치 문제가 발생할 수 있습니다.

마찬가지로, 컨트롤 플레인의 노드들은 서로 통신하지 못할 수 있습니다. 물론 etcd는 통신 실패를 극복할 수 있는 합의 프로토콜로 구축되어 있습니다.

마지막으로 워커 노드들은 서로 통신하지 못할 수 있습니다. 이는 마이크로서비스 시나리오에서 파드 배치에 따라 문제를 일으킬 수 있습니다. 경우에 따라 워커 노드는 컨트롤 플레인과 모두 통신할 수 있지만 서로 통신을 할 수 없어 쿠버네티스 오버레이 네트워크에 문제를 일으킬 수 있습니다.

일반적인 불안정성과 마찬가지로 대기 시간도 동일한 문제를 일으킬 수 있습니다.

지연 시간이 0입니다

네트워크 지연 시간이 상당히 긴 경우 네트워크 불안정과 동일한 장애가 많이 발생됩니다. 예를 들어, kubelet과 컨트롤 플레인 간의 호출이 실패할 수 있으며, 컨트롤 플레인이 kubelet에 접속할 수 없거나 etcd를 적절하게 업데이트할 수 없기 때문에 etcd에서 부정확한 기간이 발생할 수 있습니다. 마찬가지로, 동일한 노드에 배치된 애플리케이션의 경우 완벽하게 동작하지만 워커 노드에서 실행되는 경우 요청이 손실될 수 있습니다.

대역폭이 무한합니다

대역폭 제한으로 인해 앞의 두 오류와 유사한 문제가 발생할 수 있습니다. 쿠버네티스에는 현재 대역폭 할당을 기반으로 파드를 배치하는 완벽한 방법이 없습니다. 즉, 네트워크 대역폭 제한에 도달한 노드에도 새 파드가 예약되어 요청에 대한 실패율과 지연 문제가 증가할 수 있습니다. 이를 쿠버네티스 스케줄링 코어 기능으로 추가해 달라는 요청이 있었지만(기본적으로 CPU 및 메모리와 같이 노드 대역폭 소비를 스케줄링하는 방법), 현재 솔루션은 대부분 **CNI(Container Network Interface)** 플러그인으로 제한됩니다.

> **중요 사항**
>
> 예를 들어, CNI 대역폭 플러그인은 파드 수준에서 트래픽 셰이핑을 지원합니다.
>
> - https://kubernetes.io/docs/concepts/extend-kubernetes/compute-storage-net/network-plugins/#support-traffic-shaping

타사 쿠버네티스 네트워킹 구현은 대역폭과 관련된 추가 기능을 제공할 수도 있으며, 많은 기능이 CNI 대역폭 플러그인과 호환됩니다.

네트워크가 안전합니다

네트워크 보안은 쿠버네티스 영역을 넘어 영향을 미칩니다. 안전하지 않은 네트워크는 모든 종류의 공격에 취약하기 때문입니다. 공격자는 쿠버네티스 클러스터의 마스터 또는 워커 노드에 대한 SSH 액세스 권한을 얻을 수 있으며, 이로 인해 심각한 보안에 대한 위반이 발생할 수 있습니다. 쿠버네티스의 영향은 단일 시스템이 아닌 네트워크를 통해 발생하기 때문에 네트워크를 통한 공격 상황은 두 배로 문제가 됩니다.

토폴로지가 변경되지 않습니다

이 오류는 새로운 노드가 추가 및 제거됨에 따라 메타 네트워크 토폴로지가 변경될 수 있을 뿐만 아니라 오버레이 네트워크 토폴로지도 쿠버네티스 컨트롤 플레인 및 CNI에 의해 직접 변경되기 때문에 쿠버네티스 컨텍스트와 관련이 있습니다.

이러한 이유로 한 순간에 하나의 논리적 위치에서 실행 중인 애플리케이션이 네트워크의 완전히 다른 위치에서 실행될 수 있습니다. 따라서 논리적 애플리케이션을 식별하기 위해 파드 IP를 사용하는 것은 좋지 않습니다. 이것이 서비스 추상화의 목적 중 하나입니다(**5장 서비스 및 인그레스 – 외부와의 통신** 참조). 클러스터 내에서 무한한 토폴로지를 가정하지 않는 모든 애플리케이션 관련 문제에는(적어도 IP와 관련된) 이슈가 발생할 수 있습니다. 예를 들어, 애플리케이션을 특정 파드 IP로 라우팅하는 것은 해당 파드에 어떤 일이 일어날 때만 작동합니다. 해당 파드가 종료되면 파드를 제어하는 디플로이먼트가 파드를 대체하기 위해 새 파드를 시작하지만 IP는 완전히 달라질 것입니다. 클러스터 DNS(및 서비스)는 애플리케이션에 파드 배치와 같은 클러스터 변경 사항을 즉시 조정할 수 있는 기능이 없는 경우 클러스터의 애플리케이션 간에 요청을 수행하는 더 나은 방법을 제공합니다.

관리자가 한 명뿐입니다

여러 관리자 및 충돌 규칙이 기본 네트워크에서 문제를 일으킬 수 있으며, 여러 쿠버네티스 관리자가 파드 리소스 제한과 같은 리소스 구성을 변경하여 추가 문제를 일으켜 의도하지 않은 동작을 발생시킬 수 있습니다. 쿠버네티스 **RBAC(역할 기반 액세스 제어)** 기능을 사용하면 쿠버네티스 사용자에게 필요한 권한(예: 읽기 전용)만 부여하여 이 문제를 해결할 수 있습니다.

전송비가 0입니다

이 오해를 해석하는 두 가지 일반적인 방법이 있습니다. 첫째, 전송 지연 시간 비용이 0이라는 것입니다. 이는 유선을 통한 데이터 전송 속도가 무한하지 않고 낮은 수준의 네트워킹 문제로 인해 지연 시간이 추가되기 때문에 명백한 거짓입니다. 이것은 본질적으로 **지연 시간 0**의 오해에서 비롯되는 효과와 동일합니다.

둘째, 이는 전송 목적으로 네트워크를 구축하고 운영하는 비용이 0달러 0센트와 같이 0이라는 의미로 해석될 수 있습니다. 명백한 사실이 아니지만(클라우드 공급자의 데이터 전송 비용만 봐도), 이는 쿠버네티스의 애플리케이션 문제 해결에는 해당되지 않으므로 첫 번째 해석에 초점을 맞추겠습니다.

네트워크가 동종입니다

이 마지막 오류는 쿠버네티스의 구성 요소와 관련이 없으며, 쿠버네티스에서 실행되는 애플리케이션과 더 관련이 있습니다. 그러나 사실 오늘날의 환경에서 작업하는 개발자들은 HTTP 1 및 2에서 gRPC와 같은 프로토콜에 이르기까지 애플리케이션 네트워킹이 서로 다르게 구현될 수 있다는 사실을 잘 알고 있습니다.

이제 쿠버네티스에서 애플리케이션 실패의 몇 가지 주요 원인을 검토했으므로 쿠버네티스와 쿠버네티스에서 실행되는 애플리케이션의 문제를 해결하는 실제 프로세스에 대해 살펴보겠습니다.

쿠버네티스 클러스터 문제 해결하기

쿠버네티스는 애플리케이션이 실행되는 곳에서 장애를 허용하도록 설계된 분산 시스템이기 때문에 대부분(전부는 아니지만)의 문제가 컨트롤 플레인과 API에 집중되는 경향이 있습니다. 대부분의 시나리오에서 워커 노드가 실패하면 복합적인 요인으로 인해 문제가 발생할 수 있지만 파드가 다른 노드로 다시 예약됩니다.

일반적인 쿠버네티스 클러스터 문제 시나리오를 살펴보기 위해 사례 연구 방법론을 사용할 것입니다. 이렇게 하면 실제 클러스터 문제를 조사하는 데 필요한 모든 도구를 사용할 수 있습니다. 첫 번째 사례 연구는 API 서버 자체의 장애에 중점을 둡니다.

> **중요 사항**
> 이 튜토리얼에서는 자체 관리형 클러스터를 가정합니다. EKS, AKS, GKE와 같은 관리형 쿠버네티스 서비스는 일반적으로 마스터 노드를 오토스케일링 및 관리하여 일부 오류 도메인을 제거합니다. 구현과 관련된 문제가 있을 수 있으므로 먼저 관리되는 서비스 설명서를 확인하는 것이 좋습니다.

사례 연구 – 쿠버네티스 파드 배치 실패

상황을 설정해 보겠습니다. 클러스터가 실행 중이지만 파드 예약에 문제가 있습니다. 파드는 무기한 Pending 상태입니다. 다음 커맨드를 사용하여 이를 확인합니다.

```
kubectl get pods
```

커맨드의 출력 결과는 다음과 같습니다.

```
NAME                          AGE   READY   STATUS    RESTARTS
app-1-pod-2821252345-tj8ks    2d    0/1     Pending   0
app-1-pod-2821252345-9fj2k    2d    0/1     Pending   0
app-1-pod-2821252345-06hdj    2d    0/1     Pending   0
```

보다시피 실행 중인 파드가 없습니다. 또한 애플리케이션의 복제본 3개를 실행 중이며 그중 어느 것도 예약되지 않았습니다. 다음 단계는 노드 상태를 확인하고 문제가 있는지 확인하는 것입니다. 다음 커맨드를 실행하여 출력 결과를 가져옵니다.

```
kubectl get nodes
```

그럼 다음과 같은 출력 결과가 나타납니다.

```
NAME       STATUS     ROLES    AGE   VERSION
node-01    NotReady   <none>   5m    v1.15.6
```

이 출력 결과는 몇 가지 좋은 정보를 제공합니다. 즉, 워커 노드가 하나뿐이며 예약에 사용할 수 없습니다. get 커맨드가 충분한 정보를 제공하지 못할 경우 일반적으로 describe 커맨드를 사용하는 것이 다음 단계입니다.

kubectl describe node node-01을 실행하고 conditions 키를 확인합니다. 페이지에 모든 항목을 깔끔하게 맞추기 위해 열을 삭제했지만 가장 중요한 열은 다음과 같습니다.

```
Conditions:
Type            Status    LastTransitionTime                Reason                      Message
----            ------    ------------------                ------                      -------
OutOfDisk       Unknown   Fri, 22 May 2020 04:19:00 +0000   NodeStatusUnknown           kubelet stopped posting node status.
MemoryPressure  False     Thu, 21 May 2020 14:42:51 +0000   KubeletHasSufficientMemory  kubelet has sufficient memory available
DiskPressure    False     Thu, 21 May 2020 14:42:51 +0000   KubeletHasNoDiskPressure    kubelet has no disk pressure
Ready           Unknown   Fri, 22 May 2020 04:19:00 +0000   NodeStatusUnknown           kubelet stopped posting node status.
```

그림 10.1 노드 조건 출력 결과에 대한 설명

여기에 흥미로운 부분이 있습니다. MemoryPressure와 DiskPressure는 모두 정상이지만, OutOfDisk 및 Ready 조건은 kubelet이 노드 상태 게시를 중지했다는 메시지와 함께 알 수 없는 상태입니다. 언뜻 보기에는 말이 안 되는 것처럼 보입니다. kubelet이 작동을 멈춘 상태에서 어떻게 MemoryPressure와 DiskPressure가 정상일 수 있을까요?

중요한 부분은 `LastTransitionTime` 열에 있습니다. kubelet의 가장 최근 메모리 및 디스크 관련 통신은 긍정적인 상태를 보냈습니다. 그런 다음 나중에 kubelet은 노드 상태 게시를 중단하여 `OutOfDisk` 및 `Ready` 조건에 대해 `Unknown` 상태가 되었습니다.

이 시점에서 우리는 노드가 문제라고 확신합니다. kubelet은 더 이상 노드 상태를 컨트롤 플레인으로 전송하지 않습니다. 그러나 왜 이런 일이 일어났는지는 모릅니다. 네트워크 오류일 수도 있고, 기계 자체의 문제일 수도 있고, 더 구체적인 것일 수도 있습니다. 우리는 그것을 알아내기 위해 더 파고들 필요가 있습니다.

여기서 다음 단계는 오작동하는 노드에 접근하는 것입니다. 노드에 문제가 발생하고 있다고 합리적으로 가정할 수 있기 때문입니다. `node-01` VM 또는 머신에 액세스할 수 있는 경우 지금이 SSH를 사용할 절호의 기회입니다. 머신에 들어간 후에 문제 해결을 더 진행하겠습니다.

먼저 노드가 네트워크를 통해 컨트롤 플레인에 액세스할 수 있는지 확인합니다. 그렇지 않다면, 이것이 kubelet이 상태를 게시할 수 없는 명백한 이유입니다. 클러스터 컨트롤 플레인(예: 온프레미스 로드 밸런서)이 10.231.0.1에서 사용 가능한 시나리오를 가정해 보겠습니다. 노드가 쿠버네티스 API 서버에 액세스할 수 있는지 확인하기 위해 다음과 같이 컨트롤 플레인을 ping할 수 있습니다.

```
ping 10.231.0.1
```

> **중요 사항**
>
> 컨트롤 플레인 IP 또는 DNS를 찾으려면 클러스터 구성을 확인합니다. AWS Elastic Kubernetes Service 또는 Azure AKS와 같은 관리형 쿠버네티스 서비스에서는 콘솔에서 볼 수 있습니다. 예를 들어, kubeadm을 사용하여 자체 클러스터를 부트스트랩한 경우에는 설치 과정에서 컨트롤 플레인 IP 또는 DNS를 확인할 수 있습니다.

결과를 확인해 보겠습니다.

```
Reply from 10.231.0.1: bytes=1500 time=28ms TTL=54
Reply from 10.231.0.1: bytes=1500 time=26ms TTL=54
Reply from 10.231.0.1: bytes=1500 time=27ms TTL=54
```

이를 통해 노드는 실제로 쿠버네티스 컨트롤 플레인과 통신할 수 있다는 것을 확인했습니다. 따라서 네트워크 문제가 아닙니다. 다음으로 실제 kubelet 서비스를 확인해 보겠습니다. 노드 자체는 작동 가능한 것으로 보이며 네트워크는 정상입니다. 따라서 논리적으로 kubelet이 다음으로 확인해야 할 사항입니다.

쿠버네티스 구성 요소는 리눅스 노드에서 시스템 서비스로 실행됩니다.

> **중요 사항**
>
> 윈도우 노드에서의 문제 해결 지침은 약간 다릅니다. 자세한 내용은 쿠버네티스 설명서를 참조하기 바랍니다.
>
> - https://kubernetes.io/docs/setup/production-environment/windows/intro-windows-in-kubernetes/

kubelet 서비스의 상태를 확인하기 위해 다음 커맨드를 실행할 수 있습니다.

```
systemctl status kubelet -l
```

출력 결과는 다음과 같습니다.

```
• kubelet.service - kubelet: The Kubernetes Node Agent
   Loaded: loaded (/lib/systemd/system/kubelet.service; enabled)
  Drop-In: /etc/systemd/system/kubelet.service.d
           └─10-kubeadm.conf
   Active: activating (auto-restart) (Result: exit-code) since Fri 2020-05-22 05:44:25 UTC; 3s ago
     Docs: http://kubernetes.io/docs/
  Process: 32315 ExecStart=/usr/bin/kubelet $KUBELET_KUBECONFIG_ARGS $KUBELET_SYSTEM_PODS_ARGS
$KUBELET_NETWORK_ARGS $KUBELET_DNS_ARGS $KUBELET_AUTHZ_ARGS $KUBELET_CADVISOR_ARGS
$KUBELET_CERTIFICATE_ARGS $KUBELET_EXTRA_ARGS (code=exited, status=1/FAILURE)
 Main PID: 32315 (code=exited, status=1/FAILURE)
```

kubelet이 현재 실행되고 있지 않은 것 같습니다. 오류가 발생하여 종료됐습니다. 이로써 클러스터 상태 및 파드 문제 등 지금까지 살펴본 모든 사항을 설명할 수 있습니다.

실제로 문제를 해결하려면 먼저 다음 커맨드를 사용하여 kubelet을 다시 시작합니다.

```
systemctl start kubelet
```

이제 상태 커맨드를 사용하여 kubelet의 상태를 다시 확인하겠습니다.

```
• kubelet.service - kubelet: The Kubernetes Node Agent
   Loaded: loaded (/lib/systemd/system/kubelet.service; enabled)
  Drop-In: /etc/systemd/system/kubelet.service.d
           └─10-kubeadm.conf
   Active: activating (auto-restart) (Result: exit-code) since Fri 2020-05-22 06:13:48 UTC; 10s ago
     Docs: http://kubernetes.io/docs/
  Process: 32007 ExecStart=/usr/bin/kubelet $KUBELET_KUBECONFIG_ARGS $KUBELET_SYSTEM_PODS_ARGS
$KUBELET_NETWORK_ARGS $KUBELET_DNS_ARGS $KUBELET_AUTHZ_ARGS $KUBELET_CADVISOR_ARGS
$KUBELET_CERTIFICATE_ARGS $KUBELET_EXTRA_ARGS (code=exited, status=1/FAILURE)
 Main PID: 32007 (code=exited, status=1/FAILURE)
```

kubelet이 다시 실패한 것 같습니다. 무슨 일이 일어났는지 알아내기 위해 실패 모드에 대한 몇 가지 추가 정보를 가져와야 할 것입니다.

journalctl 커맨드를 사용하여 관련 로그가 있는지 알아보겠습니다.

```
sudo journalctl -u kubelet.service | grep "failed"
```

출력 결과에 오류가 발생한 kubelet 서비스의 로그가 표시됩니다.

```
May 22 04:19:16 nixos kubelet[1391]: F0522 04:19:16.83719
1287 server.go:262] failed to run Kubelet: Running with swap on is not supported, please disable
swap! or set --fail- swap-on flag to false. /proc/swaps contained: [Filename    Type        Size
Used    Priority /dev/sda1    partition    6198732    0    -1]
```

원인을 찾은 것 같습니다. 쿠버네티스는 기본적으로 swap이 설정되어 있는 리눅스 시스템에서 실행을 지원하지 않습니다. 여기서는 --fail-swap-on 플래그가 false로 설정된 상태에서 swap을 비활성화하거나 kubelet을 다시 시작하는 방법밖에 없습니다.

이 경우 다음 커맨드를 사용하여 스왑 설정을 변경하기만 하면 됩니다.

```
sudo swapoff -a
```

이제 kubelet 서비스를 다시 시작합니다.

```
sudo systemctl restart kubelet
```

마지막으로 수정이 제대로 됐는지 확인해 보겠습니다. 다음 커맨드를 사용하여 노드를 확인합니다.

```
kubectl get nodes
```

다음과 같은 내용이 출력될 것입니다.

```
NAME      STATUS   ROLES    AGE   VERSION
node-01   Ready    <none>   54m   v1.15.6
```

노드가 드디어 Ready 상태를 게시하고 있습니다!

다음 커맨드를 사용하여 파드를 확인해 보겠습니다.

```
kubectl get pods
```

출력 결과는 다음과 같을 것입니다.

```
NAME                          AGE   READY   STATUS    RESTARTS
app-1-pod-2821252345-tj8ks    1m    1/1     Running   0
app-1-pod-2821252345-9fj2k    1m    1/1     Running   0
app-1-pod-2821252345-06hdj    1m    1/1     Running   0
```

성공! 클러스터가 정상이고 파드가 실행 중입니다.

다음으로 클러스터 문제가 해결된 후 쿠버네티스에서 애플리케이션 문제를 해결하는 방법에 대해 알아보겠습니다.

쿠버네티스에서 애플리케이션 문제 해결하기

완벽하게 실행 중인 쿠버네티스 클러스터에도 디버깅할 애플리케이션 문제가 있을 수 있습니다. 이는 애플리케이션 자체의 버그 또는 애플리케이션을 구성하는 쿠버네티스 리소스의 잘못된 구성으로 인해 발생할 수 있습니다. 클러스터 문제 해결과 마찬가지로 사례 연구를 통해 이러한 개념을 자세히 살펴보겠습니다.

사례 연구 1 – 서비스가 응답하지 않음

이번 절에서는 쿠버네티스 스택의 다양한 수준에서 문제 해결 단계를 나누어 더 높은 수준의 구성 요소부터 시작하여 파드 및 컨테이너 디버깅에 대한 심층 분석까지 살펴보겠습니다.

32688번 포트에서 NodePort 서비스를 통해 요청에 응답하도록 애플리케이션 app-1을 구성했다고 가정해 보겠습니다. 애플리케이션은 80번 포트에서 수신 대기합니다.

노드 중 하나에서 curl 요청을 통해 애플리케이션에 액세스를 시도할 수 있습니다. 커맨드는 다음과 같습니다.

```
curl http://10.213.2.1:32688
```

curl 커맨드가 실패할 경우 출력 결과는 다음과 같습니다.

```
curl: (7) Failed to connect to 10.231.2.1 port 32688: Connection refused
```

현재 NodePort 서비스는 요청을 파드로 라우팅하지 않습니다. 일반적인 디버그 경로를 따라 먼저 다음 커맨드를 사용하여 클러스터에서 실행 중인 리소스를 살펴보겠습니다.

```
kubectl get services
```

-o wide 플래그를 추가하여 추가 정보를 확인합니다. 그러고 나서 다음 커맨드를 실행합니다.

```
kubectl get services -o wide
```

이렇게 하면 다음과 같은 출력 결과가 나타납니다.

```
NAME       TYPE       CLUSTER-IP     EXTERNAL-IP   PORT(S)        AGE     SELECTOR
app-1-svc  NodePort   10.101.212.57  <none>        80:32688/TCP   3m01s   app=app-1
```

서비스가 올바른 노드 포트에 존재하지만 실패한 curl 커맨드에서 알 수 있듯이 요청이 파드로 라우팅되지 않고 있습니다.

서비스가 설정한 경로를 확인하려면 get endpoints 커맨드를 사용합니다. 서비스에 대한 파드 IP(있는 경우)가 구성된 대로 나열됩니다.

```
kubectl get endpoints app-1-svc
```

커맨드의 출력 결과를 확인해 보겠습니다.

```
NAME        ENDPOINTS
app-1-svc   <none>
```

여기서 확실히 뭔가 잘못됐습니다.

서비스가 어떤 파드도 가리키지 않습니다. 이는 서비스 셀렉터와 일치하는 파드가 없음을 의미합니다. 이는 사용 가능한 파드가 전혀 없거나 해당 파드가 서비스 셀렉터와 제대로 일치하지 않기 때문일 수 있습니다.

서비스 셀렉터를 확인하려면 디버그 경로의 다음 단계를 수행하고 다음과 같이 describe 커맨드를 사용합니다.

```
kubectl describe service app-1-svc
```

그럼 다음과 같은 출력 결과가 나타납니다.

```
Name:              app-1-svc
Namespace:         default
Labels:            app=app-11
Annotations:       <none>
Selector:          app=app-11
Type:              NodePort
IP:                10.57.0.15
Port:              <unset> 80/TCP
TargetPort:        80/TCP
NodePort:          <unset> 32688/TCP
Endpoints:         <none>
Session Affinity:  None
Events:            <none>
```

보다시피 서비스는 애플리케이션의 올바른 포트와 통신하도록 구성되어 있습니다. 그러나 셀렉터는 app=app-11 레이블과 일치하는 파드를 찾고 있습니다. 애플리케이션 이름이 app-1이라는 것을 알고 있기 때문에 이것이 문제의 원인일 수 있습니다.

올바른 파드 레이블인 app-1을 찾도록 서비스를 편집하고 다른 describe 커맨드를 실행하여 확인합니다.

```
kubectl describe service app-1-svc
```

실행하면 다음과 같은 출력 결과가 나옵니다.

```
Name:              app-1-svc
Namespace:         default
Labels:            app=app-1
Annotations:       <none>
Selector:          app=app-1
Type:              NodePort
IP:                10.57.0.15
Port:              <unset> 80/TCP
TargetPort:        80/TCP
NodePort:          <unset> 32688/TCP
Endpoints:         <none>
Session Affinity:  None
Events:            <none>
```

이제 서비스가 적절한 파드 셀렉터를 찾지만 여전히 엔드포인트가 없다는 출력 결과를 확인할 수 있습니다. 다음 명령을 사용하여 파드에서 어떤 일이 발생하는지 확인하겠습니다.

```
kubectl get pods
```

다음과 같이 출력됩니다.

```
NAME                            READY   STATUS    RESTARTS   AGE
app-1-pod-2821252345-tj8ks      0/1     Pending   0          -
app-1-pod-2821252345-9fj2k      0/1     Pending   0          -
app-1-pod-2821252345-06hdj      0/1     Pending   0          -
```

파드가 여전히 예약 대기 중입니다. 이는 적절한 셀럭터를 선택한다고 하더라도 서비스가 작동하지 않는 이유를 설명합니다. 파드가 예약되지 않은 이유를 자세히 알아보기 위해 describe 명령을 사용합니다.

```
kubectl describe pod app-1-pod-2821252345-tj8ks
```

출력 결과는 다음과 같습니다. 이벤트 섹션에 초점을 맞추겠습니다.

```
....
Events:
Type      Reason     Age              From               Message
----      ------     ----             ----               -------
Normal    Scheduled  5m               default-scheduler  Successfully assigned app-1-pod-2821252345-tj8ks to node-01
Normal    BackOff    4m (x2 over 5m)  kubelet, node-01   Back-off pulling image "myappimage:lates"
Normal    Pulling    3m (x2 over 5m)  kubelet, node-01   pulling image "myappimage:lates"
Warning   Failed     3m (x2 over 5m)  kubelet, node-01   Error: ErrImagePull
Warning   Failed     4m (x2 over 5m)  kubelet, node-01   Failed to pull image "myappimage:lates": rpc error: code = Unknown desc =
                                                         Error response from daemon: manifest for myappimage:lates not found
```

그림 10.2 파드 이벤트 설명

Events 섹션을 확인해 보면 컨테이너 이미지 가져오기 실패로 인해 파드가 예약되지 않은 것처럼 보입니다. 이러한 경우의 원인은 여러 가지가 가능합니다. 예를 들어, 클러스터에 개인 리포지토리에서 가져오는 데 필요한 인증 과정이 누락되었을 수도 있습니다(이 경우 다른 메시지가 표시 될 수도 있습니다).

내용과 Events 섹션으로부터 파드 정의에서 컨테이너 이미지 이름이 myappimage:latest가 아닌 myappimage:lates라는 이름의 컨테이너를 찾고 있다는 것을 예상할 수 있습니다.

적절한 이미지 이름과 권한을 가진 배포 스펙으로 업데이트한 후 반영합니다.

그리고 나서 다음 명령을 사용하여 확인하세요.

```
kubectl get pods
```

출력 결과는 다음과 같습니다.

```
NAME                            READY   STATUS    RESTARTS   AGE
app-1-pod-2821252345-152sf      1/1     Running   0          1m
app-1-pod-2821252345-9gg9s      1/1     Running   0          1m
app-1-pod-2821252345-pfo92      1/1     Running   0          1m
```

이제 파드가 실행 중입니다. 서비스가 적절한 엔드포인트를 등록했는지 확인하려면 다음 명령을 실행합니다.

```
kubectl describe service app-1-svc
```

다음과 같은 출력 결과를 확인할 수 있습니다.

```
Name:                app-1-svc
Namespace:           default
Labels:              app=app-1
Annotations:         <none>
Selector:            app=app-1
Type:                NodePort
IP:                  10.57.0.15
Port:                <unset> 80/TCP
TargetPort:          80/TCP
NodePort:            <unset> 32688/TCP
Endpoints:           10.214.1.3:80,10.214.2.3:80,10.214.4.2:80
Session Affinity:    None
Events:              <none>
```

성공! 서비스가 애플리케이션 파드를 올바르게 가리키고 있습니다.

다음 사례 연구에서는 잘못된 시작 매개변수가 있는 파드 문제를 해결함으로써 좀 더 자세히 알아보겠습니다.

사례 연구 2 – 잘못된 파드 시작 커맨드

서비스가 제대로 구성되어 있고 파드가 실행 중이며 상태 점검을 통과했다고 가정해 보겠습니다. 그러나 파드는 예상과 달리 요청에 응답하지 않습니다. 우리는 이것이 쿠버네티스의 문제가 아니라 애플리케이션 또는 구성 문제라고 확신합니다.

애플리케이션 컨테이너는 다음과 같이 작동합니다. 시작 커맨드를 color 플래그와 함께 사용하여 컨테이너의 image 태그를 기반으로 한 version number의 변수와 결합하고 이를 요청자에게 다시 표시합니다. 애플리케이션이 green 3를 반환할 것으로 예상합니다.

다행히도 쿠버네티스는 특정 컨테이너를 조사하는 데 사용할 수 있는 몇 가지 애플리케이션 디버깅 도구를 제공합니다.

먼저 애플리케이션에 curl을 사용해 어떤 응답을 받았는지 살펴보겠습니다.

```
curl http://10.231.2.1:32688
red 2
```

green 3을 예상했는데 red 2를 얻었으므로 입력과 버전 번호 변수에 문제가 있는 것 같습니다. 전자부터 시작합니다.

평소와 같이 다음 커맨드로 파드를 확인하는 것으로 시작합니다.

```
kubectl get pods
```

출력 결과는 다음과 같을 것입니다.

NAME	AGE	READY	STATUS	RESTARTS
app-1-pod-2821252345-152sf	5m	1/1	Running	0
app-1-pod-2821252345-9gg9s	5m	1/1	Running	0
app-1-pod-2821252345-pfo92	5m	1/1	Running	0

이 출력 결과에서는 모든 것이 좋아 보입니다. 우리 앱이 디플로이먼트(따라서 레플리카셋)의 일부로 실행되고 있는 것 같습니다. 다음 커맨드를 실행하여 확인할 수 있습니다.

```
kubectl get deployments
```

출력 결과는 다음과 같을 것입니다.

NAME	DESIRED	CURRENT	UP-TO-DATE	AVAILABLE	AGE
app-1-pod	3	3	3	3	5m

다음 커맨드를 사용하여 파드가 어떻게 구성되어 있는지 확인하기 위해 디플로이먼트를 조금 더 자세히 살펴보겠습니다.

```
kubectl describe deployment app-1-pod -o yaml
```

출력 결과는 다음과 같습니다.

```yaml
# broken-deployment-output.yaml
apiVersion: apps/v1
kind: Deployment
metadata:
  name: app-1-pod
spec:
  selector:
    matchLabels:
      app: app-1
  replicas: 3
  template:
    metadata:
      labels:
        app: app-1
    spec:
      containers:
      - name: app-1
        image: mycustomrepository/app-1:2
        command: [ "start", "-color", "red" ]
        ports:
        - containerPort: 80
```

문제를 해결할 수 있을지 알아봅시다. 정말 간단합니다. 잘못된 버전의 애플리케이션을 사용하고 있으며 시작 커맨드가 잘못됐습니다. 이 경우 디플로이먼트 사양이 포함된 파일이 없다고 가정하고 직접 해당 파일을 편집해 보겠습니다.

`kubectl edit deployment app-1-pod`를 사용하여 파드 사양을 다음과 같이 편집해 보겠습니다.

```yaml
# fixed-deployment-output.yaml
apiVersion: apps/v1
kind: Deployment
metadata:
  name: app-1-pod
spec:
  selector:
```

```
    matchLabels:
      app: app-1
  replicas: 3
  template:
    metadata:
      labels:
        app: app-1
    spec:
      containers:
      - name: app-1
        image: mycustomrepository/app-1:3
        command: [ "start", "-color", "green" ]
        ports:
        - containerPort: 80
```

배포가 저장되면 새 파드가 표시되기 시작해야 합니다. 다음 커맨드를 사용하여 다시 확인해 보겠습니다.

```
kubectl get pods
```

출력 결과는 다음과 같아야 합니다.

```
NAME                          AGE   READY   STATUS    RESTARTS
app-1-pod-2821252345-f928a    1m    1/1     Running   0
app-1-pod-2821252345-jjsa8    1m    1/1     Running   0
app-1-pod-2821252345-92jhd    1m    1/1     Running   0
```

마지막으로 모든 것이 작동하는지 확인하기 위해 curl 요청을 해보겠습니다.

```
curl http://10.231.2.1:32688
```

커맨드의 출력 결과는 다음과 같습니다.

```
green 3
```

성공!

사례 연구 3 – 로그가 있는 파드 애플리케이션 오작동

9장 쿠버네티스의 관찰 가능성을 읽고 애플리케이션에 대한 관찰 가능성을 구현해봤으니, 이러한 도구가 실제로 유용할 수 있는 사례를 살펴보겠습니다. 본 사례 연구를 위해 수동 kubectl 커맨드를 사용할 것입니다. 그러나 로그(예를 들어 EFK 스택 구현 시)를 집계하면 이 애플리케이션의 디버깅 프로세스를 훨씬 쉽게 만들 수 있습니다.

이 사례 연구에서는 다시 한 번 파드를 배포했습니다. 이를 확인하기 위해 다음 커맨드를 실행합니다.

```
kubectl get pods
```

커맨드의 출력 결과는 다음과 같습니다.

```
NAME          READY   STATUS    RESTARTS   AGE
app-2-ss-0    1/1     Running   0          10m
app-2-ss-1    1/1     Running   0          10m
app-2-ss-2    1/1     Running   0          10m
```

이 경우에는 디플로이먼트 대신 스테이트풀셋을 사용하는 것처럼 보입니다. 여기서 중요한 특징은 파드 ID가 0부터 시작하여 증가한다는 것입니다.

다음 커맨드를 사용해 스테이트풀셋을 확인하여 이를 확인할 수 있습니다.

```
kubectl get statefulset
```

커맨드의 출력 결과는 다음과 같습니다.

```
NAME       DESIRED   CURRENT   UP-TO-DATE   AVAILABLE   AGE
app-2-ss   3         3         3            3           10m
```

kubectl get statefulset -o yaml app-2-ss를 사용하여 스테이트풀셋을 자세히 살펴보겠습니다. get 커맨드와 -o yaml을 함께 사용하면 일반적인 쿠버네티스 리소스 YAML과 동일한 형식으로 describe 출력 결과를 얻을 수 있습니다.

이전 커맨드의 출력 결과는 다음과 같습니다. 더 짧게 유지하기 위해 파트 사양 섹션을 제거했습니다.

```
statefulset-output.yaml
apiVersion: apps/v1
kind: StatefulSet
metadata:
  name: app-2-ss
spec:
  selector:
    matchLabels:
      app: app-2
  replicas: 3
  template:
    metadata:
      labels:
        app: app-2
```

우리 앱이 서비스를 사용하고 있다는 것은 이미 알고 있습니다. 확인해 봅시다!

`kubectl get services -o wide`를 실행합니다. 출력 결과는 다음과 같을 것입니다.

NAME	TYPE	CLUSTER-IP	EXTERNAL-IP	PORT(S)	AGE	SELECTOR
app-2-svc	NodePort	10.100.213.13	<none>	80:32714/TCP	3m01s	app=app-2

우리 서비스가 app-2-svc라는 것이 분명합니다. 다음 커맨드를 사용하여 정확한 서비스 정의를 살펴보겠습니다.

```
kubectl describe services app-2-svc
```

출력 결과는 다음과 같습니다.

```
Name:         app-2-svc
Namespace:    default
Labels:       app=app-2
Annotations:  <none>
Selector:     app=app-2
Type:         NodePort
IP:           10.57.0.12
```

```
Port:              <unset> 80/TCP
TargetPort:        80/TCP
NodePort:          <unset> 32714/TCP
Endpoints:         10.214.1.1:80,10.214.2.3:80,10.214.4.4:80
Session Affinity:  None
Events:            <none>
```

애플리케이션이 주어진 입력에 대해 무엇을 반환하는지 정확히 확인하기 위해 NodePort 서비스에서 curl을 사용할 수 있습니다.

```
> curl http://10.231.2.1:32714?equation=1plus1
3
```

애플리케이션에 대한 기존 지식을 기반으로 이 호출은 3이 아닌 2가 반환돼야 한다고 가정하겠습니다. 우리 팀의 애플리케이션 개발자가 문제가 무엇인지 파악하는 데 도움이 되는 로깅 결과를 조사하도록 요청했습니다.

이전 장에서 kubectl logs <pod name>을 사용하여 로깅 출력을 조사할 수 있다는 것을 알아봤습니다. 이 경우 애플리케이션의 복제본이 세 개 있으므로 이 커맨드를 한 번만 반복해서는 로그를 찾지 못할 수 있습니다. 무작위로 파드를 선택하고 이것이 우리의 요청을 처리한 파드인지 확인합니다.

```
> kubectl logs app-2-ss-1
>
```

애플리케이션 개발자가 서버에 GET 요청이 있을 때 애플리케이션이 stdout에 확실히 기록한다고 말했기 때문에 이것은 요청을 처리한 파드가 아닌 것 같습니다.

다른 2개의 파드를 개별적으로 확인하는 대신 공동 커맨드를 사용하여 3개의 파드에서 로그를 가져올 수 있습니다. 커맨드는 다음과 같습니다.

```
> kubectl logs statefulset/app-2-ss
```

출력 결과는 다음과 같습니다.

```
> Input = 1plus1
> Operator = plus
> First Number = 1
> Second Number = 2
```

요청이 성공했고, 게다가 문제에 대해 통찰력을 가질 수 있습니다.

Second Number라고 표시된 로그 라인을 제외하고는 모든 것이 예상대로인 것 같습니다. 우리의 요청은 분명히 1plus1을 쿼리 문자열로 사용했는데, 이는 첫 번째 숫자와 두 번째 숫자(오퍼레이터 값으로 분할)를 모두 1로 만듭니다.

이 작업을 수행하려면 추가 작업이 필요합니다. 어떤 일이 일어나고 있는지 추측하기 위해 추가 요청을 보내고 출력을 확인함으로써 이 문제를 분류할 수 있지만, 이 경우에는 파드에 대한 bash 액세스를 통해 무슨 일이 일어나고 있는지 파악하는 것이 더 나을 수 있습니다.

먼저 이전 스테이트풀셋 YAML에서 제거된 파드 사양을 확인합니다. 전체 스테이트풀셋 사양을 보려면 깃허브 리포지토리를 확인하십시오.

statefulset-output.yaml
```
spec:
  containers:
  - name: app-2
    image: mycustomrepository/app-2:latest
    volumeMounts:
    - name: scratch
      mountPath: /scratch
  - name: sidecar
    image: mycustomrepository/tracing-sidecar
  volumes:
  - name: scratch-volume
    emptyDir: {}
```

파드가 빈 볼륨을 스크래치 디스크로 마운트하는 것 같습니다. 또한 각 파드에는 애플리케이션 추적에 사용되는 사이드카와 앱 자체라는 두 개의 컨테이너가 있습니다. kubectl exec 커맨드를 사용하여 파드 중 하나에 ssh를 통해 접속하려면 이 정보가 필요합니다(이 연습에서는 어느 쪽이든 상관없음).

다음 커맨드를 사용하여 수행할 수 있습니다.

```
kubectl exec -it app-2-ss-1 app2 -- sh
```

이 커맨드는 bash 터미널을 출력 결과로 제공합니다.

```
> kubectl exec -it app-2-ss-1 app2 -- sh
#
```

이제 방금 만든 터미널을 사용하여 애플리케이션 코드를 조사할 수 있습니다. 이 튜토리얼에서는 매우 단순화된 Node.js 애플리케이션을 사용합니다.

다음 커맨드를 사용해 파드 파일 시스템을 확인하여 어떤 작업을 수행하는지 살펴보겠습니다.

```
# ls
# app.js calculate.js scratch
```

두 개의 자바스크립트 파일과 앞서 언급한 scratch 폴더가 있는 것 같습니다. app.js에는 애플리케이션을 부트스트랩하고 제공하기 위한 로직이 포함되어 있고, calculate.js에는 계산을 위한 컨트롤러 코드가 포함되어 있다고 생각해 볼 수 있습니다.

calculate.js 파일의 내용을 출력하여 확인할 수 있습니다.

broken-calculate.js
```
# cat calculate.js
export const calculate(first, second, operator)
{
  second++;
  if(operator === "plus")
  {
    return first + second;
  }
}
```

자바스크립트에 대한 지식이 거의 또는 전혀 없더라도 문제가 무엇인지 잘 알 수 있습니다. 계산을 수행하기 전에 코드가 second 변수를 증가시키고 있습니다.

파드 내부에 있고 컴파일되지 않은 언어를 사용하고 있기 때문에 실제로 이 파일을 인라인으로 편집할 수 있습니다! vi(또는 다른 텍스트 편집기)를 사용하여 이 파일을 수정해 보겠습니다.

```
# vi calculate.js
```

다음과 같이 파일을 편집합니다.

fixed-calculate.js
```
export const calculate(first, second, operator)
{
  if(operator === "plus")
  {
    return first + second;
  }
}
```

이제 코드가 제대로 실행될 것입니다. 이 수정은 일시적일 뿐임을 명시하는 것이 중요합니다. 파드가 종료되거나 다른 파드로 교체되는 즉시 컨테이너 이미지에 원래 포함된 코드로 되돌아갑니다. 그러나 이 패턴으로 빠른 수정 작업을 수행할 수 있습니다.

bash 커맨드인 exit를 사용하여 exec 세션을 종료한 후 요청을 다시 시도합니다.

```
> curl http://10.231.2.1:32714?equation=1plus1
2
```

보다시피 핫픽스 컨테이너가 올바른 결과를 보여줍니다! 이제 수정 작업을 통해 코드와 도커 이미지를 더욱 영구적으로 업데이트할 수 있습니다. exec를 사용하면 실행 중인 컨테이너의 문제를 해결하고 디버그할 수 있습니다.

요약

이번 장에서는 쿠버네티스의 애플리케이션 문제 해결에 대해 배웠습니다. 먼저 분산 애플리케이션의 몇 가지 일반적인 장애 모드를 다뤘습니다. 그런 다음 쿠버네티스 구성 요소의 문제를 분류하는 방법을 배웠습니다. 마지막으로 쿠버네티스 구성 및 애플리케이션 디버깅이 수행된 몇 가지 시나리오를 검토했습니다. 이번 장에서 배운 쿠버네티스 디버깅 및 문제 해결 기술은 쿠버네티스 클러스터 및 사용자가 작업할 수 있는 애플리케이션의 문제를 분류하는 데 도움이 됩니다.

다음 장인 **11장 쿠버네티스의 템플릿 코드 생성 및 CI/CD**에서는 쿠버네티스 리소스 매니페스트 및 쿠버네티스와의 지속적인 통합/지속적인 배포를 위한 몇 가지 에코시스템 확장에 대해 알아보겠습니다.

질문

1. 분산 시스템 오류인 '토폴로지는 변경되지 않는다'가 쿠버네티스의 애플리케이션에 어떻게 적용됩니까?
2. 쿠버네티스 컨트롤 플레인 구성 요소(및 kubelet)는 OS 수준에서 어떻게 구현됩니까?
3. 파드가 Pending 상태에서 멈추는 문제를 디버깅하려면 어떻게 해야 합니까? 첫 번째 단계는 무엇입니까? 두 번째는 무엇입니까?

더 읽을 거리

- 트래픽 셰이핑을 위한 CNI 플러그인
- https://kubernetes.io/docs/concepts/extend-kubernetes/compute-storage-net/network-plugins/#support-traffic-shaping

11
쿠버네티스의 템플릿 코드 생성 및 CI/CD

이번 장에서는 많은 리소스가 포함된 대규모 쿠버네티스 배포를 템플릿화하고 구성하는 몇 가지 더 쉬운 방법을 설명합니다. 또한 쿠버네티스에서 **CI/CD(지속적 통합/지속적 배포)**를 구현하는 여러 방법과 각 방법과 관련된 장단점을 자세히 설명합니다. 특히, CI/CD 단계의 일부 또는 전체가 쿠버네티스 클러스터에서 수행되는 클러스터 내부 CI/CD와, 모든 단계가 클러스터 외부에서 수행되는 클러스터 외부 CI/CD에 대해 설명합니다.

이번 장의 사례 연구에는 Helm 차트의 각 부분 및 작동 방식에 대한 설명과 함께 처음부터 Helm 차트를 작성하는 것이 포함됩니다.

먼저, 쿠버네티스 리소스 템플릿 생성 환경과 템플릿 생성 도구를 사용해야 하는 이유를 살펴보겠습니다. 그런 다음 먼저 AWS CodeBuild를 사용하여 쿠버네티스에 CI/CD를 구현하고 그다음 FluxCD를 사용하여 CI/CD를 구현하는 방법을 설명합니다.

이번 장에서는 다음 주제를 다룰 것입니다.

- 쿠버네티스에서 템플릿 코드 생성을 위한 옵션 이해하기
- Helm 및 Kustomize를 사용하여 쿠버네티스에서 템플릿 구현하기
- 클러스터 내 및 클러스터 외의 쿠버네티스에 대한 CI/CD 패러다임 이해하기
- 쿠버네티스를 사용하여 클러스터 내 및 클러스터 외 CI/CD 구현하기

기술 요구 사항

이번 장에서 설명하는 커맨드를 실행하려면 쿠버네티스 클러스터와 함께 kubectl 커맨드라인 도구를 지원하는 컴퓨터가 필요합니다. 쿠버네티스를 빠르게 시작하고 실행하는 몇 가지 방법과 kubectl 도구를 설치하는 방법에 대한 지침은 **1장 쿠버네티스와 통신하기**를 참조바랍니다. 또한 일반적으로 kubectl과 전제 조건이 동일한 Helm CLI 도구를 지원하는 시스템이 필요합니다. 자세한 내용은 https://helm.sh/docs/intro/install/에서 Helm 설명서를 확인하기 바랍니다.

이번 장에 사용된 코드는 다음과 같이 책의 깃허브 리포지토리에서 찾을 수 있습니다.

- https://github.com/wikibook/cnk/tree/master/Chapter11

쿠버네티스에서 템플릿 코드 생성을 위한 옵션 이해하기

1장 쿠버네티스와 통신하기에서 논의했듯이 쿠버네티스의 가장 큰 장점 중 하나는 API가 선언적 리소스 파일 측면에서 통신할 수 있다는 것입니다. 이를 통해 kubectl apply와 같은 커맨드를 실행하고 클러스터에서 실행 중인 모든 리소스가 YAML 또는 JSON 파일과 일치하는지 컨트롤 플레인에서 확인할 수 있습니다.

그러나 이 기능은 다소 불편합니다. 모든 워크로드를 구성 파일에 선언해야 하기 때문에 특히 마이크로서비스가 많은 대규모 또는 복잡한 애플리케이션은 많은 수의 구성 파일을 쓰고 유지 관리하게 될 수 있습니다.

이 문제는 여러 환경이 되면 더욱 복잡해집니다. 개발, 스테이징, UAT(사용자 승인 테스트) 및 프로덕션 환경을 원한다고 가정해 보겠습니다. 이를 위해서는 쿠버네티스 리소스당 4개의 개별 YAML 파일이 필요합니다.

이러한 문제를 해결하는 한 가지 방법은 변수를 지원하는 템플릿 시스템을 사용하여 다양한 변수 세트를 주입하여 단일 템플릿 파일을 여러 애플리케이션 또는 여러 환경에서 사용할 수 있게 하는 것입니다.

이를 위해 커뮤니티에서 지원하는 몇 가지 인기 있는 오픈소스 옵션이 있습니다. 이 책에서는 가장 인기 있는 두 가지에 중점을 둘 것입니다.

- Helm
- Kustomize

Kapitan, Ksonnet, Jsonnet 등을 포함하여 사용할 수 있는 다른 옵션이 많이 있지만 모든 옵션에 대해 전부 검토하는 것은 이 책의 범위에서 벗어납니다. 먼저 가장 있기 있는 템플릿 도구인 Helm에 대해 살펴보겠습니다.

Helm

Helm은 실제로 템플릿/코드 생성 도구와 CI/CD 도구의 이중 역할을 합니다. 이 솔루션을 사용하면 변수를 지원하는 YAML 기반 템플릿을 생성하여 애플리케이션 및 환경 전반에서 코드와 템플릿을 재사용할 수 있습니다. 또한 템플릿 자체를 기반으로 애플리케이션에 대한 변경 사항을 롤아웃할 수 있는 Helm CLI 도구도 함께 제공됩니다.

이러한 이유로 쿠버네티스 에코시스템에서 Helm이 도구나 애플리케이션을 설치하는 기본 방법인 것을 볼 수 있습니다. 이번 장에서는 두 가지 목적으로 Helm을 사용할 것입니다.

이제 Helm과 상당히 다른 Kustomize로 넘어갑시다.

Kustomize

Helm과 달리 Kustomize는 쿠버네티스 프로젝트에서 공식적으로 지원되며 kubectl에 직접 통합됩니다. Kustomize는 Helm과 달리 변수 없이 기본 YAML을 사용하여 작동하며, 대신 선택한 패치에 따라 YAML 섹션을 새 YAML로 교체하는 **포크 및 패치** 워크플로를 권장합니다.

이제 두 도구가 어떻게 다른지 기본적으로 이해했으므로 실제로 사용해보겠습니다.

Helm 및 Kustomize를 사용하여 쿠버네티스에서 템플릿 구현하기

이제 옵션을 알았으므로 예제 애플리케이션으로 각 옵션을 구현할 수 있습니다. 이를 통해 각 도구가 변수를 처리하는 방법과 템플릿 프로세스의 세부 사항을 이해할 수 있습니다. Helm부터 시작하겠습니다.

쿠버네티스와 함께 Helm 사용하기

앞서 언급했듯이 Helm은 쿠버네티스에서 애플리케이션을 쉽게 템플릿화하고 배포할 수 있는 오픈소스 프로젝트입니다. 이 책에서는 최신 버전(글 쓰는 시점 기준)인 Helm V3에 중점을 둘 것입니다. 이전 버전인 Helm V2에는 클러스터에서 실행되는 Tiller라는 컨트롤러를 포함하여 더 많은 것이 있었습니다. Helm V3는 단순화되었고 Helm CLI 도구만 포함합니다. 그러나 곧 알게 되겠지만 클러스터에서 커스텀 리소스를 사용하여 릴리스를 추적합니다.

먼저 Helm을 설치해 보겠습니다.

Helm 설치하기

특정 버전의 Helm을 사용하려면 https://helm.sh/docs/intro/install/에서 특정 버전에 관한 문서를 참조하기 바랍니다. 이 책에서는 최신 버전을 설치하는 get helm 스크립트를 사용합니다.

다음과 같이 스크립트를 가져와 실행할 수 있습니다.

```
curl -fsSL -o get_helm.sh https://raw.githubusercontent.com/helm/helm/master/scripts/get-helm-3
chmod 700 get_helm.sh
./get_helm.sh
```

이제 helm 커맨드를 실행할 수 있습니다. 기본적으로 Helm은 기존 kubeconfig 클러스터와 컨텍스트를 자동으로 사용하므로 Helm의 클러스터를 전환하려면 평소처럼 kubectl을 사용하여 kubeconfig 파일을 변경하면 됩니다.

Helm을 사용하여 애플리케이션을 설치하려면 helm install 커맨드를 실행합니다. 하지만 Helm은 무엇을 어떻게 설치할지 어떻게 결정할까요? 먼저 Helm 차트, Helm 리포지토리, Helm 릴리스의 개념을 살펴봐야 합니다.

Helm 차트, 리포지토리, 릴리스

Helm은 변수를 사용하여 쿠버네티스에 애플리케이션을 템플릿화하고 배포하는 방법을 제공합니다. 이를 위해 **Helm 차트**라고 하는 템플릿 집합을 통해 워크로드를 지정합니다.

Helm 차트는 하나 이상의 템플릿, 일부 차트 메타데이터 및 템플릿 변수를 최종 값으로 채우는 values 파일로 구성됩니다. 실제로 환경(또는 여러 앱에 템플릿을 재사용하는 경우의 앱)당 하나의 values 파일이 있으므로 공유 템플릿을 새 구성으로 지원할 수 있습니다. 그런 다음 이 템플릿과 값의 조합을 사용하여 애플리케이션을 클러스터에 설치하거나 배포할 수 있습니다.

그러면 Helm 차트를 어디에 저장할 수 있을까요? 다른 쿠버네티스 YAML(대부분의 사용 사례에서 작동)과 마찬가지로 깃 리포지토리에 저장할 수 있지만 helm은 리포지토리 개념도 지원합니다. Helm 리포지토리는 URL로 표시되며 여러 Helm 차트를 포함할 수 있습니다. 예를 들어, Helm은 https://hub.helm.sh/charts에 자체 공식 리포지토리를 가지고 있습니다. 다시 말하지만 각 Helm 차트는 메타데이터 파일, Chart.yaml 파일, 하나 이상의 템플릿 파일 및 선택적으로 값 파일이 있는 폴더로 구성됩니다.

로컬 값 파일이 있는 로컬 Helm 차트를 설치하려면 다음 커맨드와 같이 `helm install`에 각각에 대한 경로를 전달하면 됩니다.

```
helm install -f values.yaml /path/to/chart/root
```

그러나 일반적으로 설치된 차트의 경우 차트 리포지토리에서 직접 차트를 설치할 수도 있으며, 필요에 따라 로컬 Helm에 커스텀 리포지토리를 추가하여 비공식 소스에서 차트를 쉽게 설치할 수 있습니다.

예를 들어, 공식 Helm 차트를 통해 Drupal을 설치하려면 다음 커맨드를 실행하면 됩니다.

```
helm install -f values.yaml stable/drupal
```

이 코드는 공식 Helm 차트 리포지토리에서 차트를 설치합니다. 커스텀 리포지토리를 사용하려면 먼저 Helm에 추가하기만 하면 됩니다. 예를 들어, jetstack Helm 리포지토리에 호스팅되는 cert-manager를 설치하려면 다음을 수행합니다.

```
helm repo add jetstack https://charts.jetstack.io
helm install certmanager --namespace cert-manager jetstack/cert-manager
```

이 코드는 jetstack Helm 리포지토리를 로컬 Helm CLI 도구에 추가한 다음 해당 도구에 호스팅된 차트를 통해 cert-manager를 설치합니다. 또한 릴리스 이름을 cert-manager로 지정합니다. Helm 릴리스는 Helm V3의 쿠버네티스 시크릿을 사용하여 구현된 개념입니다. Helm에서 릴리스를 생성하면 동일한 네임스페이스에 시크릿으로 저장됩니다.

이를 설명하기 위해 앞의 install 커맨드를 사용하여 Helm 릴리스를 만들 수 있습니다. 지금 해봅시다.

```
helm install certmanager --namespace cert-manager jetstack/cert-manager
```

이 커맨드를 실행하면 다음과 같은 출력 결과가 나오며, 현재 버전의 Cert Manager에 따라 약간 다를 수 있습니다. 가독성을 위해 출력 결과를 두 부분으로 나눌 것입니다.

커맨드 출력 결과의 첫 부분은 Helm 릴리스의 상태를 제공합니다.

```
NAME: certmanager
LAST DEPLOYED: Sun May 23 19:07:04 2020
NAMESPACE: cert-manager
STATUS: deployed
REVISION: 1
TEST SUITE: None
```

보다시피 이 부분에는 배포 타임스탬프, 네임스페이스 정보, 수정 버전 및 상태가 포함되어 있습니다. 다음으로 출력 결과의 Notes 부분을 살펴보겠습니다.

```
NOTES:
cert-manager has been deployed successfully!

In order to begin issuing certificates, you will need to set up a ClusterIssuer or Issuer resource
(for example, by creating a 'letsencrypt-staging' issuer).

More information on the different types of issuers and how to configure them can be found in our
documentation:

https://cert-manager.io/docs/configuration/

For information on how to configure cert-manager to automatically provision Certificates for
Ingress resources, take a look at the `ingress-shim` documentation:

https://cert-manager.io/docs/usage/ingress/
```

보다시피, Helm의 `install` 커맨드로 성공 메시지가 표시됐으며, 사용법에 대한 cert-manager 정보도 제공합니다. 이 출력 결과에는 이전 코드 조각과 같은 문서가 포함되기도 하므로 Helm 패키지를 설치할 때 확인하면 도움이 될 수 있습니다. 릴리스 객체가 쿠버네티스에서 어떻게 표시되는지 확인하려면 다음 커맨드를 실행합니다.

```
kubectl get secret -n cert-manager
```

출력 결과는 다음과 같습니다.

```
certmanager-cert-manager-cainjector-token-829kk    kubernetes.io/service-account-token    3    24m
certmanager-cert-manager-token-hh6gn               kubernetes.io/service-account-token    3    24m
certmanager-cert-manager-webhook-ca                Opaque                                 3    24m
certmanager-cert-manager-webhook-token-cstp8       kubernetes.io/service-account-token    3    24m
default-token-d6hgh                                kubernetes.io/service-account-token    3    24m
sh.helm.release.v1.certmanager.v1                  helm.sh/release.v1                     1    24m
```

그림 11.1 kubectl의 시크릿 목록

보다시피 시크릿 중 하나는 `helm.sh/release.v1`과 같은 유형입니다. 이것은 Helm이 Cert Manager 릴리스를 추적하는 데 사용하는 시크릿입니다.

마지막으로 Helm CLI에 나열된 릴리스를 보려면 다음 커맨드를 실행합니다.

```
helm ls -A
```

이 커맨드는 모든 네임스페이스의 Helm 릴리스를 나열합니다(`kubectl get pods -A`가 모든 네임스페이스의 파드를 나열하는 것처럼). 출력 결과는 다음과 같습니다.

```
NAME          NAMESPACE      REVISION    UPDATED                               STATUS      CHART                    APP VERSION
certmanager   cert-manager   1           2020-05-23 19:07:04.798578 -0400 EDT  deployed    cert-manager-v0.16.1     v0.16.1
```

그림 11.2 Helm 릴리스 목록

Helm에는 upgrades, rollbacks 등을 포함하여 더 많은 것들이 있으며, 다음 절에서 이를 검토하겠습니다. Helm이 무엇을 할 수 있는지 보여주기 위해 차트를 처음부터 만들고 설치하겠습니다.

Helm 차트 만들기

이번에는 애플리케이션에 대한 Helm 차트를 만들고자 합니다. 목표는 간단한 Node.js 애플리케이션을 여러 환경에 쉽게 배포하는 것입니다. 이를 위해 애플리케이션의 구성 요소로 차트를 만든 다음, 3개의 개별 값 파일(dev, staging 및 production)과 결합하여 애플리케이션을 3개의 환경에 배포할 것입니다.

Helm 차트의 폴더 구조부터 시작하겠습니다. 앞서 언급했듯이 Helm 차트는 템플릿, 메타데이터 파일 및 선택적 값으로 구성됩니다. 차트를 실제로 설치할 때 값을 주입하겠지만 다음과 같이 폴더를 구성할 수도 있습니다.

```
Chart.yaml
charts/
templates/
dev-values.yaml
staging-values.yaml
production-values.yaml
```

아직 언급하지 않은 것 중 하나는 기존 차트 내에 실제로 Helm 차트 폴더를 둘 수 있다는 것입니다! 이러한 하위 차트는 복잡한 애플리케이션을 구성 요소로 쉽게 분할할 수 있게 해줍니다. 이 책의 목적상 여기서는 하위 차트를 사용하지 않지만, 애플리케이션이 단일 차트에 비해 너무 복잡하거나 모듈화되고 있다면 이것이 유용한 기능이 될 수 있습니다.

또한 설치 커맨드 중에 사용할 환경마다 다른 환경 파일이 있음을 알 수 있습니다.

그렇다면 Chart.yaml 파일은 어떻게 생겼을까요? 이 파일에는 차트에 대한 몇 가지 기본 메타데이터가 포함되어 있으며, 일반적으로 다음과 같이 표시됩니다.

```
apiVersion: v2
name: mvnodeapp
version: 1.0.0
```

Chart.yaml 파일은 https://helm.sh/docs/topics/charts/에서 볼 수 있는 많은 선택적 필드를 지원하지만 여기서는 실습의 목적을 위해 단순하게 유지하겠습니다. 필수 필드는 apiVersion, name, version입니다.

Chart.yaml 파일에서 apiVersion은 차트가 해당하는 Helm 버전에 해당합니다. 다소 혼란스럽겠지만 현재 릴리스인 Helm V3가 apiVersion v2를 사용하는데, Helm V2를 포함한 이전 버전의 Helm도 apiVersion v2를 사용합니다.

다음으로 name 필드는 차트의 이름에 해당합니다. 차트 특정 릴리스에 이름을 지정할 수 있는 기능이 있지만 이는 여러 환경에 유용한 기능입니다.

마지막으로 차트 버전에 해당하는 version 필드가 있습니다. 이 필드는 **SemVer**(의미적 버전 관리)를 지원합니다.

그렇다면 템플릿은 실제로 어떻게 생겼을까요? Helm 차트는 내부에서 Go 템플릿 라이브러리(자세한 내용은 https://golang.org/pkg/text/template/ 참조)를 사용하며, 모든 종류의 강력한 조작, 도우미 기능 등을 지원합니다. 여기서는 기본 개념을 익히기 위해 매우 간단하게 유지하겠습니다. Helm 차트 작성에 대한 전체 내용은 책 한 권 분량이 될 수 있습니다!

먼저 Helm CLI 커맨드를 사용하여 Chart 폴더를 자동으로 생성합니다. 차트 폴더는 하위 차트 및 값 파일을 제외한 모든 이전 파일 및 폴더와 함께 생성됩니다. 먼저 다음 커맨드로 새 Helm 차트를 만들어 보겠습니다.

```
helm create myfakenodeapp
```

이 커맨드는 myfakenodeapp이라는 폴더에 자동 생성된 차트를 만듭니다. 다음 커맨드를 사용하여 templates 폴더의 내용을 확인하겠습니다.

```
ls myfakenodeapp/templates
```

이 커맨드의 결과는 다음과 같습니다.

```
helpers.tpl
deployment.yaml
NOTES.txt
service.yaml
```

자동 생성된 이 차트는 처음 시작할 때 많은 도움이 될 수 있지만 이 실습에서는 처음부터 새로 만들 것입니다.

mynodeapp이라는 새 폴더를 만들고 앞에서 보여드린 Chart.yaml 파일을 폴더에 넣습니다. 그런 다음 templates이라는 폴더를 만듭니다.

한 가지 유의할 점은 쿠버네티스 리소스 YAML은 그 자체로 유효한 Helm 템플릿이라는 점입니다. 따라서 템플릿에서 변수를 사용할 필요가 없습니다. 일반적인 YAML만 작성해도 Helm 설치는 여전히 가능합니다.

템플릿 폴더에 템플릿 파일 하나를 추가하여 시작하겠습니다. 이를 deployment.yaml이라고 하며 다음과 같은 변수가 없는(non-variable) YAML 파일입니다.

deployment.yaml
```yaml
apiVersion: apps/v1
kind: Deployment
metadata:
  name: frontend-myapp
  labels:
    app: frontend-myapp
spec:
  replicas: 2
  selector:
    matchLabels:
      app: frontend-myapp
  template:
    metadata:
      labels:
        app: frontend-myapp
    spec:
      containers:
      - name: frontend-myapp
        image: myrepo/myapp:1.0.0
        ports:
        - containerPort: 80
```

보다시피 이 YAML은 일반적인 쿠버네티스 리소스 YAML입니다. 템플릿에 변수를 사용하지 않습니다.

이제 차트를 설치해보겠습니다.

Helm 차트 설치 및 제거하기

Helm V3로 차트를 설치하려면 차트의 root 디렉터리에서 `helm install` 커맨드를 실행합니다.

```
helm install myapp .
```

이 설치 커맨드는 frontend-app이라는 Helm 릴리스를 만들고 차트를 설치합니다. 현재 차트는 두 개의 파드가 있는 단일 배포로만 구성되며, 다음 커맨드를 사용하여 클러스터에서 실행 중인 것을 확인할 수 있습니다.

```
kubectl get deployment
```

결과는 다음과 같습니다.

```
NAMESPACE    NAME            READY    UP-TO-DATE    AVAILABLE    AGE
default      frontend-myapp  2/2      2             2            2m
```

출력 결과에서 볼 수 있듯이 Helm install 커맨드는 쿠버네티스에 디플로이먼트 개체를 성공적으로 생성했습니다.

차트를 제거하는 것도 간단합니다. 다음 커맨드를 실행하여 차트를 통해 설치된 모든 쿠버네티스 리소스를 설치할 수 있습니다.

```
helm uninstall myapp
```

이 uninstall 커맨드(Helm V2에서 delete)는 단지 Helm 릴리스의 이름만 필요합니다.

지금까지 Helm의 진정한 기능을 사용하지 않았습니다. 추가 기능 없이 kubectl 대안으로만 사용해 왔습니다. 차트에 몇 가지 변수를 구현하여 이를 변경해 보겠습니다.

템플릿 변수 사용하기

Helm 차트 템플릿에 변수를 추가하는 것은 이중 괄호({{ }}) 구문을 사용하는 것만큼 간단합니다. 이중 괄호 안에 넣는 것은 점 표기법을 사용하여 차트를 설치할 때 사용하는 값에서 직접 가져옵니다.

간단한 예를 살펴보겠습니다. 지금까지 앱 이름(및 컨테이너 이미지 이름/버전)을 YAML 파일에 하드코 딩했습니다. 이는 Helm 차트를 사용하여 다른 애플리케이션 또는 다른 애플리케이션 버전을 배포하려 는 경우 상당한 제약이 있습니다.

이 문제를 해결하기 위해 템플릿 변수를 차트에 추가할 예정입니다. 결과 템플릿을 보겠습니다.

templated-deployment.yaml

```yaml
apiVersion: apps/v1
kind: Deployment
metadata:
  name: frontend-{{ .Release.Name }}
  labels:
    app: frontend-{{ .Release.Name }}
    chartVersion: {{ .Chart.version }}
spec:
  replicas: 2
  selector:
    matchLabels:
      app: frontend-{{ .Release.Name }}
  template:
    metadata:
      labels:
        app: frontend-{{ .Release.Name }}
    spec:
      containers:
      - name: frontend-{{ .Release.Name }}
        image: myrepo/{{ .Values.image.name }}:{{ .Values.image.tag }}
        ports:
        - containerPort: 80
```

이 YAML 파일을 살펴보고 변수를 검토하겠습니다. 이 파일에는 몇 가지 다른 유형의 변수를 사용하지 만 모두 동일한 점 표기법을 사용합니다.

Helm은 실제로 몇 가지 다른 최상위 개체를 지원합니다. 템플릿에서 참조할 수 있는 주요 개체는 다음 과 같습니다.

- **.Chart**: Chart.yaml 파일의 메타데이터 값 참조에 사용됩니다.
- **.Values**: 설치 시 values 파일에서 차트로 전달된 값을 참조하는 데 사용됩니다.
- **.Template**: 현재 템플릿 파일에 대한 일부 정보를 참조하는 데 사용됩니다.
- **.Release**: Helm 릴리스에 대한 정보를 참조하는 데 사용됩니다.
- **.Files**: 차트에서 YAML 템플릿이 아닌 파일(예: config 파일)을 참조하는 데 사용됩니다.
- **.Capabilities**: 대상 쿠버네티스 클러스터에 대한 정보(즉, 버전)를 참조하는 데 사용됩니다.

예제의 YAML 파일에서 이들 중 몇 가지를 사용하고 있습니다. 첫째, 여러 곳에서 릴리스 이름(.Release 개체에 포함)을 참조하고 있습니다. 다음으로 Chart 개체를 활용하여 chartVersion 키에 메타데이터를 주입합니다. 마지막으로 Value 개체를 사용하여 컨테이너 이미지 name과 tag를 모두 참조합니다.

마지막으로 놓친 것은 values를 통해 주입할 실제 값입니다. 다른 모든 항목은 Chart.yaml 또는 helm 커맨드 그 자체를 통해 런타임에 주입할 값을 사용하여 생성됩니다.

이를 염두에 두고 이미지 이름과 태그를 전달할 템플릿에서 값 파일을 생성해 보겠습니다. 올바른 형식으로 만들어 봅시다.

```
image:
  name: myapp
  tag: 2.0.1
```

이제 Helm 차트를 통해 앱을 설치할 수 있습니다! 다음 커맨드로 이 작업을 수행합니다.

```
helm install myrelease -f values.yaml .
```

보다시피 -f 키를 사용하여 값을 전달합니다(--values를 사용할 수도 있음). 이 커맨드는 애플리케이션 릴리스를 설치합니다.

릴리스가 완료되면 Helm CLI를 사용하여 새 버전으로 업그레이드하거나 이전 버전으로 롤백할 수 있습니다. 다음 절에서 이에 대해 설명하겠습니다.

업그레이드 및 롤백하기

이제 Helm 릴리스가 활성화됐으므로 업그레이드할 수 있습니다. `values.yaml`을 조금 변경해 보겠습니다.

```yaml
image:
  name: myapp
  tag: 2.0.2
```

이를 새로운 버전의 릴리스로 만들려면 차트 YAML도 변경해야 합니다.

```yaml
apiVersion: v2
name: mynodeapp
version: 1.0.1
```

이제 다음 커맨드를 사용하여 릴리스를 업그레이드할 수 있습니다.

```
helm upgrade myrelease -f values.yaml .
```

어떤 이유로든 이전 버전으로 롤백하려는 경우 다음 커맨드를 사용하면 롤백할 수 있습니다.

```
helm rollback myrelease 1.0.0
```

보다시피 Helm은 애플리케이션의 원활한 템플릿, 릴리스, 업그레이드 및 롤백이 가능합니다. 앞서 언급한 바와 같이 Kustomize는 많은 부분을 동일하게 다루지만 꽤 다른 방식으로 수행합니다. 어떻게 하는지 살펴보겠습니다.

쿠버네티스와 함께 Kustomize 사용하기

Helm 차트는 상당히 복잡해질 수 있지만 Kustomize는 변수 없이 YAML을 사용하고 대신 기본 쿠버네티스 리소스 집합에 다른 구성을 적용하는 패치 및 재정의 기반 방법을 사용합니다.

Kustomize를 사용하는 것은 매우 간단하며 이번 장의 앞부분에서 언급했듯이 필수 CLI 도구가 없습니다. 새로운 것을 설치하지 않고도 `kubectl apply -k /path/kustomize.yaml` 커맨드를 사용하는 것만으로 작동합니다. 그러나 여기서는 Kustomize CLI 도구를 사용하여 작업 흐름을 보여드리겠습니다.

> **중요 사항**
> Kustomize CLI 도구를 설치하려면 https://kubernetes-sigs.github.io/kustomize/installation에서 설치 지침을 확인하기 바랍니다.

다음 커맨드를 사용하여 설치합니다.

```
curl -s "https://raw.githubusercontent.com/\
kubernetes-sigs/kustomize/master/hack/install_kustomize.sh" | bash
```

이제 Kustomize를 설치했으므로 기존 실습에 Kustomize를 적용해 보겠습니다. (Helm 변수를 추가하기 전에) 평범한 쿠버네티스 YAML부터 시작하겠습니다.

plain-deployment.yaml

```yaml
apiVersion: apps/v1
kind: Deployment
metadata:
  name: frontend-myapp
  labels:
    app: frontend-myapp
spec:
  replicas: 2
  selector:
    matchLabels:
      app: frontend-myapp
  template:
    metadata:
      labels:
        app: frontend-myapp
    spec:
      containers:
      - name: frontend-myapp
        image: myrepo/myapp:1.0.0
        ports:
        - containerPort: 80
```

초기 deployment.yaml을 생성하면 kustomize.yaml이라고 하는 Kustomization 파일을 만들 수 있습니다.

나중에 -k 매개변수를 사용하여 kubectl 커맨드를 호출할 때 kubectl은 이 kustomize YAML 파일을 찾고, 이를 사용하여 kubectl 커맨드에 전달된 다른 모든 YAML 파일에 적용할 패치를 결정합니다.

Kustomize를 사용하면 개별 값을 패치하거나 공통 값을 자동으로 설정할 수 있습니다. 일반적으로 Kustomize는 새 줄을 만들거나 키가 YAML에 이미 있는 경우 이전 줄을 업데이트합니다. 이러한 변경 사항을 적용하는 세 가지 방법이 있습니다.

- 변경 사항을 Kustomization 파일에 직접 지정합니다.
- PatchStrategicMerge 전략을 Kustomization 파일과 함께 patch.yaml 파일로 사용합니다.
- JSONPatch 전략을 Kustomization 파일과 함께 patch.yaml 파일로 사용합니다.

먼저 YAML을 패치하기 위해 Kustomization 파일을 사용하는 것으로 시작하겠습니다.

Kustomization 파일에서 직접 변경 사항 지정하기

Kustomization 파일 내에서 변경 사항을 직접 지정하려는 경우 그렇게 할 수는 있지만 옵션이 다소 제한됩니다. Kustomization 파일에 사용할 수 있는 키 유형은 다음과 같습니다.

- 리소스(resources): 패치가 적용될 때 커스터마이징할 파일을 지정합니다.
- 트랜스포머(transformers): Kustomization 파일 내에서 패치를 직접 적용하는 방법입니다.
- 제너레이터(generators): Kustomization 파일에서 새 리소스를 만드는 방법입니다.
- 메타(meta): 제너레이터, 트랜스포머 및 리소스에 영향을 줄 수 있는 메타데이터 필드를 설정합니다.

Kustomization 파일에 직접 패치를 지정하려면 트랜스포머를 사용해야 합니다. 앞서 언급한 PatchStrategicMerge 및 JSONPatch 병합 전략은 두 가지 유형의 트랜스포머입니다. 그러나 Kustomization 파일에 변경 사항을 직접 적용하려면 commonLabels, images, namePrefix, nameSuffix를 포함하는 여러 트랜스포머 중 하나를 사용할 수 있습니다.

다음 Kustomization 파일에서 commonLabels 및 images 트랜스포머를 모두 사용하여 초기 배포 YAML에 변경 사항을 적용합니다.

```
deployment-kustomization-1.yaml
```
```yaml
apiVersion: kustomize.config.k8s.io/v1beta1
kind: Kustomization
resources:
- deployment.yaml
namespace: default
commonLabels:
  app: frontend-app
images:
  - name: frontend-myapp
    newTag: 2.0.0
    newName: frontend-app-1
```

이 Kustomization.yaml 파일은 이미지 태그를 1.0.0에서 2.0.0으로 업데이트하고, 앱 이름을 frontend-myapp에서 frontend-app으로 업데이트하며, 컨테이너 이름을 frontend-myapp에서 frontend-app-1로 업데이트합니다.

이러한 각 트랜스포머의 세부 사항에 대한 전체 설명은 https://kubernetes-sigs.github.io/kustomize/ 에서 Kustomization 문서를 확인하기 바랍니다. Kustomization 파일은 deployment.yaml이 자신과 동일한 폴더에 있다고 가정합니다.

배포에 Kustomization 파일이 적용될 때의 결과를 확인하려면 Kustomize CLI 도구를 사용하면 됩니다. 다음 커맨드를 사용하면 쿠스터마이즈(kustomized)된 출력을 생성합니다.

```
kustomize build deployment-kustomization-1.yaml
```

이 커맨드는 다음과 같은 출력 결과를 제공합니다.

```yaml
apiVersion: apps/v1
kind: Deployment
metadata:
  name: frontend-myapp
  labels:
    app: frontend-app
spec:
  replicas: 2
```

```yaml
  selector:
    matchLabels:
      app: frontend-app
  template:
    metadata:
      labels:
        app: frontend-app
    spec:
      containers:
      - name: frontend-app-1
        image: myrepo/myapp:2.0.0
        ports:
        - containerPort: 80
```

보다시피 Kustomization 파일의 내용이 적용됐습니다. `kustomize build` 커맨드는 Kubernetes YAML을 출력하므로 다음과 같이 출력 결과를 Kubernetes에 쉽게 배포할 수 있습니다.

```
kustomize build deployment-kustomization.yaml | kubectl apply -f -
```

다음으로 PatchStrategicMerge와 함께 YAML 파일을 사용하여 배포를 패치하는 방법을 알아보겠습니다.

PatchStrategicMerge를 사용하여 변경 사항 지정하기

PatchStrategicMerge 전략을 설명하기 위해 동일한 `deployment.yaml` 파일로 다시 시작합니다. 이번에는 `kustomization.yaml` 파일과 `patch.yaml` 파일의 조합을 통해 변경 사항을 확인할 것입니다.

먼저 다음과 같은 `kustomization.yaml` 파일을 생성해 보겠습니다.

deployment-kustomization-2.yaml
```yaml
apiVersion: kustomize.config.k8s.io/v1beta1
kind: Kustomization
resources:
- deployment.yaml
namespace: default
patchesStrategicMerge:
  - deployment-patch-1.yaml
```

보다시피 Kustomization 파일은 새 파일인 deployment-patch-1을 참조합니다. yaml은 patchStrategicMerge 섹션에 있습니다. 여기에는 패치 YAML 파일을 얼마든지 추가할 수 있습니다.

그다음, deployment-patch-1.yaml 파일은 배포 시 변경 사항을 반영하는 간단한 파일입니다. 다음과 같습니다.

```
deployment-patch-1.yaml
apiVersion: apps/v1
kind: Deployment
metadata:
  name: frontend-myapp
  labels:
    app: frontend-myapp
spec:
  replicas: 4
```

이 패치 파일은 원래 배포에 있는 필드의 하위 집합입니다. 이 경우 replicas를 2에서 4로 간단히 업데이트합니다. 다시 한 번 변경 사항을 적용하려면 다음 커맨드를 사용하면 됩니다.

```
kustomize build deployment-kustomization2.yaml
```

그러나 kubectl 커맨드에서 -k 플래그를 사용할 수도 있습니다! 다음과 같은 모양입니다.

```
kubectl apply -k deployment-kustomization2.yaml
```

이 커맨드는 다음 커맨드와 같습니다.

```
kustomize build deployment-kustomization2.yaml | kubectl apply -f -
```

PatchStrategicMerge와 마찬가지로 Kustomization에서도 JSON 기반 패치를 지정할 수 있습니다. 지금 살펴보겠습니다.

JSONPatch를 사용하여 변경 사항 지정하기

JSON 패치 파일로 변경 사항을 지정하는 프로세스는 YAML 패치와 관련된 프로세스와 매우 유사합니다.

먼저 Kustomization 파일이 필요합니다. 파일 내용은 다음과 같습니다.

deployment-kustomization-3.yaml
```yaml
apiVersion: kustomize.config.k8s.io/v1beta1
kind: Kustomization
resources:
- deployment.yaml
namespace: default
patches:
- path: deployment-patch-2.json
  target:
    group: apps
    version: v1
    kind: Deployment
    name: frontend-myapp
```

보다시피 Kustomize 파일에는 대상과 함께 JSON 패치 파일을 참조하는 patches라는 섹션이 있습니다. 이 섹션에서 원하는 만큼 JSON 패치를 참조할 수 있습니다. target은 리소스 섹션에 지정된 Kubernetes 리소스가 패치를 받을지 결정하는 데 사용됩니다.

마지막으로 다음과 같은 패치 JSON이 필요합니다.

deployment-patch-2.json
```json
[
  {
    "op": "replace",
    "path": "/spec/template/spec/containers/0/name",
    "value": "frontend-myreplacedapp"
  }
]
```

이 패치를 적용하면 첫 번째 컨테이너의 이름에 대해 교체(replace) 작업을 수행합니다. 경로를 따라 원래 deployment.yaml 파일과 함께 그 첫 번째 컨테이너의 이름을 참조하는지 확인할 수 있습니다. 그러면 이 이름을 새 값인 frontend-myreplacedapp으로 대체합니다.

이제 쿠버네티스 리소스 템플릿과 Kustomize 및 Helm을 사용한 릴리스에 대한 탄탄한 기반을 갖추었으므로 쿠버네티스 배포 자동화로 넘어갈 수 있습니다. 다음 섹션에서는 쿠버네티스에서 CI/CD를 수행하기 위한 두 가지 패턴을 살펴보겠습니다.

클러스터 내부 및 외부 관점에서 쿠버네티스의 CI/CD 패러다임 이해하기

쿠버네티스에 대한 지속적인 통합 및 배포는 다양하게 구성할 수 있습니다.

대부분의 DevOps 엔지니어는 Jenkins, TravisCI 등과 같은 도구에 익숙할 것입니다. 이러한 도구는 애플리케이션을 빌드하고 테스트를 수행하며 제어된 환경에서 임의의 Bash 스크립트를 호출하기 위한 실행 환경을 제공한다는 점에서 상당히 유사합니다. 이러한 도구 중 일부는 컨테이너 내부에서 커맨드를 실행하는 반면, 다른 도구는 그렇지 않습니다.

쿠버네티스와 관련하여 이러한 도구를 어디서 어떻게 사용할지에 대한 여러 의견이 있습니다. 쿠버네티스 기본 요소와 훨씬 더 밀접하게 결합된 새로운 유형의 CI/CD 플랫폼도 있으며, 클러스터 자체에서 실행되도록 설계된 플랫폼도 많습니다.

도구가 쿠버네티스와 어떻게 관련되는지 자세히 논의하기 위해 파이프라인을 두 가지 논리적 단계로 나눕니다.

1. 빌드: 애플리케이션 컴파일, 테스트, 컨테이너 이미지 빌드 및 이미지 리포지토리로 전송하기
2. 배포: kubectl, Helm 또는 다른 도구를 통해 쿠버네티스 리소스 업데이트하기

이 책의 목적상 주로 두 번째 배포 중심 단계에 초점을 맞출 것입니다. 사용 가능한 옵션 중 다수가 빌드 및 배포 단계를 모두 처리하지만 빌드 단계는 다른 주제의 책에서도 다룰 수 있으므로 쿠버네티스의 세부 사항을 다루는 이 책에서는 설명할 필요가 없습니다.

이를 염두에 두고 도구 옵션에 대해 논의하기 위해 파이프라인의 배포 부분까지 도구 세트를 두 가지 범주로 나눕니다.

- 클러스터 외 CI/CD
- 클러스터 내 CI/CD

클러스터 외 CI/CD

첫 번째 패턴에서 CI/CD 도구는 대상 쿠버네티스 클러스터 외부에서 실행됩니다.

이를 클러스터 외 CI/CD라고 합니다. CI/CD에 중점을 둔 별도의 쿠버네티스 클러스터에서 도구를 실행할 수 있는 회색 영역이 있지만 두 범주 간의 차이가 여전히 대부분 유효하므로 현재로서는 이 옵션을 무시하겠습니다.

Jenkins 같은 업계 표준 도구가 이 패턴과 함께 사용되는 경우가 많지만 스크립트를 실행하고 안전한 방식으로 비밀 키를 유지할 수 있는 CI 도구는 모두 여기에서 사용할 수 있습니다. 몇 가지 예로는 **GitLab CI, CircleCI, TravisCI, GitHub Actions, AWS CodeBuild**가 있습니다. Helm은 클러스터 외 CI 스크립트가 kubectl 대신 Helm 커맨드를 호출할 수 있기 때문에 이 패턴의 큰 부분을 차지합니다.

이 패턴의 장점은 단순성과 확장성에서 찾을 수 있습니다. 이는 코드 변경이 쿠버네티스 워크로드의 변경을 동기적으로 트리거하는 push 기반 패턴입니다.

클러스터 외 CI/CD의 약점 중 일부는 많은 클러스터에 푸시할 때 확장성과 kubectl 또는 Helm 커맨드를 호출할 수 있도록 CI/CD 파이프라인에 클러스터 자격 증명을 유지해야 한다는 것입니다.

클러스터 내 CI/CD

두 번째 패턴에서 도구는 애플리케이션이 실행되는 동일한 클러스터에서 실행됩니다. 즉, CI/CD는 파드와 같은 애플리케이션으로서 동일한 쿠버네티스 컨텍스트 내에서 발생합니다. 이를 클러스터 내 CI/CD라고 합니다. 이 클러스터 내 패턴은 여전히 클러스터 외부에서 '빌드' 단계가 발생하게 할 수 있지만 배포 단계는 클러스터 내에서 발생합니다.

이러한 유형의 도구는 쿠버네티스가 출시된 이후 인기를 얻었으며, 많은 도구가 커스텀 리소스 정의 및 커스텀 컨트롤러를 사용하여 작업을 수행합니다. 일부 예로는 **FluxCD, Argo CD, JenkinsX, Tekton Pipelines** 등이 있습니다. 깃 리포지토리(Git repository)가 클러스터에서 실행해야 하는 애플리케이션에 대한 정보 소스로 사용되는 **GitOps** 패턴이 이러한 도구에서 널리 사용됩니다.

클러스터 내 CI/CD 패턴의 강점 중 일부는 확장성과 보안입니다. 클러스터가 GitOps 운영 모델을 통해 깃허브에서 변경 사항을 '풀(pull)'하게 함으로써 솔루션을 여러 클러스터로 확장할 수 있습니다. 또한 CI/CD 시스템에 강력한 클러스터 자격 증명을 유지할 필요가 없으며, 대신 클러스터 자체에 깃허브 자격 증명을 보유하므로 보안 관점에서 훨씬 더 좋습니다.

클러스터 내 CI/CD 패턴의 약점에는 복잡성이 포함됩니다. 이 풀 기반 작업은 약간 비동기식이기 때문입니다(`git pull`은 일반적으로 루프에서 발생하지만 변경 사항이 푸시될 때 항상 정확하게 발생하는 것은 아닙니다).

쿠버네티스를 사용하여 클러스터 내 및 클러스터 외 CI/CD 구현하기

쿠버네티스에는 CI/CD에 대한 옵션이 너무 많기 때문에 두 가지 옵션을 선택하고 기능 세트를 비교할 수 있도록 하나씩 구현합니다. 먼저 AWS CodeBuild에서 쿠버네티스에 CI/CD를 구현할 것입니다. 이것은 Bitbucket Pipelines, Jenkins 등을 비롯한 Bash 스크립트를 실행할 수 있는 모든 외부 CI 시스템에서 재사용할 수 있는 훌륭한 예제 구현입니다. 다음으로는 쿠버네티스 네이티브인 클러스터 내 GitOps 기반 CI 옵션인 FluxCD로 넘어가겠습니다. 외부 옵션부터 시작하겠습니다.

AWS Codebuild로 쿠버네티스 CI 구현

앞서 언급했듯이 AWS CodeBuild CI 구현은 스크립트 기반 CI 시스템에서 쉽게 복제할 수 있습니다. 대부분의 경우 파이프라인 YAML 정의는 거의 동일합니다. 또한 앞서 논의한 것처럼 컨테이너 이미지의 실제 빌드는 생략할 것입니다. 대신 실제 배포 부분에 중점을 둘 것입니다.

AWS CodeBuild를 빠르게 소개하자면 다른 유사한 도구들처럼 Bash 스크립트를 실행하는 스크립트 기반 CI 도구입니다. 더 높은 수준의 도구인 AWS CodePipeline과 관련하여 여러 개의 개별 AWS CodeBuild 단계를 더 큰 파이프라인으로 결합할 수 있습니다.

이번 예에서는 AWS CodeBuild와 AWS CodePipeline을 모두 사용합니다. 이 두 도구를 사용하는 방법에 대해 자세히 논의하지 않고 대신 쿠버네티스에 배포하는 데 그것들을 사용하는 방법에 대한 논의를 계속 이어갈 것입니다.

> **중요 사항**
>
> 이번 장에서는 모든 기본 사항에 대해 다루지 않으므로 CodePipeline 및 CodeBuild에 대한 설명서를 읽고 검토하는 것이 좋습니다. CodeBuild의 경우 https://docs.aws.amazon.com/codebuild/latest/userguide/welcome.html, CodePipeline의 경우 https://docs.aws.amazon.com/codepipeline/latest/userguide/welcome.html에서 설명서를 확인할 수 있습니다.

실제로는 각각 하나 이상의 CodeBuild 단계가 있는 두 개의 CodePipeline이 있습니다. 첫 번째 CodePipeline은 AWS CodeCommit 또는 다른 깃 리포지토리(예: 깃허브)의 코드가 변경됐을 때 트리거됩니다.

이 파이프라인의 첫 번째 CodeBuild 단계에서는 테스트를 실행하고 컨테이너 이미지를 빌드하여 이미지를 AWS Elastic Container Repository(ECR)로 푸시합니다. 첫 번째 파이프라인의 두 번째 CodeBuild 단계는 새 이미지를 쿠버네티스에 배포합니다.

두 번째 CodePipeline은 쿠버네티스 리소스 파일(인프라 리포지토리)을 사용하여 보조 깃 리포지토리에 변경 사항을 커밋할 때마다 트리거됩니다. 동일한 프로세스를 사용하여 쿠버네티스 리소스를 업데이트합니다.

첫 번째 CodePipeline부터 시작하겠습니다. 앞서 언급했듯이 여기에는 두 가지 CodeBuild 단계가 포함됩니다.

1. 먼저 컨테이너 이미지를 테스트 및 빌드하고 ECR에 푸시합니다.
2. 둘째, 업데이트된 컨테이너를 쿠버네티스에 배포합니다.

이번 절의 앞부분에서 언급했듯이 코드-컨테이너-이미지 파이프라인에 많은 시간을 할애하지는 않겠지만 첫 번째 단계를 구현하기 위한 (프로덕션 준비가 되지 않은) codebuild YAML의 예는 다음과 같습니다.

pipeline-1-codebuild-1.yaml

```
version: 0.2
phases:
  build:
    commands:
      - npm run build
  test:
    commands:
      - npm test
  containerbuild:
    commands:
      - docker build -t $ECR_REPOSITORY/$IMAGE_NAME:$IMAGE_TAG .
  push:
```

```
    commands:
        - docker push_$ECR_REPOSITORY/$IMAGE_NAME:$IMAGE_TAG
```

이 CodeBuild 파이프라인은 4단계로 구성됩니다. CodeBuild 파이프라인 사양은 YAML로 작성됐으며, CodeBuild 사양의 버전에 해당하는 version 태그를 포함합니다. 그런 다음 순서대로 실행되는 phases 섹션이 있습니다. 이 CodeBuild는 먼저 build 커맨드를 실행한 다음 test 커맨드를 실행합니다. 마지막으로 containerbuild 단계는 컨테이너 이미지를 생성하고 push 단계는 이미지를 컨테이너 리포지토리로 푸시합니다.

한 가지 유의할 점은 CodeBuild에서 앞에 $가 있는 모든 값은 환경 변수라는 것입니다. 이는 AWS 콘솔 또는 AWS CLI를 통해 커스터마이징할 수 있으며, 일부는 깃 리포지토리에서 직접 가져올 수 있습니다.

이제 첫 번째 CodePipeline의 두 번째 CodeBuild 단계에 대한 YAML을 살펴보겠습니다.

pipeline-1-codebuild-2.yaml
```
version: 0.2
phases:
  install:
    commands:
        - curl -o kubectl https://amazon-eks.s3.us-west-2.amazonaws.com/1.16.8/2020-04-16/bin/darwin/amd64/kubectl
        - chmod +x ./kubectl
        - mkdir -p $HOME/bin && cp ./kubectl $HOME/bin/kubectl && export PATH=$PATH:$HOME/bin
        - echo 'export PATH=$PATH:$HOME/bin' >> ~/.bashrc
        - source ~/.bashrc
  pre_deploy:
    commands:
        - aws eks --region $AWS_DEFAULT_REGION update-kubeconfig --name $K8S_CLUSTER
  deploy:
    commands:
        - cd $CODEBUILD_SRC_DIR
        - kubectl set image deployment/$KUBERNETES-DEPLOY-NAME myrepo:"$IMAGE_TAG"
```

이 파일을 분석해 봅시다. CodeBuild 설정은 install, pre_deploy, deploy의 세 단계로 나뉩니다. install 단계에서 kubectl CLI 도구를 설치합니다.

그런 다음 pre_deploy 단계에서 AWS CLI 커맨드와 몇 가지 환경 변수를 사용하여 EKS 클러스터와 통신하기 위한 kubeconfig 파일을 업데이트합니다. 다른 CI 도구에서(또는 EKS를 사용하지 않을 때) CI 도구에 클러스터 자격 증명을 제공하기 위해 다른 방법을 사용할 수 있습니다. 깃 리포지토리에 직접 kubeconfig 파일을 포함하는 것은 안전하지 않으므로 여기서 안전한 옵션을 사용하는 것이 중요합니다. 일반적으로 여기에는 환경 변수의 몇 가지 조합이 좋습니다. Jenkins, CodeBuild, CircleCI 등은 이를 위한 자체 시스템을 가지고 있습니다.

마지막으로 배포 단계에서 kubectl을 사용하여 첫 번째 CodeBuild 단계에서 지정된 새 이미지 태그로 배포(환경 변수에도 포함)를 업데이트합니다. 이 kubectl rollout restart 커맨드는 배포를 위해 새 포드가 시작되게 합니다. imagePullPolicy로 Always 옵션을 사용하면 새 애플리케이션 버전이 배포됩니다.

이 경우 ECR의 특정 이미지 태그 이름으로 배포를 패치합니다. $IMAGE_TAG 환경 변수는 깃허브의 최신 태그로 자동으로 채워지므로 이를 사용하여 새 컨테이너 이미지를 배포 환경에 자동으로 롤아웃할 수 있습니다.

다음으로 두 번째 CodePipeline을 살펴보겠습니다. 여기에는 단 하나의 단계만 포함되어 있습니다. 별도의 깃허브 리포지토리인 '인프라 리포지토리'에서 변경 사항을 수신합니다. 이 리포지토리에는 애플리케이션 자체에 대한 코드가 아니라 쿠버네티스 리소스 YAML이 포함되어 있습니다. 따라서 쿠버네티스 리소스 YAML 값(예: 배포의 복제본 수)을 변경할 수 있으며 CodePipeline이 실행된 후 쿠버네티스에서 업데이트된 것을 확인할 수 있습니다. 이 패턴은 Helm 또는 쿠스터마이즈를 매우 쉽게 사용하도록 확장할 수 있습니다.

두 번째 CodePipeline의 첫 번째 단계를 살펴보겠습니다.

```yaml
pipeline-2-codebuild-1.yaml
version: 0.2
phases:
  install:
    commands:
      - curl -o kubectl https://amazon-eks.s3.us-west-2.amazonaws.com/1.16.8/2020-04-16/bin/darwin/amd64/kubectl
      - chmod +x ./kubectl
      - mkdir -p $HOME/bin && cp ./kubectl $HOME/bin/kubectl && export PATH=$PATH:$HOME/bin
      - echo 'export PATH=$PATH:$HOME/bin' >> ~/.bashrc
```

```
      - source ~/.bashrc
  pre_deploy:
    commands:
      - aws eks --region $AWS_DEFAULT_REGION update-kubeconfig --name $K8S_CLUSTER
  deploy:
    commands:
      - cd  $CODEBUILD_SRC_DIR
      - kubectl apply -f .
```

보다시피 이 CodeBuild 사양은 이전 사양과 매우 유사합니다. 이전과 마찬가지로 kubectl을 설치하고 쿠버네티스 클러스터에 사용할 수 있게 준비합니다. AWS에서 실행 중이므로 AWS CLI를 사용하여 실행하지만 CodeBuild 환경에 Kubeconfig 파일을 추가하는 것을 포함하여 다양한 방법으로 수행할 수 있습니다.

여기서 차이점은 새 버전의 애플리케이션으로 특정 배포를 패치하는 대신 전체 인프라 폴더에 파이프를 연결하면서 전체적으로 kubectl apply 커맨드를 실행한다는 것입니다. 그러면 Git에서 수행된 모든 변경 사항이 클러스터의 리소스에 적용될 수 있습니다. 예를 들어, deployment.yaml 파일의 값을 변경하여 배포를 2개의 복제본에서 20개의 복제본으로 확장하면 이 CodePipeline 단계에서 쿠버네티스에 배포되고 배포가 확장됩니다.

클러스터 외 CI/CD 환경을 사용하여 쿠버네티스 리소스를 변경하는 기본 사항을 다루었으므로 이제 클러스터에서 파이프라인이 실행되는 완전히 다른 CI 패러다임을 살펴보겠습니다.

FluxCD로 쿠버네티스 CI 구현하기

여기서는 클러스터 내 CI 도구로 **FluxCD**를 사용할 것입니다. **ArgoCD** 및 **JenkinsX**를 포함한 여러 옵션이 있지만 **FluxCD**는 상대적으로 단순하고 추가 구성 없이 새 컨테이너 버전으로 파드를 자동으로 업데이트합니다. 추가로, 배포 관리를 위해 FluxCD의 Helm 통합 기능을 사용할 것입니다. 먼저 FluxCD 설치부터 시작하겠습니다(이미 Helm이 설치되어 있다고 가정합니다). 이 설치 방법은 이 책의 집필 시점을 기준으로 Helm 호환성을 위해 공식 FluxCD 설치 지침을 따릅니다.

공식 FluxCD 문서는 https://docs.fluxcd.io/에서 확인할 수 있으며 한 번 보기를 적극 권장합니다. FluxCD는 매우 복잡한 도구이며 이 책에서는 겉만 훑고 있습니다. 전체 검토는 이 책의 범위에 포함되지 않습니다. 여기서는 클러스터 내 CI/CD 패턴 및 관련 도구만 소개합니다.

클러스터에 FluxCD를 설치하는 것으로 검토를 시작하겠습니다.

FluxCD(H3) 설치하기

FluxCD는 다음과 같은 몇 가지 단계를 거쳐 Helm을 사용하여 쉽게 설치할 수 있습니다.

1. 먼저 Flux Helm 차트 리포지토리를 추가합니다.

    ```
    helm repo add fluxcd https://charts.fluxcd.io
    ```

2. 다음으로 Helm 릴리스와 함께 작동하기 위해 FluxCD에 필요한 커스텀 리소스 정의를 추가합니다.

    ```
    kubectl apply -f https://raw.githubusercontent.com/fluxcd/helm-operator/master/deploy/crds.yaml
    ```

3. FluxCD Operator(쿠버네티스에서 FluxCD 기능의 핵심)와 FluxCD Helm Operator를 설치하기 전에 FluxCD가 사용할 네임스페이스를 만듭니다.

    ```
    kubectl create namespace flux
    ```

   이제 FluxCD의 주요 부분을 설치할 수 있지만 FluxCD에 깃 리포지토리에 대한 추가 정보를 제공해야 합니다.

   왜 그럴까요? FluxCD는 업데이트 및 배포에 GitOps 패턴을 사용하기 때문입니다. 이는 예를 들어, CodeBuild와 같은 Git 후크에 응답하는 대신 몇 분마다 FluxCD가 적극적으로 깃 리포지토리에 접근한다는 것을 의미합니다.

   또한 FluxCD는 풀 기반 전략을 통해 새로운 ECR 이미지에 응답할 것입니다. 이에 대해서는 잠시 후에 설명하겠습니다.

   FluxCD의 주요 부분을 설치하려면 다음 두 커맨드를 실행하고 GITHUB_USERNAME 및 REPOSITORY_NAME을 워크로드 사양(쿠버네티스 YAML 또는 Helm 차트)을 저장할 깃허브 사용자 및 리포지토리로 바꿉니다.

4. 이 커맨드 집합에서는 깃 리포지토리가 공개되어 있다고 가정하지만 그렇지 않을 가능성이 높습니다. 대부분 조직이 프라이빗 리포지토리를 사용하기 때문에 FluxCD에는 이 경우를 처리할 수 있는 특정 구성이 있습니다. https://docs.fluxcd.io/en/latest/tutorials/get-started-helm/에서 문서를 확인하십시오. 사실 FluxCD의 진정한 힘을 보려면 어떤 경우에도 깃 리포지토리에 접근할 수 있는 고급 액세스 권한을 부여해야 합니다. FluxCD는 깃 리포지토리에 쓸 수 있고 새 컨테이너 이미지가 생성될 때 자동으로 매니페스트를 업데이트할 수 있기 때문입니다. 그러나 이 책에서는 이러한 기능에 대해 다루지 않을 것입니다. FluxCD 문서는 많은 기능을 가진 복잡한 기술이므로 자세히 읽을 가치가 있습니다. FluxCD에서 어떤 깃허브 리포지토리를 볼 것인지 알려주기 위해 다음 커맨드와 같이 Helm을 사용하여 설치할 때 변수를 설정합니다.

```
helm upgrade -i flux fluxcd/flux \
--set git.url=git@github.com:GITHUB_USERNAME/REPOSITORY_NAME \
--namespace flux

helm upgrade -i helm-operator fluxcd/helm-operator \
--set git.ssh.secretName=flux-git-deploy \
--namespace flux
```

보다시피 깃허브 사용자 이름, 리포지토리 이름, 쿠버네티스에서 깃허브 시크릿(secret)에 사용할 이름을 전달해야 합니다.

이 시점에서 FluxCD는 클러스터에 완전히 설치되고 Git의 인프라 리포지토리를 가리킵니다! 앞에서 언급했듯이 이 깃허브 리포지토리에는 클러스터에서 실행 중인 워크로드를 업데이트하는 FluxCD를 기반으로 하는 쿠버네티스 YAML 또는 Helm 차트가 포함됩니다.

5. Flux가 실제로 할 일을 주기 위해서는 Flux에 대한 실제 매니페스트를 만들어야 합니다. 이 작업은 다음과 같은 HelmRelease YAML 파일을 사용하여 수행합니다.

helmrelease-1.yaml
```yaml
apiVersion: helm.fluxcd.io/v1
kind: HelmRelease
metadata:
  name: myapp
  annotations:
    fluxcd.io/automated: "true"
    fluxcd.io/tag.chart-image: glob:myapp-v*
spec:
  releaseName: myapp
  chart:
    git: ssh://git@github.com/<myuser>/<myinfrastructurerepository>/myhelmchart
    ref: master
    path: charts/myapp
  values:
    image:
      repository: myrepo/myapp
      tag: myapp-v2
```

이 파일을 살펴봅시다. Flux가 애플리케이션의 Helm 차트를 찾을 깃 리포지토리를 지정하고 있습니다. 또한 자동 주석으로 `HelmRelease`를 표시하여 Flux가 몇 분마다 컨테이너 이미지 리포지토리를 폴링하여 배포할 새 버전이 있는지 확인하도록 지시하고 있습니다. 이를 지원하기 위해 태그가 지정된 컨테이너 이미지가 재배포를 트리거하기 위해 일치해야 하는 `chart-image` 필터 패턴을 지정했습니다. 마지막으로 값 섹션에는 Helm 차트의 초기 설치에 사용할 Helm 값이 있습니다.

FluxCD에 이 정보를 제공하려면 이 파일을 깃허브 리포지토리의 루트에 추가하고 변경 사항을 푸시하기만 하면 됩니다.

이 릴리스 파일인 `helmrelease-1.yaml`을 깃 리포지토리에 추가하면 몇 분 안에 Flux가 해당 파일을 선택한 다음 `chart` 값에서 지정된 Helm 차트를 찾습니다. 한 가지 문제가 있는데, 아직 해결하지 못했습니다!

현재 깃허브의 인프라 리포지토리에는 단일 Helm 릴리스 파일만 포함되어 있습니다. 폴더 내용은 다음과 같습니다.

```
helmrelease1.yaml
```

이를 마무리하고 Flux가 Helm 차트를 실제로 배포할 수 있게 하려면 이 인프라 리포지토리에 추가해야 합니다. 깃허브 리포지토리의 최종 폴더 내용을 다음과 같이 만듭니다.

```
helmrelease1.yaml
myhelmchart/
  Chart.yaml
  Values.yaml
  Templates/
    ... 차트 템플릿
```

다음으로 FluxCD가 깃허브의 인프라 리포지토리를 확인할 때 먼저 Helm 릴리스 YAML 파일을 찾은 다음 새 Helm 차트를 가리킵니다.

그러면 새로운 릴리스와 Helm 차트가 포함된 FluxCD는 쿠버네티스에 Helm 차트를 배포합니다!

그럼 Helm 릴리스 YAML 또는 Helm 차트의 파일이 변경될 때마다 FluxCD가 해당 파일을 선택하고 몇 분 내에(다음 루프에서) 변경 사항을 배포합니다.

또한 필터 패턴과 일치하는 태그가 있는 새 컨테이너 이미지가 이미지 리포지토리에 푸시될 때마다 새 버전의 앱이 자동으로 배포됩니다. 이는 FluxCD가 인프라 깃허브 리포지토리와 컨테이너 리포지토리의 두 개의 위치를 수신하고 있으며 두 위치 모두에 변경 사항을 배포한다는 것을 의미합니다.

하나의 CodePipeline이 앱 컨테이너의 새 버전을 배포하고 다른 CodePipeline이 인프라 리포지토리에 변경 사항을 배포하는 클러스터 외 CI/CD 구현에 어떻게 매핑되는지 확인할 수 있었습니다. FluxCD는 동일한 작업을 풀 기반 방식으로 수행합니다.

요약

이번 장에서는 쿠버네티스에서의 템플릿 코드 생성에 대해 배웠습니다. Helm과 Kustomize를 모두 사용하여 유연한 리소스 템플릿을 만드는 방법을 검토했습니다. 이 지식이 있으면 솔루션을 사용하거나 릴리스를 생성 또는 배포하는 복잡한 애플리케이션을 템플릿화할 수 있습니다. 그런 다음 쿠버네티스에서 두 가지 유형의 CI/CD를 검토했습니다. 먼저 kubectl을 통해 쿠버네티스에 외부 CI/CD를 배포한 다음, FluxCD를 사용하여 클러스터 내 CI 패러다임을 검토했습니다. 이러한 도구와 기법을 이용하면 프로덕션 애플리케이션을 위한 쿠버네티스에 대한 CI/CD를 설정할 수 있습니다.

다음 장에서는 오늘날 소프트웨어 환경에서 중요한 주제인 쿠버네티스에 대한 보안 및 규정 준수에 대해 살펴보겠습니다.

질문

1. Helm과 Kustomize 템플릿의 차이점은 무엇입니까?
2. 외부 CI/CD 설정을 사용할 때 쿠버네티스 API 자격 증명을 어떻게 처리해야 합니까?
3. 클러스터 외 설정보다 클러스터 내 CI 설정이 더 나은 이유는 무엇입니까?

더 읽을 거리

- Kustomize 문서: https://kubernetes-sigs.github.io/kustomize/
- Helm 문서: https://docs.fluxcd.io/en/latest/tutorials/get-started-helm/

12

쿠버네티스 보안 및 규정 준수

이번 장에서는 쿠버네티스 보안에 관한 몇 가지 주요 사항에 대해 알아보겠습니다. 몇 가지 최신 쿠버네티스 보안 문제와 쿠버네티스에서 수행된 최근 감사 결과에 대해 논의하겠습니다. 그다음 쿠버네티스 리소스와 해당 구성의 보안을 시작으로 컨테이너 보안, 마지막으로 침입 감지를 통한 런타임 보안을 구현하는 방법까지 살펴보면서 클러스터의 각 수준에서 보안을 구현하는 방법을 알아보겠습니다. 우선 쿠버네티스와 관련된 몇 가지 주요 보안 개념에 대해 논의하겠습니다.

이번 장에서는 다음 주제를 다룰 것입니다.

- 쿠버네티스의 보안 이해하기
- 쿠버네티스에 대한 CVE 및 보안 감사 검토하기
- 클러스터 구성 및 컨테이너 보안을 위한 도구 구현하기
- 쿠버네티스에서 침입 감지, 런타임 보안 및 규정 준수 처리하기

기술 요구 사항

이번 장에서 설명하는 커맨드를 실행하려면 작동 중인 쿠버네티스 클러스터와 함께 kubectl 커맨드 라인 도구를 지원하는 컴퓨터가 필요합니다. 쿠버네티스를 빠르게 시작하고 실행하는 몇 가지 방법과 kubectl 도구를 설치하는 방법은 **1장 쿠버네티스와 통신하기**를 참조하십시오.

또한 일반적으로 kubectl과 동일한 전제 조건이 있는 Helm CLI 도구를 지원하는 시스템이 필요합니다. 자세한 내용은 https://helm.sh/docs/intro/install/에서 Helm 설명서를 참조하십시오.

이번 장에서 사용된 코드는 이 책의 깃허브 리포지토리에서 찾을 수 있습니다.

- https://github.com/wikibook/cnk/tree/master/Chapter12

쿠버네티스의 보안 이해하기

쿠버네티스의 보안에 대해 논의할 때 보안 경계와 공동 책임에 주목하는 것이 매우 중요합니다. **공유 책임 모델**은 공용 클라우드 서비스에서 보안이 처리되는 방식을 설명하는 데 일반적으로 사용되는 용어입니다. 여기에는 애플리케이션 보안과 퍼블릭 클라우드 구성 요소 및 서비스 구성의 보안에 대한 책임이 고객에게 있다고 명시되어 있습니다. 한편, 퍼블릭 클라우드 제공자는 서비스 자체의 보안과 서비스가 실행되는 인프라, 데이터 센터 및 물리적 계층에 대한 모든 책임을 집니다.

마찬가지로 쿠버네티스의 보안도 공유됩니다. 업스트림 쿠버네티스는 상용 제품이 아니지만 수천 명의 쿠버네티스 기여자와 대규모 기술 회사로부터 상당한 조직력을 확보하여 쿠버네티스 구성 요소의 보안이 유지되게 합니다. 또한 이 기술을 사용하는 개별 기여자 및 회사의 대규모 에코시스템은 CVE가 보고되고 처리됨에 따라 개선되게 해줍니다. 다음 절에서 논의하겠지만, 안타깝게도 쿠버네티스의 복잡성은 가능한 공격 벡터가 많다는 것을 의미합니다.

이때 공유 책임 모델을 적용하여 개발자는 쿠버네티스 구성 요소를 구성하는 방법과 쿠버네티스에서 실행하는 애플리케이션의 보안, 클러스터 구성의 액세스 수준 보안을 책임집니다. 애플리케이션과 컨테이너 자체의 보안은 이 책의 범위에 포함되지 않지만 쿠버네티스 보안에 확실히 중요합니다. 여기서는 구성 수준 보안, 액세스 보안 및 런타임 보안에 대해 논의하는 데 대부분의 시간을 할애할 것입니다.

쿠버네티스 자체 또는 쿠버네티스 에코시스템은 이러한 각 수준의 보안을 처리할 수 있는 도구, 라이브러리 및 완전한 제품을 제공합니다. 이번 장에서는 이러한 옵션 중 일부를 살펴보겠습니다.

이러한 솔루션에 대해 논의하기 전에 먼저 솔루션이 필요한 이유에 대한 기본적인 이해부터 시작하는 것이 가장 좋습니다. 다음 절로 넘어가서 쿠버네티스가 보안 분야에서 직면한 몇 가지 문제에 대해 자세히 알아보겠습니다.

쿠버네티스에 대한 CVE 및 보안 감사 검토하기

쿠버네티스는 역사를 통해 여러 **일반 취약성 및 노출**(CVE, Common Vulnerabilities and Exposures)을 경험했습니다. 이 책을 쓰는 시점을 기준으로 MITRE CVE 데이터베이스에는 쿠버네티스를 검색할 때 2015년부터 2020년까지 73개의 CVE 목록이 있습니다. 이들 각각은 쿠버네티스와 직접 관련이 있거나 쿠버네티스에서 실행되는 공통 오픈소스 솔루션(예: NGINX 수신 컨트롤러)과 관련이 있습니다.

이 중 일부는 쿠버네티스 소스에 대한 핫픽스가 필요할 정도로 중요하므로 CVE 설명에 영향을 받는 버전을 나열합니다. 쿠버네티스와 관련된 CVE의 전체 목록은 https://cve.mitre.org/cgi-bin/cvekey.cgi?keyword=kubernetes에서 찾을 수 있습니다. 그동안 찾아낸 몇 가지 문제에 대한 아이디어를 제공하기 위해 이러한 CVE 중 몇 가지를 시간순으로 검토해 보겠습니다.

CVE-2016-1905 이해 – 부적절한 승인 제어

이 CVE는 프로덕션 쿠버네티스의 첫 번째 주요 보안 문제 중 하나였습니다. NIST 웹사이트(National Vulnerability Database)는 이 문제에 7.7이라는 기본 점수를 부여하여 영향이 큰 범주에 넣었습니다.

이 문제로 쿠버네티스 승인 컨트롤러는 `kubectl patch` 커맨드가 승인 규칙을 따랐는지 확인하지 않으므로 사용자가 승인 컨트롤러를 완전히 우회할 수 있습니다. 이는 멀티테넌트 시나리오에서는 악몽과도 같습니다.

CVE-2018-1002105 이해 – 백엔드로의 연결 업그레이드

이 CVE는 현재까지 쿠버네티스 프로젝트에서 가장 중요할 것입니다. 실제로 NVD는 그것에 9.8의 중요도 점수를 주었습니다! 이 CVE에서는 쿠버네티스의 일부 버전에서 쿠버네티스 API 서버의 오류 응답에 덧붙여 전송하기(piggyback)를 통해 연결을 업그레이드할 수 있다는 것을 발견했습니다. 연결이 업그레이드되면 인증된 요청을 클러스터의 모든 백엔드 서버로 보낼 수 있습니다. 이를 통해 악의적인 사용자는 적절한 자격 증명 없이 완벽하게 인증된 TLS 요청을 에뮬레이트할 수 있습니다.

CNCF는 이러한 CVE들 외에도 2019년에 쿠버네티스에 대한 제3자 보안 감사를 후원했습니다. 감사 결과는 오픈소스며 공개적으로 사용 가능하고 검토할 가치가 있습니다.

2019년 보안 감사 결과 이해하기

이전 절에서 언급했듯이 2019년 쿠버네티스 보안 감사는 타사에서 수행했으며, 감사 결과는 완전히 오픈소스입니다. 모든 내용이 포함된 전체 감사 보고서는 https://www.cncf.io/blog/2019/08/06/open-sourcing-the-kubernetes-security-audit/에서 확인할 수 있습니다.

일반적으로 이 감사는 다음과 같은 쿠버네티스 기능에 중점을 둡니다.

- kube-apiserver
- etcd
- kube-scheduler
- kube-contoller-manager
- cloud-controller-manager
- kubelet
- kube-proxy
- 컨테이너 런타임

그 목적은 보안과 관련하여 쿠버네티스의 가장 중요하고 관련성이 높은 부분에 초점을 맞추는 것이었습니다. 감사 결과에는 전체 보안 보고서뿐만 아니라 위협 모델 및 침투 테스트, 백서 등이 포함됐습니다.

감사 결과에 대해 자세히 알아보는 것은 이 책의 범위에서 벗어나지만 가장 큰 쿠버네티스 보안 문제의 핵심을 파악할 수 있는 몇 가지 주요 내용이 있습니다.

요컨대, 감사 결과 쿠버네티스는 다양한 설정이 있는 복잡하고 네트워크 수준이 높은 시스템이므로 경험이 부족한 엔지니어가 수행할 수 있는 구성이 많이 있으며, 그렇게 함으로써 외부 공격자에게 클러스터를 공개할 수 있음을 발견했습니다.

쿠버네티스가 충분히 복잡해서 불안전한 구성이 쉽게 일어날 수 있다는 것에 주목하고 명심하는 것이 중요합니다.

전체 감사 내용은 읽을 가치가 있습니다. 네트워크 보안 및 컨테이너에 대해 잘 알고 있는 사람들에게 그것은 쿠버네티스 개발의 일환으로 이루어진 일부 보안 결정에 대한 훌륭한 견해이기 때문입니다.

쿠버네티스 보안 문제가 발견된 부분에 대해 논의했으므로 이제 클러스터의 보안 상태를 높이는 방법을 조사할 수 있습니다. 보안을 위한 몇 가지 기본 쿠버네티스 기능부터 시작하겠습니다.

클러스터 구성 및 컨테이너 보안을 위한 도구 구현하기

쿠버네티스는 클러스터 구성 및 컨테이너 권한의 보안을 위해 많은 내장 옵션을 제공합니다. 이미 RBAC, TLS 인그레스(Ingress), 암호화된 쿠버네티스 시크릿에 대해 설명했으므로 아직 검토하지 않은 몇 가지 개념인 승인 컨트롤러와 파드 보안 정책, 네트워크 정책에 대해 살펴보겠습니다.

승인 컨트롤러 사용하기

승인 컨트롤러admission controller는 종종 간과되지만 매우 중요한 쿠버네티스 기능입니다. 쿠버네티스의 여러 고급 기능들은 내부에서 승인 컨트롤러를 사용합니다. 또한 새 승인 컨트롤러 규칙을 생성하여 클러스터에 커스텀 기능을 추가할 수 있습니다.

승인 컨트롤러에는 두 가지 일반적인 유형이 있습니다.

- 변경 승인 컨트롤러
- 검증 승인 컨트롤러

변경 승인 컨트롤러는 쿠버네티스 리소스 사양을 가져오고 업데이트된 리소스 사양을 반환합니다. 또한 부작용 계산을 수행하거나 (커스텀 승인 컨트롤러의 경우) 외부 호출을 수행합니다.

반면 검증 승인 컨트롤러는 단순히 쿠버네티스 리소스 API 요청을 수락하거나 거부합니다. 두 가지 유형의 컨트롤러 모두 생성, 업데이트, 삭제 또는 프락시 요청에 대해서만 작동합니다. 이러한 컨트롤러는 리소스를 나열하기 위한 요청을 변형하거나 변경할 수 없습니다.

이러한 요청 유형 중 하나가 쿠버네티스 API 서버에 들어오면 먼저 모든 관련 변경 승인 컨트롤러를 통해 요청을 실행합니다. 그런 다음 변경될 수 있는 출력 결과는 API 서버에서 최종적으로 동작(또는 승인 컨트롤러가 호출을 거부한 경우 그렇지 않음)하기 전에 검증 승인 컨트롤러를 통과합니다.

구조적으로 쿠버네티스가 제공하는 승인 컨트롤러는 쿠버네티스 API 서버의 일부로 실행되는 기능 또는 플러그인입니다. 그것들은 두 개의 웹훅 컨트롤러(승인 컨트롤러 자체, 특수 컨트롤러)에 의존합니다. 그 두 개는 **MutatingAdmissionWebhook** 및 **ValidatingAdmissionWebhook**입니다. 다른 모든 승인 컨트롤러는 유형에 따라 내부에서 이러한 웹훅 중 하나를 사용합니다. 또한 모든 커스텀 승인 컨트롤러를 이러한 웹훅 중 하나에 연결할 수 있습니다.

커스텀 승인 컨트롤러를 만드는 프로세스를 살펴보기 전에 쿠버네티스가 제공하는 몇 가지 기본 승인 컨트롤러를 살펴보겠습니다. 전체 목록은 https://kubernetes.io/docs/reference/access-authn-authz/admission-controllers/#what-does-each-admission-controller-do에서 쿠버네티스 공식 문서를 확인하십시오.

기본 승인 컨트롤러 이해하기

일반적인 쿠버네티스 설정에는 몇 가지 기본 승인 컨트롤러가 있으며, 이 중 다수는 상당히 중요한 기본 기능을 위해 필요합니다. 다음은 기본 승인 컨트롤러의 몇 가지 예입니다.

NamespaceExists 승인 컨트롤러

NamespaceExists 승인 컨트롤러는 들어오는 쿠버네티스 리소스(네임스페이스 자체 제외)를 확인합니다. 이는 리소스에 붙은 네임스페이스가 존재하는지 확인하기 위한 것입니다. 그렇지 않은 경우 승인 컨트롤러 수준에서 리소스 요청을 거부합니다.

PodSecurityPolicy 승인 컨트롤러

PodSecurityPolicy 승인 컨트롤러는 쿠버네티스 파드 보안 정책을 지원합니다. 이에 대해서는 잠시 후에 알아볼 것입니다. 이 컨트롤러는 파드 보안 정책을 따르지 않는 리소스가 생성되지 않게 합니다.

기본 승인 컨트롤러 외에도 커스텀 승인 컨트롤러를 만들 수 있습니다.

커스텀 승인 컨트롤러 만들기

두 개의 웹훅 컨트롤러 중 하나를 사용하여 커스텀 승인 컨트롤러를 동적으로 만들 수 있습니다. 작동 방식은 다음과 같습니다.

1. 쿠버네티스 API 서버와 별도로 실행되는 자체 서버 또는 스크립트를 작성해야 합니다.
2. 그런 다음, 앞에서 언급한 두 개의 웹훅 트리거 중 하나를 구성하여 리소스 데이터를 커스텀 서버 컨트롤러에 요청합니다.
3. 결과에 따라 웹훅 컨트롤러는 API 서버에 계속할지 여부를 알려줍니다.

첫 번째 단계인 빠른 승인 서버 작성부터 시작하겠습니다.

커스텀 승인 컨트롤러용 서버 작성하기

커스텀 승인 컨트롤러 서버(쿠버네티스 컨트롤 플레인에서 웹훅을 허용함)를 생성하기 위해서는 어떤 프로그래밍 언어든 사용할 수 있습니다. 대부분의 쿠버네티스 확장과 마찬가지로 Go 언어는 커스텀 승인 컨트롤러 작성하는 작업을 더 쉽게 만드는 최고의 지원 및 라이브러리를 제공합니다. 일단은 의사 코드를 사용하겠습니다.

서버에 대한 제어 흐름은 다음과 같습니다.

```
admission-controller-server.pseudo
// 이 함수는 "/mutate" 엔드포인트 요청 시 호출됩니다.
function acceptAdmissionWebhookRequest(req)
{
  // 먼저, 들어온 값을 검증해야 합니다.
  // 이 함수는 요청 형식이 올바른지 확인하고 "valid" 속성을 추가합니다.
  // 웹훅은 "AdmissionReviewRequest" 스키마에서 쿠버네티스의 POST 요청입니다.
  req = validateRequest(req);

  // 요청이 유효하지 않으면 에러를 반환합니다.
  if(!req.valid) return Error;

  // 다음으로 Admission 요청을 수락할지 거부할지를 판단해야 합니다.
  // 이 함수는 "accepted" 속성을 추가합니다.
```

```
    req = decideAcceptOrDeny(req);

    if(!req.accepted) return Error;

    // 이제 이 리소스를 허용해야 한다는 것을 확인했으므로
    // "patches" 또는 변경이 필요한지 결정해야 합니다.
    patch = patchResourceFromWebhook(req);

    // 마지막으로 AdmissionReviewResponse를 생성하고
    // 그것을 다시 쿠버네티스에 전달합니다.
    // 이 AdmissionReviewResponse에는 패치와 리소스 수락 여부가 포함됩니다.
    admitReviewResp = createAdmitReviewResp(req, patch);

    return admitReviewResp;
}
```

이제 커스텀 승인 컨트롤러를 위한 간단한 서버가 생겼으므로 이를 호출하도록 쿠버네티스 승인 웹훅을 구성할 수 있습니다.

커스텀 승인 컨트롤러 서버를 호출하도록 쿠버네티스 구성하기

쿠버네티스가 커스텀 승인 서버를 호출하도록 지시하려면 호출할 장소가 필요합니다. 우리는 어디에서나 커스텀 승인 컨트롤러를 실행할 수 있습니다. 꼭 쿠버네티스에 있을 필요는 없습니다.

그렇긴 하지만 이번 장의 목적에 따라 쿠버네티스에서 실행하는 것이 쉽습니다. 전체 매니페스트를 살펴보지는 않겠지만 서버인 컨테이너를 실행하고 있는 서비스와 디플로이먼트가 있다고 가정해 보겠습니다. 서비스는 다음과 같습니다.

service-webhook.yaml
```
apiVersion: v1
kind: Service
metadata:
  name: my-custom-webhook-server
spec:
  selector:
    app: my-custom-webhook-server
  ports:
```

```
    - port: 443
      targetPort: 8443
```

쿠버네티스가 웹훅 응답을 수락하려면 서버가 HTTPS를 사용해야 한다는 것을 알아둬야 합니다. 이를 구성하는 방법은 여러 가지가 있는데, 이 책에서는 다루지 않을 것입니다. 인증서는 자체 서명될 수 있지만 인증서 및 CA의 공통 이름은 쿠버네티스 클러스터를 설정할 때 사용한 이름과 일치해야 합니다.

이제 우리는 우리의 서버를 실행하고 HTTPS 요청을 수락할 수 있으므로, 쿠버네티스에게 호출 가능한 위치를 알리겠습니다. 이를 위해 MutatingWebhookConfiguration을 사용합니다.

MutatingWebhookConfiguration의 예는 다음 코드 블록에 나와 있습니다.

mutating-webhook-config-service.yaml
```
apiVersion: admissionregistration.k8s.io/v1beta1
kind: MutatingWebhookConfiguration
metadata:
  name: my-service-webhook
webhooks:
  - name: my-custom-webhook-server.default.svc
    rules:
      - operations: [ "CREATE" ]
        apiGroups: [""]
        apiVersions: ["v1"]
        resources: ["pods", "deployments", "configmaps"]
    clientConfig:
      service:
        name: my-custom-webhook-server
        namespace: default
        path: "/mutate"
      caBundle: ${CA_PEM_B64}
```

MutatingWebhookConfiguration을 위해 YAML을 따로 살펴보겠습니다. 보다시피 이 구성에서 둘 이상의 웹훅을 구성할 수 있습니다. 하지만 이 예에서는 하나만 수행했습니다.

각 웹훅에 대해 name과 rules, configuration을 설정합니다. name은 단순히 웹훅의 식별자입니다. rules을 통해 쿠버네티스가 승인 컨트롤러에 어떤 경우에 요청을 해야 하는지 정확히 구성할 수 있습니다. 이 경우 pods와 deployments, configmaps 유형의 리소스에 대한 CREATE 이벤트가 발생할 때마다 실행되도록 웹훅을 구성했습니다.

마지막으로 쿠버네티스가 웹훅 요청을 어디서 어떻게 해야 하는지 정확히 지정하는 clientConfig가 있습니다. 쿠버네티스에서 커스텀 서버를 실행하고 있으므로 적중(hit)할 서버의 경로("/mutate"가 모범 사례임)와 함께 서비스 이름을 지정하고 HTTPS 종료 인증서와 비교할 클러스터의 CA를 지정합니다. 커스텀 승인 서버가 다른 곳에서 실행 중인 경우 다른 가능한 구성 필드가 있습니다. 필요한 경우 문서를 확인하십시오(https://kubernetes.io/docs/reference/access-authn-authz/admission-controllers/).

쿠버네티스에서 MutatingWebhookConfiguration을 생성하면 유효성 검사를 쉽게 테스트할 수 있습니다. 파드나 디플로이먼트, 컨피그맵을 정상적으로 만들고 서버의 논리에 따라 요청이 거부되거나 패치됐는지 확인하기만 하면 됩니다.

지금은 서버가 deny-me 문자열이 포함된 이름의 모든 파드를 거부하도록 설정되어 있다고 가정해 보겠습니다. 또한 AdmissionReviewResponse에 오류 응답을 추가하도록 설정됩니다.

다음과 같이 파드 사양을 사용하겠습니다.

```yaml
# to-deny-pod.yaml
apiVersion: v1
kind: Pod
metadata:
  name: my-pod-deny-me
spec:
  containers:
  - name: nginx
    image: nginx
```

이제 승인 컨트롤러를 확인하기 위해 파드를 생성할 수 있습니다. 다음 커맨드를 사용합니다.

```
kubectl create -f to-deny-pod.yaml
```

결과는 다음과 같습니다.

```
Error from server (InternalError): error when creating "to-deny-pod.yaml": Internal error occurred:
admission webhook "my-custom-webhook-server.default.svc" denied the request: Pod name contains "to-
deny"!
```

커스텀 승인 컨트롤러가 서버에서 지정한 조건에 맞지 않는 파드를 성공적으로 거부했습니다. 패치된(거부되지는 않지만 변경된) 리소스의 경우 kubectl은 특별한 응답을 표시하지 않습니다. 패치가 작동하는지 보려면 해당 리소스를 가져와야 합니다.

이제 커스텀 승인 컨트롤러를 살펴봤으므로 클러스터 보안 방식을 적용하는 또 다른 방법인 파드 보안 정책을 살펴보겠습니다.

파드 보안 정책 활성화하기

파드 보안 정책의 기본은 클러스터 관리자가 노드에 예약하기 위해 파드가 따라야 하는 규칙을 만들 수 있다는 것입니다. 기술적으로 파드 보안 정책은 또 다른 유형의 승인 컨트롤러입니다. 그러나 이 기능은 쿠버네티스에서 공식적으로 지원하며 많은 옵션이 제공되기 때문에 심층적으로 논의할 가치가 있습니다.

파드 보안 정책을 사용하여 파드가 루트로 실행되지 않게 하고, 사용되는 포트 및 볼륨을 제한하며, 권한 상승 등을 제한할 수 있습니다. 이제 파드 보안 정책 기능의 일부를 검토하겠지만 파드 보안 정책 구성 유형의 전체 목록은 https://kubernetes.io/docs/concepts/policy/pod-security-policy/에서 공식 $PSP_{Pod\ Security\ Policy}$ 문서를 확인하십시오.

마지막으로 쿠버네티스는 AppArmor, SELinux, Seccomp와 같은 컨테이너 권한 제어를 위한 저수준 기본 요소도 지원합니다. 이러한 구성은 이 책에서 다루지 않지만 보안 수준이 높은 환경에 유용할 수 있습니다.

파드 보안 정책을 만드는 단계

파드 보안 정책을 구현하기 위한 단계는 다음과 같습니다.

1. 먼저 파드 보안 정책 승인 컨트롤러를 활성화해야 합니다.
2. 이렇게 하면 일치하는 파드 보안 정책 및 역할이 있어야 파드를 생성할 수 있으므로 클러스터에서 모든 파드가 생성되지 않습니다. 이러한 이유로 승인 컨트롤러를 활성화하기 전에 파드 보안 정책 및 역할을 생성할 수 있습니다.

3. 승인 컨트롤러가 활성화된 후 정책 자체를 생성해야 합니다.
4. 그런 다음 파드 보안 정책에 액세스 권한이 있는 Role 또는 ClusterRole 객체를 생성해야 합니다.
5. 마지막으로 이 역할은 사용자 또는 서비스 accountService 계정에 ClusterRoleBinding 또는 RoleBinding으로 바인딩할 수 있으므로 해당 서비스 계정으로 생성된 파드가 포드 보안 정책에 사용할 수 있는 권한을 사용할 수 있습니다.

경우에 따라 클러스터에서 기본적으로 활성화된 파드 보안 정책 승인 컨트롤러가 없을 수 있습니다. 그것을 활성화하는 방법을 살펴보겠습니다.

파드 보안 정책 승인 컨트롤러 활성화

PSP 승인 컨트롤러를 활성화하려면 kube-apiserver를 시작할 승인 컨트롤러를 지정하는 플래그로 시작해야 합니다. 관리형 쿠버네티스(EKS, AKS 및 기타)에서는 PSP 승인 컨트롤러가 초기 관리자가 사용하도록 생성된 권한 있는 파드 보안 정책과 함께 기본적으로 활성화됩니다. 이렇게 하면 PSP가 새 클러스터에서 파드를 생성하는 데 문제가 발생하지 않습니다.

쿠버네티스를 자체 관리하고 있고 아직 PSP 승인 컨트롤러를 활성화하지 않은 경우 다음 플래그를 사용하여 kube-apiserver 구성 요소를 다시 시작하여 활성화할 수 있습니다.

```
kube-apiserver --enable-admission-plugins=PodSecurityPolicy,ServiceAccount...<그밖에 필요한 다른 모든 승인 컨트롤러>
```

쿠버네티스 API 서버가 systemd 파일을 사용하여 실행되는 경우(**Kubernetes: The Hard Way**를 따르는 경우와 같이) 플래그를 직접 업데이트해야 합니다. 일반적으로 systemd 파일은 /etc/systemd/system/ 폴더에 있습니다.

승인 플러그인이 이미 활성화되어 있는지 확인하려면 다음 커맨드를 실행합니다.

```
kube-apiserver -h | grep enable-admission-plugins
```

이 커맨드는 활성화된 승인 플러그인의 긴 목록을 표시합니다. 예를 들어, 출력 결과에 다음과 같은 승인 플러그인이 표시됩니다.

```
NamespaceLifecycle, LimitRanger, ServiceAccount...
```

이제 PSP 승인 컨트롤러가 활성화된 것을 확인했으므로 PSP를 만들 수 있습니다.

PSP 리소스 만들기

파드 보안 정책 자체는 일반적인 쿠버네티스 리소스 YAML을 사용하여 생성할 수 있습니다. 다음은 권한 있는 Pod 보안 정책에 대한 YAML 파일입니다.

privileged-psp.yaml
```
apiVersion: policy/v1beta1
kind: PodSecurityPolicy
metadata:
  name: privileged-psp
  annotations:
    seccomp.security.alpha.kubernetes.io/allowedProfileNames: '*'
spec:
  privileged: true
  allowedCapabilities:
  - '*'
  volumes:
  - '*'
  hostNetwork: true
  hostPorts:
  - min: 2000
    max: 65535
  hostIPC: true
  hostPID: true
  allowPrivilegeEscalation: true
  runAsUser:
    rule: 'RunAsAny'
  supplementalGroups:
    rule: 'RunAsAny'
  fsGroup:
    rule: 'RunAsAny'
```

이 파드 보안 정책을 사용하면 사용자 또는 서비스 계정(**RoleBinding** 또는 **ClusterRoleBinding**을 통해)이 권한이 있는 기능을 가진 파드를 생성할 수 있습니다. 예를 들어, 이 PodSecurityPolicy를 사용하는 파드는 포트 2000-65535의 호스트 네트워크에 바인딩하고, 모든 사용자로 실행하고, 모든 볼륨 유형에 바인딩할 수 있습니다. 또한 allowedProfileNames에 대한 seccomp 제한에 대한 주석이 있어 Seccomp 및 AppArmor 주석이 PodSecurityPolicies와 함께 작동하는 방식에 대한 아이디어를 제공합니다.

앞서 언급했듯이 PSP를 만드는 것만으로는 아무 효과가 없습니다. 권한 있는 파드를 생성할 서비스 계정 또는 사용자에 대해 **Role** 및 **RoleBinding**(또는 ClusterRole 및 ClusterRoleBinding)을 통해 파드 보안 정책에 대한 액세스 권한을 부여해야 합니다.

이 PSP에 액세스할 수 있는 ClusterRole을 생성하기 위해 다음 YAML을 사용할 수 있습니다.

privileged-clusterrole.yaml
```
apiVersion: rbac.authorization.k8s.io
kind: ClusterRole
metadata:
  name: privileged-role
rules:
- apiGroups: ['policy']
  resources: ['podsecuritypolicies']
  verbs:     ['use']
  resourceNames:
- privileged-psp
```

이제 새로 생성된 ClusterRole을 권한 있는 파드를 생성하려는 사용자 또는 서비스 계정에 바인딩할 수 있습니다. ClusterRoleBinding을 사용하여 이 작업을 수행해 보겠습니다.

privileged-clusterrolebinding.yaml
```
apiVersion: rbac.authorization.k8s.io/v1
kind: ClusterRoleBinding
metadata:
  name: privileged-crb
roleRef:
  kind: ClusterRole
  name: privileged-role
  apiGroup: rbac.authorization.k8s.io
```

```
subjects:
- kind: Group
  apiGroup: rbac.authorization.k8s.io
  name: system:authenticated
```

이 경우 클러스터의 인증된 모든 사용자가 권한 있는 파드를 생성할 수 있도록 system:authenticated 그룹에 바인딩합니다.

이제 모든 사용자 또는 파드가 권한을 갖는 것을 원하지 않을 것입니다. 좀 더 현실적인 파드 보안 정책에서는 파드가 수행할 수 있는 작업을 제한합니다.

다음과 같은 제한이 있는 PSP의 몇 가지 YAML 예를 살펴보겠습니다.

unprivileged-psp.yaml
```
apiVersion: policy/v1beta1
kind: PodSecurityPolicy
metadata:
  name: unprivileged-psp
spec:
  privileged: false
  allowPrivilegeEscalation: false
  volumes:
    - 'configMap'
    - 'emptyDir'
    - 'projected'
    - 'secret'
    - 'downwardAPI'
    - 'persistentVolumeClaim'
  hostNetwork: false
  hostIPC: false
  hostPID: false
  runAsUser:
    rule: 'MustRunAsNonRoot'
  supplementalGroups:
    rule: 'MustRunAs'
    ranges:
      - min: 1
```

```
      max: 65535
  fsGroup:
    rule: 'MustRunAs'
    ranges:
      - min: 1
        max: 65535
readOnlyRootFilesystem: false
```

보다시피 이 파드 보안 정책은 생성된 파드에 적용되는 제한 사항이 크게 다릅니다. 이 정책에 따라 루트로 실행하거나 루트로 에스컬레이션할 수 있는 파드는 없습니다.

또한 바인딩할 수 있는 볼륨 유형에 대한 제한이 있으며(이 부분은 앞의 코드에서 강조 표시됨) 호스트 네트워킹을 사용하거나 호스트 포트에 직접 바인딩할 수 없습니다.

이 YAML에서 `runAsUser` 및 `supplementalGroups` 부분은 컨테이너에서 실행하거나 추가할 수 있는 리눅스 사용자 ID 및 그룹 ID를 제어하고 `fsGroup` 키는 컨테이너에서 사용할 수 있는 파일 시스템 그룹을 제어합니다.

`MustRunAsNonRoot`와 같은 규칙을 사용하는 것 외에도 컨테이너가 실행할 수 있는 사용자 ID를 직접 지정할 수 있으며, 해당 사양에서 해당 ID로 실행되지 않는 파드는 노드에 예약할 수 없습니다.

사용자를 특정 ID로 제한하는 예제 PSP의 경우 다음 YAML을 확인하십시오.

specific-user-id-pod.yaml
```
apiVersion: policy/v1beta1
kind: PodSecurityPolicy
metadata:
  name: specific-user-psp
spec:
  privileged: false
  allowPrivilegeEscalation: false
  hostNetwork: false
  hostIPC: false
  hostPID: false
  runAsUser:
    rule: 'MustRunAs'
    ranges:
```

```
    - min: 1
      max: 3000
readOnlyRootFilesystem: false
```

이 파드 보안 정책을 적용하면 파드가 사용자 ID 0 또는 3001 이상으로 실행되는 것을 방지합니다. 이 조건을 만족하는 파드를 생성하기 위해 파드 사양의 securityContext에 runAs 옵션을 사용합니다.

다음은 이 제약 조건을 충족하고 이 파드 보안 정책을 적용하더라도 성공적으로 예약되는 파드의 예입니다.

specific-user-pod.yaml
```
apiVersion: v1
kind: Pod
metadata:
  name: specific-user-pod
spec:
  securityContext:
    runAsUser: 1000
  containers:
  - name: test
    image: busybox
    securityContext:
      allowPrivilegeEscalation: false
```

보다시피 이 YAML에서는 파드에 실행할 특정 사용자(ID 1000)를 부여했습니다. 또한 파드가 루트로 상승하는 것을 허용하지 않았습니다. 이 파드 사양은 specific-user-psp가 있는 경우에도 성공적으로 예약됩니다.

지금까지 파드 실행 방식에 제한을 두어 파드 보안 정책이 쿠버네티스를 보호하는 방법에 대해 논의했습니다. 이제 파드 네트워크 방식을 제한할 수 있는 네트워크 정책으로 넘어가 보겠습니다.

네트워크 정책 사용하기

쿠버네티스의 네트워크 정책은 방화벽 규칙 또는 라우팅 테이블과 유사하게 작동합니다. 이를 통해 사용자는 셀렉터를 통해 파드 그룹을 지정한 다음 해당 파드가 통신할 수 있는 방법과 위치를 결정할 수 있습니다.

네트워크 정책이 작동하려면 선택한 쿠버네티스 네트워크 플러그인(예: **Weave**, **Flannel** 또는 **Calico**)이 네트워크 정책 사양을 지원해야 합니다. 네트워크 정책은 다른 모든 쿠버네티스 리소스처럼 YAML 파일을 통해 만들 수 있습니다. 아주 간단한 네트워크 정책부터 시작하겠습니다.

다음은 레이블이 app=server인 파드에 대한 액세스를 제한하는 네트워크 정책 사양입니다.

```
label-restriction-policy.yaml
apiVersion: networking.k8s.io/v1
kind: NetworkPolicy
metadata:
  name: frontend-network-policy
spec:
  podSelector:
    matchLabels:
      app: server
  policyTypes:
  - Ingress
  ingress:
  - from:
    - podSelector:
        matchLabels:
          app: frontend
    ports:
    - protocol: TCP
      port: 80
```

이제 이 네트워크 정책 YAML을 선택하여 진행하면서 좀 더 복잡한 네트워크 정책을 설명하겠습니다.

첫째, 우리 사양에는 기능 면에서 노드 셀럭터와 유사하게 작동하는 podSelector가 있습니다. 여기서는 matchLabels를 사용하여 이 네트워크 정책이 레이블이 app=server인 파드에만 영향을 미치도록 지정합니다.

다음으로 네트워크 정책에 대한 정책 유형을 지정합니다. 두 가지 정책 유형인 ingress 및 egress가 있습니다. 네트워크 정책은 하나 또는 두 가지 유형을 모두 지정할 수 있습니다. ingress는 일치하는 파드에 대한 연결에 적용되는 네트워크 규칙을 만드는 것을 의미하며, egress는 일치하는 파드를 나가는 연결에 적용되는 네트워크 규칙을 의미합니다.

이 특정 네트워크 정책에서는 단순히 단일 ingress 규칙을 지시합니다. 레이블이 app=server인 파드에서 허용되는 트래픽은 레이블이 app:frontend인 파드에서 시작되는 트래픽뿐입니다. 또한 레이블이 app=server인 파드에서 트래픽을 허용하는 유일한 포트는 80입니다.

여러 트래픽 규칙에 해당하는 ingress 정책 세트에는 여러 from 블록이 있을 수 있습니다. 마찬가지로 egress의 경우 여러 to 블록이 있을 수 있습니다.

네트워크 정책은 네임스페이스별로 작동한다는 점에 유의해야 합니다. 기본적으로 네임스페이스에 단일 네트워크 정책이 없으면 해당 네임스페이스 내에서 파드 간 통신에 대한 제한이 없습니다. 그러나 단일 네트워크 정책에서 특정 파드가 선택되는 즉시 해당 파드로 들어오고 나가는 모든 트래픽은 네트워크 정책 규칙과 명시적으로 일치해야 합니다. 규칙과 일치하지 않으면 차단됩니다.

이를 염두에 두고 파드 네트워킹에 대한 광범위한 제한을 적용하는 정책을 쉽게 만들 수 있습니다. 다음 네트워크 정책을 살펴보겠습니다.

```yaml
# full-restriction-policy.yaml
apiVersion: networking.k8s.io/v1
kind: NetworkPolicy
metadata:
  name: full-restriction-policy
  namespace: development
spec:
  policyTypes:
  - Ingress
  - Egress
  podSelector: {}
```

이 NetworkPolicy에서 Ingress 및 Egress 정책을 모두 포함하도록 지정하지만 둘 중 하나에 대한 블록을 작성하지는 않습니다. 이렇게 하면 일치하는 트래픽에 대한 규칙이 없기 때문에 Egress 및 Ingress 모두에 대한 트래픽을 자동으로 거부하는 효과가 있습니다.

또한 {} 파드 셀렉터 값은 네임스페이스의 모든 파드를 선택하는 것에 해당합니다. 이 규칙의 최종 결과는 development 네임스페이스의 모든 파드가 수신 트래픽을 수락하거나 송신 트래픽을 보낼 수 없다는 것입니다.

> **중요 사항**
> 네트워크 정책은 파드에 영향을 미치는 모든 개별 네트워크 정책을 결합한 다음 파드 트래픽에 이러한 모든 규칙의 조합을 적용하여 해석된다는 점도 중요합니다.

이는 앞의 예제에서 development 네임스페이스의 모든 송수신 트래픽을 제한했지만 다른 네트워크 정책을 추가하여 특정 파드에 대해 계속 활성화할 수 있음을 의미합니다.

이제 development 네임스페이스에 파드에 대한 완전한 트래픽 제한이 있다고 가정하고 파드의 하위 집합이 443 포트에서 네트워크 트래픽을 수신하고 6379 포트에서 데이터베이스 파드로 트래픽을 보내도록 허용하려고 합니다. 이를 위해서는 정책의 추가적 특성에 따라 이 트래픽을 허용하는 새 네트워크 정책을 만들기만 하면 됩니다.

네트워크 정책은 다음과 같습니다.

override-restriction-network-policy.yaml

```yaml
apiVersion: networking.k8s.io/v1
kind: NetworkPolicy
metadata:
  name: override-restriction-policy
  namespace: development
spec:
  podSelector:
    matchLabels:
      app: server
  policyTypes:
  - Ingress
  - Egress
  ingress:
  - from:
    - podSelector:
        matchLabels:
          app: frontend
    ports:
    - protocol: TCP
      port: 443
  egress:
  - to:
```

```
    - podSelector:
        matchLabels:
          app: database
      ports:
      - protocol: TCP
        port: 6379
```

이 네트워크 정책에서는 development 네임스페이스의 서버 파드가 443 포트의 프런트엔드 파드에서 트래픽을 수신하고 포트 6379의 데이터베이스 파드로 트래픽을 보낼 수 있게 허용합니다.

대신 실제로 네트워크 정책을 시행하면서 제한 없이 모든 파드 간 통신을 열고 싶다면 다음 YAML로 그렇게 할 수 있습니다.

```
all-open-network-policy.yaml
apiVersion: networking.k8s.io/v1
kind: NetworkPolicy
metadata:
  name: allow-all-egress
spec:
  podSelector: {}
  egress:
  - {}
  ingress:
  - {}
  policyTypes:
  - Egress
  - Ingress
```

이제 네트워크 정책을 사용하여 파드 간 트래픽에 대한 규칙을 설정하는 방법에 대해 설명했습니다. 그러나 네트워크 정책을 일종의 외부 방화벽으로 사용할 수도 있습니다. 이를 위해 파드를 출발지나 목적지로 사용하지 않고 외부 IP를 기반으로 네트워크 정책 규칙을 생성합니다.

특정 IP 범위를 대상으로 파드와의 통신을 제한하는 네트워크 정책의 예를 살펴보겠습니다.

external-ip-network-policy.yaml

```yaml
apiVersion: networking.k8s.io/v1
kind: NetworkPolicy
metadata:
  name: specific-ip-policy
spec:
  podSelector:
    matchLabels:
      app: worker
  policyTypes:
  - Ingress
  - Egress
  ingress:
  - from:
    - ipBlock:
        cidr: 157.10.0.0/16
        except:
        - 157.10.1.0/24
  egress:
  - to:
    - ipBlock:
        cidr: 157.10.0.0/16
        except:
        - 157.10.1.0/24
```

이 네트워크 정책에서는 단일 Ingress 규칙과 단일 egress 규칙을 지정합니다. 이러한 각 규칙은 트래픽을 수신하는 파드가 아닌 네트워크 요청의 소스 IP를 기반으로 트래픽을 허용하거나 거부합니다.

이 경우 Ingress 및 Egress 규칙 모두에 대해 /16 서브넷 마스크 범위(지정된 /24 CIDR 예외 포함)를 선택했습니다. 이는 기본 클러스터 네트워킹 설정의 규칙과 일치하는 파드 IP가 없기 때문에 클러스터 내 트래픽이 이러한 파드에 도달하지 못하게 만듭니다.

그러나 지정된 서브넷 마스크(예외 범위가 아님)에 있는 클러스터 외부의 트래픽은 worker 파드로 트래픽을 보낼 수 있고 작업자 파드의 트래픽을 수락할 수도 있습니다.

네트워크 정책에 대한 논의를 마치면 런타임 보안과 침입 탐지라는 완전히 다른 보안 스택 계층으로 넘어갈 수 있습니다.

쿠버네티스에서 침입 감지, 런타임 보안 및 규정 준수 처리하기

파드 보안 정책 및 네트워크 정책을 설정하고 가능한 한 완벽하게 구성하더라도 쿠버네티스에서는 여전히 많은 공격 벡터가 가능합니다. 이번 절에서는 쿠버네티스 클러스터 내에서의 공격에 중점을 둘 것입니다. 매우 구체적인 파드 보안 정책이 마련되어 있어도(분명히 도움이 됨) 클러스터에서 실행 중인 컨테이너 및 애플리케이션이 예기치 않은 악의적인 작업을 수행할 수 있습니다.

이 문제를 해결하기 위해 많은 전문가들이 애플리케이션 프로세스를 지속적으로 모니터링하고 경고할 수 있는 런타임 보안 도구를 찾고 있습니다. 쿠버네티스의 경우 이를 수행할 수 있는 인기 있는 오픈소스 도구는 **팔코**Falco 입니다.

팔코 설치하기

팔코는 자신을 쿠버네티스의 프로세스에 대한 **행동 감시자**로 칭하고 있습니다. 쿠버네티스에서 실행되는 컨테이너화된 애플리케이션과 쿠버네티스 구성 요소 자체를 모두 모니터링할 수 있습니다.

팔코는 어떻게 작동할까요? 팔코는 실시간으로 리눅스 커널의 시스템 호출을 구문 분석합니다. 그런 다음 팔코 엔진에 적용할 수 있는 구성 집합인 규칙을 통해 이러한 시스템 호출을 필터링합니다. 시스템 호출에 의해 규칙이 위반될 때마다 팔코는 경고를 트리거합니다. 이렇게 간단합니다!

팔코는 커널 수준에서 상당한 관찰 가능성을 추가하는 광범위한 기본 규칙 집합과 함께 제공됩니다. 커스텀 규칙 또한 지원하며, 여기서 그 작성 방법을 설명합니다.

먼저 클러스터에 팔코를 설치해야 합니다! 다행히도 팔코는 Helm을 사용하여 설치할 수 있습니다. 팔코를 설치하는 방법은 보안 규칙 위반 시 어떤 효과를 기대하는지에 따라 몇 가지 방법이 있습니다.

여기서는 관리형 쿠버네티스 클러스터 또는 작업자 노드에 직접 접근할 수 없는 모든 시나리오에서 간단하고 적절한 Helm 차트를 사용하여 팔코를 설치할 것입니다.

그러나 최상의 보안 상태를 위해 팔코는 리눅스 수준에서 쿠버네티스 노드에 직접 설치해야 합니다. 데몬셋을 사용하는 Helm 차트는 사용이 간편하지만 본질적으로 직접 팔코를 설치하는 것만큼 안전하지 않습니다. 팔코를 노드에 직접 설치하려면 https://falco.org/docs/installation/에서 설치 지침을 확인하십시오.

이러한 경고를 무시하고 Helm을 사용하여 팔코를 설치할 수도 있습니다.

1. 먼저 로컬 Helm에 falcosecurity repo를 추가합니다.

   ```
   helm repo add falcosecurity https://falcosecurity.github.io/charts
   helm repo update
   ```

   다음으로 Helm을 사용하여 실제로 팔코 설치를 진행합니다.

   > **중요 사항**
   > 팔코 Helm 차트에는 값 파일에서 변경할 수 있는 많은 변수가 있습니다. 자세한 내용은 https://github.com/falcosecurity/charts/tree/master/falco 에서 공식 Helm 차트 리포지토리를 확인하세요.

2. 팔코를 설치하려면 다음을 실행하십시오.

   ```
   helm install falco falcosecurity/falco
   ```

이 커맨드는 https://github.com/falcosecurity/charts/blob/master/falco/values.yaml 에서 볼 수 있는 기본값을 사용하여 팔코를 설치합니다.

다음으로 보안에 민감한 쿠버네티스 관리자에게 팔코가 제공하는 기능에 대해 알아보겠습니다.

팔코의 기능 이해하기

앞서 언급했듯이 팔코는 기본 규칙 세트와 함께 제공되지만 새 YAML 파일을 사용하여 더 많은 규칙을 쉽게 추가할 수 있습니다. 여기서는 Helm 버전의 팔코를 사용하고 있기 때문에 팔코에 커스텀 규칙을 전달하는 것은 새 값 파일을 생성하거나 커스텀 규칙으로 기본 파일을 편집하는 것만큼 간단합니다.

커스텀 규칙을 추가하는 방법은 다음과 같습니다.

custom-falco.yaml
```
customRules:
  my-rules.yaml: |-
    Rule1
    Rule2
    etc…
```

이제 팔코 규칙의 구조를 논의하기에 좋은 시점입니다. 설명을 위해 팔코 Helm 차트와 함께 제공되는 Default 팔코 규칙 세트에서 몇 줄의 규칙을 차용해 보겠습니다.

YAML에서 팔코 구성을 지정할 때 세 가지 유형의 키를 사용하여 규칙을 구성할 수 있습니다. 이것들은 매크로, 목록, 그리고 규칙 자체입니다.

이 예제에서 보고 있는 특정 규칙은 Launch Privileged Container라고 합니다. 이 규칙은 권한 있는 컨테이너가 시작되었을 때 감지하고 컨테이너에 대한 일부 정보를 STDOUT에 기록합니다. 규칙은 경고와 관련하여 모든 종류의 작업을 수행할 수 있지만 STDOUT에 로깅하는 것은 고위험 이벤트가 발생할 때 관찰 가능성을 높이는 좋은 방법입니다.

먼저 규칙 항목 자체를 살펴보겠습니다. 이 규칙에서는 몇 가지 도우미 항목, 여러 매크로 및 목록을 사용하는데, 이 항목들은 잠시 후에 확인할 수 있습니다.

```
- rule: Launch Privileged Container
  desc: Detect the initial process started in a privileged container. Exceptions are made for known trusted images.
  condition: >
    container_started and container
    and container.privileged=true
    and not falco_privileged_containers
    and not user_privileged_containers
  output: Privileged container started (user=%user.name command=%proc.cmdline %container.info image=%container.image.repository:%container.image.tag)
  priority: INFO
  tags: [container, cis, mitre_privilege_escalation, mitre_lateral_movement]
```

보다시피 팔코 규칙은 여러 부분으로 이루어져 있습니다. 먼저 규칙 이름과 설명이 있습니다. 그런 다음 리눅스 시스템 호출의 필터 역할을 하는 규칙에 대한 트리거 조건을 지정합니다. 시스템 호출이 condition 블록의 모든 논리 필터와 일치하면 규칙이 트리거됩니다.

규칙이 트리거되면 출력 키를 통해 출력 텍스트가 표시되는 형식을 설정할 수 있습니다. priority 키를 사용하여 emergency, alert, critical, error, warning, notice, informational, debug 중 하나로 우선순위를 지정할 수 있습니다.

마지막으로 tags 키는 해당 규칙에 태그를 적용하여 규칙을 더 쉽게 분류할 수 있게 해줍니다. 이것은 단순한 일반 텍스트 STDOUT 항목이 아닌 경고를 사용할 때 특히 중요합니다.

여기서 condition 구문이 특히 중요하며, 이 필터링 시스템이 어떻게 작동하는지 중점적으로 살펴보겠습니다.

먼저 필터는 본질적으로 논리적인 문장이므로 (의사 코드를 작성한 적이 있는 경우) 친숙한 구문을 보게 될 것입니다. 이 구문은 배우기가 매우 쉬우며, Sysdig 필터 구문에 대한 전체 설명은 https://github.com/draios/sysdig/wiki/sysdig-user-guide#filtering에서 찾을 수 있습니다.

참고로 팔코 오픈소스 프로젝트는 원래 Sysdig에서 만들었기 때문에 일반적인 Sysdig 필터 구문을 사용합니다.

다음으로 container_started 및 container, falco_privileged_containers 및 user_privileged_containers에 대해 살펴보겠습니다. 이것은 일반 문자열이 아니라 매크로의 사용입니다. 추가 기능을 지정하는 YAML의 다른 블록을 참조하며, 일반적으로 많은 구성을 반복하지 않고도 규칙을 훨씬 쉽게 작성할 수 있습니다.

이 규칙이 실제로 어떻게 작동하는지 보기 위해 이전 규칙에서 참조된 모든 매크로에 대한 전체 참조를 살펴보겠습니다.

```
- macro: container
  condition: (container.id != host)

- macro: container_started
  condition: >
    ((evt.type = container or
     (evt.type=execve and evt.dir=< and proc.vpid=1)) and
     container.image.repository != incomplete)

- macro: user_sensitive_mount_containers
  condition: (container.image.repository = docker.io/sysdig/agent)

- macro: falco_privileged_containers
  condition: (openshift_image or
              user_trusted_containers or
```

```
            container.image.repository in (trusted_images) or
            container.image.repository in (falco_privileged_images) or
            container.image.repository startswith istio/proxy_ or
            container.image.repository startswith quay.io/sysdig)

- macro: user_privileged_containers
  condition: (container.image.repository endswith sysdig/agent)
```

앞의 YAML에서 각 매크로는 실제로는 Sysdig 필터 구문의 재사용 가능한 블록이며 종종 다른 매크로를 사용하여 규칙 기능을 수행한다는 것을 알 수 있습니다. 여기에 표시되지 않은 목록은 필터 논리를 설명하지 않는다는 점을 제외하면 매크로와 유사합니다. 대신 필터 구문을 사용하여 비교의 일부로 사용할 수 있는 문자열 값 목록이 포함됩니다.

예를 들어, `falco_privileged_containers` 매크로의 (`trusted_images`)는 trusted_images라는 목록을 참조합니다. 그 목록의 출처는 다음과 같습니다.

```
- list: trusted_images
  items: []
```

보다시피, 이 특정 목록은 기본 규칙에서 비어 있지만 커스텀 규칙 집합은 이 목록의 신뢰할 수 있는 이미지 목록을 사용할 수 있습니다. 그러면 이 목록은 필터 규칙의 일부로 trusted_image 목록을 사용하는 다른 모든 매크로 및 규칙에서 자동으로 사용됩니다.

앞서 언급했듯이 팔코는 리눅스 시스템 호출을 추적하는 것 외에도 팔코 v0.13.0부터 쿠버네티스 컨트롤 플레인 이벤트를 추적할 수도 있습니다.

팔코의 쿠버네티스 감사 이벤트 규칙 이해

구조적으로 이러한 쿠버네티스 감사 이벤트 규칙은 팔코의 리눅스 시스템 호출 규칙과 동일한 방식으로 작동합니다. 다음은 팔코의 기본 쿠버네티스 규칙 중 하나의 예입니다.

```
- rule: Create Disallowed Pod
  desc: >
    Detect an attempt to start a pod with a container image outside of a list of allowed images.
  condition: kevt and pod and kcreate and not allowed_k8s_containers
```

```
  output: Pod started with container not in allowed list (user=%ka.user.name pod=%ka.resp.name
ns=%ka.target.namespace images=%ka.req.pod.containers.image)
  priority: WARNING
  source: k8s_audit
  tags: [k8s]
```

이 규칙은 팔코의 쿠버네티스 감사 이벤트(기본적으로 컨트롤 플레인 이벤트)에서 작동하여 `allowed_k8s_containers` 목록에 없는 파드가 생성될 때 경고합니다. 기본 k8s 감사 규칙에는 유사한 규칙이 많이 포함되어 있으며, 대부분은 트리거될 때 형식이 지정된 로그를 출력합니다.

이제 이번 장의 앞부분에서 파드 보안 정책에 대해 이야기했으며, PSP와 팔코 쿠버네티스 감사 이벤트 규칙 간에 몇 가지 유사점을 볼 수 있을 것입니다. 예를 들어, 기본 쿠버네티스 팔코 규칙에서 다음 항목을 가져옵니다.

```
- rule: Create HostNetwork Pod
  desc: Detect an attempt to start a pod using the host network.
  condition: kevt and pod and kcreate and ka.req.pod.host_network intersects (true) and not ka.req.pod.containers.image.repository in (falco_hostnetwork_images)
  output: Pod started using host network (user=%ka.user.name pod=%ka.resp.name
ns=%ka.target.namespace images=%ka.req.pod.containers.image)
  priority: WARNING
  source: k8s_audit
  tags: [k8s]
```

파드가 호스트 네트워크 사용을 시작하려고 할 때 트리거되는 이 규칙은 호스트 네트워크 PSP 설정에 직접 매핑됩니다.

팔코는 클러스터 전체에 적용하고 파드 실행에 문제를 일으키지 않고 새로운 파드 보안 정책을 시험해 볼 수 있는 방법으로 팔코를 사용할 수 있게 함으로써 이러한 유사성을 활용합니다.

이를 위해 `falcoctl`(Falco 커맨드라인 도구)은 `convert psp` 커맨드와 함께 제공됩니다. 이 커맨드는 파드 보안 정책 정의를 가져와 팔코 규칙 집합으로 바꿉니다. 이러한 팔코 규칙은 트리거될 때 STDOUT에 로그를 출력합니다(PSP 불일치와 같은 파드 스케줄링 실패를 유발하는 대신). 따라서 기존 클러스터에서 새로운 파드 보안 정책을 훨씬 쉽게 테스트할 수 있습니다.

falcoctl 변환 도구의 자세한 사용법은 https://falco.org/docs/psp-support/에서 공식 팔코 설명서를 확인하십시오.

이제 팔코 도구에 대한 충분한 기반을 갖추었으므로 팔코 도구를 사용하여 규정 준수 제어 및 런타임 보안을 구현하는 방법에 대해 논의해 보겠습니다.

팔코를 규정 준수 및 런타임 보안 사용 사례에 매핑하기

확장성과 저수준 리눅스 시스템 호출을 감사하는 기능으로 인해 팔코는 지속적인 규정 준수 및 런타임 보안을 위한 훌륭한 도구입니다.

규정 준수 측면에서 PCI 또는 HIPAA와 같은 규정 준수 표준의 요구 사항에 구체적으로 매핑되는 팔코 규칙 세트를 활용할 수 있습니다. 이를 통해 사용자는 해당 표준을 준수하지 않는 모든 프로세스를 신속하게 감지하고 조치할 수 있습니다. 여러 표준에 대한 개방형 및 폐쇄형 소스 팔코 규칙 집합이 있습니다.

마찬가지로 런타임 보안을 위해 팔코는 경고/이벤트 시스템을 노출합니다. 즉, 경고를 트리거하는 모든 런타임 이벤트도 자동화된 개입 및 수정 프로세스를 트리거할 수 있습니다. 이는 보안과 규정 준수에 모두 적용됩니다. 예를 들어, 파드가 규정 비준수에 대해 팔코 경고를 트리거하면 프로세스가 해당 경고를 해제하고 문제가 되는 파드를 즉시 삭제할 수 있습니다.

요약

이번 장에서는 쿠버네티스 기반으로 보안에 대해 설명했습니다. 먼저 보안의 기본 사항을 검토했습니다. 보안 스택의 어떤 계층이 클러스터와 관련이 있는지 알아보고, 그 복잡성을 관리하는 방법을 검토했습니다. 다음으로 쿠버네티스가 직면한 주요 보안 문제와 2019년 보안 감사 결과에 대해 알아보았습니다.

그런 다음 쿠버네티스에서 두 가지 스택 수준에서 보안을 구현했습니다. 첫 번째는 파드 보안 정책 및 네트워크 정책으로 구성하고 마지막으로 팔코를 사용한 런타임 보안을 구현했습니다.

다음 장에서는 커스텀 리소스를 구축하여 쿠버네티스를 자신만의 것으로 만드는 방법을 알아보겠습니다. 이렇게 하면 클러스터에 중요한 새 기능을 추가할 수 있습니다.

질문

1. 커스텀 승인 컨트롤러가 사용할 수 있는 두 개의 웹훅 컨트롤러 이름은 무엇입니까?
2. 인그레스에 대해 빈 NetworkPolicy는 어떤 영향을 미칩니까?
3. 공격자가 파드 기능을 변경하는 것을 방지하기 위해 어떤 종류의 쿠버네티스 컨트롤 플레인 이벤트를 추적해야 할까요?

더 읽을 거리

- 쿠버네티스 CVE 데이터베이스
- https://cve.mitre.org/cgi-bin/cvekey.cgi?keyword=kubernetes

4부

쿠버네티스 확장하기

4부에서는 앞에서 배운 내용을 쿠버네티스 고급 패턴에 적용합니다. 기본 쿠버네티스 기능을 확장하여 서비스 메시와 서버리스 패턴을 구현하고 스테이트풀 워크로드를 실행합니다.

4부는 다음 장으로 구성되어 있습니다.

13장 CRD로 쿠버네티스 확장하기

14장 서비스 메시 및 서버리스

15장 쿠버네티스의 스테이트풀 워크로드

13

CRD로 쿠버네티스 확장하기

이번 장에서는 쿠버네티스의 기능을 확장할 수 있는 여러 방법을 설명합니다. 먼저 **CRD**(Custom Resource Definition, 커스텀 리소스 정의)에 대한 설명으로 시작하는데, CRD는 `get`, `create`, `describe`, `apply`처럼 이미 우리에게 익숙한 `kubectl` 명령을 사용하여 쿠버네티스 API가 처리할 수 있는 커스텀 리소스를 지정하는 방법입니다. 그다음 CRD의 확장인 오퍼레이터 패턴에 대해 설명합니다. 그리고 나서 클라우드 공급자가 자사의 쿠버네티스 서비스에 연결하는 후크를 설명하고, 마지막으로 거대한 클라우드 네이티브 에코시스템에 대해 간략히 소개합니다. 여기서는 그동안 학습한 개념을 이용하여 쿠버네티스 클러스터에 대한 확장을 설계하고 개발하는 고급 사용자를 위한 패턴을 소개합니다.

이번 장의 사례 연구에는 예제 애플리케이션을 구현하기 위한 두 가지 간단한 CRD 만들기를 포함합니다. CRD로 시작함으로써 쿠버네티스 API를 기반으로 기능 확장을 어떻게 구축할 수 있는지 이해할 수 있을 것입니다.

이번 장에서는 다음 주제를 다룹니다.

- CRD를 사용하여 쿠버네티스를 확장하는 방법
- 쿠버네티스 오퍼레이터를 통한 자체 관리 기능
- 클라우드 전용 쿠버네티스 익스텐션(확장 프로그램)
- 에코시스템과의 통합

기술 요구 사항

이번 장에서 설명하는 커맨드를 실행하려면 작동 중인 쿠버네티스 클러스터와 함께 kubectl 커맨드 도구를 지원하는 컴퓨터가 필요합니다. 쿠버네티스를 빠르게 시작하고 실행하는 방법과 kubectl 도구를 설치하는 방법에 대한 설명은 **1장 쿠버네티스와 통신하기**를 참조하세요.

이번 장에 사용된 코드는 이 책의 깃허브 리포지토리인 다음 URL에서 확인할 수 있습니다.

- https://github.com/wikibook/cnk/tree/master/Chapter13

CRD로 쿠버네티스를 확장하는 방법

기본부터 시작합시다. CRD란 무엇일까요? 우리는 이미 쿠버네티스가 리소스에 대한 작업을 수행할 수 있는 API 모델을 가지고 있다는 것을 알고 있습니다. 쿠버네티스 리소스의 몇 가지 예로는 파드, 퍼시스턴트볼륨, 시크릿 등이 있습니다.

클러스터에서 일부 커스텀 기능을 구현하고 컨트롤러의 상태를 저장하려면 어떻게 해야 할까요? 물론 커스텀 기능을 쿠버네티스 또는 다른 곳에서 실행되는 SQL이나 NoSQL 데이터베이스에 저장할 수 있습니다(실제로 이것은 쿠버네티스 확장을 위한 전략 중 하나입니다). 하지만 커스텀 기능이 분리된 애플리케이션이 아닌 쿠버네티스의 기능 확장으로 동작한다면 어떻게 될까요?

이 경우에는 다음 두 가지 옵션이 있습니다.

- CRD
- API 통합

고급 사용자는 API 통합을 통해 쿠버네티스 API 서버 외부에 자체 리소스 API를 구축하고 자체 스토리지를 사용할 수 있으며, 이러한 리소스를 API 계층에서 통합하여 쿠버네티스 API를 사용해 질의할 수 있습니다. 이 방법은 확장이 쉽고 커스텀 기능을 위해 쿠버네티스 API를 프락시 역할로 사용하는 것이며, 사용 시 쿠버네티스와 통합 또는 통합하지 않고 원하는 기능을 구현할 수 있습니다.

또 다른 옵션인 CRD는 자체적으로 구축하는 대신 쿠버네티스 API와 etcd(기본 데이터 저장소)를 사용할 수 있습니다. kubectl과 kube api 방법은 커스텀 기능과 상호작용하며 사용할 수 있습니다.

이 책에서는 API 통합에 대해서는 언급하지 않겠습니다. API 통합은 CRD보다 유연하지만 쿠버네티스 API와 쿠버네티스 문서에 대한 이해가 필요한 고급 주제입니다. API 통합에 관한 내용은 다음 URL을 확인하세요.

- https://kubernetes.io/docs/concepts/extend-kubernetes/api-extension/apiserver-aggregation/

이제 쿠버네티스 컨트롤 플레인을 새로운 커스텀 기능을 위한 스테이트풀 저장소로 사용하는 것을 알았으니 스키마를 살펴보겠습니다. 쿠버네티스의 파드 리소스 스펙은 특정 필드와 구성을 포함합니다. 이와 유사하게, 쿠버네티스에게 새로 정의하는 커스텀 리소스에 대해 알려줄 수 있습니다. 이제 CRD를 위한 스펙을 알아보겠습니다.

커스텀 리소스 정의 작성하기

CRD를 위해 쿠버네티스는 OpenAPI V3 스펙을 이용합니다. OpenAPI V3에 대한 자세한 내용은 https://github.com/OAI/OpenAPI-Specification/blob/master/versions/3.0.0.md 에서 공식 문서를 확인할 수 있으며, 조만간 이것이 어떻게 쿠버네티스 CRD 정의로 변환되는지 확인해 보겠습니다.

우선 CRD 스펙의 예를 확인해 보겠습니다. CRD의 특정 레코드에 대한 YAML을 표시하는 방식이 아닌 쿠버네티스 내부의 CRD에 대한 요구 사항을 정의하는 것으로 설명하겠습니다. 일단 생성되면 쿠버네티스는 매칭되는 스펙의 자원을 확인하고 이에 맞는 레코드를 생성합니다.

다음은 delayedjob이라는 CRD 스펙을 위한 YAML 예제 파일입니다. 매우 단순한 CRD는 컨테이너 이미지 작업이 지연된다는 점에서 시작하여 별도로 스크립트 작업을 할 필요가 없습니다. CRD는 불안정해 실 사용자에게 권장하지 않지만 CRD를 구현하는 과정을 확인하는 것은 꼭 필요합니다. 먼저 CRD 전체 스펙 YAML을 확인한 후 세분화하여 살펴보겠습니다.

Custom-resource-definition-1.yaml
```
apiVersion: apiextensions.k8s.io/v1
kind: CustomResourceDefinition
metadata:
  name: delayedjobs.delayedresources.mydomain.com
spec:
  group: delayedresources.mydomain.com
  versions:
```

```yaml
  - name: v1
    served: true
    storage: true
    schema:
      openAPIV3Schema:
        type: object
        properties:
          spec:
            type: object
            properties:
              delaySeconds:
                type: integer
              image:
                type: string
  scope: Namespaced
  conversion:
    strategy: None
  names:
    plural: delayedjobs
    singular: delayedjob
    kind: DelayedJob
    shortNames:
    - dj
```

얼핏 보기에는 일반적인 쿠버네티스 YAML 스펙처럼 보입니다. apiVersion 필드에 쿠버네티스 1.16(앞에서는 apiextensions.k8s.io/v1beta1) 이후 표준 버전인 apiextensions.k8s.io/v1이라고 되어 있습니다. kind 필드는 항상 CustomResourceDefinition입니다.

metadata 필드가 리소스의 스펙 정의를 시작하는 곳입니다. metadata의 name 필드를 리소스, 마침표, 그룹을 나타내는 여러 형태로 구성합니다. 쿠버네티스 API에서 그룹이 어떻게 작동하는지 확인하기 위해 YAML 파일을 살펴보겠습니다.

쿠버네티스 API 그룹 이해하기

그룹은 쿠버네티스가 API에서 리소스를 분류하는 방법입니다. 각 그룹은 쿠버네티스 API 서버의 다른 하위 경로에 해당합니다.

기본적으로 쿠버네티스 REST API의 /api/v1 엔드포인트에서 액세스되는 코어 그룹이라는 레거시 그룹이 있습니다. 이러한 레거시 그룹 리소스에는 YAML 스펙의 `apiVersion: v1`이 있으며, 이 코어 그룹의 리소스 중 하나가 파드입니다.

다음은 `/apis/<GROUP NAME>/<VERSION>`으로 구성된 REST URL에서 액세스할 수 있는 리소스를 정의하는 그룹 집합이 있습니다. 이렇게 명명된 그룹으로 쿠버네티스 리소스의 대부분을 구성합니다. 파드, 서비스, 시크릿, 볼륨과 같은 기본 리소스는 코어 그룹에 있습니다. `name` 필드에서 정의되는 명명된 그룹의 예로는 `storage.k8s.io` 그룹의 `StorageClass` 리소스가 있습니다.

> **중요 사항**
>
> 어떤 리소스가 어떤 그룹에 있는지 확인하기 위해서는 사용 중인 쿠버네티스 버전에 대한 공식 쿠버네티스 API 문서를 확인하기 바랍니다. 1.18 버전에 대한 문서는 다음 경로에서 확인하세요.
> - https://kubernetes.io/docs/reference/generated/kubernetes-api/v1.18

CRD는 자체적으로 명명된 그룹을 지정할 수 있으므로 쿠버네티스 API 서버가 수신할 수 있는 특정 CRD의 REST 엔드포인트를 사용할 수 있습니다. 이를 염두에 두고 예제 YAML 파일에서 CRD의 주요 부분인 버전 스펙에 대해 다시 이야기합시다.

커스텀 리소스 버전 정의 이해하기

예제에서 그룹 이름을 `delayresources.mydomain.com`으로 지정했습니다. 이 그룹은 지연된 종류의 다른 CRD를 대기시킵니다(예: `DelayedDaemonSet` 또는 `DelayedDeployment`).

다음은 CRD의 주요 부분입니다. `versions`에서 해당 버전의 CRD에 대한 API 스펙과 함께 하나 이상의 CRD 버전(`name` 필드에서)을 정의할 수 있습니다. 그러고 나서 CRD의 인스턴스를 생성할 때 YAML의 `apiVersion` 키에서 버전 파라미터를 사용해 버전을 정의할 수 있습니다(예: `apps/v1`, 또는 이 경우에는 `delayedresources.mydomain.com/v1`).

또한 특정 버전에 대한 디프리케이티드 키$_{\text{deprecated key}}$[1]를 정의할 수 있으며, 이는 사용되지 않는 버전을 사용하여 API 요청 시 쿠버네티스가 경고 메시지를 반환하도록 합니다. 다음 CRD.yaml 파일에서 디프

---

1 (옮긴이) 디프리케이티드(deprecated)란 컴퓨터나 시스템, 서비스에서 사용되는 용어로, 중요도가 떨어져 더 이상 사용되지 않고 향후 사라지게 될 것(기능)이라는 의미로 쓰입니다.

리케이티드 버전을 어떻게 설정하는지 확인해 봅니다. 필요한 부분만 확인하기 위해 일부 스펙을 제거했습니다.

```yaml
# custom-resource-definition-2.yaml
apiVersion: apiextensions.k8s.io/v1
kind: CustomResourceDefinition
metadata:
  name: delayedjob.delayedresources.mydomain.com
spec:
  group: delayedresources.mydomain.com
  versions:
    - name: v1
      served: true
      storage: false
      deprecated: true
      deprecationWarning: "DelayedJob v1 is deprecated!"
      schema:
        openAPIV3Schema:
          ...
    - name: v2
      served: true
      storage: true
      schema:
        openAPIV3Schema:
          ...
  scope: Namespaced
  conversion:
    strategy: None
  names:
    plural: delayedjobs
    singular: delayedjob
    kind: DelayedJob
    shortNames:
    - dj
```

위 내용에서 v1이 디프리케이티드되어 있음으로 정의했으며, 쿠버네티스가 사용자에게 응답할 때 경고 메시지도 포함합니다. deprecationWarning을 포함하지 않으면 기본 메시지가 반환됩니다.

좀 더 아래로 이동하면 storage 키가 있으며, 이는 서비스 대상의 스토리지와 상호 작용하게 됩니다. 이것이 필요한 이유는 쿠버네티스가 동시에 여러 개의 활성화된(일명 served) 리소스 버전을 지원하지만 이 버전 중 하나만 컨트롤 플레인에 저장할 수 있기 때문입니다. served 속성을 통해 여러 버전의 API 리소스를 제공할 수 있습니다. 그렇다면 어떻게 작동할까요?

정답은 쿠버네티스가 저장된 버전이 무엇이든 CRD 오브젝트를 사용자가 요청한 버전으로 변환한다는 것입니다(리소스를 생성하거나 삭제할 때도).

이 변환은 어떻게 처리될까요? 다른 버전 속성들은 건너뛰고 conversion 키를 살펴보겠습니다.

conversion 키를 사용해 쿠버네티스가 제공된 버전과 저장된 버전 간에 CRD 오브젝트를 변환하는 방법에 대한 전략을 지정할 수 있습니다. 두 버전이 동일한 경우 변환은 수행되지 않습니다(v1 리소스를 요청하고 저장된 버전 또한 v1일 경우).

쿠버네티스 1.13의 기본값은 none입니다. none 설정을 사용하면 쿠버네티스 필드 간 어떤 변환도 수행하지 않습니다. 이 필드에서 제공된(또는 리소스를 만드는 경우 저장된) 버전에 필요한 필드가 포함됩니다.

또 다른 변환 전략은 웹훅을 이용하는 것입니다. 웹훅을 이용하면 하나의 버전을 사용하고 원하는 버전으로 적절하게 변환을 수행하는 커스텀 웹훅을 정의할 수 있습니다. 다음은 웹훅 변환 전략을 사용한 CRD의 예제입니다. 간단하게 설명하기 위해 version 스키마의 일부를 삭제했습니다.

custom-resource-definition-3.yaml

```yaml
apiVersion: apiextensions.k8s.io/v1
kind: CustomResourceDefinition
metadata:
  name: delayedjob.delayedresources.mydomain.com
spec:
  group: delayedresources.mydomain.com
  versions:
    - name: v1
      served: true
      storage: true
      schema:
        openAPIV3Schema:
          ...
```

```yaml
  scope: Namespaced
  conversion:
    strategy: Webhook
    webhook:
      clientConfig:
        url: "https://webhook-conversion.com/delayedjob"
  names:
    plural: delayedjobs
    singular: delayedjob
    kind: DelayedJob
    shortNames:
    - dj
```

예제와 같이 웹훅(Webhook) 전략을 사용해 들어오는 리소스 오브젝트, 현재 버전과 변환해야 하는 버전에 대한 정보와 함께 요청할 URL을 정의할 수 있습니다.

이것으로 웹훅 서버는 요청에 대한 변환을 처리하고 올바른 쿠버네티스 리소스 오브젝트를 다시 전달하게 됩니다. 웹훅 전략은 복잡하고 다양한 설정이 가능합니다. 이 책에서는 이에 대해 자세히 다루지 않겠습니다.

> **중요 사항**
>
> 웹훅을 통한 변환 구성을 확인하기 위해서는 다음 쿠버네티스 공식 문서를 확인하세요.
>
> - https://kubernetes.io/docs/tasks/extend-kubernetes/custom-resources/custom-resource-definition-versioning/

이제 YAML의 version 항목으로 돌아가겠습니다. served 키와 storage 키 밑으로는 리소스의 실제 스펙이 포함된 스키마 오브젝트가 표시됩니다. 앞에서 언급했듯이 OpenAPI Spec v3 스키마 정의에 따릅니다.

설명을 위해 간단한 스키마 오브젝트를 살펴보겠습니다.

custom-resource-definition-3.yaml (계속)

```yaml
  schema:
    openAPIV3Schema:
      type: object
      properties:
```

```
    spec:
      type: object
      properties:
        delaySeconds:
          type: integer
        image:
          type: string
```

YAML 파일에서 정수 형식의 delaySeconds 필드와 문자열 형식으로 된 컨테이너 이미지를 나타내는 image 필드를 제공합니다. DelayedJob을 프로덕션 준비 상태로 변경하기 위해서는 원본 쿠버네티스 잡 리소스에 가깝게 모든 종류의 다른 옵션을 포함해야 하지만 설명을 위해 간단하게 정의합니다.

버전 목록 외에 원본 코드 블록으로 돌아가면 몇 가지 다른 속성을 확인할 수 있습니다. 첫 번째는 Cluster 또는 Namespaced에 관한 scope 속성입니다. 이것은 CRD 오브젝트의 인스턴스 처리 여부를 쿠버네티스에게 알려줍니다. 네임스페이스 내에 네임스페이스 오브젝트를 가져오는 것은 의미가 없으므로 네임스페이스별 리소스(예: Pods, Deployments 등) 또는 클러스터 범용 리소스로 대체합니다.

마지막으로 다양한 상황(예: kubectl get pods와 kubectl get pod 모두 작동)에서 사용할 수 있도록 단수 및 복수형의 리소스 이름에 관한 names 블록이 있습니다.

names 블록을 사용하면 리소스 YAML에서 카멜 케이스의 값과 API 또는 kubectl의 리소스를 참조할 수 있는 하나 이상의 shortNames를 정의할 수 있습니다(예: kubectl get po).

CRD 스펙 YAML 파일로 CRD 인스턴스를 살펴보겠습니다. 방금 검토한 스펙을 정의한 YAML은 다음과 같습니다.

delayed-job.yaml
```
apiVersion: delayedresources.mydomain.com/v1
kind: DelayedJob
metadata:
  name: my-instance-of-delayed-job
spec:
  delaySeconds: 6000
  image: "busybox"
```

보다시피 CRD가 오브젝트를 정의한 내용과 같으므로 CRD 테스트를 시작합니다.

커스텀 리소스 정의 테스트하기

쿠버네티스에서 CRD 개념을 테스트해 보겠습니다.

1. 먼저 쿠버네티스에서 다른 오브젝트를 생성하는 것과 동일한 방식으로 CRD 스펙을 생성해 보겠습니다.

    ```
    kubectl apply -f delayedjob-crd-spec.yaml
    ```

    다음은 출력 결과입니다.

    ```
    customresourcedefinition "delayedjob.delayedresources.mydomain.com" has been created
    ```

2. 이제 쿠버네티스가 DelayedJob 리소스에 대한 요청을 수락합니다. 앞의 리소스 YAML을 사용하여 만든 후 이를 테스트할 수 있습니다.

    ```
    kubectl apply -f my-delayed-job.yaml
    ```

CRD를 올바르게 정의한 경우 다음이 출력됩니다.

```
delayedjob "my-instance-of-delayed-job" has been created
```

출력된 내용과 같이 쿠버네티스 API 서버는 DelayedJob의 인스턴스를 성공적으로 생성했습니다.

지금까지 쿠버네티스 API 데이터베이스에 새로운 table을 추가했을 뿐입니다. 이제 뭘 해야 할까요?

DelayedJob 리소스에 애플리케이션 이미지와 지연 시간(delaySeconds) 필드를 제공했다고 실제로 의도한 작업이 완성되지는 않습니다. DelayedJob의 인스턴스를 생성하여 해당 테이블에 항목을 추가했을 뿐입니다. 쿠버네티스 API 또는 kubectl 커맨드를 사용해 내용을 가져와서 편집하거나 삭제할 수 있지만 응용 프로그램 기능은 구현되지 않았습니다.

DelayedJob 리소스가 실제 어떤 작업을 수행하게 하려면 DelayedJob 인스턴스를 사용해 어떤 작업을 수행하는 커스텀 컨트롤러가 필요합니다. 결국, 공식 쿠버네티스 자원인 파드 등을 사용해 실제 컨테이너 기능을 구현해야 합니다.

이에 대해 설명하도록 하겠습니다. 쿠버네티스를 위한 커스텀 컨트롤러를 구축하는 방법은 여러 가지가 있지만, 가장 널리 사용되는 방법은 **오퍼레이터 패턴**Operator pattern 입니다. 계속해서 DelayedJob 리소스에 생명을 불어넣는 방법을 확인해 보겠습니다.

쿠버네티스 오퍼레이터를 통한 자체 관리 기능

먼저 **오퍼레이터 프레임워크**~Operator Framework~를 확인하지 않고 쿠버네티스 오퍼레이터를 설명하는 것은 불가능합니다. 오퍼레이터 프레임워크는 레드햇~Red Hat~이 쿠버네티스 오퍼레이터를 쉽게 작성할 수 있도록 만든 오픈소스 프레임워크입니다.

실제로 오퍼레이터는 단순하게 쿠버네티스와 인터페이싱하고 리소스에 따라 작동하는 커스텀 컨트롤러입니다. 오퍼레이터 프레임워크는 쿠버네티스 오퍼레이터를 만드는 여러 가지 방법 중 하나이며, 다른 오픈소스 프레임워크를 이용하거나 처음부터 완전히 새로 만들 수도 있습니다.

프레임워크를 사용하여 오퍼레이터를 만들 때 **오퍼레이터 프레임워크와 Kubebuilder**가 가장 많이 쓰는 방법입니다.

두 가지는 공통점이 많습니다. 둘 다 쿠버네티스 프로젝트에서 공식으로 지원하는 쿠버네티스 컨트롤러 구축을 위한 controller-tools 및 controller-runtime 라이브러리를 사용합니다. 오퍼레이터를 처음부터 새로 만드는 데 쿠버네티스에서 공식으로 지원하는 컨트롤러 라이브러리를 사용하면 작업이 간편해집니다.

오퍼레이터 프레임워크와 달리 Kubebuilder는 공식 쿠버네티스 프로젝트의 일부이며 두 프레임워크는 각각의 장단점이 있습니다. 중요한 것은 이러한 옵션과 일반적인 오퍼레이터 패턴 모두 클러스터 내에서 컨트롤러를 실행한다는 것입니다. 클러스터 내에서 실행하는 것이 가장 좋은 방법이지만 클러스터 외부에서도 컨트롤러를 실행하고 동일하게 동작할 수 있습니다. 오퍼레이터 프레임워크를 시작하려면 공식 깃허브(https://github.com/operator-framework)를 확인하기 바랍니다. Kubebuilder의 경우 다음 경로에서 확인할 수 있습니다.

- https://github.com/kubernetes-sigs/kubebuilder

대부분의 오퍼레이터는 프레임워크와 관계없이 제어 루프(control-loop) 체계를 따릅니다. 이것이 어떻게 동작하는지 살펴보겠습니다.

오퍼레이터의 제어 루프 매핑하기

제어 루프는 논리 프로세스의 무한 루프로 구성된 시스템 설계 및 프로그래밍의 제어 체계입니다. 일반적으로 제어 루프는 시스템의 현재 상태를 측정하고, 의도한 상태와 일치시키는 데 필요한 수정 사항을 분석한 다음, 의도한 상태와 일치하도록(적어도 비슷한 상태) 측정–분석–조정 접근 방식으로 시스템 구성 요소를 조정합니다.

쿠버네티스 오퍼레이터 또는 컨트롤러에서 이 작업은 다음과 같이 동작합니다.

1. 첫 번째는 감시 단계입니다. 이 단계에서는 etcd에 저장된 의도된 상태와 변경된 사항을 쿠버네티스 API를 통해 확인합니다.
2. 그다음 분석 단계입니다. 컨트롤러가 클러스터 상태를 의도한 상태와 일치시키기 위해 수행할 작업을 결정합니다.
3. 마지막으로 업데이트 단계입니다. 클러스터 상태를 업데이트합니다.

다음은 제어 루프를 이해하기 위해 각 단계가 어떻게 서로 결합되는지 보여주는 그림입니다.

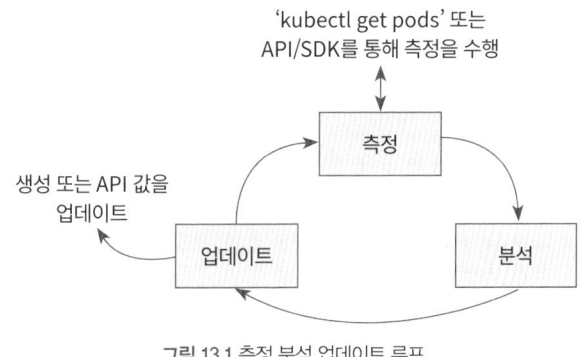

그림 13.1 측정 분석 업데이트 루프

제어 루프 프로세스인 쿠버네티스 스케줄러를 사용하여 설명합니다.

1. 안정적인 상태의 가상의 클러스터로 시작합시다. 모든 파드가 스케줄링되어 있고 노드는 정상이며 모든 스펙이 잘 동작하고 있습니다.
2. 이 상황에서 사용자가 새로운 파드를 만듭니다.

앞에서 kubelet이 풀 기반으로 작동한다는 것을 설명했습니다. 이는 kubelet이 노드에 파드를 생성할 때 해당 파드가 스케줄러를 통해 해당 노드에 이미 할당되어 있다는 것을 의미합니다. 하지만 kubectl create 또는 kubectl apply 커맨드를 통해 처음 생성될 때 파드는 스케줄링되지도 않고 어디에 할당되지도 않습니다. 이때 스케줄러 제어 루프가 시작됩니다.

1. 첫 번째는 스케줄러가 쿠버네티스 API 상태를 확인하는 **측정**_{Measure} 단계입니다. API에서 파드 리스트를 확인할 때 파드 중 하나가 노드에 할당되지 않았음을 확인합니다. 그러고 나서 다음 단계로 넘어갑니다.

2. 다음으로 스케줄러는 클러스터 상태 및 파드 요구 사항에 대한 **분석**_{Analyze}을 수행한 후 파드를 할당해야 하는 노드를 결정합니다. 앞 장에서 설명한 바와 같이 이것은 파드 리소스 제한과 요청, 노드 상태, 배치 제어 등을 고려해야 하기 때문에 상당히 복잡한 프로세스입니다. 이 처리가 끝나고 나면 다음 단계를 시작할 수 있습니다.

3. 마지막 단계인 **업데이트**_{Update}는 이전 단계인 분석에서 확인한 노드에 파드를 할당하여 클러스터 상태를 업데이트합니다. 이 시점에서 kublete은 자체 제어 루프를 할당받고 해당 노드에 파드를 위한 컨테이너를 생성합니다.

다음으로 스케줄러 제어 루프에서 확인한 내용을 DelayedJob 리소스에 적용해 봅니다.

커스텀 리소스 정의를 위한 오퍼레이터 설계하기

DelayedJob CRD 오퍼레이터를 개발하는 것은 프로그래밍 언어에 대한 지식이 필요하기 때문에 이 책의 범위를 벗어납니다. 오퍼레이터를 직접 빌드할 프로그래밍 언어를 선택해야 한다면 쿠버네티스 SDK, **controller-tools, controller-runtime**을 제공해 편리하게 구현할 수 있는 Go를 선택하는 것이 좋습니다. 하지만 SDK 기반으로 HTTP 요청을 작성할 수 있는 모든 프로그래밍 언어로 개발하는 것이 가능합니다.

여기서는 몇몇 의사 코드로 오퍼레이터를 구현해 보겠습니다. DelayedJob CRD의 의사 코드를 단계별로 살펴보겠습니다.

1단계: 측정

첫 번째 단계는 **측정** 단계로 무한 실행되는 반복 구문을 의사 코드로 구현합니다. 프로덕션 구현에서는 디바운싱[2] 및 오류 처리를 비롯한 기타 여러 가지 보완이 필요하지만 예제에서는 간단하게 표현합니다.

다음 코드는 애플리케이션의 주요 기능인 반복문에 대한 의사 코드입니다.

```
main-function.pseudo
```
```
// 컨트롤러의 메인 함수
function main() {
  // 무한 루프를 실행합니다.
```

---

[2] (옮긴이) 디바운싱(debouncing)이란 연이어 발생한 이벤트를 하나의 그룹으로 묶어서 처리하는 방식을 말합니다.

```
while() {
    // 클러스터에서 지연된 작업 객체의 전체 목록을 가져옵니다.
    var currentDelayedJobs = kubeAPIConnector.list("delayedjobs");
    // 분석 단계 함수를 호출합니다.
    var jobsToSchedule = analyzeDelayedJobs(currentDelayedJobs);
    // 추가 지연된 작업을 스케줄링합니다.
    scheduleDelayedJobs(jobsToSchedule);
    wait(5000);
  }
}
```

위 코드의 메인 함수의 루프는 쿠버네티스 API를 호출하여 etcd에 저장된 delayedjobs CRD의 리스트를 확인하는 측정 단계를 수행합니다. 그런 다음 분석 단계를 진행하고, 그 결과를 통해 업데이트 단계를 호출하여 스케줄링이 필요한 모든 DelayedJobs를 스케줄링합니다.

> **중요 사항**
> 이 예제에서는 쿠버네티스 스케줄러가 실제 컨테이너 스케줄링을 여전히 수행 중이라는 것을 명심해야 합니다. 하지만 먼저 DelayedJob을 공식 쿠버네티스 리소스에 포함해야 합니다.

업데이트 단계 후, 루프를 다시 수행하기 전에 5초 동안 대기합니다. 이는 제어 루프의 실행 주기를 설정합니다. 다음으로 분석 단계로 넘어가겠습니다.

2단계: 분석

다음은 컨트롤러 의사 코드의 analyzeDelayedJobs 함수로, 오퍼레이터의 **분석** 단계를 검토합니다.

```
analysis-function.pseudo
// 분석 함수
function analyzeDelayedJobs(listOfDelayedJobs) {
  var listOfJobsToSchedule = [];
  foreach(dj in listOfDelayedJobs) {
    // dj가 스케줄링되어 있는지 확인하고, 스케줄링되지 않은 경우 작업 객체를 추가합니다.
    // 스케줄 배열에 지연 커맨드를 추가합니다.
    if(dj.annotations["is-scheduled"] != "true") {
      listOfJobsToSchedule.push({
        Image: dj.image,
```

```
      Command: "sleep " + dj.delaySeconds + "s",
      originalDjName: dj.name
    });
  }
}
return listOfJobsToSchedule;
}
```

이전 함수는 **측정** 루프에서 전달된 클러스터의 `DelayedJob` 오브젝트 리스트를 인수로 반복 수행합니다. 그런 다음 오브젝트의 내용 중 `annotations`의 값을 확인해 `DelayedJob`이 스케줄링되었는지 확인합니다. 아직 스케줄링되지 않은 경우 `DelayedJob` 오브젝트에 지정된 이미지, `DelayedJob` 오브젝트에 지정된 지연 시간(초) 및 **업데이트** 단계에서 스케줄링된 것으로 표시할 이름이 포함된 `listOfJobsToSchedule`이라는 배열에 오브젝트를 추가합니다.

마지막으로 **분석** 단계에서 `analyzeDelayedJobs` 함수는 새로 생성된 `listOfJobsToSchedule` 배열을 다시 메인 함수로 반환합니다. 오퍼레이터 설계의 최종 단계로 메인 루프에 있는 `scheduleDelayedJobs` 함수로 마무리합니다.

3단계: 업데이트

마지막으로 제어 루프의 **업데이트** 부분은 분석 단계의 출력 내용을 가지고 의도한 상태로 작업하기 위해 필요에 따라 클러스터를 업데이트합니다. 다음은 그에 대한 의사 코드입니다.

update-function.pseudo
```
// 업데이트 함수
function scheduleDelayedJobs(listOfJobs) {
  foreach(job in listOfDelayedJobs) {
    // 먼저 Kube 스케줄러가 선택할 수 있는
    // 일반 쿠버네티스 잡을 스케줄링합니다.
    // 분석 단계에서 작업 스펙에 지연 시간을 추가합니다.
    kubeAPIConnector.create("job", job.image, job.command);
    // 마지막으로 컨트롤러가 다시 스케줄링하지 않도록
    // DelayedJob을 "scheduled" 속성으로 표시합니다.
    kubeAPIConnector.update("delayedjob", job.originalDjName,
      annotations: {
        "is-scheduled": "true"
```

```
        });
    }
}
```

이 의사 코드에서는 DelayedJob 오브젝트에서 파생된 일반 쿠버네티스 오브젝트를 가져와 쿠버네티스에서 생성해 Kube 스케줄러가 그것을 선택하고 관련 파드를 생성하고 관리할 수 있게 합니다. 지연되는 일반 Job 오브젝트를 만든 후, DelayedJob CRD 인스턴스의 annotations의 is-scheduled를 true로 지정해 스케줄이 변경되는 것을 방지합니다.

이렇게 해서 제어 루프를 완성합니다. 이 시점부터 CRD 역할은 Kube 스케줄러가 담당하고 CRD는 파드를 제어하는 쿠버네티스 Job 오브젝트로 수명이 부여됩니다. 이 오브젝트는 최종적으로 노드에 할당되고 컨테이너가 코드를 실행하도록 스케줄링됩니다.

설명한 예는 단순하지만, 쿠버네티스 오퍼레이터가 CRD를 조정하고 이를 기본 쿠버네티스 리소스로 담기 위해 얼마나 많은 제어 루프를 수행하는지 알면 놀라게 될 것입니다. 오퍼레이터는 매우 복잡해지고 데이터베이스 백업 영구 볼륨 정리 등과 같은 애플리케이션별 기능을 수행할 수 있고, 이 기능은 일반적으로 제어되는 모든 다른 기능과 밀접하게 연결됩니다.

지금까지 쿠버네티스 컨트롤러의 오퍼레이터 패턴에 대해 설명했고, 다음으로 클라우드 서비스 제공업체의 쿠버네티스 컨트롤러에 대해 몇 가지 알아보겠습니다.

클라우드별 쿠버네티스 익스텐션 사용하기

일반적으로 아마존 EKS, Azure AKS, 구글 클라우드의 GKE와 같은 관리형 쿠버네티스 서비스에서 기본적으로 사용할 수 있는 클라우드별 쿠버네티스 익스텐션 및 컨트롤러는 해당 클라우드 플랫폼과 특화되어 통합될 수 있으며, 쿠버네티스의 다른 클라우드 리소스를 쉽게 제어할 수 있습니다.

타사 구성 요소를 추가하지 않더라도 클라우드 관련 기능은 주요 클라우드 제공자와 통합하기 위한 많은 옵션이 포함된 **CCM**(cloud-controller-manager) 구성 요소를 통해 클라우드 인프라의 쿠버네티스에서 사용할 수 있습니다. 이 기능은 일반적으로 각 퍼블릭 클라우드의 관리형 쿠버네티스 서비스에서 사용할 수 있지만 클라우드 서비스 업체와 관계없이 실행하고 관리되는 모든 클러스터와 통합할 수도 있습니다.

여기서는 CCM, external-dns, cluster-autoscaler와 같은 다른 컨트롤러를 설치해야 하는 경우와 같은 일반적인 클라우드 익스텐션을 검토합니다. 먼저 가장 많이 사용되는 CCM 기능 몇 가지를 살펴보 겠습니다.

cloud-controller-manager 컴포넌트 이해하기

1장 쿠버네티스와 통신하기에서 확인한 바와 같이 CCM은 퍼블릭 클라우드 서비스의 기능에 대한 훅을 제공하는 쿠버네티스 컨트롤러입니다. CCM의 기능을 위해 AWS에서는 IAM 역할과 같은 액세스 권한에 대한 내용을 먼저 검토해야 합니다.

AWS, Azure, Google Cloud와 같이 공식적으로 지원되는 클라우드의 경우 CCM을 클러스터 내에서 `DemonSet`으로 간단히 실행할 수 있습니다. CCM은 클라우드 제공자에 영구 스토리지를 생성하는 등의 작업을 수행할 수 있고 스토리지를 특정 노드에 연결할 수 있어야 하므로 `DaemonSet`을 사용합니다. 공식적으로 지원되지 않는 클라우드를 사용하는 경우 해당 클라우드에서 제공하는 CCM을 활용할 수 있으며 제공업체의 지침을 확인해야 합니다. 이러한 유형의 CCM은 일반적으로 오픈소스며 깃허브에서 확인할 수 있습니다. CCM 설치에 대한 자세한 내용으로 넘어가 봅시다.

cloud-controller-manager 설치하기

일반적으로 클러스터를 생성할 때 CCM을 설정합니다. 앞에서 언급한 것처럼 EKS, AKS, GKE 같은 관리 서비스에서는 이미 이 컴포넌트를 사용하도록 설정되지만 Kops 및 Kubeadm에서도 설치 과정에서 CCM 컴포넌트 설치에 대한 플래그를 제공합니다.

업스트림 버전(안정적인 버전)에서 공식적으로 지원되는 퍼블릭 클라우드 중 하나를 사용할 계획이라면 CCM을 `DaemonSet`으로 설치할 수 있습니다.

먼저 `ServiceAccount`가 필요합니다.

```yaml
# service-account.yaml
apiVersion: v1
kind: ServiceAccount
metadata:
  name: cloud-controller-manager
  namespace: kube-system
```

이 `ServiceAccount`는 CCM에 필요한 액세스 권한을 부여하는 데 사용됩니다. 다음으로 `ClusterRoleBinding`이 필요합니다.

```yaml
# clusterrolebinding.yaml
apiVersion: rbac.authorization.k8s.io/v1
kind: ClusterRoleBinding
metadata:
  name: system:cloud-controller-manager
subjects:
- kind: ServiceAccount
  name: cloud-controller-manager
  namespace: kube-system
roleRef:
  apiGroup: rbac.authorization.k8s.io
  kind: ClusterRole
  name: cluster-admin
```

CCM 서비스 계정에 대한 액세스 권한을 cluster-admin 역할에 부여해야 합니다. CCM은 노드를 수정할 수 있어야 합니다.

마지막으로 CCM `DaemonSet` 자체를 배포할 수 있습니다. 특정 클라우드 제공자에 대한 올바른 설정으로 이 YAML 파일을 채워야 합니다. 자세한 정보는 쿠버네티스에 대한 클라우드 제공자의 문서를 확인하십시오.

`DaemonSet` 스펙은 내용이 많기 때문에 두 부분으로 나누어 검토하겠습니다. 먼저 `labels`와 `name`이 있는 `DaemonSet` 템플릿을 살펴보겠습니다.

```yaml
# daemonset.yaml
apiVersion: apps/v1
kind: DaemonSet
metadata:
  labels:
    k8s-app: cloud-controller-manager
  name: cloud-controller-manager
  namespace: kube-system
spec:
```

```
selector:
  matchLabels:
    k8s-app: cloud-controller-manager
template:
  metadata:
    labels:
      k8s-app: cloud-controller-manager
```

ServiceAccount와 일치시키기 위해 kube-system 네임스페이스에서 CCM을 실행합니다. 또한 DaemonSet을 k8s-app으로 레이블을 지정하여 쿠버네티스 컨트롤 플레인 컴포넌트로 구별합니다.

다음은 DaemonSet에 대한 스펙입니다.

daemonset.yaml (계속)

```
spec:
  serviceAccountName: cloud-controller-manager
  containers:
  - name: cloud-controller-manager
    image: k8s.gcr.io/cloud-controller-manager:<설치된 k8s 버전에 해당하는 현재 ccm 버전>
    command:
    - /usr/local/bin/cloud-controller-manager
    - --cloud-provider=<cloud provider name>
    - --leader-elect=true
    - --use-service-account-credentials
    - --allocate-node-cidrs=true
    - --configure-cloud-routes=true
    - --cluster-cidr=<CIDR of the cluster based on Cloud Provider>
  tolerations:
  - key: node.cloudprovider.kubernetes.io/uninitialized
    value: "true"
    effect: NoSchedule
  - key: node-role.kubernetes.io/master
    effect: NoSchedule
  nodeSelector:
    node-role.kubernetes.io/master: ""
```

이 스펙에는 클라우드 제공자의 설명이나 클러스터 네트워킹 설정을 검토하여 적절한 값을 찾을 수 있는 몇 가지 내용이 있습니다. 특히 --cluster-cidr 및 --configure-cloud-routes 같은 네트워킹 플래그는 단일 클라우드 제공업체라고 하더라도 클러스터 설정 방법에 따라 값이 변경될 수 있습니다.

이제 클러스터에서 CCM을 실행했으므로 CCM이 제공하는 몇 가지 기능을 확인해 보겠습니다.

cloud-controller-manager 기능 확인하기

기본 CCM은 몇 가지 주요 영역에서 기능을 제공합니다. 우선 CCM에는 노드, 라우트 및 서비스에 대한 보조 컨트롤러가 포함되어 있습니다. 노드/노드 수명주기 컨트롤러부터 시작해 각각을 검토하여 어떤 이점을 제공하는지 알아보겠습니다.

CCM 노드/노드 수명주기 컨트롤러

CCM 노드 컨트롤러는 클러스터에 있는 노드의 클러스터 상태가 클라우드 제공업체 시스템에 있는 상태와 동일한지 확인합니다. 간단한 예로 AWS의 오토스케일링 그룹을 들 수 있습니다. AWS EKS(또는 추가 구성이 필요하지만 AWS EC2의 쿠버네티스에만 해당)를 사용할 경우 노드의 CPU 또는 메모리 사용량에 따라 확장되거나 축소되는 AWS 오토스케일링 그룹에서 작업자 노드 그룹을 구성할 수 있습니다. 클라우드 제공자가 이러한 노드를 추가하고 초기화할 때 CCM 노드 컨트롤러는 클러스터가 클라우드 제공업체가 제공하는 각 노드에 대한 노드 리소스가 있는지 확인합니다.

다음은 라우트 컨트롤러입니다.

CCM 라우트 컨트롤러

CCM 라우트 컨트롤러는 쿠버네티스 클러스터를 보조하는 방식으로 클라우드 공급업체의 네트워킹 설정을 구성합니다. 여기에는 노드 간의 IP 할당 및 라우팅 설정이 포함될 수 있습니다. 서비스 컨트롤러 또한 네트워킹을 처리하지만 외부 요소도 컨트롤합니다.

CCM 서비스 컨트롤러

CCM 서비스 컨트롤러는 퍼블릭 클라우드 공급업체에서 쿠버네티스를 운영하는 다양한 기능을 제공합니다. **5장 서비스 및 인그레스 - 외부 시스템과 통신하기**에서 설명한 것 중 하나가 로드밸런서 서비스입니다. 예를 들어, AWS CCM으로 구성된 클러스터에서 LoadBalancer 유형의 서비스는 일치하는 AWS

로드밸런서 리소스를 자동으로 구성하므로 NodePort 설정이나 인그레스를 처리하지 않고도 클러스터에서 서비스를 쉽게 노출할 수 있습니다.

이제 CCM이 제공하는 기능을 설명했으니, 퍼블릭 클라우드에서 쿠버네티스를 실행할 때 자주 사용하는 몇 가지 다른 클라우드 제공자 익스텐션에 대해 자세히 살펴보겠습니다. 먼저 external-dns를 살펴보겠습니다.

쿠버네티스에서 external-dns 사용하기

external-dns 라이브러리는 클러스터가 자동화된 방식으로 서비스 및 수신에 대한 DNS 확인을 제공하도록 외부 DNS 제공자를 구성할 수 있게 해주는 공식적으로 지원되는 쿠버네티스 애드온입니다. external-dns 추가 기능은 AWS 및 Azure와 같은 다양한 클라우드 공급업체와 Cloudflare와 같은 기타 DNS 서비스를 지원합니다.

> **중요 사항**
> external-dns을 설치하려면 https://github.com/kubernetes-sigs/external-dns에서 공식 깃허브 리포지토리를 확인하세요.

클러스터에서 external-dns가 구현되면 자동으로 새로운 DNS 레코드를 간단하게 생성할 수 있습니다. 서비스에서 external-dns를 테스트하려면 적절한 annotations를 사용해 쿠버네티스에서 서비스를 생성하면 됩니다.

이제 어떻게 구현되는지 확인해 보겠습니다.

```yaml
service.yaml
apiVersion: v1
kind: Service
metadata:
  name: my-service-with-dns
  annotations:
    external-dns.alpha.kubernetes.io/hostname: myapp.mydomain.com
spec:
  type: LoadBalancer
  ports:
  - port: 80
```

```
    name: http
    targetPort: 80
  selector:
    app: my-app
```

위 코드와 같이 external-dns 컨트롤러가 확인할 annotations만 추가하면 도메인 레코드가 DNS에 생성됩니다. 물론 도메인 및 호스팅 영역은 external-dns 컨트롤러(예: AWS Route 53 또는 Azure DNS)에서 액세스할 수 있어야 합니다. 자세한 내용은 external-dns 깃허브 리포지토리의 설명서를 확인하세요.

서비스가 시작되어 실행되면 external-dns가 annotations를 확인하고 새 DNS 레코드를 생성합니다. 이 패턴은 헬름 차트와 같은 것을 사용하면 애플리케이션의 배포 버전이나 분기에 따라 도메인을 변경하는 데 변수를 사용할 수 있으므로 멀티 테넌시(Multi-tenancy) 또는 버전별 배포에 적합합니다(예: v1.myapp.mydomain.com).

인그레스의 경우 다음과 같이 인그레스 레코드에 호스트를 지정하기만 하면 됩니다.

ingress.yaml
```
apiVersion: networking.k8s.io/v1beta1
kind: Ingress
metadata:
  name: my-domain-ingress
  annotations:
    kubernetes.io/ingress.class: "nginx".
spec:
  rules:
  - host: myapp.mydomain.com
    http:
      paths:
      - backend:
          serviceName: my-app-service
          servicePort: 80
```

이 호스트 값은 인그레스가 사용 중인 방법(예: AWS의 로드밸런서)을 가리키는 DNS 레코드를 자동으로 생성합니다.

다음은 클러스터 cluster-autoscaler 라이브러리의 작동 방식에 대해 알아보겠습니다.

cluster-autoscaler 애드온 사용하기

external-dns와 유사하게 cluster-autoscaler는 일부 클라우드 공급업체의 특정 기능을 지원하기 위해 쿠버네티스에서 공식 지원하는 애드온입니다. cluster-autoscaler의 목적은 클러스터의 노드 수를 조정합니다. AWS 오토스케일링 그룹과 같은 클라우드 공급업체의 규모 확장을 위한 리소스를 제어하여 이 프로세스를 수행합니다.

cluster-autoscaler는 노드의 리소스 제약으로 인해 단일 파드 스케줄링이 실패하는 순간 확장 작업을 수행합니다. 단, 기존 노드 크기(예: AWS의 t3.medium 사이즈의 노드)에서 파드를 스케줄링할 수 있는 경우에만 확장합니다.

마찬가지로, 클러스터 오토스케일러는 다른 노드에 메모리나 CPU 부하가 없고 노드에서 파드를 비울 수 있는 순간 하향 조정 작업을 수행합니다.

cluster-autoscaler를 설치하기 위해서는 클러스터 유형 및 원하는 버전의 cluster-autoscaler에 대한 각 클라우드 제공업체의 지침에 따라 진행합니다. 예를 들어, EKS의 cluster-autoscaler에 대한 AWS의 설치 안내는 다음 경로에서 확인할 수 있습니다.

- https://aws.amazon.com/premiumsupport/knowledge-center/eks-cluster-autoscaler-setup/

다음은 쿠버네티스 에코시스템을 검토하여 쿠버네티스의 오픈 및 클로즈드 소스 익스텐션을 어떻게 확인할 수 있는지 알아보겠습니다.

에코시스템과 통합하기

쿠버네티스(그리고 좀 더 일반적인 클라우드 네이티브) 에코시스템은 수백 개의 인기 있는 오픈소스 소프트웨어 라이브러리와 수천 개의 새로운 소프트웨어 라이브러리로 구성되어 있습니다. 매달 새로운 기술을 검증하고 인수, 롤업 및 서비스 종료로 인해 선호하는 오픈소스 라이브러리가 제대로 관리되는지 확인하기가 어렵습니다.

고맙게도 이 에코시스템에는 몇몇 조직이 있으며, 클라우드 네이티브 오픈소스에서 부족한 부분을 탐색하기 위해 그것들을 확인할 가치가 있습니다. 첫 번째로는 클라우드 네이티브 컴퓨팅 파운데이션, 즉 **CNCF(Cloud Native Computing Foundation)**입니다.

클라우드 네이티브 컴퓨팅 재단(CNCF) 소개

CNCF는 리눅스 재단의 하위 재단이며, 오픈소스 프로젝트를 호스팅하고 오픈소스 소프트웨어에 기여하거나 그것을 사용하는 기업의 리스트를 관리하는 비영리 단체입니다.

CNCF는 거의 전적으로 쿠버네티스 프로젝트의 미래를 이끌어 나가기 위해 설립됐습니다. 쿠버네티스 1.0 출시와 함께 발표됐으며, 이후 현재까지 Prometheus에서 Envoy, Helm 등에 이르기까지 클라우드 네이티브 분야의 수백 가지 프로젝트를 포함하며 성장 중입니다.

CNCF를 구성하는 프로젝트들을 확인하는 가장 좋은 방법은 CNCF 클라우드 네이티브 랜드스케이프를 확인하는 것이며, 이는 다음 경로에서 확인이 가능합니다.

- https://landscape.cncf.io/

CNCF 랜드스케이프는 쿠버네티스 또는 클라우드 네이티브에서 겪고 있는 문제 해결에 유용한 솔루션을 파악하는 데 좋습니다. 모든 범주(모니터링, 로깅, 서버리스, 서비스 메시 등)에 대해 검토하고 선택할 수 있는 다양한 오픈소스 프로젝트를 찾을 수 있습니다.

이것은 클라우드 네이티브 기술 에코시스템의 강점이자 약점입니다. 사용 가능한 옵션이 상당히 많아서 찾고자 하는 솔루션을 구분하기가 어렵지만 요구사항에 가장 가까운 솔루션을 찾을 수 있기도 합니다.

또한 CNCF는 공식 쿠버네티스 웹사이트(kubernetes.io)에서 포럼을 운영하고 있으며 다음 경로에서 확인 가능합니다.

- https://discuss.kubernetes.io/

마지막으로, CNCF가 운영하는 대규모 콘퍼런스인 **KubeCon/CloudNativeCon**을 개최하여 쿠버네티스 및 에코시스템을 위한 수많은 프로젝트 주제를 설명합니다. **KubeCon**은 매년 규모가 성장하고 있으며, 2019년 **KubeCon North America**에는 12,000명이 참석했습니다.

요약

이번 장에서는 쿠버네티스를 확장하는 방법을 설명했습니다. 먼저 CRD에 대해 이야기했는데, CRD가 무엇인지 알아보고 몇 가지 사용 사례 및 클러스터에서 이를 구현하는 방법을 설명했습니다. 다음으로, 쿠버네티스에서 오퍼레이터의 개념을 검토하고 오퍼레이터 또는 커스텀 컨트롤러를 사용하여 CRD가 동작할 수 있는 방법에 대해 설명했습니다.

그런 다음 cloud-controller-manager, external-dns, clouster-autoscaler를 비롯해 쿠버네티스를 위한 클라우드 공급업체별 익스텐션에 대해 설명했습니다. 마지막으로 클라우드 네이티브 오픈소스 에코시스템을 소개하고 용도에 맞는 프로젝트를 찾는 방법을 소개하며 마무리했습니다.

이번 장에서 사용한 기술은 클라우드 제공자와 인터페이스할 수 있도록 쿠버네티스 클러스터를 확장하는 데 도움이 될 뿐만 아니라 커스텀 기능도 제공합니다.

다음 장에서는 쿠버네티스에 적용된 두 가지 초기 아키텍처 패턴, 즉 서버리스 및 서비스 메시에 대해 알아보겠습니다.

질문

1. CRD의 서비스 버전과 저장된 버전의 차이점은 무엇입니까?
2. 커스텀 컨트롤러 또는 오퍼레이터 제어 루프의 대표적인 세 가지 부분은 무엇입니까?
3. 클러스터 cluster-autoscaler는 AWS 오토스케일링 그룹과 같은 기존 클라우드 제공자 확장 솔루션과 어떻게 상호 작용합니까?

더 읽을 거리

- CNCF 랜드스케이프: https://landscape.cncf.io/
- 공식 쿠버네티스 포럼: https://discuss.kubernetes.io

14
서비스 메시 및 서버리스

이번 장에서는 고급 쿠버네티스 패턴에 대해 설명합니다. 먼저 관찰 가능성과 서비스 간 탐색이 사이드카 프락시에 의해 처리되는 서비스 메시 패턴과 인기 있는 서비스 메시인 Istio를 설정하는 방법을 자세히 알아봅니다. 마지막으로 서버리스 패턴과 이를 쿠버네티스에 적용하는 방법을 살펴봅니다. 이번 장의 주요 사례에는 Istio 인그레스 게이트웨이와 함께 예제 애플리케이션 및 서비스 검색을 위한 Istio 설정을 포함합니다.

서비스 메시를 위한 서비스 간 연결의 기본이 되는 사이드카 프락시에 대한 설명부터 시작하겠습니다.

이번 장에서는 다음 주제를 다룰 것입니다.

- 사이드카 프락시 사용
- 쿠버네티스에 서비스 메시 추가
- 쿠버네티스에서 서버리스 구현

기술 요구 사항

이번 장에서 설명하는 커맨드를 실행하려면 쿠버네티스 클러스터와 kubectl 커맨드라인 툴을 실행할 수 있는 환경이 필요합니다. 쿠버네티스의 시작 및 실행과 kubectl 툴을 설치하는 방법은 **1장 쿠버네티스와 통신하기**에서 확인할 수 있습니다.

이번 장에 사용된 코드는 다음 깃허브 리포지토리에서 참고할 수 있습니다.

- https://github.com/wikibook/cnk/tree/master/Chapter14

사이드카 프락시 사용

이 책의 앞부분에서 언급했듯이 사이드카$_{sidecar}$는 파드가 실제 실행할 애플리케이션 컨테이너 외에 다른 컨테이너를 포함하는 패턴입니다. 이 '추가' 컨테이너는 사이드카입니다. 사이드카는 다양한 이유로 사용할 수 있습니다. 가장 인기 있는 사이드카의 용도는 모니터링, 로깅, 프락시입니다.

로깅의 경우 사이드카 컨테이너는 (볼륨을 공유하고 로컬호스트에서 통신할 수 있기 때문에) 로그를 중앙 집중식 로깅 스택으로 보내거나 경고 목적으로 파싱하기 전에 애플리케이션 컨테이너에서 애플리케이션 로그를 가져올 수 있습니다. 모니터링과 비슷하게 사이드카 파드는 애플리케이션 파드의 메트릭을 추적하고 전송할 수 있습니다.

사이드카 프락시를 사용하면 요청이 파드로 들어올 때 먼저 프락시 컨테이너로 이동하며, 이 컨테이너는 요청을 (로그를 기록하거나 다른 필터링을 수행한 후) 애플리케이션 컨테이너로 라우팅합니다. 마찬가지로 요청이 애플리케이션 컨테이너에서 나갈 때 먼저 프락시로 이동하며, 파드 외부로 라우팅을 제공할 수 있습니다.

일반적으로 NGINX 같은 프락시 사이드카는 파드로 들어오는 요청에 대해서만 프락시 기능을 제공합니다. 그러나 서비스 메시 패턴에서는 파드에 들어오고 나가는 요청이 프락시를 거치며, 이는 서비스 메시 패턴의 기반이 됩니다.

다음 다이어그램은 사이드카 프락시가 애플리케이션 컨테이너와 상호작용하는 방법을 보여줍니다.

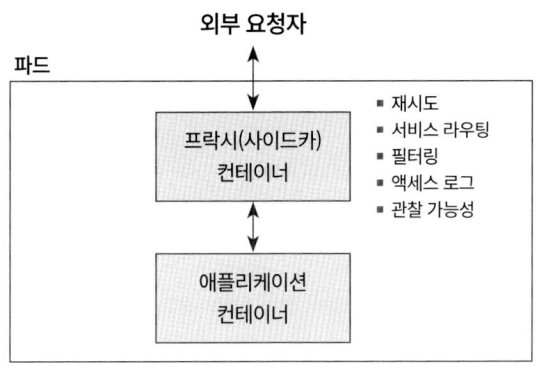

그림 14.1 프락시 사이드카

보다시피 사이드카 프락시는 파드의 애플리케이션 컨테이너에 대한 라우팅 요청을 담당하여 서비스 라우팅, 로깅, 필터링 기능을 허용합니다.

사이드카 프락시 패턴은 각 노드의 프락시 파드가 해당 노드의 다른 파드에 대한 프락시를 처리하는 데몬셋 기반 프락시의 대안입니다. 쿠버네티스 프락시 자체는 데몬셋 패턴과 유사합니다. 사이드카 프락시를 사용하면 더 많은 추가 컨테이너를 실행하는 데몬셋 프락시를 사용하는 것보다 성능 효율성 측면에서 유연합니다.

쿠버네티스의 인기 있는 프락시는 다음과 같습니다.

- NGINX
- HAProxy
- Envoy

NGINX와 HAProxy는 일반적인 프락시인 반면 Envoy는 분산형 클라우드 네이티브 환경을 위한 프락시입니다. 이러한 이유로 Envoy는 쿠버네티스에서 인기 있는 서비스 메시와 API 게이트웨이의 핵심입니다.

Envoy를 알아보기 전에 사이드카로 다른 프락시를 설치하는 방법을 알아보겠습니다.

NGINX를 사이드카 리버스 프락시로 사용하기

NGINX를 사이드카 프락시로 사용하는 방법을 알아보기에 앞서 새로운 쿠버네티스 릴리스에서 사이드카는 사이드카 컨테이너를 많은 파드에 쉽게 주입할 수 있는 쿠버네티스 리소스 유형이 될 것입니다. 그러나 현재 사이드카 컨테이너는 파드 또는 컨트롤러(레플리카셋, 디플로이먼트 등) 수준에서 지정해야 합니다.

다음 디플로이먼트 YAML과 함께 NGINX를 사이드카로 구성하는 방법을 살펴보겠습니다. 이 프로세스는 NGINX 인그레스 컨트롤러를 사용하는 것보다 약간 더 수동적입니다.

공간의 문제로 YAML을 두 부분으로 나누고 일부 잘라냈지만, 코드 리포지토리에서 전체 내용을 볼 수 있습니다. 디플로이먼트를 위한 컨테이너 스펙부터 살펴보겠습니다.

```yaml
nginx-sidecar.yaml
  spec:
    containers:
    - name: myapp
      image: ravirdv/http-responder:latest
      imagePullPolicy: IfNotPresent
    - name: nginx-sidecar
      image: nginx
      imagePullPolicy: IfNotPresent
      volumeMounts:
        - name: secrets
          mountPath: /app/cert
        - name: config
          mountPath: /etc/nginx/nginx.conf
          subPath: nginx.conf
```

보다시피 두 개의 컨테이너로, 기본 앱 컨테이너인 `myapp`과 볼륨 마운트를 통해 일부 구성을 주입하고 TLS 인증서를 포함한 `nginx` 사이드카를 지정합니다.

다음으로 동일한 파일의 `volumes` 스펙을 살펴보겠습니다. 시크릿에서 일부 인증서를 주입하고 `ConfigMap`에서 `config`를 주입합니다.

```yaml
      volumes:
      - name: secrets
        secret:
          secretName: nginx-certificates
          items:
            - key: server-cert
              path: server.pem
            - key: server-key
              path: server-key.pem
      - name: config
        configMap:
          name: nginx-configuration
```

보다시피 인증서와 시크릿 키가 모두 필요합니다.

다음으로 ConfigMap을 사용하여 NGINX 구성을 만들어야 합니다. NGINX 구성은 다음과 같습니다.

nginx.conf

```
http {
    sendfile           on;
    include            mime.types;
    default_type       application/octet-stream;
    keepalive_timeout  80;
    server {
      ssl_certificate        /app/cert/server.pem;
      ssl_certificate_key    /app/cert/server-key.pem;
      ssl_protocols TLSv1.2;
      ssl_ciphers EECDH+AES128:RSA+AES128:EECDH+AES256:RSA+AES256:!EECDH+3DES:!RSA+3DES:!MD5;
      ssl_prefer_server_ciphers on;
      listen         443 ssl;
      server_name    localhost;
      location / {
        proxy_set_header X-Forwarded-For $proxy_add_x_forwarded_for;
        proxy_set_header Host $http_host;
        proxy_pass http://127.0.0.1:5000/;
      }
    }
}
```

```
worker_processes  1;
events {
    worker_connections  1024;
}
```

보다시피 기본적인 NGINX 구성입니다. 중요한 것은 127.0.0.1 포트 또는 로컬호스트에 요청을 프락시하는 proxy_pass 필드가 있다는 것입니다. 파드의 컨테이너는 로컬호스트 포트를 공유할 수 있으므로 사이드카 프락시 역할을 합니다. 이 책에서는 모든 행을 검토하지 않지만 각 행의 자세한 의미에 대해 알고 싶다면 NGINX 문서를 참조하십시오(https://nginx.org/en/docs/).

이제 이 파일에서 ConfigMap을 만들어 보겠습니다. 다음 커맨드를 사용하여 ConfigMap을 만듭니다.

```
kubectl create cm nginx-configuration --from-file=nginx.conf=./nginx.conf
```

결과는 다음과 같습니다.

```
Configmap "nginx-configuration" created
```

다음으로 NGINX에서 TLS용 인증서를 만들어 쿠버네티스 시크릿에 포함하겠습니다. 이 지침을 수행하려면 CFSSL(CloudFlare의 PKI/TLS 오픈소스 도구 키트) 라이브러리가 설치되어 있어야 하지만 다른 방법을 사용하여 인증서를 만들 수 있습니다.

먼저 **인증서**Certificate Authority(CA)를 만들어야 합니다. 인증서에 대한 JSON 구성부터 시작하겠습니다.

nginxca.json
```
{
    "CN": "mydomain.com",
    "hosts": [
        "mydomain.com",
        "www.mydomain.com"
    ],
    "key": {
        "algo": "rsa",
        "size": 2048
    },
    "names": [
```

```json
        {
            "C": "US",
            "ST": "MD",
            "L": "United States"
        }
    ]
}
```

이제 CFSSL을 사용하여 CA 인증서를 만듭니다.

```
cfssl gencert -initca nginxca.json | cfssljson -bare nginxca
```

다음으로 CA 구성이 필요합니다.

nginxca-config.json
```json
{
  "signing": {
    "default": {
        "expiry": "20000h"
    },
    "profiles": {
      "client": {
          "expiry": "43800h",
          "usages": [
              "signing",
              "key encipherment",
              "client auth"
          ]
      },
      "server": {
          "expiry": "20000h",
          "usages": [
              "signing",
              "key encipherment",
              "server auth",
              "client auth"
          ]
```

```
        }
      }
    }
}
```

또한 인증서 요청 구성도 필요합니다.

```
nginxcarequest.json
{
  "CN": "server",
  "hosts": [
    ""
  ],
  "key": {
    "algo": "rsa",
    "size": 2048
  }
}
```

이제 실제로 인증서를 만들 수 있습니다! 다음 커맨드를 사용합니다.

```
cfssl gencert -ca=nginxca.pem -ca-key=nginxca-key.pem -config=nginxca-config.json -profile=server -hostname="127.0.0.1" nginxcarequest.json | cfssljson -bare server
```

인증서 시크릿의 마지막 단계입니다. 마지막 cfssl 커맨드를 사용하여 인증서 파일의 출력 결과에서 쿠버네티스 시크릿을 만듭니다.

```
kubectl create secret generic nginx-certs --from-file=server-cert=./server.pem --from-file=server-key=./server-key.pem
```

이제 드디어 배포할 수 있습니다.

```
kubectl apply -f nginx-sidecar.yaml
```

그러면 출력 결과는 다음과 같습니다.

```
deployment "myapp" created
```

NGINX 프락시 기능을 확인하기 위해 디플로이먼트로 연결되는 서비스를 만들어 보겠습니다.

```yaml
# nginx-sidecar-service.yaml
apiVersion: v1
kind: Service
metadata:
  name: myapp
  labels:
    app: myapp
spec:
  selector:
    app: myapp
  type: NodePort
  ports:
  - port: 443
    targetPort: 443
    protocol: TCP
    name: https
```

이제 https를 사용하여 클러스터의 노드에 접근하면 HTTPS가 연결됩니다! 그러나 인증서는 자체 서명됐기 때문에 브라우저에서 안전하지 않다는 메시지를 표시합니다.

NGINX가 쿠버네티스와 함께 사이드카 프락시로 어떻게 활용할 수 있는지 살펴봤으니, 이제 좀 더 현대적인 클라우드 네이티브 프락시 사이드카인 Envoy로 넘어가겠습니다.

사이드카 프락시로 Envoy 사용

Envoy는 클라우드 네이티브 환경을 위해 만들어진 최신 프락시입니다. 이번 장의 뒷부분에서 검토할 Istio 서비스 메시에서 Envoy는 역방향과 순방향 프락시 역할을 모두 수행합니다. Istio를 살펴보기 전에 Envoy를 프락시로 배포해 보겠습니다.

여기서는 경로, 리스너, 클러스터, 엔드포인트를 사용하여 Envoy에 다양한 요청을 라우팅할 위치를 알려주겠습니다. 이 기능은 이번 장의 뒷부분에서 검토할 Istio의 핵심입니다.

Envoy가 어떻게 작동하는지 각 구성을 살펴보겠습니다.

Envoy 리스너

Envoy를 사용하면 하나 이상의 리스너를 구성할 수 있습니다. 각 리스너에서 Envoy가 수신할 포트와 리스너에 적용할 필터를 지정합니다.

필터는 캐싱, 권한 부여, **교차 출처 리소스 공유(CORS**Cross-Origin Resource Sharing**)** 구성 등을 포함한 복잡한 기능을 제공할 수 있습니다. Envoy는 여러 필터를 함께 연결하는 것을 지원합니다.

Envoy 경로

특정 필터에는 요청을 수락해야 하는 도메인, 경로 매칭, 전달 규칙을 지정하는 경로 구성이 있습니다.

Envoy 클러스터

Envoy의 클러스터는 리스너의 경로를 기반으로 요청을 라우팅할 수 있는 논리적 서비스를 나타냅니다. 클러스터는 클라우드 네이티브 설정에 둘 이상의 가능한 IP 주소를 포함하므로 **라운드 로빈**과 같은 로드 밸런싱 구성을 지원합니다.

Envoy 엔드포인트

마지막으로 엔드포인트는 클러스터 내에서 하나의 논리적 인스턴스로 지정됩니다. Envoy는 API에서 엔드포인트 목록 가져오기(Istio 서비스 메시에서 기본적으로 발생하는 현상)와 이들 간의 로드 밸런싱을 지원합니다.

쿠버네티스의 프로덕션 Envoy 배포는 몇 가지 형태의 동적 API를 기반으로 구성할 가능성이 높습니다. 이 Envoy의 기능을 xDS라고 하며, Istio에서 사용합니다. 또한 Ambassador API 게이트웨이를 포함하여 xDS와 함께 Envoy를 사용하는 다른 오픈소스 제품 및 솔루션도 있습니다.

이 책에서는 몇 가지 정적 Envoy 구성을 살펴보겠습니다. 이를 통해 Istio를 검토할 때 각 구성 부분을 상세히 살펴볼 수 있고 어떻게 작동하는지 잘 알 수 있습니다.

이제 한 파드가 두 서비스인 **Service 1**과 **Service 2**에 요청을 라우팅하는 설정에 대한 Envoy 구성을 살펴보겠습니다. 설정은 다음과 같습니다:

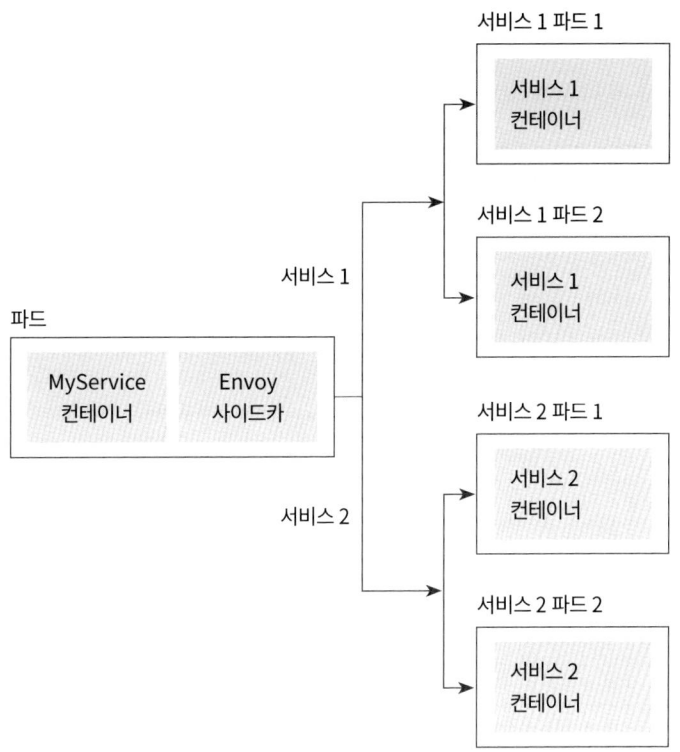

그림 14.2 아웃바운드 Envoy 프락시

보다시피 애플리케이션 파드의 Envoy 사이드카는 두 개의 업스트림 서비스인 **Service 1**과 **Service 2**로 라우팅하도록 구성됩니다. 두 서비스는 각각 두 개의 엔드포인트가 있습니다.

Envoy xDS를 사용하는 동적 구성에서 엔드포인트의 파드 IP는 API에서 로드되지만, 검토를 위해 엔드포인트에 정적 파드 IP를 표시합니다. 여기서는 쿠버네티스 서비스를 완전히 무시하고 라운드 로빈 구성으로 파드 IP에 직접 접근하겠습니다. 서비스 메시 시나리오에서는 Envoy가 모든 대상 파드에도 배포되지만 지금은 간단하게 유지하겠습니다.

이제 Envoy 구성 YAML에서 네트워크 맵을 어떻게 구성하는지 살펴보겠습니다(전체 YAML은 코드 리포지토리에서 확인할 수 있습니다). 이는 쿠버네티스 리소스 YAML과 매우 다르며, 이 부분에 대해서는 나중에 설명하겠습니다. 전체 구성에는 많은 YAML이 관련되어 있으므로 하나씩 살펴보겠습니다.

Envoy 구성 파일 이해

먼저 구성의 첫 부분으로 Envoy 설정에 대한 몇 가지 기본적인 정보를 살펴보겠습니다.

```yaml
# envoy-configuration.yaml
admin:
  access_log_path: "/dev/null"
  address:
    socket_address:
      address: 0.0.0.0
      port_value: 8001
```

보다시피 Envoy admin을 위한 포트와 주소를 지정합니다. 다음 구성과 마찬가지로 Envoy를 사이드카로 실행하므로 주소는 항상 로컬인 0.0.0.0입니다. 다음으로 HTTPS 리스너 목록을 살펴보겠습니다.

```yaml
static_resources:
  listeners:
    - address:
        socket_address:
          address: 0.0.0.0
          port_value: 8443
      filter_chains:
        - filters:
            - name: envoy.filters.network.http_connection_manager
              typed_config:
                "@type": type.googleapis.com/envoy.config.filter.network.http_connection_manager.v2.HttpConnectionManager
                stat_prefix: ingress_https
                codec_type: auto
                route_config:
                  name: local_route
                  virtual_hosts:
                    - name: backend
                      domains:
                        - "*"
                      routes:
                        - match:
```

```
                    prefix: "/service/1"
                route:
                    cluster: service1
            - match:
                    prefix: "/service/2"
                route:
                    cluster: service2
        http_filters:
        - name: envoy.filters.http.router
          typed_config: {}
```

보다시피 각 Envoy 리스너에는 리스너를 위한 로컬 주소와 포트가 있습니다(이 리스너는 HTTPS 리스너입니다). 그다음 필터 목록이 있는데, 이 경우에는 하나만 있습니다. 각 Envoy 필터 유형은 구성이 약간씩 다르므로 한 행씩 검토하지는 않겠습니다(자세한 내용은 https://www.envoyproxy.io/docs에서 Envoy 문서를 확인하십시오). 하지만 이 필터는 /service/1과 /service/2의 두 경로와 일치하고 두 개의 Envoy 클러스터로 라우팅합니다. YAML의 첫 번째 HTTPS 리스너 부분에는 인증서를 포함한 TLS 구성이 있습니다.

```
transport_socket:
    name: envoy.transport_sockets.tls
    typed_config:
        "@type": type.googleapis.com/envoy.extensions.transport_sockets.tls.v3.DownstreamTlsContext
        common_tls_context:
            tls_certificates:
                certificate_chain:
                    inline_string: |
                        <INLINE CERT FILE>
                private_key:
                    inline_string: |
                        <INLINE PRIVATE KEY FILE>
```

보다시피 이 구성은 private_key와 certificate_chain을 전달합니다. 다음은 두 번째이자 마지막 리스너인 HTTP 리스너입니다.

```
- address:
    socket_address:
      address: 0.0.0.0
      port_value: 8080
  filter_chains:
  - filters:
    - name: envoy.filters.network.http_connection_manager
      typed_config:
        "@type": type.googleapis.com/envoy.config.filter.network.http_connection_manager.v2.HttpConnectionManager
        codec_type: auto
        stat_prefix: ingress_http
        route_config:
          name: local_route
          virtual_hosts:
          - name: backend
            domains:
            - "*"
            routes:
            - match:
                prefix: "/service1"
              route:
                cluster: service1
            - match:
                prefix: "/service2"
              route:
                cluster: service2
        http_filters:
        - name: envoy.filters.http.router
          typed_config: {}
```

이 구성은 다른 포트에서 수신하고 인증서 정보를 포함하지 않는다는 점을 제외하면 HTTPS 리스너 구성과 매우 유사합니다. 다음으로 클러스터 구성으로 이동하겠습니다. 이 경우에는 두 개의 클러스터로 service1용 클러스터와 service2용 클러스터가 있습니다. 먼저 service1입니다.

```
clusters:
- name: service1
```

```
    connect_timeout: 0.25s
    type: strict_dns
    lb_policy: round_robin
    http2_protocol_options: {}
    load_assignment:
      cluster_name: service1
      endpoints:
        - lb_endpoints:
          - endpoint:
              address:
                socket_address:
                  address: service1
                  port_value: 5000
```

다음으로 service2입니다.

```
  - name: service2
    connect_timeout: 0.25s
    type: strict_dns
    lb_policy: round_robin
    http2_protocol_options: {}
    load_assignment:
      cluster_name: service2
      endpoints:
        - lb_endpoints:
          - endpoint:
              address:
                socket_address:
                  address: service2
                  port_value: 5000
```

각 클러스터에 대해 요청을 라우팅할 위치와 포트를 지정합니다. 예를 들어, 첫 번째 클러스터의 요청은 http://service1:5000으로 라우팅합니다. 또한 로드 밸런싱 정책(이 경우 라운드 로빈)과 연결에 대한 시간 초과도 지정합니다. 이제 Envoy를 구성했으니 쿠버네티스 파드를 만들고 Envoy 구성과 함께 사이드카를 주입할 수 있습니다. 이 파일은 두 부분으로 나눠 살펴보겠습니다.

```yaml
# envoy-sidecar-deployment.yaml
apiVersion: apps/v1
kind: Deployment
metadata:
  name: my-service
spec:
  replicas: 1
  template:
    metadata:
      labels:
        app: my-service
    spec:
      containers:
      - name: envoy
        image: envoyproxy/envoy:latest
        ports:
          - containerPort: 9901
            protocol: TCP
            name: envoy-admin
          - containerPort: 8786
            protocol: TCP
            name: envoy-web
```

보다시피 이것은 일반적인 디플로이먼트 YAML입니다. 이 경우 실제로 두 개의 컨테이너가 있습니다. 첫 번째는 Envoy 프락시 컨테이너(또는 사이드카)로, 두 개의 포트에서 수신합니다. 다음으로 YAML 아랫부분에 첫 번째 컨테이너의 Envoy 구성을 유지하고 시작 커맨드 및 인수에 대한 볼륨 마운트가 있습니다.

```yaml
        volumeMounts:
          - name: envoy-config-volume
            mountPath: /etc/envoy-config/
        command: ["/usr/local/bin/envoy"]
        args: ["-c", "/etc/envoy-config/config.yaml", "--v2-config-only", "-l", "info","--service-cluster","myservice","--service-node","myservice", "--log-format", "[METADATA][%Y-%m-%d %T.%e][%t][%l][%n] %v"]
```

마지막으로 두 번째 컨테이너는 애플리케이션 컨테이너입니다.

```
- name: my-service
  image: ravirdv/http-responder:latest
  ports:
  - containerPort: 5000
    name: svc-port
    protocol: TCP
volumes:
- name: envoy-config-volume
  configMap:
    name: envoy-config
    items:
      - key: envoy-config
        path: config.yaml
```

보다시피 이 애플리케이션은 포트 5000에서 응답합니다. 마지막으로 Envoy 컨테이너에 마운트한 Envoy에서 설정한 볼륨과 일치하는 파드 수준의 볼륨에 대한 정의도 있습니다. 배포하기 전에 Envoy 구성으로 ConfigMap을 만들어야 합니다. 이 작업은 다음 커맨드로 수행할 수 있습니다.

```
kubectl create cm envoy-config --from-file=config.yaml=./envoy-config.yaml
```

출력 결과는 다음과 같습니다.

```
Configmap "envoy-config" created
```

이제 다음 커맨드로 배포할 수 있습니다.

```
kubectl apply -f deployment.yaml
```

출력 결과는 다음과 같습니다.

```
Deployment "my-service" created
```

마지막으로 다운스트림 서비스인 service1과 service2가 필요합니다. 이를 위해 포트 5000에서 응답하는 http-responder 오픈소스 컨테이너 이미지를 계속 사용할 것입니다. 디플로이먼트와 서비스 스펙은 코드 리포지토리에서 확인할 수 있으며 다음 커맨드로 만들 수 있습니다.

```
kubectl create -f service1-deployment.yaml
kubectl create -f service1-service.yaml
kubectl create -f service2-deployment.yaml
kubectl create -f service2-service.yaml
```

이제 Envoy 구성을 테스트할 수 있습니다! my-service 컨테이너에서 /service1 경로로 포트 8080의 로컬호스트에 요청할 수 있습니다. 이는 service1 파드 IP 중 하나로 연결됩니다. 다음 커맨드로 요청할 수 있습니다.

```
kubectl exec <my-service-pod-name> -it -- curl localhost:8080/service1
```

curl 요청에 따라 이름을 반영하는 서비스를 설정합니다. curl 커맨드로 다음 출력 결과를 확인합니다.

```
Service 1 Reached!
```

지금까지 Envoy가 정적 구성으로 작동하는 방식을 살펴봤으니 이제 Envoy – Istio를 기반으로 하는 동적 서비스 메시를 알아보겠습니다.

쿠버네티스에 서비스 메시 추가

서비스 메시service mesh 패턴은 사이드카 프락시의 논리적 확장입니다. 서비스 메시는 모든 파드에 사이드카 프락시를 연결하여 고급 라우팅 규칙, 재시도, 시간 초과와 같은 서비스 간의 요청 기능을 제어할 수 있습니다. 또한 서비스 메시는 모든 요청이 프락시를 통과하게 함으로써 추가 보안을 위해 서비스 간에 상호 TLS 암호화를 구현할 수 있으며, 관리자는 클러스터의 요청을 쉽게 관찰할 수 있습니다.

쿠버네티스를 지원하는 여러 서비스 메시 프로젝트가 있으며, 다음은 인기 있는 프로젝트입니다.

- Istio
- Linkerd

- Kuma
- Consul

이러한 서비스 메시는 각 서비스 메시 패턴에 대해 서로 다른 방식을 취합니다. **Istio**는 가장 인기 있고 포괄적인 단일 솔루션이지만 매우 복잡합니다. **Linkerd** 또한 완성도가 높은 프로젝트로 Envoy 대신 자체 프락시를 사용하지만 구성하기가 더 쉽습니다. **Consul**은 쿠버네티스뿐만 아니라 다른 제공자와 함께 Envoy를 지원합니다. 마지막으로 **Kuma**는 Envoy 기반으로 인기가 높아지고 있습니다.

이 책에서는 모든 옵션을 살펴보지 않고, 기본 솔루션인 Istio를 사용하겠습니다. 각 메시는 장단점이 있으며 서비스 메시 도입을 계획할 때 하나하나 살펴보는 것이 좋습니다.

쿠버네티스에서 Istio 설정

Istio는 Helm과 함께 설치할 수 있지만 Helm 설치 옵션은 더 이상 공식적으로 지원되는 설치 방법이 아닙니다.

대신 istioctl CLI 도구를 사용하여 클러스터에 Istio를 설치하고 구성합니다. 이 구성은 완전히 사용자가 정의할 수 있지만 이 책에서는 '데모' 구성만 사용합니다.

1. 클러스터에 Istio를 설치하는 첫 번째 단계는 Istio CLI 도구를 설치하는 것입니다. 다음 커맨드는 최신 버전의 CLI 도구를 설치합니다.

    ```
    curl -L https://istio.io/downloadIstio | sh -
    ```

2. 다음으로 사용 편의성을 위해 CLI 도구를 경로에 추가합니다.

    ```
    cd istio-<VERSION>
    export PATH=$PWD/bin:$PATH
    ```

3. 이제 Istio를 설치합시다! Istio 구성은 프로파일이라고 하며, 앞서 언급한 것처럼 YAML 파일을 사용하여 완전히 사용자가 정의할 수 있습니다. 이 데모에서는 기본 설정을 제공하는 Istio에 내장된 demo 프로파일을 사용합니다. 다음 커맨드로 프로파일을 설치합니다.

    ```
    istioctl install --set profile=demo
    ```

    결과는 다음과 같습니다.

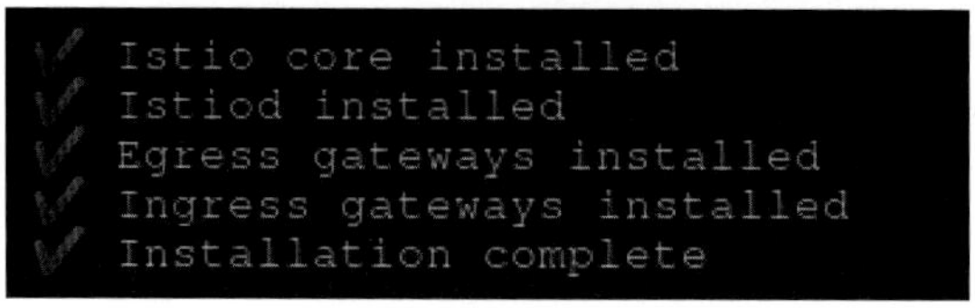

```
✓ Istio core installed
✓ Istiod installed
✓ Egress gateways installed
✓ Ingress gateways installed
✓ Installation complete
```

그림 14.3 – Istioctl 프로필을 설치했을 때의 출력 결과

4. 사이드카 리소스는 쿠버네티스 1.19에서 아직 출시되지 않았기 때문에 Istio는 자체적으로 istio-injection=enabled로 레이블이 지정된 네임스페이스에 Envoy 프락시를 주입합니다.

다음 커맨드로 네임스페이스에 레이블을 지정합니다.

```
kubectl label namespace my-namespace istio-injection=enabled
```

5. 쉽게 테스트하려면 default 네임스페이스에 이전 label 커맨드로 레이블을 지정합니다. Istio 구성 요소가 나타나면 이전 절에서 수동으로 만든 것처럼 해당 네임스페이스의 모든 파드가 자동으로 Envoy 사이드카와 함께 주입됩니다.

클러스터에서 Istio를 제거하려면 다음 커맨드를 실행합니다.

```
istioctl x uninstall --purge
```

그러면 Istio가 제거되었다는 확인 메시지가 표시됩니다.

6. 이제 새로운 메시를 테스트하기 위해 배포해 보겠습니다! 각각 디플로이먼트와 서비스 리소스가 있는 세 가지 애플리케이션 서비스를 배포합니다.

  a. 서비스 프런트엔드

  b. 서비스 백엔드 A

  c. 서비스 백엔드 B

다음은 **서비스 프런트엔드**에 대한 디플로이먼트입니다.

istio-service-deployment.yaml
```
apiVersion: apps/v1
kind: Deployment
metadata:
  name: service-frontend
spec:
  replicas: 1
  template:
```

```yaml
    metadata:
      labels:
        app: service-frontend
        version: v2
    spec:
      containers:
      - name: service-frontend
        image: ravirdv/http-responder:latest
        ports:
        - containerPort: 5000
          name: svc-port
          protocol: TCP
```

서비스 프런트엔드를 위한 서비스는 다음과 같습니다.

`istio-service-service.yaml`

```yaml
apiVersion: v1
kind: Service
metadata:
  name: service-frontend
spec:
  selector:
    name: service-frontend
  ports:
    - protocol: TCP
      port: 80
      targetPort: 5000
```

서비스 백엔드 A와 B에 대한 YAML은 이름, 이미지 이름 및 셀렉터 레이블을 제외하고 **서비스 프런트엔드**와 동일합니다.

7. 이제 몇 가지 서비스를 라우팅하기 위해 Istio 리소스 설정해 보겠습니다!

    먼저 Gateway 리소스가 필요합니다. 이 경우 NGINX 인그레스 컨트롤러를 사용하지 않고, Istio가 수신 및 송신에 사용할 수 있는 Gateway 리소스를 제공합니다. 다음은 Istio Gateway를 정의합니다.

    `istio-gateway.yaml`

```yaml
apiVersion: networking.istio.io/v1alpha3
kind: Gateway
```

```
metadata:
  name: myapplication-gateway
spec:
  selector:
    istio: ingressgateway
  servers:
  - port:
      number: 80
      name: http
      protocol: HTTP
    hosts:
    - "*"
```

이러한 Gateway 정의는 인그레스 레코드와 매우 유사합니다. name과 selector는 Istio가 사용할 Istio 인그레스 컨트롤러를 결정하는 데 사용합니다. 다음으로, 게이트웨이의 인그레스 지점인 하나 이상의 서버가 있습니다. 이 경우 호스트를 제한하지 않으며 80번 포트에 대한 요청을 수락합니다.

8. 이제 클러스터로 요청을 가져오기 위한 게이트웨이가 생겼으므로 몇 가지 경로를 설정할 수 있습니다. 이 작업은 VirtualService를 사용하여 Istio에서 수행합니다. Istio의 VirtualService는 특정 호스트 이름에 대한 요청이 있을 때 따르는 경로 집합입니다. 또한 와일드카드 호스트를 사용하여 메시의 모든 위치에서 요청에 대한 전역 규칙을 만들 수 있습니다. VirtualService 구성의 예를 살펴보겠습니다:

istio-virtual-service-1.yaml
```
apiVersion: networking.istio.io/v1alpha3
kind: VirtualService
metadata:
  name: myapplication
spec:
  hosts:
  - "*"
  gateways:
  - myapplication-gateway
  http:
  - match:
    - uri:
        prefix: /app
    - uri:
        prefix: /frontend
```

```
    route:
    - destination:
        host: service-frontend
        subset: v1
```

이 VirtualService에서 uri 접두사 중 하나와 일치하는 경우 **서비스 프런트엔드**의 진입점으로 모든 호스트에 대한 요청을 라우팅합니다. 이 경우 접두사에 대해 일치하지만 URI 매처에서 prefix를 exact로 교체하여 정확하게 매칭할 수 있습니다.

9. 따라서 이제 NGINX 인그레스에서 예상하는 것과 상당히 유사한 설정이 있으며, 클러스터로의 진입은 경로 매칭을 통해 결정합니다.

    경로에 있는 v1은 실제로 **프런트엔드 서비스**의 버전을 나타냅니다. 새로운 리소스 유형인 Istio DestinationRule을 사용하여 이 버전을 지정해 보겠습니다. 다음은 DestinationRule 구성입니다.

    istio-destination-rule-1.yaml
    ```yaml
    apiVersion: networking.istio.io/v1alpha3
    kind: DestinationRule
    metadata:
      name: service-frontend
    spec:
      host: service-frontend
      subsets:
      - name: v1
        labels:
          version: v1
      - name: v2
        labels:
          version: v2
    ```

보다시피 Istio에서 두 가지 버전의 프런트엔드 서비스를 지정하며, 각각 레이블 셀렉터를 살펴봅니다. 이전 디플로이먼트와 서비스에서는 현재 프런트엔드 서비스 버전이 v2지만, 두 버전을 동시에 실행할 수 있습니다! 인그레스 가상 서비스에서 v2 버전을 지정하여 모든 요청을 서비스의 v2로 라우팅하도록 Istio에 지시합니다. 또한 이전 VirtualService에서 참조한 v1 버전도 구성되어 있습니다. 이 규칙은 요청을 Istio의 다른 하위 집합으로 라우팅할 수 있는 유일한 방법입니다.

이제 트래픽을 게이트웨이를 통해 클러스터로 라우팅하고 대상 규칙에 따라 가상 서비스의 하위 집합으로 라우팅할 수 있습니다. 이 시점에서는 사실상 서비스 메시의 '내부'에 있는 셈입니다!

10. 이제 **서비스 프런트엔드**에서 **서비스 백엔드 A**와 **서비스 백엔드 B**로 라우팅할 수 있기를 원합니다. 이를 위해서는 더 많은 가상 서비스가 해답입니다! **백엔드 서비스 A**에 대한 가상 서비스를 살펴보겠습니다.

```
istio-virtual-service-2.yaml
```
```yaml
apiVersion: networking.istio.io/v1alpha3
kind: VirtualService
metadata:
  name: myapplication-a
spec:
  hosts:
  - service-a
  http:
    route:
    - destination:
        host: service-backend-a
        subset: v1
```

보다시피 이 VirtualService는 서비스의 v1 하위 집합인 service-backend-a로 라우팅합니다. 또한 service-backend-b를 위한 또 다른 VirtualService가 필요하며, 이는 거의 동일합니다. 전체 YAML을 보려면 코드 리포지토리에서 istio-virtual-service-3.yaml을 확인하십시오.

11. 가상 서비스가 준비되면 몇 가지 대상 규칙이 필요합니다! 다음은 **백엔드 서비스 A**의 DestinationRule입니다.

```
istio-destination-rule-2.yaml
```
```yaml
apiVersion: networking.istio.io/v1alpha3
kind: DestinationRule
metadata:
  name: service-backend-a
spec:
  host: service-backend-a
  trafficPolicy:
    tls:
      mode: ISTIO_MUTUAL
  subsets:
  - name: v1
    labels:
      version: v1
```

그리고 **백엔드 서비스 B**의 DestinationRule은 하위 집합만 다를 뿐 유사합니다. 코드는 포함하지 않지만 코드 리포지토리의 istio-destination-rule-3.yaml에서 정확한 스펙을 확인하십시오.

다음 다이어그램은 대상 규칙과 가상 서비스를 표현한 것입니다.

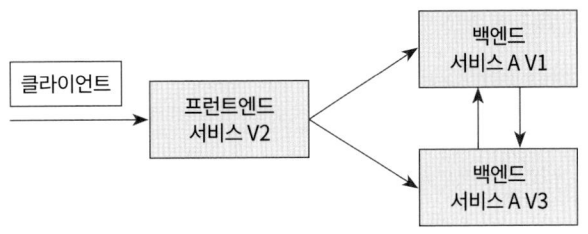

그림 14.4 Istio 라우팅 다이어그램

보다시피 **프런트엔드 서비스** 파드의 요청은 **백엔드 서비스 A 버전 1** 또는 **백엔드 서비스 B 버전 3**으로 라우팅할 수 있으며, 각 백엔드 서비스는 다른 서비스로도 라우팅할 수 있습니다. 백엔드 서비스 A 또는 B에 대한 이러한 요청은 Istio의 가장 중요한 기능 중 하나인 상호(양방향) TLS를 추가로 사용합니다. 이 설정에서 TLS 보안은 메시의 두 지점 사이에서 유지하며, 이 모든 것은 자동으로 발생합니다!

다음으로 쿠버네티스에서 서버리스 패턴을 사용하는 방법을 살펴보겠습니다.

쿠버네티스에서 서버리스 구현

클라우드 제공자의 서버리스 패턴은 빠르게 인기를 얻고 있습니다. 서버리스 아키텍처는 자동으로 확장 및 축소할 수 있는 컴퓨팅으로 구성됩니다. 심지어 함수나 다른 애플리케이션을 서비스하기 위해 컴퓨터 용량은 제로(0)까지 확장할 수 있습니다. **FaaS(Function-as-a-Service)**는 서버리스 패턴의 확장으로, 함수 코드를 입력하여 라우팅 요청을 처리하고 필요에 따라 처리하고 확장합니다. AWS Lambda, Azure Functions, Google Cloud Run은 클라우드 제공자가 공식적으로 지원하는 가장 인기 있는 FaaS 및 서버리스 옵션입니다. 쿠버네티스에서 FaaS뿐만 아니라 서버리스, scale-to-zero 워크로드를 실행하는 데 사용할 수 있는 다양한 서버리스 프레임워크와 라이브러리도 있습니다. 다음은 가장 인기 있는 것들입니다.

- Knative
- Kubeless

- OpenFaaS
- Fission

이 책에서는 쿠버네티스의 모든 서버리스 옵션에 대해 자세히 다루지 않겠습니다. 그에 따라 **OpenFaaS와 Knative**라는 두 가지 매우 다른 사용 사례를 보는 것에 중점을 두겠습니다.

Knative는 확장성이 뛰어나고 커스터마이징이 가능하지만 여러 개의 결합된 구성 요소를 사용하여 복잡합니다. 즉, Knative가 지원하는 기능은 여러 패턴 중 하나이기 때문에 FaaS 솔루션을 시작하려면 몇 가지 추가 구성이 필요합니다. 반면 OpenFaaS는 쿠버네티스에서 서버리스와 FaaS를 매우 쉽게 시작하고 실행할 수 있습니다. 두 기술 모두 여러 가지 이유로 가치가 있습니다.

이번 장에서는 가장 인기 있는 서버리스 프레임워크 중 하나이자 이벤트 기능을 통해 FaaS도 지원하는 Knative를 살펴보겠습니다.

쿠버네티스에서 FaaS용 Knative 사용

앞서 언급한 바와 같이 Knative는 쿠버네티스의 서버리스 패턴을 위한 모듈식 빌딩 블록 세트입니다. 이러한 이유로 실제 기능을 사용하려면 약간의 구성이 필요합니다. Knative는 서버리스 애플리케이션의 라우팅과 확장을 위해 Istio와 함께 설치할 수도 있습니다. Istio가 아닌 라우팅 옵션도 사용할 수 있습니다.

FaaS용 Knative를 사용하려면 **Knative Serving**과 **Knative Eventing**을 모두 설치해야 합니다. Knative Serving을 사용하면 서버리스 워크로드를 실행할 수 있지만 Knative Eventing은 이러한 scale-to-zero 워크로드에 FaaS 요청을 할 수 있는 경로를 제공합니다. 다음 단계에 따라 작업해 보겠습니다.

1. 먼저 Knative Serving 구성 요소를 설치합니다. CRD 설치부터 시작하겠습니다.

    ```
    kubectl apply --filename https://github.com/knative/serving/releases/download/v0.18.0/serving-crds.yaml
    ```

2. 다음으로 서비스 자체 구성 요소를 설치할 수 있습니다.

    ```
    kubectl apply --filename https://github.com/knative/serving/releases/download/v0.18.0/serving-core.yaml
    ```

3. 이 시점에서 Knative가 사용할 네트워킹/라우팅 계층을 설치해야 합니다. Istio를 사용하겠습니다.

   ```
   kubectl apply --filename https://github.com/knative/net-istio/releases/download/v0.18.0/release.yaml
   ```

4. Istio의 게이트웨이 IP 주소가 필요합니다. 이 값은 실행하는 위치(AWS 또는 로컬)에 따라 다를 수 있습니다. 다음 커맨드로 가져옵니다.

   ```
   kubectl get service -n istio-system istio-ingressgateway
   ```

5. Knative에는 서비스 구성 요소를 활성화하기 위한 특정 DNS 설정이 필요합니다. 클라우드 설정에서 이 작업을 수행하는 가장 쉬운 방법은 xip.io 'Magic DNS'를 사용하는 것이지만 Minikube 기반 클러스터에서는 작동하지 않습니다. 다음 중 하나를 실행 중인 경우(또는 사용 가능한 모든 옵션을 보려면) https://knative.dev/docs/install/any-kubernetes-cluster/에서 Knative 문서를 확인하십시오.

   다음 커맨드로 Magic DNS를 설정합니다.

   ```
   kubectl apply --filename https://github.com/knative/serving/releases/download/v0.18.0/serving-default-domain.yaml
   ```

6. 이제 Knative Serving을 설치했으므로 Knative Eventing을 설치하여 FaaS 요청을 전달하겠습니다. 먼저 CRD가 더 필요합니다. 다음 커맨드로 설치합니다.

   ```
   kubectl apply --filename https://github.com/knative/eventing/releases/download/v0.18.0/eventing-crds.yaml
   ```

7. 이제 서비스할 때와 마찬가지로 이벤트 구성 요소를 설치합니다.

   ```
   kubectl apply --filename https://github.com/knative/eventing/releases/download/v0.18.0/eventing-core.yaml
   ```

   이 시점에는 이벤트 시스템이 사용할 큐/메시징 레이어를 추가해야 합니다. Knative는 여러 모듈식 구성 요소를 지원합니다.

   > **중요 사항**
   >
   > 쉽게 기본 메모리 내 메시징 계층을 사용할 수 있습니다. 그러나 사용 가능한 모든 옵션을 알아 두는 것이 좋습니다. 메시징 채널에 대한 모듈식 옵션과 관련해서는 https://knative.dev/docs/eventing/channels/channels-crds/를 참고합니다. 이벤트 소스 옵션은 https://knative.dev/docs/eventing/sources/에서 확인할 수 있습니다.

8. 다음 커맨드로 in-memory 메시징 계층을 설치합니다.

```
kubectl apply --filename https://github.com/knative/eventing/releases/download/v0.18.0/in-memory-channel.yaml
```

9. 마지막 한 가지가 남아 있습니다. 메시징 계층에서 이벤트를 가져와 올바른 위치에서 처리할 브로커를 설치해야 합니다. 기본 브로커 계층인 MT-Channel 브로커 계층을 사용하겠습니다. 다음 커맨드를 사용하여 설치할 수 있습니다.

```
kubectl apply --filename https://github.com/knative/eventing/releases/download/v0.18.0/mt-channel-broker.yaml
```

이제 끝났습니다. Knative를 통해 엔드 투 엔드 FaaS를 구현했습니다. 보다시피, 이것은 쉬운 일이 아닙니다. Knative가 힘든 점은 매우 다양한 모듈식 옵션과 구성을 제공하므로 각 단계에 가장 기본적인 옵션을 선택하더라도 설치를 설명하는 데 많은 시간이 소요된다는 것입니다. OpenFaaS와 같은 사용 가능한 다른 옵션도 있습니다. 이 옵션은 좀 더 쉽게 시작하고 실행할 수 있으며 다음 절에서 이에 대해 살펴보겠습니다! Knative 설정은 준비됐으므로 FaaS를 추가할 수 있습니다.

Knative에서 FaaS 패턴 구현

이제 Knative를 설정했으므로 이벤트가 Knative에서 실행하는 일부 코드를 트리거하는 FaaS 패턴을 구현할 수 있습니다. 간단한 FaaS를 설정하려면 다음 세 가지가 필요합니다.

- 진입점에서 이벤트를 라우팅하는 브로커
- 이벤트를 실제로 처리하는 소비자 서비스
- 처리할 이벤트를 소비자에게 라우팅할 시기를 지정하는 트리거 정의

먼저 브로커를 만들어야 합니다. 이 방법은 간단하며 인그레스 레코드 또는 게이트웨이를 만드는 것과 유사합니다. broker에 대한 YAML은 다음과 같습니다.

```
knative-broker.yaml
apiVersion: eventing.knative.dev/v1
kind: broker
metadata:
  name: my-broker
  namespace: default
```

다음으로 소비자 서비스를 만들 수 있습니다. 여기서 만드는 기능은 이벤트를 처리할 애플리케이션을 목적으로 하는 구성 요소입니다. 전체 내용의 YAML을 모두 표시하는 대신, 소비자 서비스가 일반 service-consumer라는 쿠버네티스 서비스라고 가정하고 설명합니다. 이는 애플리케이션을 실행하는 4개의 레플리카 파드로 라우팅합니다.

마지막으로 트리거가 필요합니다. 이는 브로커로부터 라우팅되는 방법과 이벤트를 결정합니다. 다음은 트리거에 대한 YAML입니다.

```yaml
# knative-trigger.yaml
apiVersion: eventing.knative.dev/v1
kind: Trigger
metadata:
  name: my-trigger
spec:
  broker: my-broker
  filter:
    attributes:
      type: myeventtype
  subscriber:
    ref:
      apiVersion: v1
      kind: Service
      name: service-consumer
```

이 YAML에서는 브로커인 my-broker를 통해 수신되고, 유형이 myeventtype인 모든 이벤트가 자동으로 소비자인 service-consumer에게 라우팅하는 Trigger 규칙을 만듭니다. Knative의 트리거 필터에 대한 전체 문서는 https://knative.dev/development/eventing/triggers/를 참고합니다.

그렇다면 이벤트를 어떻게 만들까요? 먼저 다음 커맨드로 브로커 URL을 확인합니다.

```
kubectl get broker
```

결과는 다음과 같습니다.

```
NAME         READY    REASON    URL
AGE
my-broker    True               http://broker-ingress.knative-eventing.svc.cluster.local/default/my-
broker   1m
```

이제 FaaS 솔루션을 테스트할 수 있습니다. 빠르게 트리거에 요청할 수 있는 파드를 실행해 보겠습니다.

```
kubectl run -i --tty --rm debug --image=radial/busyboxplus:curl --restart=Never -- sh
```

이제 이 파드 내부에서 curl을 사용하여 트리거를 테스트할 수 있습니다. 요청에는 myeventtype과 같은 Ce-Type 헤더가 있어야 하는데, 이는 트리거에 필요합니다. Knative는 다음 코드 블록과 같이 Ce-Id, Ce-Type 형식의 헤더를 사용하여 라우팅합니다.

curl 요청은 다음과 같습니다.

```
curl -v "http://broker-ingress.knative-eventing.svc.cluster.local/default/my-broker" \
  -X POST \
  -H "Ce-Id: anyid" \
  -H "Ce-Specversion: 1.0" \
  -H "Ce-Type: myeventtype" \
  -H "Ce-Source: any" \
  -H "Content-Type: application/json" \
  -d '{"payload":"Does this work?"}'
```

보다시피 브로커 URL에 curl http 요청을 보냅니다. 또한 HTTP 요청과 함께 일부 특수 헤더를 전달합니다. 중요한 것은 트리거의 필터가 처리 요청에 필요한 type=myeventtype을 전달한다는 것입니다.

이 예에서 소비자 서비스는 JSON의 페이로드 키를 200 HTTP 응답과 함께 반환하므로 이 curl 요청을 실행하면 다음과 같은 결과를 얻을 수 있습니다.

```
> HTTP/1.1 200 OK
> Content-Type: application/json
{
  "Output": "Does this work?"
}
```

성공입니다! FaaS를 테스트한 후 기대하는 내용을 반환합니다. 여기서부터 우리의 솔루션은 이벤트 수에 따라 0으로 확장 및 축소되며, Knative와 마찬가지로 솔루션을 필요한 대로 정확하게 맞춤화할 수 있는 더 많은 커스텀 및 구성 옵션을 갖고 있습니다.

다음으로 Knative 대신 OpenFaaS로 동일한 패턴을 확인하여 두 접근 방식의 차이점을 살펴보겠습니다.

쿠버네티스에서 FaaS용 OpenFaaS 사용

지금까지 Knative를 시작하는 것에 대해 논의했으므로 OpenFaaS에서도 동일하게 작업해 보겠습니다. 먼저 OpenFaaS를 설치하기 위해 https://github.com/openfaas/faas-netes에 있는 faasnetes 리포지토리의 Helm 차트를 사용합니다.

Helm을 사용하여 OpenFaaS 구성 요소 설치

먼저 OpenFaaS 구성 요소를 저장할 두 개의 네임스페이스를 만듭니다.

- OpenFaas의 실제 서비스 구성 요소를 보유하기 위한 openfaas
- 배포된 기능을 보유하기 위한 openfaas-fn

다음 커맨드로 faas-netes 리포지토리의 YAML 파일을 사용하여 두 가지 네임스페이스를 추가할 수 있습니다.

```
kubectl apply -f https://raw.githubusercontent.com/openfaas/faas-netes/master/namespaces.yml
```

다음으로 Helm 커맨드를 사용하여 faas-netes Helm repository를 추가해야 합니다.

```
helm repo add openfaas https://openfaas.github.io/faas-netes/
helm repo update
```

마지막으로 실제로 OpenFaaS를 배포합니다!

이전 faas-netes 리포지토리의 OpenFaaS의 Helm 차트에는 몇 가지 변수를 사용할 수 있지만 다음 구성을 사용하여 초기 인증 자격 증명 집합을 만들고 인그레스 레코드를 배포합니다.

```
helm install openfaas openfaas/openfaas \
    --namespace openfaas \
    --set functionNamespace=openfaas-fn \
    --set ingress.enabled=true \
    --set generateBasicAuth=true
```

이제 OpenFaaS 인프라가 클러스터에 배포됐으므로 Helm 설치 과정에서 만든 자격 증명을 가져와야 합니다. Helm 차트는 이러한 정보를 일부 훅$_{hook}$으로 만들어 시크릿에 저장하므로 다음 커맨드로 가져올 수 있습니다.

```
OPENFAASPWD=$(kubectl get secret basic-auth -n openfaas -o jsonpath="{.data.basic-auth-password}" | base64 --decode)
```

여기까지가 필요한 전체 쿠버네티스 설정입니다!

계속해서 OpenFaas 기능을 매우 쉽게 관리할 수 있게 OpenFaas CLI를 설치해 보겠습니다.

OpenFaaS CLI 설치 및 기능 배포

다음 커맨드로 OpenFaaS CLI를 설치합니다(윈도우의 경우 앞에서 소개한 OpenFaaS 문서를 참고합니다).

```
curl -sL https://cli.openfaas.com | sudo sh
```

이제 몇 가지 기능을 구축하고 배포하는 것으로 시작할 수 있습니다. 이 작업은 CLI를 통해 수행하는 것이 가장 쉽습니다.

OpenFaaS용 기능을 구축하고 배포할 때 OpenFaaS CLI는 상용구를 만들고 특정 언어에 대한 기능 구축 및 배포 등을 쉽게 수행할 수 있습니다. 이 작업은 '템플릿'을 통해 수행하고 노드(Node), 파이썬(Python) 등 다양하게 지원합니다. 전체 템플릿 유형은 https://github.com/openfaas/templates에서 템플릿 리포지토리를 참고합니다.

OpenFaaS CLI를 사용하여 만든 템플릿은 AWS Lambda와 같은 호스팅 서버리스 플랫폼의 템플릿과 유사합니다. 다음 커맨드로 완전히 새로운 Node.js 함수를 만들어 보겠습니다.

```
faas-cli new my-function -lang node
```

결과는 다음과 같습니다.

```
Folder: my-function created.
Function created in folder: my-function
Stack file written: my-function.yml
```

보다시피 new 커맨드는 폴더를 만들고, 그 안에 함수 코드 자체의 상용구 일부와 OpenFaaS YAML 파일을 만듭니다.

다음은 OpenFaaS YAML 파일입니다.

my-function.yml
```
provider:
  name: openfaas
  gateway: http://localhost:8080

functions:
  my-function:
    lang: node
    handler: ./my-function
    image: my-function
```

실제 함수 코드(my-function 폴더 내부)는 함수 파일인 handler.js와 종속성 매니페스트인 package.json으로 구성됩니다. 다른 언어의 경우 이 파일은 다르게 구성되며, Node.js의 종속 항목에 대한 세부 사항은 다루지 않겠습니다. 그러나 여기서 handler.js 파일을 편집하여 일부 텍스트를 반환하겠습니다. 다음은 편집된 파일입니다.

handler.js
```
"use strict"

module.exports = (context, callback) => {
  callback(undefined, {output: "my function succeeded!"});
}
```

이 자바스크립트 코드는 텍스트와 함께 JSON 응답을 반환합니다.

이제 함수와 핸들러가 있으므로 함수를 빌드하고 배포할 수 있습니다. OpenFaaS CLI를 사용하면 다음 커맨드로 수행할 기능을 간단하게 구축할 수 있습니다.

```
faas-cli build -f /path/to/my-function.yml
```

이 커맨드의 출력 결과는 길지만 완료되면 함수 핸들러와 종속성을 포함한 새 컨테이너 이미지가 로컬로 구축됩니다!

다음으로 다른 컨테이너와 마찬가지로 컨테이너 이미지를 컨테이너 리포지토리에 푸시합니다. OpenFaaS CLI에는 깔끔한 래퍼 커맨드가 있어 이미지를 도커 허브(Docker Hub) 또는 대체 컨테이너 이미지 리포지토리로 푸시합니다.

```
faas-cli push -f my-function.yml
```

이제 기능을 OpenFaaS에 배포할 수 있습니다. 다시 한 번 이 작업은 CLI를 통해 쉽게 수행할 수 있습니다. 다음 커맨드로 배포합니다.

```
faas-cli deploy -f my-function.yml
```

이제 OpenFaaS에 배포된 기능을 테스트할 수 있도록 모두 설정했습니다! 요청이 해당 인그레스를 통과할 수 있도록 OpenFaaS를 배포할 때 인그레스 설정을 사용합니다. 그러나 새 함수에서 생성된 YAML 파일은 개발 목적으로 `localhost:8080`에 요청하도록 설정되어 있습니다. 해당 파일을 인그레스 게이트웨이에 대한 올바른 URL로 편집할 수 있지만 바로 가기 작업으로 로컬호스트에서 OpenFaaS를 열어보겠습니다(인그레스 게이트웨이를 편집하는 방법은 `https://docs.openfaas.com/deployment/kubernetes/`를 참고합니다).

`kubectl port-forward` 커맨드를 사용하여 로컬호스트의 `8080`번 포트에서 OpenFaaS 서비스를 엽니다. 다음과 같이 할 수 있습니다.

```
export OPENFAAS_URL=http://127.0.0.1:8080
kubectl port-forward -n openfaas svc/gateway 8080:8080
```

이제 다음과 같이 이전에 생성한 인증 자격 증명을 OpenFaaS CLI에 추가해 보겠습니다.

```
echo -n $OPENFAASPWD | faas-cli login -g $OPENFAAS_URL -u admin --password-stdin
```

마지막으로 다음 커맨드로 기능을 테스트합니다.

```
faas-cli invoke -f my-function.yml my-function
```

출력 결과는 다음과 같습니다.

```
Reading from STDIN - hit (Control + D) to stop.
This is my message
{ output: "my function succeeded!"});}
```

보다시피 성공적으로 의도한 응답을 받았습니다!

마지막으로 이 특정 함수를 삭제하려면 다음 커맨드로 삭제할 수 있습니다. 이는 kubectl delete -f를 사용하는 방법과 유사합니다.

```
faas-cli rm -f my-function.yml
```

이것이 전부입니다! 함수가 제거됐습니다.

요약

이번 장에서는 쿠버네티스의 서비스 메시와 서버리스 패턴에 대해 알아봤습니다. 이를 위한 단계를 설정하기 위해 먼저 쿠버네티스에서 사이드카 프락시인 Envoy 프락시를 사용하여 실행하는 것에 대해 논의했습니다.

그런 다음 서비스 메시로 이동하여 상호 TLS를 통한 서비스 간 라우팅을 위해 Istio 서비스 메시를 설치하고 구성하는 방법을 배웠습니다.

마지막으로 쿠버네티스의 서버리스 패턴으로 이동하여 Knative를 구성 및 설치하는 방법과 서버리스 이벤트를 위한 OpenFaaS 및 쿠버네티스의 FaaS에 대해 알아봤습니다.

이번 장에서 사용한 기술을 활용하면 쿠버네티스에서 서비스 메시 및 서버리스 패턴을 구축하여 완전히 자동화된 서비스 간 검색 및 FaaS 이벤트를 설정할 수 있습니다.

마지막 장인 다음 장에서는 쿠버네티스에서 스테이트풀 애플리케이션을 실행하는 방법을 설명합니다.

질문

1. 정적 및 동적 Envoy 구성의 차이점은 무엇입니까?
2. Envoy 구성에서 주요한 네 가지 요소는 무엇입니까?
3. Knative의 단점은 무엇이며 OpenFaaS와 어떻게 비교할 수 있습니까?

더 읽을 거리

- CNCF 랜드스케이프: https://landscape.cncf.io/
- 공식 쿠버네티스 포럼: https://discuss.kubernetes.io/

15

쿠버네티스의 스테이트풀 워크로드

이번 장에서는 스테이트풀 워크로드를 실행할 때 데이터베이스의 현재 업계 상황을 자세히 설명합니다. 쿠버네티스에서 데이터베이스, 스토리지, 큐를 실행하기 위한 쿠버네티스(인기 있는 오픈소스 프로젝트 포함)의 사용을 논의합니다. 사례 연구 튜토리얼에는 쿠버네티스에서 실행 중인 객체 스토리지, 데이터베이스, 큐 시스템이 포함될 것입니다.

이번 장에서는 먼저 쿠버네티스에서 스테이트풀 애플리케이션을 실행하는 방법을 이해한 다음 스테이트풀 애플리케이션에 쿠버네티스 스토리지를 사용하는 방법을 알아보겠습니다. 그런 다음 쿠버네티스에서 데이터베이스를 실행하는 방법과 메시징 및 큐를 다루는 방법을 알아봅니다. 쿠버네티스에서 스테이트풀 애플리케이션이 스테이트리스 애플리케이션보다 훨씬 더 복잡한 이유부터 논의하겠습니다.

이번 장에서는 다음 주제를 다룹니다.

- 쿠버네티스의 스테이트풀 애플리케이션 이해
- 스테이트풀 애플리케이션에 쿠버네티스 스토리지 사용
- 쿠버네티스에서 데이터베이스 실행
- 쿠버네티스에서 메시징과 큐 구현

기술 요구 사항

이번 장에 설명하는 커맨드를 실행하려면 쿠버네티스 클러스터와 kubectl 커맨드라인 툴을 실행할 수 있는 환경이 필요합니다. 쿠버네티스의 시작 및 실행과 kubectl 툴을 설치하는 방법은 **1장 쿠버네티스와 통신하기**에서 확인할 수 있습니다.

이번 장에서 사용된 코드는 다음 깃허브 리포지토리에서 참고할 수 있습니다.

- https://github.com/wikibook/cnk/tree/master/Chapter15

쿠버네티스의 스테이트풀 애플리케이션 이해

쿠버네티스는 스테이트리스 및 스테이트풀 애플리케이션을 모두 실행하기 위한 우수한 기본 기능을 제공하지만 스테이트풀 워크로드는 쿠버네티스에서 발전하기까지 더 오랜 시간이 걸렸습니다. 그러나 최근 몇 년 동안 일부 유명 쿠버네티스 기반 스테이트풀 애플리케이션 프레임워크 및 프로젝트는 쿠버네티스에서 스테이트풀 애플리케이션이 발전하고 있음을 입증했습니다. 이번 장의 나머지 부분을 준비하기 위해 먼저 이들 중 몇 가지를 검토하겠습니다.

인기 있는 쿠버네티스 기반 스테이트풀 애플리케이션

스테이트풀 애플리케이션에는 여러 유형이 있습니다. 대부분의 애플리케이션은 상태를 저장하지만 이러한 애플리케이션의 특정 구성 요소만 상태 데이터를 저장합니다. 애플리케이션에서 이러한 특정 스테이트풀 구성 요소를 제거하고 검토할 때 해당 구성 요소에 집중할 수 있습니다. 이 책에서는 **7장 쿠버네티스의 스토리지**에서 검토한 퍼시스턴트 스토리지와 같은 구성 요소를 제외하고 데이터베이스, 큐, 객체 스토리지에 대해 설명합니다. 또한 일반적이지 않은 몇 가지 구성 요소도 검토하겠습니다. 데이터베이스부터 시작하겠습니다!

쿠버네티스 호환 데이터베이스

스테이트풀셋 또는 커뮤니티 오퍼레이터를 사용하여 쿠버네티스에 배포할 수 있는 **Postgres, MySQL, Redis** 같은 일반적인 **데이터베이스(DB)**와 키-값 저장소 외에도 몇 가지 주요 쿠버네티스용 옵션이 있습니다.

- **CockroachDB**: 쿠버네티스에 원활하게 배포할 수 있는 분산 SQL 데이터베이스
- **Vitess**: MySQL에 대한 전역 확장성을 허용하는 MySQL 샤딩(Sharding) 오케스트레이터(오퍼레이터를 통해 쿠버네티스에도 설치할 수 있습니다.)
- **YugabyteDB**: Cassandra와 같은 쿼리를 지원하는 CockroachDB와 유사한 분산 SQL 데이터베이스

다음으로 쿠버네티스의 큐와 메시징에 대해 살펴보겠습니다.

쿠버네티스의 큐, 스트리밍, 메시징

다시 말하지만, 커뮤니티 Helm 차트와 오퍼레이터를 사용하여 쿠버네티스에 배포할 수 있는 **Kafka** 및 **RabbitMQ**와 같은 업계 표준 솔루션과 일부 목적에 맞게 제작된 공개 및 비공개 소스 솔루션이 있습니다.

- **NATS**: 오픈소스 메시징 및 스트리밍 시스템
- **KubeMQ**: 쿠버네티스 기반의 메시지 브로커

다음으로 쿠버네티스의 객체 스토리지를 살펴보겠습니다.

쿠버네티스의 객체 스토리지

객체 스토리지는 쿠버네티스에서 볼륨 기반 퍼시스턴트 스토리지를 가져와 Amazon S3와 유사한 (대부분의 경우 API와 호환되는) 객체 스토리지 계층에 추가합니다.

- **Minio**: 고성능으로 구축된 S3 호환 객체 스토리지
- **Open IO**: Minio와 유사하게 고성능이며 S3와 Swift 스토리지를 지원

다음으로 몇 가지 대표적인 솔루션을 살펴보겠습니다.

대표적인 솔루션

이전의 일반적인 구성 요소 외에도 쿠버네티스에서 실행할 수 있는 좀 더 전문화된(그러나 여전히 범주형인) 스테이트풀 애플리케이션이 있습니다.

- 키와 인증 관리: Vault, Keycloak
- 컨테이너 등록: Harbor, Dragonfly, Quay
- 워크플로 관리: 쿠버네티스 오퍼레이터를 사용한 Apache Airflow

이제 스테이트풀 애플리케이션의 몇 가지 범주를 살펴봤으므로 이러한 스테이트풀 애플리케이션이 일반적으로 쿠버네티스에서 어떻게 구현되는지 살펴보겠습니다.

쿠버네티스에서 스테이트풀 애플리케이션을 실행하는 전략 이해

레플리카셋 또는 디플로이먼트를 사용하여 쿠버네티스 스테이트풀 애플리케이션을 배포하는 데 본질적인 문제는 없지만 대부분의 쿠버네티스 스테이트풀 애플리케이션은 스테이트풀셋을 사용합니다. **4장 애플리케이션 스케일링 및 구축하기**에서 스테이트풀셋에 대해 설명했는데, 그것들이 애플리케이션에 매우 유용한 이유는 무엇일까요? 이번 장에서 질문을 검토하고 설명하겠습니다.

주된 이유는 파드 아이덴티티입니다. 많은 분산 스테이트풀 애플리케이션은 자체 클러스터링 메커니즘 또는 합의 알고리즘을 갖고 있습니다. 이러한 유형의 애플리케이션에 대한 프로세스를 원활하게 수행하기 위해 스테이트풀셋은 0에서 n까지의 순서형 시스템에 기반한 정적 파드 이름을 제공합니다. 이는 롤링 업데이트 및 생성 방법과 함께 애플리케이션이 자체적으로 클러스터링하는 것을 훨씬 쉽게 만들어주며, 이는 CockroachDB와 같은 클라우드 기반의 데이터베이스에 매우 중요합니다.

스테이트풀셋이 쿠버네티스에서 스테이트풀 애플리케이션을 실행하는 데 도움이 되는 방법과 이유를 설명하기 위해 쿠버네티스에서 스테이트풀셋을 사용하여 MySQL을 실행하는 방법을 살펴보겠습니다.

쿠버네티스에서 단일 MySQL 파드를 실행하는 것은 매우 간단합니다. MySQL 컨테이너 이미지를 찾고 적절한 구성과 startup 커맨드가 있는지 확인하기만 하면 됩니다.

그러나 데이터베이스를 확장하려고 할 때 문제가 생기기 시작합니다. 새로운 상태를 만들지 않고 디플로이먼트를 확장할 수 있는 단순한 스테이트리스 애플리케이션과 달리 MySQL(다른 많은 DB 포함)은 자체 클러스터링 및 합의 방법을 가지고 있습니다. MySQL 클러스터의 각 구성은 다른 구성에 대해 알고 있으며, 가장 중요하게는 클러스터의 어떤 구성이 리더인지 알고 있습니다. 이는 MySQL과 같은 데이터베이스가 일관성 보장과 **원자성, 일관성, 독립성, 지속성**ACID(Atomicity, Consistency, Isolation, Durability) 컴플라이언스를 제공하는 방법입니다.

따라서 MySQL 클러스터의 각 구성은 다른 구성(가장 중요한 마스터)에 대해 알아야 하므로 DB 파드를 실행하여 DB 클러스터의 다른 구성을 찾고 통신할 수 있는 공통적인 방법을 사용해야 합니다.

이번 장을 시작할 때 언급했듯이 스테이트풀셋에서 제공하는 방법은 순서형 파드 번호를 사용합니다. 이러한 방식으로 쿠버네티스에서 실행하는 동안 자체 클러스터가 필요한 애플리케이션은 0에서 n으로 시작하는 일반적인 명명 체계를 사용합니다. 또한 특정 순서에서 파드가 재시작하면(예: mysql-pod-2) 동일한 PersistentVolume이 해당 순서에서 시작하는 새 파드에 마운트됩니다. 이를 통해 스테이트풀셋의 단일 파드에 대한 재시작 간의 상태를 저장하는 일관성을 유지할 수 있으므로 애플리케이션이 안정적인 클러스터를 훨씬 쉽게 구성할 수 있습니다.

실제로 어떻게 작동하는지 보기 위해 MySQL의 스테이트풀셋 스펙을 살펴보겠습니다.

스테이트풀셋에서 MySQL 실행

다음 YAML 스펙은 쿠버네티스 문서에 나온 내용을 수정한 것입니다. 여기서는 스테이트풀셋에서 MySQL 클러스터를 실행하는 방법을 볼 수 있습니다. 스테이트풀셋의 보장과 상호 작용하는 방식을 정확히 이해할 수 있도록 YAML 스펙의 각 부분을 별도로 검토하겠습니다.

스펙의 첫 번째 부분부터 시작하겠습니다.

statefulset-mysql.yaml
```
apiVersion: apps/v1
kind: StatefulSet
metadata:
  name: mysql
spec:
  selector:
    matchLabels:
      app: mysql
  serviceName: mysql
  replicas: 3
  template:
    metadata:
      labels:
        app: mysql
```

보다시피 3개의 replicas가 있는 MySQL 클러스터를 만들 것입니다.

이 부분 외에 다른 내용은 없으므로 initContainers의 시작 부분으로 넘어가겠습니다. initContainers와 일반 컨테이너 사이의 파드에는 꽤 많은 컨테이너가 실행되므로 각각에 대해 설명하겠습니다. 다음은 첫 번째 initContainer 인스턴스입니다.

```yaml
spec:
  initContainers:
  - name: init-mysql
    image: mysql:5.7
    command:
    - bash
    - "-c"
    - |
      set -ex
      [[ `hostname` =~ -([0-9]+)$ ]] || exit 1
      ordinal=${BASH_REMATCH[1]}
      echo [mysqld] > /mnt/conf.d/server-id.cnf
      echo server-id=$((100 + $ordinal)) >> /mnt/conf.d/server-id.cnf
      if [[ $ordinal -eq 0 ]]; then
        cp /mnt/config-map/master.cnf /mnt/conf.d/
      else
        cp /mnt/config-map/slave.cnf /mnt/conf.d/
      fi
    volumeMounts:
    - name: conf
      mountPath: /mnt/conf.d
    - name: config-map
      mountPath: /mnt/config-map
```

보다시피 이 첫 번째 initContainer는 MySQL 컨테이너 이미지입니다. 이것이 MySQL 컨테이너가 파드에서 지속적으로 실행되지 않는다는 의미는 아닙니다. 이것은 복잡한 애플리케이션에서 꽤 자주 볼 수 있는 패턴입니다. 때때로 동일한 컨테이너 이미지가 파드에서 initContainer 인스턴스와 정상적으로 실행되는 컨테이너로 사용됩니다. 그 이유는 컨테이너에 프로그래밍 방식으로 공통 설정 작업을 수행하는 내장 스크립트와 도구가 있기 때문입니다.

이 예에서 MySQL initContainer는 /mnt/conf.d/server-id.cnf 파일을 생성하고 스테이트풀셋에 있는 파드의 ordinal ID에 해당하는 server ID를 파일에 추가합니다. ordinal ID를 작성할 때 server-id 0의 MySQL에 예약된 값을 구하기 위해 오프셋으로 100을 더합니다.

그런 다음 파드 ordinal D가 0인지 여부에 따라 마스터 또는 슬레이브 MySQL 서버에 대한 구성을 볼륨에 복사합니다.

다음으로 두 번째 initContainer를 살펴보겠습니다(볼륨 마운트 정보가 포함된 일부 코드는 생략했지만, 전체 코드는 책의 깃허브 리포지토리에서 확인할 수 있습니다).

```yaml
- name: clone-mysql
  image: gcr.io/google-samples/xtrabackup:1.0
  command:
  - bash
  - "-c"
  - |
    set -ex
    [[ -d /var/lib/mysql/mysql ]] && exit 0
    [[ `hostname` =~ -([0-9]+)$ ]] || exit 1
    ordinal=${BASH_REMATCH[1]}
    [[ $ordinal -eq 0 ]] && exit 0
    ncat --recv-only mysql-$(($ordinal-1)).mysql 3307 | xbstream -x -C /var/lib/mysql
    xtrabackup --prepare --target-dir=/var/lib/mysql
```

보다시피, 이 initContainer는 MySQL이 아닙니다! 컨테이너 이미지는 Xtra Backup이라는 도구입니다. 이 컨테이너가 필요한 이유는 무엇일까요?

완전히 새로운 파드와 비어 있는 PersistentVolume이 클러스터에 합류하는 상황을 고려해 봅시다. 이 시나리오에서 데이터 복제 프로세스는 MySQL 클러스터의 다른 구성으로부터 모든 데이터를 복사해야 합니다. 이 프로세스는 대용량 데이터베이스에서 매우 느릴 수 있습니다.

이러한 이유로 스테이트풀셋의 다른 MySQL 파드에서 데이터를 로드하는 initContainer 인스턴스가 있으며, MySQL의 데이터 복제 기능을 처음부터 사용할 수 있습니다. 이미 데이터가 MySQL 파드에 있는 경우에는 이러한 데이터 로드가 발생하지 않습니다. [[-d /var/lib/mysql/mysql]] && exit 0 행은 기존 데이터가 있는지 확인합니다.

이 두 initContainer 인스턴스가 성공적으로 작업을 완료하면 첫 번째 initContainer를 통해 제공되는 모든 MySQL 구성을 갖게 되며, MySQL 스테이트풀셋의 다른 구성에서 최근의 데이터 세트를 갖게 됩니다.

이제 MySQL 자체부터 시작하여 스테이트풀셋 정의에서 실제 컨테이너로 이동해 보겠습니다.

```yaml
containers:
- name: mysql
  image: mysql:5.7
  env:
  - name: MYSQL_ALLOW_EMPTY_PASSWORD
    value: "1"
  ports:
  - name: mysql
    containerPort: 3306
  volumeMounts:
  - name: data
    mountPath: /var/lib/mysql
    subPath: mysql
  - name: conf
    mountPath: /etc/mysql/conf.d
```

보다시피 이 MySQL 컨테이너 설정은 매우 기본적입니다. 환경 변수 외에도 이전에 만든 구성을 마운트합니다. 이 파드에는 활성 및 준비성 프로브 구성도 포함합니다. 자세한 내용은 이 책의 깃허브 리포지토리를 참고합니다.

이제 최종 컨테이너를 살펴보겠습니다. 이 컨테이너는 실제로 Xtra Backup의 또 다른 예시입니다! 구성 방법을 살펴보겠습니다.

```yaml
- name: xtrabackup
  containerPort: 3307
  command:
  - bash
  - "-c"
  - |
    set -ex
```

```
cd /var/lib/mysql
if [[ -f xtrabackup_slave_info && "x$(<xtrabackup_slave_info)" != "x" ]]; then
  cat xtrabackup_slave_info | sed -E 's/;$//g' > change_master_to.sql.in
  rm -f xtrabackup_slave_info xtrabackup_binlog_info
elif [[ -f xtrabackup_binlog_info ]]; then
  [[ `cat xtrabackup_binlog_info` =~ ^(.*?)[[:space:]]+(.*?)$ ]] || exit 1
  rm -f xtrabackup_binlog_info xtrabackup_slave_info
  echo "CHANGE MASTER TO MASTER_LOG_FILE='${BASH_REMATCH[1]}',\
        MASTER_LOG_POS=${BASH_REMATCH[2]}" > change_master_to.sql.in
fi
if [[ -f change_master_to.sql.in ]]; then
  echo "Waiting for mysqld to be ready (accepting connections)"
  until mysql -h 127.0.0.1 -e "SELECT 1"; do sleep 1; done
  echo "Initializing replication from clone position"
  mysql -h 127.0.0.1 \
        -e "$(<change_master_to.sql.in), \
             MASTER_HOST='mysql-0.mysql', \
             MASTER_USER='root', \
             MASTER_PASSWORD='', \
             MASTER_CONNECT_RETRY=10; \
             START SLAVE;" || exit 1
  mv change_master_to.sql.in change_master_to.sql.orig
fi
exec ncat --listen --keep-open --send-only --max-conns=1 3307 -c \
  "xtrabackup --backup --slave-info --stream=xbstream --host=127.0.0.1 --user=root"
```

이 컨테이너 설정은 약간 복잡하므로 섹션별로 검토하겠습니다.

우리는 initContainers를 통해 Xtra Backup이 스테이트풀셋의 다른 파드에서 복제할 준비를 하기 위해 스테이트풀셋의 다른 파드에서 데이터를 로드한다는 것을 알고 있습니다.

이 경우 Xtra Backup 컨테이너는 실제로 해당 복제를 시작합니다! 먼저 이 컨테이너는 실행 중인 파드가 MySQL 클러스터의 슬레이브 파드인지 확인합니다. 그후 마스터에서 데이터 복제 프로세스를 시작합니다.

마지막으로 Xtra Backup 컨테이너는 리스너 포트 3307 또한 열고, 요청이 있는 경우 파드의 데이터 복제본을 보냅니다. 이것은 클론을 요청할 때 스테이트풀셋의 다른 파드에 클론 데이터를 보내는 설정입니다. 첫 번째 initContainer는 클론을 얻기 위해 스테이트풀셋의 다른 파드를 살펴본다는 점을 기억하세요. 결국 스테이트풀셋의 각 파드는 데이터 클론을 다른 파드로 보낼 수 있는 프로세스를 실행할 뿐만 아니라 데이터 복제본도 요청할 수 있습니다.

마지막으로 volumeClaimTemplate을 살펴보겠습니다. 이 스펙에는 이전 컨테이너의 볼륨 마운트와 파드의 볼륨 설정도 있습니다(여기서는 지면상 생략했습니다. 나머지는 이 책의 깃허브 리포지토리를 확인하세요).

```
volumeClaimTemplates:
- metadata:
    name: data
  spec:
    accessModes: ["ReadWriteOnce"]
    resources:
      requests:
        storage: 10Gi
```

보다시피 마지막 컨테이너의 볼륨 설정이나 볼륨 목록에는 특별히 흥미로운 점은 없습니다. 하지만 volumeClaimTemplates에 주목할 필요가 있습니다. 파드는 동일한 순서에서 다시 시작하는 한 데이터가 동일하게 유지됩니다. 대신 클러스터에 추가된 새 파드는 초기 데이터 복제를 트리거하는 빈 PersistentVolume으로 시작합니다.

이러한 스테이트풀셋의 기능은 올바른 파드 및 도구 구성과 함께 사용하면 쿠버네티스에서 스테이트풀 DB를 쉽게 확장할 수 있습니다.

스테이트풀 쿠버네티스 애플리케이션이 스테이트풀셋을 사용하는 이유에 대해 설명했으므로 이제 이를 증명할 수 있는 몇 가지 기능을 구현해 보겠습니다. 객체 스토리지 애플리케이션부터 시작하겠습니다.

쿠버네티스에 객체 스토리지 배포

객체 스토리지는 파일 시스템 또는 블록 스토리지와 다릅니다. 파일을 캡슐화하고 식별자를 제공하며 버전 관리를 포함하는 상위 수준의 추상화를 제공합니다. 그런 다음 특정 식별자를 통해 파일에 접근할 수 있습니다.

가장 인기 있는 객체 스토리지 서비스는 AWS S3이지만 비슷한 대안으로 Azure Blob Storage와 Google Cloud Storage가 있습니다. 그 외에도 이전 장에서 검토한 쿠버네티스에서 실행할 수 있는 몇 가지 자체 호스팅 객체 스토리지 기술이 있습니다.

이 책에서는 쿠버네티스에서 **Minio** 구성 및 사용을 검토합니다. Minio는 **Docker Swarm**과 **Docker Compose** 같은 오케스트레이션 기술 외에도 고성능을 강조한 객체 스토리지 엔진으로 쿠버네티스에 배포할 수 있습니다.

Minio는 오퍼레이터와 Helm 차트를 모두 사용하여 쿠버네티스 배포를 지원합니다. 이 책에서는 오퍼레이터를 중점적으로 다루지만 Helm 차트에 대해 알고 싶다면 https://docs.min.io/docs에서 Minio 문서를 확인하십시오. kubectl에 대한 몇 가지 멋진 커뮤니티 확장성을 검토할 수 있는 Minio 오퍼레이터를 시작하겠습니다.

Minio 오퍼레이터 설치

Minio 오퍼레이터를 설치하는 것은 지금까지 했던 것과는 상당히 다릅니다. Minio는 실제로 오퍼레이터와 Minio 전체의 설치 및 구성을 관리하기 위해 kubectl 플러그인을 제공합니다.

이 책에서는 kubectl 플러그인에 대해 많이 이야기하지 않았지만 kubectl은 쿠버네티스 에코시스템에서 계속 발전하고 있습니다. kubectl 플러그인은 새로운 kubectl 커맨드의 형태로 추가 기능을 제공할 수 있습니다.

minio kubectl 플러그인을 설치하기 위해 kubectl 플러그인 관리자인 Krew를 사용합니다. 이를 이용하면 커맨드 하나로 kubectl 플러그인을 쉽게 검색하고 추가할 수 있습니다.

Krew와 Minio kubectl 플러그인 설치

먼저 Krew를 설치해 보겠습니다. 설치 과정은 OS와 환경에 따라 다르지만 macOS의 경우 다음과 같습니다(자세한 내용은 https://krew.sigs.k8s.io/docs에서 Krew 문서를 확인하십시오).

1. 먼저 다음 커맨드로 Krew CLI 도구를 설치합니다.

   ```
   (
     set -x; cd "$(mktemp -d)" &&
   ```

```
curl -fsSLO "https://github.com/kubernetes-sigs/krew/releases/latest/download/krew.tar.gz" &&
  tar zxvf krew.tar.gz &&
  KREW=./krew-"$(uname | tr '[:upper:]' '[:lower:]')_$(uname -m | sed -e 's/x86_64/amd64/' -e
's/arm.*$/arm/')" &&
  "$KREW" install krew
)
```

2. 이제 다음 커맨드로 Krew를 PATH 변수에 추가합니다.

```
export PATH="${KREW_ROOT:-$HOME/.krechw}/bin:$PATH"
```

이제 새로운 셸에서 Krew를 사용할 수 있습니다! Krew는 kubectl krew 커맨드로 접근합니다.

3. 다음 krew 커맨드로 Minio kubectl 플러그인을 설치합니다.

```
kubectl krew install minio
```

이제 Minio kubectl 플러그인이 설치된 상태에서 클러스터에 Minio를 설정하는 방법을 살펴보겠습니다.

Minio 오퍼레이터 시작

먼저 클러스터에 Minio 오퍼레이터를 실제로 설치해야 합니다. 이 디플로이먼트는 나중에 수행해야 하는 모든 Minio 작업을 제어합니다.

1. 다음 커맨드로 Minio 오퍼레이터를 설치합니다.

```
kubectl minio ini
```

출력 결과는 다음과 같습니다.

```
CustomResourceDefinition tenants.minio.min.io: created
ClusterRole minio-operator-role: created
ServiceAccount minio-operator: created
ClusterRoleBinding minio-operator-binding: created
MinIO Operator Deployment minio-operator: created
```

2. 다음 파드를 확인하는 커맨드를 사용하여 Minio 오퍼레이터가 준비됐는지 확인합니다.

```
kubectl get pods
```

결과로는 실행 중인 Minio 오퍼레이터 파드가 표시돼야 합니다.

```
NAMESPACE   NAME                             READY   STATUS    RESTARTS   AGE
default     minio-operator-85ccdcfb6-r8g8b   1/1     Running   0          5m37s
```

이제 쿠버네티스에서 Minio 오퍼레이터가 실행 중입니다. 다음으로 Minio 테넌트를 만들 수 있습니다.

Minio 테넌트 생성

다음 단계는 **테넌트**를 만드는 것입니다. Minio는 다중 테넌트 시스템이므로 각 테넌트에는 별도의 PersistentVolume뿐만 아니라 버킷과 객체에 대해 고유한 네임스페이스가 있습니다. 또한 Minio 오퍼레이터는 고가용성 설정과 데이터 복제를 통해 Minio를 분산 모드에서 시작합니다.

Minio 테넌트를 만들기 전에 Minio용 **컨테이너 스토리지 인터페이스(CSI)** 드라이버를 설치해야 합니다. CSI는 스토리지 제공자와 컨테이너 간의 표준화된 인터페이스 방식입니다. 쿠버네티스는 CSI를 제공하여 타사 스토리지 제공자가 쿠버네티스에 원활하게 통합되도록 자체 드라이버를 작성할 수 있게 합니다. Minio는 Minio용 PersistentVolumes를 관리하기 위해 Direct CSI 드라이버를 권장합니다.

Direct CSI 드라이버를 설치하려면 Kustomize와 함께 `kubectl apply` 커맨드를 실행해야 합니다. 그러나 Direct CSI 드라이버를 설치하려면 다음과 같이 적절한 구성으로 Direct CSI 구성을 위한 몇 가지 환경 변수를 설정해야 합니다.

1. 먼저 Minio 권장 사항에 따라 이 환경 파일을 만들어 보겠습니다.

```
default.env
DIRECT_CSI_DRIVES=data{1...4}
DIRECT_CSI_DRIVES_DIR=/mnt
KUBELET_DIR_PATH=/var/lib/kubelet
```

보다시피 이 환경 파일은 Direct CSI 드라이버가 볼륨을 마운트할 위치를 결정합니다.

2. default.env를 만든 후 다음 커맨드로 이러한 변수를 메모리에 로드합니다.

   ```
   export $(cat default.env)
   ```

3. 마지막으로 다음 커맨드를 사용하여 Direct CSI 드라이버를 설치합니다.

   ```
   kubectl apply -k github.com/minio/direct-csi
   ```

   출력 결과는 다음과 같습니다.

   ```
   kubenamespace/direct-csi created
   storageclass.storage.k8s.io/direct.csi.min.io created
   serviceaccount/direct-csi-min-io created
   clusterrole.rbac.authorization.k8s.io/direct-csi-min-io created
   clusterrolebinding.rbac.authorization.k8s.io/direct-csi-min-io created
   configmap/direct-csi-config created
   secret/direct-csi-min-io created
   service/direct-csi-min-io created
   deployment.apps/direct-csi-controller-min-io created
   daemonset.apps/direct-csi-min-io created
   csidriver.storage.k8s.io/direct.csi.min.io created
   ```

4. Minio 테넌트를 만들기 전에 CSI 파드가 제대로 시작됐는지 확인해 보겠습니다. 다음 커맨드를 실행하여 확인합니다.

   ```
   kubectl get pods -n direct-csi
   ```

   CSI 파드가 시작된 경우 다음과 유사한 출력 결과가 표시됩니다.

NAME	READY	STATUS	RESTARTS	AGE
direct-csi-controller-min-io-cd598c4b-hn9ww	2/2	Running	0	9m
direct-csi-controller-min-io-cd598c4b-knvbn	2/2	Running	0	9m
direct-csi-controller-min-io-cd598c4b-tth6q	2/2	Running	0	9m
direct-csi-min-io-4qlt7	3/3	Running	0	9m
direct-csi-min-io-kt7bw	3/3	Running	0	9m
direct-csi-min-io-vzdkv	3/3	Running	0	9m

5. 이제 CSI 드라이버가 설치됐으므로 Minio 테넌트를 만들겠습니다. 먼저 kubectl minio tenant create 커맨드가 만드는 YAML을 살펴보겠습니다.

```
kubectl minio tenant create --name my-tenant --servers 2 --volumes 4 --capacity 1Gi -o > my-
minio-tenant.yaml
```

YAML을 검사하지 않고 Minio 테넌트를 직접 만들려면 다음 커맨드를 사용합니다.

```
kubectl minio tenant create --name my-tenant --servers 2 --volumes 4 --capacity 1Gi
```

이 커맨드는 먼저 YAML을 표시하지 않고 테넌트만 만듭니다. 그러나 Direct CSI 구현을 사용하고 있으므로 YAML을 업데이트해야 하고, 커맨드만 사용하는 것은 불가능합니다. 이제 만들어진 YAML 파일을 살펴보겠습니다.

Minio 오퍼레이터가 Minio 테넌트 호스팅에 필요한 리소스를 만드는 데 사용할 테넌트 **커스텀 리소스 정의(CRD)**의 일부만 살펴보겠습니다. 먼저 스펙의 상단 부분을 살펴보겠습니다. 이 부분은 다음과 같습니다.

my-minio-tenant.yaml
```yaml
apiVersion: minio.min.io/v1
kind: Tenant
metadata:
  creationTimestamp: null
  name: my-tenant
  namespace: default
scheduler:
  name: ""
spec:
  certConfig:
    commonName: ""
    organizationName: []
    dnsNames: []
  console:
    consoleSecret:
      name: my-tenant-console-secret
    image: minio/console:v0.3.14
    metadata:
      creationTimestamp: null
      name: my-tenant
    replicas: 2
    resources: {}
  credsSecret:
    name: my-tenant-creds-secret
  image: minio/minio:RELEASE.2020-09-26T03-44-56Z
  imagePullSecret: {}
```

보다시피 이 파일은 Tenant CRD의 인스턴스를 지정합니다. 스펙의 첫 번째 부분에는 Minio 콘솔용 컨테이너와 Minio server 자체용 컨테이너의 두 가지 컨테이너가 지정되어 있습니다. 또한 replicas 값은 kubectl minio tenant create 커맨드에서 지정한 값을 반영합니다. 마지막으로 Minio console의 시크릿 이름을 지정합니다.

다음으로, 테넌트 CRD의 하단 부분을 살펴보겠습니다.

```
    liveness:
      initialDelaySeconds: 10
      periodSeconds: 1
      timeoutSeconds: 1
    mountPath: /export
    requestAutoCert: true
    serviceName: my-tenant-internal-service
    zones:
    - resources: {}
      servers: 2
      volumeClaimTemplate:
        apiVersion: v1
        kind: persistentvolumeclaims
        metadata:
          creationTimestamp: null
        spec:
          accessModes:
          - ReadWriteOnce
          resources:
            requests:
              storage: 256Mi
        status: {}
      volumesPerServer: 2
status:
  availableReplicas: 0
  currentState: ""
```

보다시피 Tenant 리소스는 복제본 수와 creation 커맨드로 지정된 서버 수를 지정합니다. 또한 내부 Minio Service의 이름과 사용할 volumeClaimTemplate 인스턴스를 지정합니다.

그러나 이 스펙은 Direct CSI를 사용하기 때문에 우리의 목적에 맞지 않습니다. 다음과 같이 Direct CSI를 사용하는 새 volumeClaimTemplate으로 zone 키를 업데이트하겠습니다(이 파일을 my-updated-minio-tenant.yaml로 저장합니다). 다음은 업데이트한 zones 파일의 일부분입니다.

```
my-updated-minio-tenant.yaml
  zones:
  - resources: {}
    servers: 2
    volumeClaimTemplate:
      metadata:
        name: data
      spec:
        accessModes:
          - ReadWriteOnce
        resources:
          requests:
            storage: 256Mi
        storageClassName: direct.csi.min.io
```

6. 이제 Minio 테넌트를 만들어 보겠습니다. 다음 커맨드로 이 작업을 수행할 수 있습니다.

```
kubectl apply -f my-updated-minio-tenant.yaml
```

출력 결과는 다음과 같습니다.

```
tenant.minio.min.io/my-tenant created
secret/my-tenant-creds-secret created
secret/my-tenant-console-secret created
```

이 시점에서 Minio 오퍼레이터는 새로운 Minio 테넌트에 필요한 리소스를 만들기 시작합니다. 몇 분 후에 다음과 유사한 오퍼레이터 외에 일부 파드가 시작됩니다.

```
NAMESPACE   NAME                                      READY   STATUS    RESTARTS   AGE
default     minio-operator-85ccdcfb6-r8g8b            1/1     Running   0          74m
default     my-tenant-console-8696cd7d84-6dwxq        1/1     Running   0          30s
default     my-tenant-console-8696cd7d84-gkv7t        1/1     Running   0          30s
default     my-tenant-zone-0-0                        1/1     Running   0          50s
default     my-tenant-zone-0-1                        1/1     Running   0          50s
```

그림 15.1 – Minio 파드의 출력 결과

이제 Minio 테넌트가 완전하게 실행됩니다! 다음으로 Minio 콘솔을 통해 테넌트가 어떻게 보이는지 살펴보겠습니다.

Minio 콘솔 접속

먼저 콘솔에 대한 로그인 정보를 얻기 위해서는 자동 생성된 `<TENANT NAME>-console-secret` 시크릿에 보관된 두 개의 키 내용을 가져와야 합니다.

다음 두 가지 커맨드로 콘솔의 access 키와 자동 생성된 secret 키를 가져옵니다. 이 경우 `my-tenant` 테넌트를 사용하여 access 키를 가져옵니다.

```
echo $(kubectl get secret my-tenant-console-secret -o=jsonpath='{.data.CONSOLE_ACCESS_KEY}' | base64 --decode)
```

다음 커맨드로 secret 키를 얻습니다.

```
echo $(kubectl get secret my-tenant-console-secret -o=jsonpath='{.data.CONSOLE_SECRET _KEY}' | base64 --decode)
```

이제 Minio 콘솔을 `<TENANT NAME>-console` 서비스에서 사용할 수 있습니다.

port-forward 커맨드로 이 콘솔에 접속해 보겠습니다. 이 경우 다음과 같습니다.

```
kubectl port-forward service/my-tenant-console 8081:9443
```

그러면 브라우저 `https://localhost:8081`에서 Minio 콘솔을 사용할 수 있습니다. 이 예에서는 로컬호스트용 콘솔에 대한 TLS 인증서를 설정하지 않았으므로 브라우저 보안 경고를 수락해야 합니다. 이전 단계에서 얻은 access 키와 secret 키를 입력하여 로그인합니다.

이제 콘솔에 로그인했으므로 Minio 테넌트에 추가할 수 있습니다. 먼저 버킷을 만들어 보겠습니다. 이렇게 하려면 왼쪽 사이드바에서 **Buckets**를 선택한 다음 **Create Bucket** 버튼을 선택합니다.

팝업에서 버킷 이름(이 경우에는 `my-bucket` 사용)을 입력하고 양식을 제출합니다. 목록에 새 버킷이 표시됩니다. 다음 그림을 참고합니다.

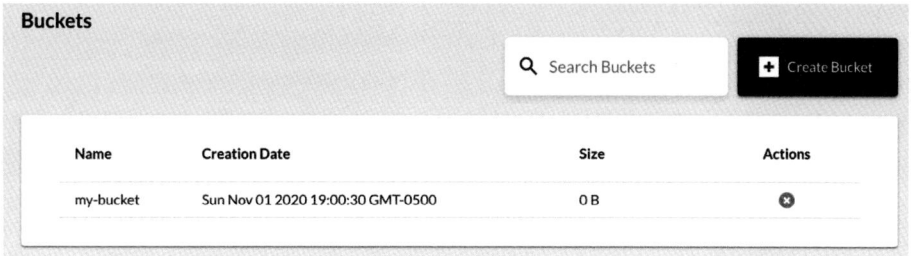

그림 15.2 버킷

이제 업로드할 버킷과 함께 배포된 Minio 설정이 준비됐습니다. 새로운 객체 스토리지 시스템에 파일을 업로드하여 이 예제를 마무리하겠습니다!

이 업로드는 Minio CLI를 사용할 것입니다. Minio CLI 사용은 Minio와 같은 S3 호환 스토리지와 상호 작용하는 프로세스를 훨씬 쉽게 만들어줍니다. TLS 설정은 클러스터 내에서 Minio에 접근할 때만 작동하므로 로컬 시스템에서 Minio CLI를 사용하는 대신 쿠버네티스 내에서 Minio CLI로 미리 로드된 컨테이너 이미지를 실행합니다.

먼저 Minio access 키와 secret을 가져와야 하는데, 앞서 가져온 콘솔 Minio access 키와 secret이 다릅니다. 이러한 키를 가져오려면 다음 커맨드를 실행합니다(이 경우에는 테넌트는 my-tenant입니다). 먼저 access 키를 가져옵니다.

```
echo $(kubectl get secret my-tenant-creds-secret -o=jsonpath='{.data.accesskey}' | base64 -decode)
```

그런 다음 secret 키를 가져옵니다.

```
echo $(kubectl get secret my-tenant-creds-secret -o=jsonpath='{.data.secretkey}' | base64 -decode)
```

이제 다음 스펙으로 Minio CLI를 사용하여 해당 파드를 시작하겠습니다.

minio-mc-pod.yaml
```
apiVersion: v1
kind: Pod
metadata:
  name: minio-mc
spec:
```

```
containers:
- name: mc
  image: minio/mc
  command: ["/bin/sh", "-c", "sleep 10000000s"]
restartPolicy: OnFailure
```

다음 커맨드로 파드를 만듭니다.

```
kubectl apply -f minio-mc-pod.yaml
```

그런 다음 일반적인 exec 커맨드로 minio-mc 파드를 실행합니다.

```
Kubectl exec -it minio-mc -- sh
```

이제 Minio CLI에서 새로 만든 Minio 분산 클러스터에 대한 액세스를 구성하겠습니다. 다음 커맨드로 이를 수행할 수 있습니다(이 구성에는 --insecure 플래그가 필요합니다).

```
mc config host add my-minio https://<MINIO TENANT POD IP>:9000 --insecure
```

이 커맨드의 파드 IP는 테넌트 Minio 파드 중 하나의 IP가 될 수 있습니다. 이 경우에는 my-tenant-zone-0-0과 my-tenant-zone-0-1입니다. 이 커맨드를 실행하면 액세스 키와 시크릿 키를 입력하라는 메시지가 표시됩니다. 해당 항목을 입력하면 다음과 같은 확인 메시지가 표시됩니다.

```
Added `my-minio` successfully.
```

다음 커맨드로 다른 테스트 버킷을 만들고, CLI 구성이 작동하는지 테스트해 보겠습니다.

```
mc mb my-minio/my-bucket-2 --insecure
```

출력 결과는 다음과 같습니다.

```
Bucket created successfully `my-minio/my-bucket-2`.
```

마지막 설정 테스트로 Minio 버킷에 파일을 업로드합니다!

먼저 minio-mc 파드에서 test.txt라는 텍스트 파일을 만듭니다. 원하는 텍스트로 파일을 채웁니다.

이제 다음 커맨드로 최근에 만든 버킷에 업로드해 보겠습니다.

```
mc mv test.txt my-minio/my-bucket-2 --insecure
```

업로드와 함께 진행 표시줄이 나타나고 업로드가 끝나면 전체 파일 크기가 표시될 것입니다.

마지막으로 Minio 콘솔의 **Dashboard** 페이지로 이동하여 다음 그림과 같이 객체가 표시되는지 확인합니다.

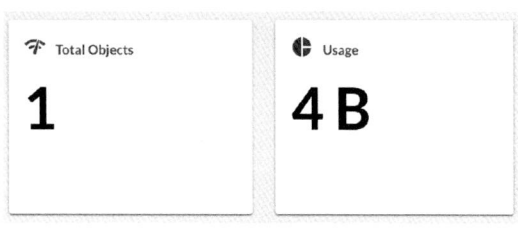

그림 15.3 대시보드

보다시피 파일이 성공적으로 업로드됩니다!

Minio에 관한 설명은 여기까지입니다. 구성과 관련하여 수행할 수 있는 작업이 훨씬 더 많지만 이 책에서 다루지 않습니다. 자세한 내용은 https://docs.min.io/를 참고합니다.

다음으로 쿠버네티스에서 DB를 실행하는 방법을 살펴보겠습니다.

쿠버네티스에서 DB 실행

이제 쿠버네티스의 객체 스토리지 워크로드를 살펴봤으므로 데이터베이스로 넘어가겠습니다. 이번 장과 이 책의 다른 부분에서 논의한 바와 같이 여러 데이터베이스가 다양한 수준의 성숙도로 쿠버네티스에서 실행할 수 있게 지원합니다.

먼저 쿠버네티스에 배포를 지원하는 여러 레거시 및 기존 DB 엔진이 있습니다. 이러한 엔진은 Helm 차트 또는 오퍼레이터를 지원하는 경우가 많습니다. 예를 들어, PostgreSQL 및 MySQL과 같은 SQL

데이터베이스에는 다양한 조직에서 지원하는 Helm 차트와 오퍼레이터가 있습니다. MongoDB와 같은 NoSQL 데이터베이스도 쿠버네티스에 배포하는 방법을 지원합니다.

기존 데이터베이스 엔진 외에도 쿠버네티스와 같은 컨테이너 오케스트레이터는 NewSQL 데이터베이스라는 새로운 범주를 만들었습니다.

이러한 데이터베이스는 SQL 호환 API뿐만 아니라 NoSQL 데이터베이스의 놀라운 확장성을 제공합니다. 그것들을 쿠버네티스(및 기타 오케스트레이터)에서 SQL을 쉽게 확장하는 방법으로 생각할 수 있습니다. CockroachDB는 MySQL 엔진을 쉽게 확장할 수 있는 방법보다는 대체 NewSQL 데이터베이스가 아닌 **Vitess**와 비슷하게 널리 사용됩니다.

이번 장에서는 분산 환경을 위해 구축되고 쿠버네티스에 완벽한 최신 NewSQL 데이터베이스인 CockroachDB를 구축하는 것을 중점적으로 살펴보겠습니다.

쿠버네티스에서 CockroachDB 실행

클러스터에서 CockroachDB를 실행하기 위해 공식 CockroachDB Helm 차트를 사용합니다.

1. 다음 커맨드로 CockroachDB Helm 차트 리포지토리를 추가합니다.

   ```
   helm repo add cockroachdb https://charts.cockroachdb.com/
   ```

   출력 결과는 다음과 같습니다.

   ```
   "cockroachdb" has been added to your repositories
   ```

2. 차트를 설치하기 전에 커스텀 `values.yaml` 파일을 만들어 CockroachDB의 기본 설정을 조정해 보겠습니다. 다음은 데모용 파일입니다.

   ```yaml
   cockroach-db-values.yaml
   storage:
     persistentVolume:
       size: 2Gi
   statefulset:
     resources:
       limits:
         memory: "1Gi"
   ```

```
    requests:
      memory: "1Gi"
conf:
  cache: "256Mi"
  max-sql-memory: "256Mi"
```

보다시피 PersistentVolume 크기로 2GB, 파드 메모리 제한 및 요청으로 1GB, CockroachDB의 구성 파일 내용을 지정합니다. 이 구성 파일에는 256MB에서 memory 제한 크기의 25%로 설정된 캐시 및 최대 메모리에 대한 설정을 포함합니다. 이 비율은 CockroachDB 모범 사례입니다. 이러한 설정으로 모든 프로덕션 준비가 된 것은 아니지만 데모용으로는 충분합니다.

3. 이제 다음 Helm 커맨드로 CockroachDB 클러스터를 만들어 보겠습니다.

```
helm install cdb --values cockroach-db-values.yaml cockroachdb/cockroachdb
```

성공하면 Helm에서 긴 배포 메시지가 표시됩니다. 다음 커맨드로 클러스터에 배포된 것이 정확히 무엇인지 확인해 보겠습니다.

```
kubectl get po
```

다음과 유사한 출력 결과가 표시됩니다.

```
NAMESPACE   NAME                         READY   STATUS      RESTARTS   AGE
default     cdb-cockroachdb-0            0/1     Running     0          57s
default     cdb-cockroachdb-1            0/1     Running     0          56s
default     cdb-cockroachdb-2            1/1     Running     0          56s
default     cdb-cockroachdb-init-8p2s2   0/1     Completed   0          57s
```

보다시피 일부 초기화 작업에 사용된 설정 파드 외에 스테이트풀셋에 세 개의 파드가 있습니다.

4. 클러스터가 작동하는지 확인하기 위해 CockroachDB Helm 차트 출력 결과에서 제공하는 커맨드를 사용할 수 있습니다(Helm 릴리스 이름에 따라 다릅니다).

```
kubectl run -it --rm cockroach-client \
    --image=cockroachdb/cockroach \
    --restart=Never \
    --command -- \
    ./cockroach sql --insecure --host=cdb-cockroachdb-public.default
```

성공하면 다음과 유사한 프롬프트와 함께 콘솔이 열립니다.

```
root@cdb-cockroachdb-public.default:26257/defaultdb>
```

다음 절에서는 SQL로 CockroachDB를 테스트하겠습니다.

SQL로 CockroachDB 테스트

이제 새로운 CockroachDB 데이터베이스에 대해 SQL 커맨드를 실행할 수 있습니다!

1. 먼저 다음 커맨드로 데이터베이스를 생성해 보겠습니다.

    ```
    CREATE DATABASE mydb;
    ```

2. 다음으로 간단한 테이블을 만들어 보겠습니다.

    ```
    CREATE TABLE mydb.users (
        id UUID PRIMARY KEY DEFAULT gen_random_uuid(),
        first_name STRING,
        last_name STRING,
        email STRING
    );
    ```

3. 그럼 다음 커맨드로 데이터를 추가해 보겠습니다.

    ```
    INSERT INTO mydb.users (first_name, last_name, email)
      VALUES
        ('John', 'Smith', 'jsmith@fake.com');
    ```

4. 마지막으로 다음 커맨드로 데이터를 확인합니다.

    ```
    SELECT * FROM mydb.users;
    ```

그러면 다음과 같은 결과가 표시됩니다.

```
  id                                     | first_name | last_name | email
-----------------------------------------+------------+-----------+------------------
  e6fa342f-8fe5-47ad-adde-e543833ffd28   | John       | Smith     | jsmith@fake.com
(1 row)
```

성공입니다!

보다시피 완전한 기능을 갖춘 분산 SQL 데이터베이스입니다. 이제 마지막 스테이트풀 워크로드 유형인 메시징으로 이동하겠습니다.

쿠버네티스에서 메시징과 큐 구현

메시징과 관련하여 쿠버네티스를 지원하는 오픈소스 메시지 대기열 시스템인 RabbitMQ를 구현해 보겠습니다. 메시징 시스템은 일반적으로 재시도 및 서비스 작업자 집합과 같은 비동기 패턴뿐만 아니라 확장성과 처리량을 지원하기 위해 애플리케이션의 다양한 구성 요소를 분리하는 용도로 사용합니다. 예를 들어, 한 서비스가 다른 서비스를 직접 호출하는 대신, 서비스가 메시지를 영구 메시지 큐에 배치할 수 있습니다. 이때 큐를 수신하는 작업자 컨테이너가 메시지를 선택할 수 있습니다. 따라서 로드 밸런싱 방식에 비해 수평 확장이 쉽고 전체 구성 요소의 가동 중지 시간에 대한 내성이 높습니다.

RabbitMQ는 메시지 큐에 대한 여러 솔루션 중 하나입니다. 이번 장의 첫머리에서 언급했듯이 RabbitMQ는 메시지 큐에 대한 업계 표준 솔루션이며, 쿠버네티스 전용으로 구축된 것이 아닙니다. 그러나 곧 설명하겠지만 RabbitMQ는 훌륭한 선택이며 구현하기가 매우 쉽습니다.

그럼 쿠버네티스에서 RabbitMQ를 구현해 보겠습니다!

쿠버네티스에 RabbitMQ 배포

쿠버네티스에 RabbitMQ를 설치하는 것은 오퍼레이터 또는 Helm 차트를 통해 쉽게 수행할 수 있습니다. 여기서는 실습을 목적으로 Helm 차트를 사용합니다.

1. 먼저 Bitnami가 제공하는 적절한 `helm` 리포지토리를 추가해 보겠습니다.

    ```
    helm repo add bitnami https://charts.bitnami.com/bitnami
    ```

2. 다음으로 커스텀 값 파일을 만들어 일부 매개변수를 조정하겠습니다.

    values-rabbitmq.yaml
    ```
    auth:
      user: user
    ```

```
    password: test123
persistence:
    enabled: false
```

보다시피 이 경우에는 지속성을 사용하지 않도록 설정했는데, 이는 간단한 데모에 적합합니다.

3. 다음 커맨드를 사용하여 RabbitMQ를 클러스터에 쉽게 설치할 수 있습니다.

```
helm install rabbitmq bitnami/rabbitmq --values values-rabbitmq.yaml
```

성공하면 Helm에서 확인 메시지가 표시됩니다. RabbitMQ Helm 차트는 관리 UI도 포함하므로 그것을 이용해 설치가 제대로 됐는지 확인하겠습니다.

4. 먼저 rabbitmq 서비스로 포트 포워딩을 시작합니다.

```
Kubectl port-forward  - namespace default svc/rabbitmq 15672:15672
```

그럼 http://localhost:15672에서 RabbitMQ 관리 UI에 접속할 수 있을 것입니다.

그림 15.4 RabbitMQ 관리 콘솔 로그인

5. 이제 앞의 values-rabbitmq.yaml 파일에 지정된 사용자 이름과 비밀번호를 사용하여 대시보드에 로그인할 수 있습니다. 로그인하면 RabbitMQ 대시보드 기본 뷰가 표시됩니다.

중요한 것은 RabbitMQ 클러스터의 노드 목록이 표시된다는 것입니다. 이 경우 노드가 하나만 있으며 다음과 같이 표시됩니다.

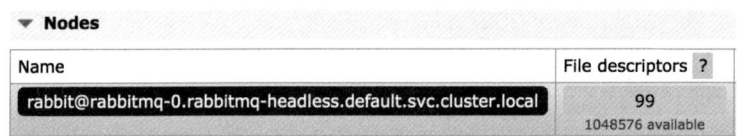

그림 15.5 RabbitMQ 관리 콘솔의 노드 항목

각 노드에 대해 이름과 메모리, 가동 시간 등을 포함한 일부 메타데이터를 볼 수 있습니다.

6. 새로운 큐를 추가하려면 상단 표시줄의 Queue로 이동하고 화면 하단에 있는 Add a new queue를 선택합니다. 다음과 같이 양식을 작성하고 Add queue를 선택합니다.

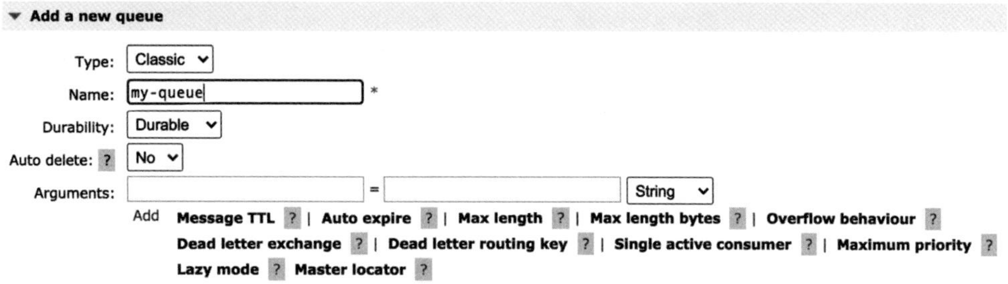

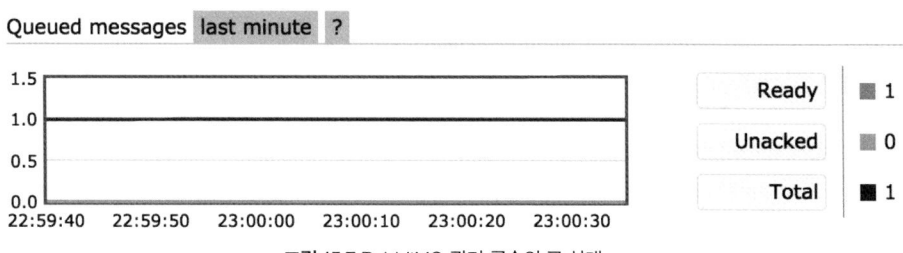

그림 15.6 RabbitMQ 관리 콘솔 대기열 생성

성공하면 화면은 목록에 새로운 큐가 추가된 상태가 됩니다. 이는 RabbitMQ 설정이 제대로 작동하고 있음을 의미합니다!

7. 마지막으로 큐가 있으므로 메시지를 게시할 수 있습니다. 이렇게 하려면 Queue 페이지에서 새로 생성된 큐를 선택한 다음 Publish Message를 선택합니다!

8. Payload 텍스트 상자에 텍스트를 작성하고 Publish Message를 선택합니다. 다음과 같이 메시지가 성공적으로 게시됐음을 알리는 확인 팝업이 나타나고, 다음 화면과 같이 메시지가 큐에 있음을 확인할 수 있습니다.

그림 15.7 RabbitMQ 관리 콘솔의 큐 상태

9. 마지막으로 큐에서 메시지 가져오려면 페이지 하단에 있는 Get messages를 선택합니다. 그럼 페이지가 펼쳐지면서 새로운 섹션이 표시됩니다. 그런 다음 Get message(s) 버튼을 클릭하면 전송한 메시지가 출력되어 큐 시스템이 작동하는 것을 확인할 수 있습니다.

요약

이번 장에서는 쿠버네티스에서 스테이트풀 워크로드를 실행하는 방법을 배웠습니다. 먼저 몇 가지 스테이트풀 워크로드 유형과 각 워크로드의 몇 가지 예를 개괄적으로 검토했습니다. 그런 다음 이러한 워크로드 중 하나인 객체 스토리지 시스템을 실제로 쿠버네티스에 배포했습니다. 다음으로 NewSQL 데이터베이스인 CockroachDB에서도 동일한 작업으로 쿠버네티스에 CockroachDB 클러스터를 쉽게 배포하는 방법을 살펴봤습니다.

마지막으로 Helm 차트를 사용하여 쿠버네티스에 RabbitMQ 메시지 큐를 배포하는 방법을 살펴봤습니다. 이번 장에서 사용한 기술은 쿠버네티스에서 인기 있는 스테이트풀 애플리케이션 패턴을 배포하고 사용하는 데 도움이 됩니다.

지금까지 15개의 장에 걸친 이 책의 긴 여정을 함께해 주셔서 감사합니다! 다양한 쿠버네티스 기능을 사용하는 방법을 배웠고 이제 쿠버네티스에서 복잡한 애플리케이션을 구축하고 배포하는 데 필요한 모든 도구를 갖추었기를 바랍니다.

질문

1. Minio의 API와 호환되는 클라우드 스토리지 제품은 무엇입니까?
2. 스테이트풀셋이 분산 데이터베이스에 제공하는 이점은 무엇입니까?
3. 스테이트풀 애플리케이션을 쿠버네티스에서 실행하기 어려운 이유는 무엇입니까?

더 읽을 거리

- Minio 빠른 시작 설명서: https://docs.min.io/docs/minio-quickstart-guide.html
- CockroachDB 쿠버네티스 가이드: https://www.cockroachlabs.com/docs/v20.2/orchestrate-a-local-cluster-with-kubernetes

찾아보기

찾아보기

A– F	
ABAC	12
admission controller	270
AKS(Azure Kubernetes Service)	27
anti-affinity	161
Apache Mesos	4
API 서버	5
AWS Codebuild	257
CCM(cloud-controller-manager)	313
CI/CD	255
cluster-autoscaler	320
ClusterIP	94
CNCF(Cloud Native Computing Foundation)	321
CockroachDB	380
ConfigMap	112
CRD(Custom Resource Definition)	299
CronJob	81
CVE(Common Vulnerabilities and Exposures)	268
DaemonSet	75
Docker Swarm	4
EFK 스택	195
EKS(Elastic Kubernetes Service)	23
Envoy	331
etcd	6
external-dns	318
ExternalName 서비스	100
FluxCD	261

G – M	
GKE(Google Kubernetes Engine)	24
Helm	237
Ingress	102
init container	52
inter-Pod affinity	161
Istio	341
Job	79
Knative	348
Kops	28, 31

Kubeadm	28, 29
kubeconfig	12
kubectl	12
kubelet	7
kube-proxy	7
Kubespray	29
Kustomize	237
liveness probe	55
LoadBalancer	99
minikube	20
Minio	369
MySQL	363

N – Z

NGINX	326
node name	150
NodePort	96
node selector	149
observability	173
OpenFaaS	353
orchestration	3
persistent volume	132
Pod	43
Pod affinity	162
RabbitMQ	383
RBAC	10
readiness probe	54
Rook	137
Secret	117
selector	68
service mesh	340
startup probe	56
StatefulSet	77
taint	151
template	69
TLS	36
toleration	151
user	8
volume	128

ㄱ – ㅂ

경고와 추적	185
관리형 쿠버네티스 서비스	21
관찰 가능성	173
권한 부여 옵션	10
그라파나	192
기본 관찰 도구	176
네임스페이스	8, 45
네트워크 정책	282
노드 네임	150
노드 셀렉터	149
노드 어피니티	155
대시보드	181
데몬셋	75
도커 스웜	4
레플리카	68
로깅	179
로드밸런서	99
명령형 커맨드	14
보안	267
볼륨	128

ㅅ – ㅇ

사용자	8
사이드카 프락시	324
서비스 메시	340
서비스 프락시	93
선언형 커맨드	14
셀렉터	68
수평형 파드 오토스케일러	74
스케줄러	6
스타트업 프로브	56
스테이트풀셋	77
스테이트풀 애플리케이션	360
승인 컨트롤러	270
시크릿	117
아파치 메소스	4
안티-어피니티	161

애드온	7
예거	201
워커 노드	6
익스텐션	313
인그레스	102
인증 방법	9
인터-파드 어피니티	161

ㅈ – ㅎ

잡	79
장애 모드	210
준비성 프로브	54
지표	176
초기화 컨테이너	52
컨테이너 런타임	7
컨트롤러 매니저	6
컨피그맵	112
쿠버네티스	4
크론잡	81
클러스터 DNS	92
테인트	151
템플릿	69
톨러레이션	151
파드	43
파드 네트워크	45
파드 리소스 스펙	47
파드 보안 정책	276
파드 스케줄링	60
파드 스토리지	45
파드 어피니티	162
파드의 라이프사이클	46
파드 패러다임	44
팔코	288
퍼시스턴트 볼륨	132
프로메테우스	188
프로브	54
활성 프로브	55

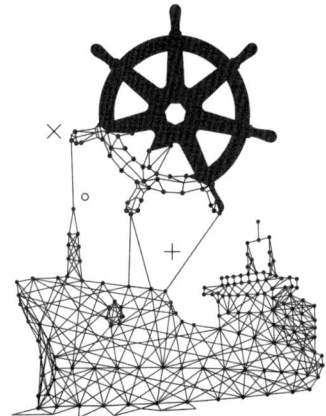